William Shakespeare
Teatro completo

Biblioteca
universal

**William Shakespeare
Teatro completo em
três volumes**

VOLUME 1
Tragédias e Comédias
sombrias

VOLUME 2
Comédias e Romances

VOLUME 3
Peças históricas

William Shakespeare em
retrato de Martin Droeshout,
utilizado na primeira página
do *First Folio* das obras
completas publicadas em 1623.

William Shakespeare
Teatro completo

VOLUME 1
Tragédias e Comédias sombrias

Tradução
Barbara Heliodora

Editora
Nova
Aguilar

Sumário

Introdução geral
11 Barbara Heliodora

Tragédias
17 Titus Andronicus
119 Romeu e Julieta
241 Júlio César
349 Hamlet
513 Otelo, o mouro de Veneza
655 Macbeth
755 Rei Lear
897 Antônio e Cleópatra
1051 Coriolano
1197 Timon de Atenas

Comédias sombrias
1301 Bom é o que acaba bem
1415 Medida por medida
1527 Troilus e Créssida

SUMÁRIO

INTRODUÇÃO GERAL
Barbara Heliodora

TRAGÉDIAS

Titus Andronicus
Romeu e Julieta
Júlio César
Hamlet
Otelo, o mouro de Veneza
Macbeth
Rei Lear
Antônio e Cleópatra
Coriolano
Timon de Atenas

COMÉDIAS SOMBRIAS

Bom é o que acaba bem
Medida por medida
Troilus e Cressida

Introdução geral
BARBARA HELIODORA

Este primeiro volume da nova edição do *Teatro Completo* de William Shakespeare pela Nova Aguilar é o resultado de uma longa e acidentada história de dedicação ao poeta/dramaturgo, iniciada sem a mínima intenção de alcançar tal objetivo. Como professora de História do Teatro na UNIRIO, muitas vezes senti falta de uma tradução que, em lugar de excessiva erudição e exagerada preocupação estilística, trouxesse para a nossa língua a mesma fluência que o original tem para o ator. Tenho tido, ao longo dos anos, imenso prazer com a leitura das peças de Shakespeare, mas faltaria com a verdade se não reconhecesse que elas são ainda melhores quando bem apresentadas em um palco; e o que é dito no palco tem de ser compreendido de imediato, para que a ação possa ser levada avante sem maiores tropeços.

Foi para o ator e para o palco que William Shakespeare escreveu suas peças, e, se até 1598, quando eram apresentadas no The Theatre, o primeiro teatro em Londres, o público possa ter sido um pouco mais reduzido, o fato é que, a partir de 1599, ano da inauguração do Globe, as encenações eram apresentadas a um público cujo número podia atingir 2.000 pessoas. Tais plateias eram formadas por um largo espectro da população londrina, e Shakespeare foi um autor popular, sempre preocupado em ser compreendido por todos; para isso ele usou a linguagem mais moderna de seu tempo, e se naquele tempo de grande e rápido crescimento da língua inglesa ele criou muitas palavras, estas foram sempre tão bem inseridas em seu contexto que sua compreensão seria fácil, em particular quando utilizadas na ação.

A imensa riqueza da obra dramática de Shakespeare não se expressa jamais em hermetismo ou em erudição recôndita; o que fascina o poeta é o ser humano em sua variedade infinita, assim como os caminhos ou descaminhos que ele percorre com maior ou menor sucesso, derivando para o bem ou para o mal, sendo física e mentalmente forte ou fraco. Para com todos os integrantes dessa multiforme humanidade, Shakespeare tinha a mesma curiosidade e a mesma compaixão; quando ele diz, no *Hamlet*, "que obra de arte é o homem, como é infinito em variedade etc", temos um daqueles poucos e preciosos momentos em que sem dúvida o personagem está expressando também o sentimento do autor.

Foi esse longo caso de amor que Shakespeare teve com a humanidade que me atraiu cada vez mais para o prazer da leitura e do estudo de sua obra, como dele nasceu meu desejo de tornar acessível em português esse conjunto magistral de observação do ser humano em forma de drama. Como o *Hamlet* é, com direito, o título que logo ocorre para exemplificar o autor, foi esse justamente aquele que por primeiro *insisti que minha mãe*, Anna Amélia de Queiroz Carneiro de Mendonça, ela mesma exemplar poeta, fizesse uma tradução. Conhecendo a alta qualidade de traduções que ela já fizera de poemas ingleses, franceses e alemães, tinha a certeza de que nela o tom e o ritmo de Shakespeare encontrariam o acolhimento ideal, como a consciência de recriar, em português, aquele linguajar dramático e teatral feito para ajudar o ator a interpretar e o público a compreender. O resultado não poderia ter sido melhor e só agora, passados quase cinquenta anos, tomei coragem para fazer algumas alterações na forma do tratamento, pois "vós" estava cada vez mais longe dos brasileiros, a não ser em situações muito formais e especiais. O tratamento de "o senhor", em boa parte das cenas, pareceu mais adequado ao público de hoje.

Depois de muita insistência, Anna Amélia ainda traduziu – e com igual sucesso – *Ricardo III*, que também usei para ilustrar a forma da peça histórica em minhas aulas. Infelizmente a morte cortou antes do tempo essa preciosa fonte, e parou aí essa belíssima contribuição para a divulgação de Shakespeare em português.

A minha primeira experiência foi com a *A comédia dos erros*, que traduzi para a montagem que dirigi (no antigo Teatro da Praça, hoje Gláucio Gil). Sendo apenas filha de poeta, creio que a maior ajuda que recebi ao tentar a tradução foi realmente a do hábito frequente de ler as peças, e a resultante intimidade com o ritmo e a música do original.

Como sempre pensei em termos de teatro, o ritmo e a música dos textos shakespeareanos me pareceram sempre a chave para se compreender a intenção do poeta, e em tudo o que traduzi a maior preocupação era o respeito à intenção do autor expressado em acessibilidade e fluência para o ator. Devo esclarecer também que, mesmo que muitas vezes uma leitura indiferente ao conteúdo e à intenção possa se apresentar como tendo onze ou até mesmo doze sílabas, o normal é que, sendo lida em voz alta na forma necessária, ela passará a ter as dez sílabas que correspondem ao decantado *pentâmetro iâmbico*, o verso consagrado da dramaturgia elisabetana, assim chamado por ser formado por cinco pés de iambos, ou seja, –' –' –' –' –', que se em latim é descrito como composto por uma sílaba breve e uma longa, em inglês é marcada pela acentuação na segunda de duas sílabas (como em *to be/ or not/ to be/ that is/ the question*, onde, como em português, a última sílaba, átona, não conta).

Não é preciso realmente dizer que as dificuldades foram muitas; principalmente nas obras dos primeiros anos o percentual de rimas é bastante alto, sejam elas alternadas ou parelhas, o que se torna particularmente complexo quando se tem, como eu tinha, a intenção de duplicar exatamente a forma do original, sempre que possível, com o mesmo número de versos. Raramente as expressões idiomáticas podem ser traduzidas com seu vocabulário original, e nada cria tropeços tão grandes quanto o encantamento que sentiam os ingleses daquela época por sua língua, expressado em assustadora quantidade de trocadilhos: nada poderá recriar em português a ambiguidade sonora do monólogo inicial de *Ricardo III*, quando ele fala de "*this son of York*", referindo-se tanto a filho ("*son*") quanto a sol ("*sun*"), símbolo de realeza.

Foi a preocupação de tornar o texto mais autêntico tanto para o ator quanto para ou espectador/ouvinte/leitor que em umas poucas ocasiões tomei a liberdade de usar a mistura de "tu" com "você", tão característica do português brasileiro. Quanto à universalidade do "*you*", a opção do tratamento na tradução dependeu sempre de quem falava e com quem falava, a fim de respeitar a hierarquia social dos personagens em questão. Muito embora tenha usado preferencialmente a edição Arden, devo dizer que fiz largo uso da New Cambridge, da Penguin e da Riverside, onde introduções ou notas ajudaram a desatar alguns nós mais assustadores.

Todo o longo trabalho com intenção de publicação nasceu de um convite de Isabel e Sebastião Lacerda, a quem devo agradecer essa boa desculpa para ficar constantemente em contato com as peças de Shakespeare; e à Profª Dra. Liana de Camargo Leão, da Universidade Federal do Paraná, cujo incansável trabalho de revisão dos textos evitou enganos e omissões, além de insistir na necessidade de notas esclarecedoras em inúmeros casos. E não posso deixar de agradecer o apoio permanente de minhas filhas Priscilla, Patrícia e Márcia a esta tarefa prazerosa mas nem por isso menos ousada e exaustiva.

    Meu objetivo nunca foi outro senão o de trazer Shakespeare mais perto de nós, já que ele foi um autor popular, que buscava um público variado; se juntar ao já conquistado mais alguns brasileiros, terei alcançado o meu objetivo.

Tragédias

TITUS
ANDRONICUS

Introdução
Barbara Heliodora

Esta tragédia foi escrita nos primeiros anos da carreira de William Shakespeare e, durante quase três séculos, o texto da primeira edição de suas obras completas, o *Folio* de 1623, foi a fonte única para os estudiosos. Não foram poucos os debates a respeito de sua autenticidade, resultados das paixões de críticos e editores cuja postura de idolatria sequer admitia que o Bardo, o *"gentle master* Shakespeare", escrevesse este ou aquele trecho, até mesmo esta ou aquela obra, que não pudesse ser inserida no Olimpo pessoal de cada um deles, e muito menos uma carnificina do porte da de *Titus Andronicus*...

Hoje em dia, no entanto, os consideráveis méritos desta tragédia de iniciante são plenamente reconhecidos, e a autoria de Shakespeare (com pequenas ressalvas) foi confirmada quando, em 1904, foi encontrada a primeira edição *in-quarto* de 1594 — cópia única, hoje na Biblioteca Folger, em Washington —, contendo o que hoje é reconhecido como o texto mais correto da obra.[1]

A data exata da composição de *Titus Andronicus* ninguém sabe, embora no *Diário* de Philip Henslowe, a mais preciosa fonte de informações sobre montagens elisabetanas, apareça em 24 de janeiro de 1594 uma referência à peça *Titus & ondronicus*, com a indicação "NE" a seguir, que significaria peça nova. O que impede que essa informação seja definitiva, porém, é o fato de Henslowe usar a mesma indicação para montagens de peças mais antigas, que reaparecem revistas ou aprimoradas. Em função disso, T. W. Baldwin sugere que outro autor tenha escrito o *Titus* em 1589 e Shakespeare o tenha revisado com George Peele, isso porque há uma referência a Titus Andronicus e sua vitória sobre os Godos em uma peça de 1592. Muito mais provocativo, no entanto, é o que diz Ben Jonson na Introdução de *Bartholomew Fair*:

> Aquele que jura que *Ieronimo* [*A Tragédia Espanhola*, de Kyd] e *Andronicus* são as melhores peças até hoje será ignorado, aqui, como homem cujo julgamento mostra que é constante, e parou há vinte e cinco ou trinta anos...

Mesmo que Jonson tenha arredondado tais números, ninguém pode deixar de levar a sério a possibilidade de 1589 como data para a peça de Shakespeare.

Quanto às fontes usadas por Shakespeare para sua primeira tragédia, o problema é ainda maior. Quando a peça foi registrada para publicação, em 1594, fica dito que estava sendo registrada com ela a "balada" sobre o mesmo assunto. Em 1936 foi descoberta uma edição popular, do século XVIII, de uma narrativa intitulada *The History of Titus Andronicus*, que se assemelha muito à peça, e passou a ser considerada herdeira direta da balada ou de um ancestral comum. A confusão é agravada pela existência de mais duas peças sobre Titus, uma holandesa (1641), chamada *Aran en Titus*, e uma alemã (1620), a *Tragoedia von Tito Andronico*, com fontes desconhecidas.

---

[1] Além da edição *in-quarto* 1 (1594), há a *in-quarto* 2 (1600), cópia degradada do Q1, e a *in-quarto 3* (1611), cópia degradada do Q2. A edição *in-folio* (1623) parece ter sido baseada no Q3, porém inclui material que não se encontra nos Q2 e Q1. (N.T.)

O problema principal nasce do fato de não ter sido até hoje possível identificar qualquer base histórica para a trama, enquanto que no registro inicial para edição fica dito que a história fora baseada em uma história italiana, jamais encontrada. Que a tragédia data do início da carreira de Shakespeare não há, no entanto, a menor dúvida: em seus primeiros anos no teatro londrino William Shakespeare parece ter considerado crucial aprender seu ofício de dramaturgo. Seu talento exigia que ele procurasse dominar todos os gêneros: nessa fase inicial ele escreve uma comédia romana (*A comédia dos erros*), uma comédia romântica (*Os dois cavalheiros de Verona*), possivelmente uma comédia intelectualizada (*Trabalhos de amor perdidos*), peças históricas (*Henrique vi, Partes 1, 2 e 3 e Ricardo III*) e uma tragédia, justamente *Titus Andronicus*. Nesta tragédia, Shakespeare se apresenta claramente como aprendiz de Sêneca, pois é nela que ele mais se aproxima da violência quase *grand-guignol* do autor romano, principalmente quando, como em *Tiestes*, é oferecido um banquete no qual o principal conviva é levado a comer a carne de seus próprios filhos.

O comentário de Ben Jonson é relevante porque, na realidade, em qualquer análise da dramaturgia inglesa até 1594, data limite para a criação do *Titus*, esta tragédia é sem dúvida superior a tudo o mais que havia sido escrito no gênero. Ainda pouco amadurecido como autor e com pouca experiência pessoal em um mundo mais complexo como o de Londres, não é de surpreender que *Titus Andronicus* não alcance o mesmo nível de qualidade que encontramos nas grandes tragédias aparecidas no período que começa em 1601, com *Hamlet*; no entanto, é de grande percepção o comentário de J. C. Maxwell, editor do texto para a edição Arden: "*Romeu e Julieta* é, sob quase todos os aspectos, uma peça grandemente superior a *Titus*, porém é possível afirmar que *Titus*, estritamente falando, é muito mais promissora". Na verdade, quando Shakespeare finalmente inicia o seu período trágico, não é a linha da tragédia lírica, mas sim a da mais violenta e sangrenta, envolvendo conflitos pessoais e políticos, que ele segue.

Durante muito tempo foi uma espécie de moda salientar apenas as falhas do *Titus*, sua inferioridade em comparação com as "quatro grandes", por exemplo; mas quando encarada só por si, essa tragédia, quase que de aprendizado, mostra inúmeras passagens de envolvente poesia e, acima de tudo, uma teatralidade de força extraordinária. Desde a histórica montagem de Peter Brook, em 1955 — pois a peça jamais havia sido montada em Stratford antes disso —, com um Laurence Olivier de menos de quarenta anos interpretando um Titus já grisalho, marcado pela guerra e pela dor, a peça teve, finalmente, reconhecido o seu valor e passou a ser montada com considerável frequência. Mas não foi só a partir do enriquecimento da montagem que sua avaliação foi reformulada: esquecidos os pré-julgamentos, em leitura, também suas qualidades passaram a ser reconhecidas.

Em vários de seus aspectos, *Titus* pode ser também lida como rascunho de grandes obras subsequentes: assim como a mulher de Henrique VI e a Duquesa de Gloucester, na trilogia a respeito do último dos Lancasters, Tamora, a rainha goda desta primeira tragédia, é ancestral de Lady Macbeth; e sem dúvida Aaron, o mouro amante de Tamora, é o mais firme ancestral de Iago. Porém, o parentesco mais significativo é o da figura do próprio Titus Andronicus como rascunho para o Rei Lear; mais até do que sua injustiça em relação aos filhos e seu flagrante engano no voto dado a Saturninus é a sua inflexibilidade ao insistir no erro que o leva a um processo de doloroso aprendizado, como o de Lear. É certo que Lear não é uma cópia de Titus, e nem são iguais seus problemas e situações, mas um Shakespeare em sua plenitude pessoal e profissional foi capaz de refletir sobre o mesmo tipo de personalidade com uma profundidade que ainda não era capaz de ter quando escreveu sua primeira tragédia.

Lista de personagens

Saturninus, filho do finado imperador de Roma e depois Imperador
Bassianus, irmão de Saturninus
Titus Andronicus, nobre romano, general contra os godos
Marcus Andronicus, tribuno do povo, irmão de Titus

Lucius
Quintus
Martius
Mutius
} filhos de Titus

Jovem Lucius, um menino, filho de Lucius
Publius, filho de Marcus Andronicus

Sempronius
Caius
Valentine
} parentes de Titus

Aemilius, um nobre romano

Alarbus
Demetrius
Chiron
} filhos de Tamora

Aaron, o Mouro, amado por Tamora
Mensageiro e Cômico
Tamora, rainha dos godos
Lavínia, única filha de Titus Andronicus
Uma ama e uma criança negra
Parentes de Titus, senadores, tribunos, oficiais, soldados e servos

A cena: Roma e o campo circundante.

ATO 1

CENA 1
Roma. O monumento dos Andronici.

(Clarinada. Entram, ao alto, TRIBUNOS e SENADORES. Depois entram SATURNINUS e seu SÉQUITO por uma porta, e BASSIANUS e seu SÉQUITO pela outra, com tambores e bandeiras.)

SATURNINUS

    Patrícios, que defendem meu direito,
    Tomem armas pra defender-me a causa.
    Patrícios, seguidores que me amam,
    Reclamem minha sucessão co'a espada.
5   Sou primogênito de quem por último
    Usou em Roma o imperial diadema.
    Que viva em mim a honra de meu pai,
    Não me imponham essa injustiça indigna.

BASSIANUS

    Meus amigos, que apoiam meu direito,
10   Se este filho de César, Bassianus,
    Roma olhou, algum dia, com bondade,
    Deem-lhe passagem para o Capitólio,
    E não permitam que a infâmia alcance
    Esse trono consagrado à virtude,
15   À justiça, à continência e à nobreza.
    Que brilhe o mérito em pura eleição,
    E que o romano escolha a liberdade.

(Entra MARCUS ANDRONICUS, segurando a coroa.)

MARCUS

    Príncipes, que apoiados em amigos,
    Ambicionam o poder e o Império,
20   Saibam que o povo romano, que aqui
    Eu represento, como uma só voz,
    Em eleição para o Império Romano,
    Já escolheu Andronicus, o Pio,
    Pelos grandes serviços que prestou.
25   Homem mais bravo, guerreiro mais nobre,
    Não vive hoje dentro destes muros.
    O Senado o chamou de volta à casa
    Das cansativas guerras contra os godos,

30 Onde co'os filhos, terror do inimigo,
Dominou a nação forte e aguerrida.
Já faz dez anos desde que abraçou
Essa causa de Roma, e castigou
O orgulho do inimigo; cinco vezes
Voltou sangrando, carregando os bravos
35 Filhos mortos, e ainda hoje mesmo
Ao monumento dos Andronici
Fez sacrifício de expiação,
Matando os mais nobres presos godos.
E ora, afinal, carregado de honras
40 Retorna a Roma o nosso bom Andronicus,
Titus famoso, de armas triunfantes.
Permitam-me pedir, em honra ao nome
Daquele pra quem buscam sucessor,
E direito de Senado e Capitólio,
45 Aos quais dão adoração e honra,
Que se retirem ambos, se desarmem,
Dispensem seguidores e, qual devem
Os candidatos, mostrem seus méritos
De maneira pacífica e humilde.

SATURNINUS
50 O tribuno acalma assim meu pensar.

BASSIANUS
Marcus Andronicus, eu confio tanto
Em tua correção e integridade,
E é tal o meu amor por ti e os teus,
A Titus, teu irmão, e aos filhos dele,
55 E a quem meu pensamento sempre serve,
Bela Lavínia, ornamento de Roma,
Que aqui os dispenso, meus caros amigos,
E ao destino e ao favor do povo
Entrego, pra que a pesem, minha causa.

(Saem SOLDADOS *e o* SÉQUITO *de BASSIANUS.)*

SATURNINUS
60 Amigos, que aqui vêm por meu direito,
Aqui lhes agradeço e os dispenso,
E ao amor e favor de meu país
Entrego a minha causa e a mim próprio.

(Saem SOLDADOS *e o* SÉQUITO *de SATURNINUS.)*

(Para os TRIBUNOS *e* SENADORES.*)*

    Roma, sê pra mim tão justa e boa
65 Quanto eu confio em ti e te sou bom.
    Abre-me tuas portas, pr'eu entrar.

  Bassianus
    E a mim, que sou modesto concorrente.

    (Clarinada. Eles sobem para a sala do Senado. Entra um Capitão.*)*

  Capitão
    Abram alas, romanos, pois Andronicus,
    O virtuoso defensor de Roma,
70 Bem-sucedido em todas as batalhas,
    Volta coberto de fortuna e honra
    De onde dominou com sua espada
    E avassalou o inimigo de Roma.

    (Soam tambores e trompas. Entram dois dos filhos de Titus, Martius *e* Mutius; *depois dois homens carregando um caixão coberto com um pano preto, depois mais dois filhos,* Lucius *e* Quintus; *depois* Titus Andronicus. *Em seguida,* Tamora, *rainha dos* godos, *e seus filhos,* Alarbus, Chiron *e* Demetrius, *com* Aaron, *o* Mouro, *e outros prisioneiros* godos, soldados *e pessoas do povo. Pousam o caixão e* Titus *fala.)*

  Titus
    Ave, Roma, vitoriosa em seu luto!
75 Como a barca que, já entregue a carga,
    Volta pesada de tesouro à praia
    Onde outrora levantou sua a âncora,
    Chega Andronicus, emaranhado em louros,
    Para saudar com lágrimas a pátria,
80 Em pranto alegre só por rever Roma.
    Divino defensor do Capitólio,
    Vê com bons olhos estes nossos ritos.
    Romanos, de meus vinte e cinco filhos,
    Metade dos que Príamo gerou,
85 Vede o que resta, entre morto e vivo.
    Que Roma pague, com amor, aos vivos;
    E os que trago pra última morada,
    Com enterro entre os seus antepassados.
    Posso, afinal, guardar a minha espada.
90 Titus ingrato, esquecido dos filhos,
    Por que deixas os que não enterraste
    Pairar nas margens horríveis do Estige?
    Que agora partam pra encontrar seus manos!

(Eles abrem a tumba.)

        Saúdem-se em silêncio, como devem,
95   E que durmam em paz, mortos de guerra.
        Receptáculo de minha alegria,
        Morada da nobreza e da virtude,
        Quantos filhos dos meus tu guardas hoje,
        Que nunca mais a mim devolverás!

Lucius

100   Dá-nos agora o orgulho dos godos
        Pra que ele, amputado, na fogueira
        Ad manes fratrum[2] sacrifique a carne,
        Ante a prisão terrena de seus ossos,
        Pra que essas sombras tenham sua paz,
105   Sem sofrer os prodígios desta terra.

Titus

        Eu lhes dou o mais nobre dos que vivem,
        Primeiro filho da rainha em prantos.

Tamora

        (Ajoelhando-se.)
        Parem, romanos! Bom conquistador,
        Vitorioso Titus, vê as lágrimas
110   Da mãe desesperada pelo filho!
        E se os teus jamais te foram caros,
        Pensa que o meu também a mim o seja!
        Não te basta nos ter trazido a Roma
        Para embelezar-te a volta e o triunfo,
115   Cativos teus, sob jugo romano;
        Têm meus filhos de serem trucidados
        Por bravamente defender a sua terra?
        Se lutar pela pátria foi virtude
        Nesses teus filhos, que o seja nos meus.
120   Não manches o teu mausoléu com sangue:
        Não desejas ser semelhante aos deuses?
        Pois só misericórdia assim fará.
        Ela é que marca o nobre verdadeiro:
        Nobre Titus, poupa meu primogênito.

Titus

125   Paciência, senhora, e perdoai-me.
        Estes, irmãos dos que os godos no campo

---

[2] Em latim, no original: Aos espíritos de [meus] irmãos. (N.T.)

          Viram mortos ou vivos, pelos mortos
          Imploram sacrifício religioso.
          Marcado, irá morrer o vosso filho,
130   Para aplacar o gemido dos caídos.

     LUCIUS
          Levai-o, e acendei uma fogueira,
          E nessa pira, co'as nossas espadas
          Virem cinza esses membros que trinchamos.

                    (Saem os filhos de TITUS, LUCIUS, MARTIUS, QUINTUS
                              e MUTIUS, levando ALARBUS.)

     TAMORA
               (Levantando-se.)
          Cruel piedade irreligiosa!

     CHIRON
135   Nem na Cítia se encontra tal barbárie!

     DEMETRIUS
          Não a compares à ambição de Roma.
          Alarbus vai dormir, nós viveremos
          Pra tremer ante um Titus que ameaça.
          Então, senhora, resoluta espere
140   Que deuses tais, que à Rainha de Troia[3]
          Deram armas e tempo pra vingança
          Contra o tirano trácio em sua tenda,
          Mostrem favor à rainha dos godos
          (Quando eram godos, Tamora rainha),
145   Pra com sangue pagar seus inimigos.

               (Entram os filhos de TITUS ANDRONICUS, novamente, com as espadas
               ensanguentadas.)

     LUCIUS
          Senhor e pai, veja que já cumprimos
          Nossos ritos: com os membros decepados,
          As entranhas de Alarbus já queimam,
          Alimentando o fogo do sacrifício
150   E como incenso perfumam os céus.
          Só nos falta enterrar nossos irmãos,
          Saudando, com clarins, sua chegada.

---

3   Hécuba, que matou Polymestos. (N.T.)

TITUS

Que assim seja. E permitam que Andronicus
A suas almas dê o último adeus.

(Soam os clarins, os caixões baixam à tumba.)

155 Com honra e paz aqui durmam, meus filhos.
Defensores de Roma, aqui repousem,
A salvo dos acasos deste mundo.
Aqui não há traição, não cresce o mal,
Aqui não nascem drogas más ou ventos.
160 Sem ruído, só sono eterno e quieto;
Em paz e em honra repousem, meus filhos.

(Entra LAVÍNIA.)

LAVÍNIA

Em paz e honra viva muito Titus;
Viva na fama, nobre pai e amo.
À tumba eu trago o rio do meu pranto
165 Para render louvor a meus irmãos;

(Ajoelhando-se.)

E a seus pés me ajoelho, em pranto alegre
Que verto pelo seu retorno a Roma.
Que me abençoe a mão vitoriosa,
Cuja sorte esta Roma inteira aplaude.

TITUS

170 Bondosa Roma, que tão bem guardou
Esse conforto do meu coração!
Viva, Lavínia, mais do que seu pai,
Na fama eterna, glória da virtude.

(LAVÍNIA se levanta.)
(Entra MARCUS pelo fundo e TRIBUNOS; voltam SATURNINUS e BASSIANUS.)

MARCUS

Que viva Titus, meu amado irmão,
175 Ante o olhar de Roma, o vencedor.

TITUS

Obrigado, tribuno, nobre Marcus.

MARCUS

E bem-vindos da guerra, meus sobrinhos,

            Os vivos, como os que dormem na fama.
            Meus bons senhores, de fortuna igual
180   No haver lutado pelo bem da pátria;
            Mais certa, porém, é a honra fúnebre
            Dos que ora têm o descanso de Sólon,
            E, com honra, triunfam dos riscos.
            Heroico Titus, o povo de Roma,
185   Do qual foi sempre amigo na justiça,
            Lhe envia por mim, o seu tribuno,
            Este pálio de tom tão branco e puro,
            E o indica pra eleição do Império,
            Com os filhos do fiado imperador.
190   Vista-o então, e seja *candidatus*
            Pra ter cabeça nossa Roma acéfala.

                    (*Oferece um manto a* Titus.)

    Titus
            Melhor cabeça cabe a um tal corpo
            Do que a que treme hoje velha e fraca.
            Por que vestir tal manto e incomodá-los?
195   Ser hoje eleito por aclamação,
            Amanhã já deixar poder e vida,
            E condená-los a um novo processo?
            Roma, a ti eu servi quarenta anos,
            Comandando com glória as tuas forças,
200   E enterrando vinte e um de meus filhos,
            Que nas armas tiveram honra e morte,
            A serviço de sua nobre pátria.
            Dá-me um bastão honroso pra velhice,
            Mas não um cetro pra reinar no mundo.
205   O último que o teve, usou-o bem.

    Marcus
            Titus, é só pedir que o Império é seu.

    Saturninus
                    (*Do alto.*)
            Como o sabe, tribuno ambicioso?

    Titus
            Paciência, príncipe.

    Saturninus
                            O direito é meu.
            Patrícios, não escondam as espadas

210   Até que eu seja o Imperador de Roma.
           Andronicus, quero vê-lo no inferno,
           E não roubando-me o amor do povo!

   LUCIUS

           Soberbo Saturninus, que interrompe
           O bem que o nobre Titus lhe deseja.

   TITUS
215   Calma, príncipe, eu hei de restaurar-lhe
           O amor do povo, a quem darei bom senso.

   BASSIANUS
                   (Do alto.)
           Andronicus, não sou de bajular,
           Porém eu hei de honrá-lo até a morte.
           Se o meu partido apoia seus amigos,
220   Eu serei grato; e a gratidão pra homens
           De boa cepa é paga mais que honrosa.

   TITUS
           Povo de Roma e tribunos do povo,
           Eu peço sua voz e seu sufrágio.
           Será que os dão, com amizade, a Andronicus?

   TRIBUNOS
                   (Do alto.)
225   Para satisfazer o bom Andronicus,
           E pra saudar a sua volta a Roma,
           O povo aceita quem ele indicar.

   TITUS
           Grato, tribunos, e a súplica que faço
           É que confirmem o filho mais velho,
230   Saturninus, cuja virtude, espero,
           Trará a Roma os raios de Titã
           E justiça geral fará florir:
           Assim, se elegem pelo meu conselho,
           Coroem-no, com "Viva o Imperador!"

   MARCUS
235   Com toda espécie de voto e de aplauso,
           Patrícios e plebeus fazem agora
           De Saturninus o Imperador de Roma,
           E dizem "Viva Saturninus, o Imperador!"

(Longa clarinada, enquanto Marcus e os outros tribunos, com Saturninus e Bassianus, descem. Marcus investe Saturninus com o pálio branco, e entrega-lhe um cetro.)

Saturninus

    Titus Andronicus, por tal favor
240   Feito a nós neste dia de eleição,
    Eu agradeço, em parte como honra,
    Mas pagarei com atos tal bondade.
    De início, Titus, para engrandecer
    O seu nome e sua honrada família,
245   Farei Lavínia minha imperatriz,
    Dona de Roma e de meu coração,
    Em boda no sagrado Panteão.
    Diga-me, Titus: a ideia lhe agrada?

Titus

    Sim, meu nobre senhor; e em tal enlace
250   Sinto-me eu honrado em suas graças
    E, ante os olhos de Roma, a Saturninus,
    Que reina e comanda a nossa terra,
    Imperador do mundo, aqui consagro
    Espada, carruagem e prisioneiros —
255   Presentes dignos do senhor de Roma:
    Receba-os, tributos que lhe devo,
    Sinais da honra que lanço a seus pés.

(A espada de Titus e prisioneiros são entregues a Saturninus.)

Saturninus

    Sou grato, Titus, pai da minha vida.
    Meu orgulho de si e suas dádivas
260   Roma anotará; e se esquecer-me
    Do menor desses dons inexpressáveis,
    Que Roma esqueça de me ser fiel.

Titus

    (Para Tamora.)
    Senhora, agora é presa de um imperador;
    De quem, por sua honra e posição,
265   Qual nobre há de tratá-la, como aos seus.

Saturninus

    Uma senhora bela, com aspecto
    Que escolheria, a fazê-lo de novo.

    (Para Tamora.)

Abra, rainha, o semblante sombrio.
Se o azar da guerra trouxe esta mudança,
270 Não veio a Roma pra ser humilhada:
Seu tratamento será sempre principesco.
Tem a minha palavra, e não permita
Que morram as esperanças: meu conforto
Mais que rainha goda há de fazê-la.
275 Lavínia, isso não a desagrada?

LAVÍNIA

Não, senhor. A nobreza verdadeira
Faz do dito cortesia de príncipe.

SATURNINUS

Grato, Lavínia. Vamo-nos, romanos.
Sem resgate eu liberto seus prisioneiros:
280 Trompa e tambor proclamem nossa honra.

(Saem tambores e clarins.)
(TAMORA, CHIRON, DEMETRIUS e AARON, o MOURO, são libertados.)

BASSIANUS

(Segurando LAVÍNIA.)
Senhor Titus, perdão, a dama é minha.

TITUS

Mas como! Fala sério, meu senhor?

BASSIANUS

Sim, nobre Titus. E estou resolvido
A sustentar meu direito e razão.

MARCUS

285 *Suum cuique*[4] é justiça romana:
O príncipe só toma o que era seu.

LUCIUS

(Unindo-se a BASSIANUS.)
E assim fará, enquanto viver Lucius.

TITUS

Traidores! Onde está a guarda imperial?
Traição, senhor! Lavínia foi raptada!

---

4 Em latim, no original: A cada um o que é seu. (N.T.)

SATURNINUS
290   Mas por quem?

BASSIANUS
                    Por quem tem justo direito
          A levar sua noiva deste mundo.

                              (Saem MARCUS e BASSIANUS, com LAVÍNIA.)

MUTIUS
          Irmãos, ajudem a levá-la para longe,
          Enquanto eu guardo a porta co'esta espada.

                                    (Saem LUCIUS, QUINTUS e MARTIUS.)

TITUS
          Siga, senhor, e eu a trarei de volta.

                    *(SATURNINUS não os acompanha, mas sai pela outra porta com
                    TAMORA, seus dois filhos e AARON, o MOURO.)*

MUTIUS
                    (Para TITUS.)
295   Senhor, aqui não passa.

TITUS
          O quê, vilão? Barra-me o caminho?

                    (TITUS o apunhala.)

MUTIUS
          Socorro, Lucius!

                    (Morre. Volta LUCIUS.)

LUCIUS
          Foi injusto, senhor. E, mais ainda:
          Por causa errada assassinou seu filho.

TITUS
300   Nem ele e nem você são filhos meus.
          Filho meu nunca me desonraria.
          Traidor, trate de devolver Lavínia.

LUCIUS
> Se quiser, morta. Não pra ser esposa,
> Pois pela lei é prometida a outro.

(Sai, com o corpo de MUTIUS.)
(Entra, ao alto, o IMPERADOR, com TAMORA, seus dois filhos e AARON, o MOURO.)

SATURNINUS
> *(Do alto.)*
> Não, Titus. Não preciso eu mais dela,
> Nem dela, nem de si, e nem dos seus.
> Eu não confio em quem me desrespeita;
> Nunca mais em si ou seus filhos traidores,
> Que se juntaram pra me desonrar.
> Não há de quem se debochar em Roma
> Que não de Saturninus? Isso, Andronicus,
> Calha bem com seus atos e a vaidade
> De afirmar que sua mão me deu o Império.

TITUS
> Vileza! Que condenações são essas?

SATURNINUS
> *(Do alto.)*
> Pois pode dar sua mercadoria
> Àquele que a ganhou só com a espada.
> Vai ter um genro muito corajoso;
> Combina com seus filhos baderneiros,
> Quando perturbam a comunidade.

TITUS
> Isso corta o meu peito já ferido.

SATURNINUS
> *(Do alto.)*
> Bela Tamora, rainha dos godos,
> Que, como fica Febo entre as ninfas,
> Brilha mais que as romanas mais galantes,
> Se aceitas minha escolha repentina,
> Eis que elejo Tamora minha noiva,
> E dela faço Imperatriz de Roma.
> Fala, rainha: aplaudes minha escolha?
> E por todos os deuses aqui juro,
> 'Stando tão perto padre e água benta,

330 Brilhando tanto as tochas, e o mais
Tudo já pronto para o himeneu,
Não ressaudar as ruas desta Roma,
Ou deste ponto subir ao palácio,
Sem levar minha noiva como esposa.

TAMORA

(Do alto.)
335 E aos olhos do céu a Roma eu juro,
Que a rainha que Saturninus honra
Será pr'os seus desejos sempre serva,
Mãe amorosa de sua juventude.

SATURNINUS

(Do alto.)
Sobe o Panteão, rainha. Meus senhores,
340 Venham com o imperador e a sua noiva,
Mandada pelos céus para o seu príncipe,
Que sendo sábia venceu seu destino.
Consumaremos lá os esponsais.

(Saem todos, menos TITUS.)

TITUS

A mim não chamam pra servir a noiva.
345 Quando ficaste, Titus, assim só,
Tão desonrado e acusado de erros?

(Entram MARCUS e os três filhos de TITUS: LUCIUS, QUINTUS e MARTIUS.)

MARCUS

Agora, Titus, vê o que fizeste,
Matando o filho bom em luta má.

TITUS

Não, tolo tribuno. Não é meu filho,
350 Nem tu e nem esses teus comparsas
Em atos que desonram nossa estirpe —
Irmão e filhos privados de mérito!

LUCIUS

Permite que o enterremos como é certo:
Vamos enterrar Mutius com os irmãos.

TITUS

355 Fora, traidores! Nunca nesta tumba.
O monumento, com quinhentos anos,

Eu mandei restaurar suntuosamente.
Só soldados e os que serviram Roma
Jazem em fama. Ele morreu brigando,
360 Enterrem-no por aí; pra cá não vem.

QUINTUS E MARCUS
Isso em si, senhor, é gesto ímpio.
Os atos de meu sobrinho falam alto.
Deve ser enterrado com os irmãos.

MARTIUS
E o será, ou iremos nós com ele.

TITUS
365 "E o será?" Que vilão diz tal coisa?

MARTIUS
Quem só não nega esse título aqui.

TITUS
Hás de enterrá-lo a despeito de mim?

MARCUS
Não, nobre Titus, porém te pedimos
Que a Mutius perdoe, e que o enterres.

TITUS
370 Marcus, você também a mim golpeia,
E, com os meninos, fere a minha honra:
Considero-os todos inimigos.
Não me importunem mais. Vão-se daqui.

QUINTUS
Está fora de si. Vamos sair.

MARTIUS
375 Eu, não. Só com Mutius enterrado.

(MARCUS, LUCIUS, QUINTUS e MARTIUS se ajoelham.)

MARCUS
Irmão, assim se expressa a natureza...

MARTIUS
Meu pai, nome que dá a natureza...

TITUS

Não falem mais, se assim vão proceder.

MARCUS

Nobre Titus, metade de minh'alma...

LUCIUS

380   Pai querido, alma e carne de nós todos...

MARCUS

Deixe que Marcus, seu irmão, enterre
No ninho da virtude o seu sobrinho,
Que teve morte honrosa, por Lavínia.
Seja o senhor romano, e não bárbaro.
385   Pensando, os gregos deram tumba a Ájax
Que se havia matado; o sábio Ulisses
Defendeu ele mesmo o funeral.
Não deixe que a sua alegria, Mutius,
Seja barrada aqui.

TITUS

                    Levanta, Marcus;

(Eles se levantam.)
390   Este é o dia mais triste que eu já tive,
Em Roma desonrado por meus filhos!
Pois que o enterrem e, depois, a mim.

(Eles colocam MUTIUS na tumba.)

LUCIUS

Fica aí entre amigos, doce Mutius,
Até trazermos teus troféus pra tumba.

TODOS

(Ajoelhados.)
395   Pelo nobre Mutius não correrão lágrimas;
Vive em fama quem morre por virtude.

(Saem todos, menos MARCUS e TITUS.)

MARCUS

Meu senhor, deixe essa melancolia.
Como acontece que a rainha goda,
Tão sutilmente cresça assim em Roma?

TITUS
Eu não sei, Marcus. Só sei que é assim:
Se houve trapaça, só os céus o sabem.
Ela, então, não é devedora ao homem
Que a trouxe pra alcançar tão grandes bens?

MARCUS
Sim, e há de compensá-lo com nobreza.

(Clarinada. Entram o IMPERADOR, TAMORA e os dois filhos dela com o Mouro, por uma porta. Entram, pela outra, BASSIANUS e LAVÍNIA, com os três filhos de TITUS.)

SATURNINUS
Então ganhou seu prêmio, Bassianus.
Deus lhe dê alegria com sua noiva.

BASSIANUS
E o senhor com a sua. Mais não digo,
E não menos desejo, e me despeço.

SATURNINUS
Traidor, se há leis em Roma ou eu tenho
Poder, com os seus há de pagar-me o rapto.

BASSIANUS
Rapto, senhor, por tomar o que é meu,
Meu amor prometido, agora esposa?
Que as leis de Roma arbitrem esse caso;
No meio tempo, eu possuo o que é meu.

SATURNINUS
Muito bem. Foi incisivo conosco,
Mas nós o cortaremos no futuro.

BASSIANUS
Senhor, como puder, pelo que fiz,
Terei de responder, até com a vida.
Mas isto eu direi à Sua Graça:
Pelos deveres que eu devo a Roma,
O senhor Titus, nobre cavalheiro,
Julgo estar ofendido em sua honra,
Pois só no intuito de salvar Lavínia,
Matou com a própria mão o seu caçula,
Quando, por zelo a si, ficou irado,
Por não poder cumprir o que lhe dava.
Acolha novamente em seu favor

Quem sempre nos seus atos se mostrou
Para o senhor e Roma um pai amigo.

TITUS

430 Bassianus, não fales dos meus feitos,
Pois tu e os teus é que me desonraram.
Só Roma e os céus eu quero por juízes.

(Ajoelhado.)

Eu sempre amei e honrei a Saturninus.

TAMORA

(Para SATURNINUS.)
Nobre senhor, se alguma vez Tamora
435 Teve a graça desse olhar principesco,
Deixe que eu fale com imparcialidade;
E a meu conselho perdoe o que passou.

SATURNINUS

O quê? Ser desonrado abertamente,
E como um covarde ficar sem vingança?

TAMORA

440 Que os deuses desta Roma, meu senhor,
Impeçam que eu lhe traga tal desonra!
Pois minha honra faz-me interceder
Em favor da inocência do bom Titus,
Cuja fúria só fala de sua dor.
445 Eu lhe imploro que o veja com bons olhos;
Não perca um tal amigo em causa vã,
Não lhe fira, com o olhar, o coração.

(À parte, para SATURNINUS.)

Senhor, imploro, siga o meu conselho;
Disfarce as suas dores e desgostos.
450 Em seu trono está só recém-plantado,
E então, pra que nem povo e nem patrícios
Se postem, com justiça, junto a Titus,
E o destronem por sua ingratidão,
Que Roma tem como pecado odioso,
455 Ceda aos rogos, que o mais faço sozinha.
Acharei hora para massacrá-los,
Pra arrasar seu partido, sua família,
O pai cruel e os filhos traiçoeiros —
A quem pedi a vida de meu filho —

460 Para ensinar-lhes o que é deixar
De joelhos, na rua, uma rainha,
A implorar, em vão, sua piedade.

    (Em voz alta.)

Venha, meu doce imperador, e Andronicus.
Tome a mão desse bom velho e alegre
465 O coração depois da tempestade.

SATURNINUS
De pé, Titus; minha imperatriz venceu.

TITUS
    (Levantando-se.)
Graças a ela e a Sua Majestade
Essas palavras me dão nova vida.

TAMORA
Titus, me sinto incorporada a Roma,
470 E sendo alegre romana adotiva
Devo aconselhar bem o imperador.
Morrem hoje velhas lutas, Andronicus;
E que seja honra minha, bom senhor,
O haver reconciliado com os amigos.
475 E quanto a Bassianus, garanto,
Por promessa e palavra ao imperador,
Que doravante será mais tratável.
Não temam mais, senhores, nem Lavínia.
Eu sugiro que, humildes, de joelhos,
480 Todos peçam perdão ao imperador.

    (Os filhos de TITUS se ajoelham.)

LUCIUS
E o fazemos, jurando ao céu e a ele,
Que o que fizemos foi tão só o mínimo
Na defesa da honra dela, e nossa.

MARCUS
    (Ajoelhando-se.)
O mesmo afirmo eu, por minha honra.

SATURNINUS
485 Vão-se, calados. Não nos incomodem.

TAMORA
    Não, meu senhor. Temos de ser amigos:
    O tribuno e os sobrinhos ajoelharam-se;
    Não me negue o perdão. Querido, volte-se.

SATURNINUS
    Marcus, por si e pelo seu irmão, aqui,
490   E pelos rogos da minha Tamora,
    Perdoo o hediondo erro desses jovens:
    Levantem-se.

(MARCUS e os filhos de TITUS se levantam.)

    Se Lavínia me deixou como um qualquer,
    Uma amiga eu achei, e pela morte
495   Eu jurei não sair daqui solteiro.
    Venham. Se a festa terá duas noivas,
    São meus convidados Lavínia e seus amigos.
    Hoje será dia de amor, Tamora.

TITUS
    Amanhã, se quiser Sua Majestade
500   Caçar comigo lebres e panteras,
    Trompas e cães lhes darão os bons-dias.

SATURNINUS
    Assim seja, Titus, e obrigado.

(Soam trompas. Saem todos, menos AARON.)

ATO 2

CENA 1
Roma. Diante do palácio.

(Aaron, só.)

Aaron
    E ora ascende Tamora ao Olimpo,
    A salvo da Fortuna, e senta, ao alto,
    Protegida dos raios e trovões,
    Posta fora até do alcance de invejas.
5   E como o ouro do Sol saúda a aurora
    E, dourando o oceano com seus raios,
    Corre co'a carruagem no zodíaco,
    E vê de cima os píncaros mais altos,
    Assim Tamora.
10 De seus caprichos vêm honras mundanas,
    Treme a virtude ao seu cenho franzido.
    Prepara, Aaron, então a mente e o peito
    Pra subir com a amante imperial,
    E iguala o voo de quem, em triunfo,
15 Há tempo acorrentaste pelo amor,
    E tens mais presa aos encantos de Aaron
    Até mesmo que Prometeu ao Cáucaso.
    Vão-se os trajes de escravo, a servil mente!
    Eu vou luzir, brilhar com ouro e pérolas,
20 Para servir a nova imperatriz.
    Servir, eu disse? Para gozar com ela,
    Essa deusa, Semíramis[5], essa ninfa,
    Co'a sereia que encantou Saturninus,
    E ver a ruína dele e de seu povo.
25 Olá, que briga é essa?

(Entram Chiron e Demetrius, esbravejando.)

Demetrius
    Chiron, faltam-lhe a idade e o juízo,
    Como os modos, para entrar onde eu brilho,
    E posso até, quem sabe, ser amado.

Chiron
    Você, Demetrius, sempre é presunçoso,

---
5 Rainha da Assíria. (N.T.)

30 E agora quer ganhar com ameaças.
    Não é um ano ou dois de diferença
    Que me fazem pior ou lhe dão sorte:
    Como você eu estou apto e em forma
    Pra servir e ganhar a minha amada.
35 Em minha espada em você há de provar
    Por Lavínia o direito meu de amar.

AARON
            (À parte.)
    Só brigas! Não têm paz os dois amantes.

DEMETRIUS
    Moleque, se mamãe, sem pensar bem,
    Lhe deu um punhalzinho de brinquedo,
40 Já está louco por agredir amigos?
    Melhor grudá-lo dentro da bainha,
    Até aprender a lidar bem com ele.

CHIRON
    No entretanto, senhor, com o que sei,
    Vai logo perceber o quanto eu ouso.

DEMETRIUS
45 Menino, que coragem!

            (Sacam as espadas.)

AARON
                    Parem logo!
    Ousam lutar tão perto do palácio,
    E fazer pública sua disputa?
    Sei muito bem por que se desentendem.
    E nem sequer por um milhão em ouro
50 Quero que o saibam os interessados,
    E nem a sua mãe, por muito mais,
    Quer ter desonra na corte de Roma.
    Agora, chega!

DEMETRIUS
            Só quando enterrar
    Meu punhal em seu peito e, ainda mais,
55 Lhe enfiar tais ofensas pela goela,
    Já que ele quis, aqui, me desonrar.

CHIRON
    Pois eu 'stou preparado e resolvido,

                    Covarde desbocado, que usa a língua
                    Porém com a arma não faz um só gesto.

        AARON
60   Parem, eu digo!
                Pelos deuses guerreiros dos godos,
                Essa briga mesquinha nos destrói.
                Os senhores não pensam no perigo
                Que é invadir os direitos de um príncipe?
65   Lavínia acaso ficou tão debochada,
                Ou Bassianus tão degenerado
                Que se possa brigar pelo amor dela
                Sem empecilho, justiça ou vingança?
                Cuidado, jovens, se a imperatriz
70   Os escutar, não gostará da música.

        CHIRON
                Pouco importa que o saibam ela e o mundo:
                Amo a Lavínia mais que ao mundo inteiro.

        DEMETRIUS
                Frangote, faça escolha mais humilde:
                Lavínia é o desejo do mais velho.

        AARON
75   Mas estão loucos? Não sabem que, em Roma,
                Eles são furiosos, impacientes,
                E no amor não aturam os rivais?
                'Stão planejando apenas suas mortes
                Com tais planos.

        CHIRON
                            Umas mil mortes, Aaron,
80   Eu enfrento pra ter o meu amor.

        AARON
                Pra tê-la? Como?

        DEMETRIUS
                            E por que acha estranho?
                Ela é mulher, deve ser cortejada;
                Ela é mulher, deve ser conquistada;
                Ela é Lavínia, e deve ser amada.
85   Ora, passa mais água no moinho
                Do que sabe o moleiro e é muito fácil
                De um assado tirar uma fatia.

                Bassianus é irmão do imperador,
                Mas pode usar a marca de Vulcano.

AARON

                (À parte.)
90   Tão bem quanto o pode Saturninus.

DEMETRIUS

                Por que desesperar quem faz a corte
                Com palavras, olhares e largueza?
                Será que nunca afagaste uma corça
                E a conquistaste ao nariz do dono?

AARON

95   Pelo que vejo, uma conquista rápida
                Serviria pr'os dois.

CHIRON

                            Se aos dois servisse.

DEMETRIUS

                Acertou, Aaron.

AARON

                            Por que não se acertam?
                Assim não nos cansávamos com isso.
                Pois escutem, por que serem tão tolos
100   A brigar só por isso? Ofende aos dois
                Que ambos se saiam bem?

CHIRON

                Juro que não.

DEMETRIUS

                            Desde que eu seja um.

AARON

                Que é isso? Façam planos como amigos.
                Intriga e estratagema é que farão
105   O que desejam e têm de resolver
                Que o que não podem ter como queriam,
                Precisam conquistar como puderem.
                Nem Lucrécia, eu garanto, era mais pura
                Que essa Lavínia, o amor de Bassianus.
110   Trilha mais rápida que penas lânguidas
                Precisamos buscar, e eu sei qual é.

Senhores, 'stá saindo uma caçada,
E as belezas do reino lá irão.
Os caminhos da mata são imensos,
E cheios de locais não frequentados,
Feitos pro estupro e para a vilania.
Isolem lá a sua linda corça,
Ferindo à força e não pela palavra;
Pois só assim terão o que hoje aspiram.
À mente santa da imperatriz,
Consagrada à vingança e à vilania,
Vamos dar parte deste nosso intento
E ela irá afiar, com seus conselhos,
Nossos esquemas; e impedir que briguem,
Pra que ambos possam ter o seu desejo.
A corte é a casa onde mora a Fama,
O palácio tem língua, olhos e ouvidos;
A mata é implacável, surda e muda.
Ataquem lá, rapazes, um e outro;
Longe do olhar do céu tenham prazer,
Gozando do tesouro de Lavínia.

CHIRON
O conselho não cheira a covardia.

DEMETRIUS
Sit faut aut nefas,[6] até achar o rio
Que esfrie este calor e acalme a crise,
Per Stygia, per manes vehor.[7]

(*Saem.*)

CENA 2
Uma floresta perto de Roma.

(*Entram* TITUS ANDRONICUS, *seus três filhos, e* MARCUS *fazendo barulho com cães e trompas.*)

TITUS
Partiu a caça, a manhã já está clara,
Perfumados os campos, verde a mata.
Soltem os cães pra que, com seus latidos,
Despertem Saturninus, sua noiva
E o príncipe, e que o toque da caçada

---
6 Provavelmente adaptado de um verso de Horácio; pode ser traduzido como "Certo ou errado". (N.E.)
7 Do *Hipólito*, de Sêneca; pode ser traduzido como "Caminharei pelas margens do Estige", significando "estarei no inferno". (N.E.)

Faça a corte ecoar com seu ruído.
Filhos, lhes cabe, como a mim também,
Servir o imperador com reverência.
Durante a noite estive perturbado,
Mas a aurora inspirou-me e deu conforto.

(Latido de cães, e toque das trompas, quando então entram Saturninus, Tamora, Bassianus, Lavínia, Chiron, Demetrius *e seu* séquito.*)*

Muitos bons-dias a Sua Majestade;
E à senhora, outros tantos e bons.
Eu prometera esse toque de caça.

Saturninus
E tocaram com gosto, meus senhores,
Um pouco cedo pras recém-casadas.

Bassianus
Lavínia, o que me diz?

Lavínia
Digo que não:
Há mais de duas horas que acordei.

Saturninus
Vamos; venham cavalo e carruagem,
Para divertir-nos.

(Para Tamora.*)*

Senhora, há de ver
Como se caça em Roma.

Marcus
Eu tenho cães
Capazes de enfrentar qualquer pantera,
E de subir à montanha mais alta.

Titus
E eu um cavalo que acompanha a caça
Onde ela for, e corre como um pássaro.

Demetrius
(À parte.)
Chiron, nós dois, sem cavalo e sem cão,
Levaremos ao chão a nossa corça.

(Saem.)

CENA 3
Uma parte erma da floresta.

(Entra A<small>ARON</small>, só, com um saco de ouro.)

A<small>ARON</small>

O esperto pensaria que sou louco,
De enterrar ouro debaixo da árvore,
Sem jamais vir a gozar dele.
Pois o que pensa de mim fazendo pouco,
Saiba que co'este ouro cunho um golpe,
Que bem executado há de gerar
Um excelente feito de maldade:
Repousa, ouro, aí, pra perturbar
Quem do cofre imperial quer se fartar.

(A<small>ARON</small> esconde o saco de ouro. Entra T<small>AMORA</small>, só, e se dirige ao M<small>OURO</small>.)

T<small>AMORA</small>

Meu belo Aaron; por que 'stás tão triste,
Quando tudo se exibe de alegria?
As aves cantam em todos os galhos,
A cobra, ao sol, se enrola de alegria,
As folhas verdes tremulam ao vento,
Deixando o chão malhado com suas sombras.
À sombra delas sentemos doce, Aaron,
E enquanto o eco caçoa dos latidos,
E dá resposta aguda ao som das trompas,
Como se ouvíssemos caçada dupla,
Sentemo-nos pr'ouvir a gritaria.
E depois do conflito, qual supõe-se
Ter havido com Dido e o príncipe errante,
Quando apanhados por feliz tormenta,
Em discreta caverna se ocultaram,
Nós podemos, nos braços um do outro,
Passado o jogo, ter sono dourado,
Enquanto trompas, cães, aves canoras,
Serão pra nós o canto de uma ama,
Um acalanto pra embalar o filho.

A<small>ARON</small>

Vênus, senhora, manda em teus desejos,
Mas é Saturno quem governa os meus.
Que significa este meu fixo olhar,
Meu silêncio e melancolia escura,

                A minha carapinha que se estica
35   Como uma cobra que se desenrola
                Para alguma execução fatal?
                Não são venéreos esses sinais todos;
                Meu peito tem vingança, morte a mão,
                Sangue e revide pulsam-me na mente.
40   Ouve, Tamora, que impera em minh'alma
                Que só a ti aspira como céu,
                Hoje é o dia do fim pra Bassianus,
                Sua Filomela perde hoje a língua,
                Teus filhos pilharão sua castidade,
45   E lavarão suas mãos no sangue dele.

                    (Dá uma carta.)

                Vê esta carta? Pega-a, eu te peço,
                E entrega ao rei a intriga fatal.
                Não me perguntes mais: estão nos vendo.
                Vem aí parte do nosso butim,
50   Sem saber que sua vida está no fim.

                    (Entram BASSIANUS e LAVÍNIA.)

        TAMORA
                Meu doce Mouro, mais doce que a vida!

        AARON
                Já chega, imperatriz: eis Bassianus.
                Sê seca com ele e eu vou buscar
                Teus filhos pra apoiar-te em tuas brigas.

                                                                    (Sai.)

        BASSIANUS
55   Quem 'stá aí? A imperatriz de Roma
                Assim privada de sua guarda e pompa?
                Ou será só Diana, nos seus trajes,
                Que abandonando os seus bosques sagrados
                Veio ver a caçada na floresta?

        TAMORA
60   Controlador abusado de meus passos!
                Tivesse eu os dons que tem Diana
                Tua testa deveria ser logo adornada
                Com os cornos de Acteão, enquanto os cães
                Atacam os seus membros transformados,
65   Por essa intromissão assim grosseira.

Lavínia

Tenha paciência, boa imperatriz,
Pensam todos que sabe cornear,
E julgam que a senhora e o seu Mouro
Se isolaram para experiências.
Que Zeus dos cães proteja o seu marido!
Será pena se o tomarem por cervo!

Bassianus

Creia, rainha, seu cimério escuro
Põe a sua honra da cor dele,
Manchada, detestada, abominável.
Por que se afastaria de seu séquito,
Descendo do seu cavalo todo branco
E indo até este local escuro,
Acompanhada por um Mouro bárbaro,
Se o vil desejo não a conduzisse?

Lavínia

E interrompê-la na sua lascívia
É a razão pr'acusar o meu marido
De abusado.

(Para Bassianus.)

Por favor, vamos embora,
Pr'ela gozar seu amor cor de corvo.
Este vale vai bem com esse desejo.

Bassianus

O rei, meu mano, há de saber disso.

Lavínia

Tais deslizes há muito lhe dão fama:
Como se ofende assim um rei que é bom!

Tamora

Tenho paciência pr'aturar tudo isso.

(Entram Chiron e Demetrius.)

Demetrius

Amada soberana, mãe bondosa!
Por que está Sua Alteza assim tão pálida?

Tamora

E não tenho razão para estar pálida?

Esses dois me atraíram a este sítio:
                Vale estéril e odioso, como veem;
                Até os ramos do estio 'stão secando,
                Recobertos de musgo e ervas más:
95   Aqui não brilha o Sol, nada procria,
                Senão a coruja e o corvo letal.
                E ao me mostrarem este horrível antro
                Disseram-me que na noite mais profunda
100   Mil demônios, mil cobras sibilantes,
                Dez mil sapos, como dez mil ouriços,
                Soltam gritos temíveis e confusos,
                Que sendo ouvidos por qualquer mortal
                O levam logo à loucura ou morte.
105   Ao fim dessa terrível narrativa,
                Disseram-me que aqui me amarrariam
                Ao tronco desse teixo assustador,
                Pra, abandonada, ter morte terrível.
                Chamaram-me de adúltera execrável,
110   Goda lasciva, e dos termos mais vis
                Que já ouviu alguém com o mesmo intuito.
                E se a fortuna aqui não os trouxesse,
                Levariam a cabo sua vingança.
                Se a minha vida prezam, ora vinguem-se,
115   Ou então nunca mais serão meus filhos.

        DEMETRIUS
                Eis aqui prova de que sou seu filho.

                    (Apunhala BASSIANUS.)

        CHIRON
                E este golpe mostra a minha força.

                    (Também apunhala BASSIANUS, que morre.)

        LAVÍNIA
                Semíramis, não, Tamora bárbara,
                Só seu nome expressa sua natureza.

        TAMORA
120   Dê-me o punhal. E ora verão, meninos,
                A minha mão punir quem me ofendeu.

        DEMETRIUS
                Pare, senhora, ela tem mais para dar:
                De milho debulhado queima a palha.

A moça aí gabava-se de casta,
E de fiel depois do casamento,
E com falsa vaidade a desafia.
Será que deve ir assim pra tumba?

CHIRON
Se é que deve, eu quero ser eunuco.
Arrastem o marido pr'um buraco,
Seu tronco morto será nosso leito.

TAMORA
Porém depois do mel do seu desejo
Não deixe a abelha viva, pra nos picar.

CHIRON
Eu garanto, senhora, que o faremos.
Venha, senhora, ora gozaremos
A honestidade que tão bem guardou.

LAVÍNIA
Tamora, o seu rosto é de mulher...

TAMORA
Não quero ouvi-la; levem-na de vez!

LAVÍNIA
Bons senhores, eu peço uma só palavra.

DEMETRIUS
(Para Tamora.)
Ouça, senhora. Que seja sua glória
O pranto dela, deixando seu coração
Imune como é o aço à chuva.

LAVÍNIA
O filhote do tigre ensina à mãe?
Veio dela essa ira que ora ensina.
O leite que mamou tornou-se mármore;
No seio é que aprendeu a tirania.
Filhos da mesma mãe não são iguais:

(Para Chiron.)

Pede-lhe a dó que sente uma mulher.

CHIRON
O quê? Quer que eu dê provas de bastardo?

LAVÍNIA

Sei que corvo não gera cotovia.
Mas já ouvi — quem dera vê-lo agora! —
Que um leão aguentou, com paciência,
Enquanto suas reais garras se aparavam.
Corvos protegem filhotes perdidos,
Enquanto passam fome os seus filhotes:
Contra o seu duro coração me sejam
Não tão bons, mas piedosos, pelo menos.

TAMORA

Eu nem entendo isso; é só levá-la!

LAVÍNIA

Pois que eu lhe explique! Só pelo meu pai,
Que te deu vida podendo matar-te,
Não sejas surda, abra os seus ouvidos.

TAMORA

Se você nunca me houvesse ofendido,
Por ele só eu seria impiedosa.
Lembram-se, meninos, como chorei em vão
Pra salvar seu irmão do sacrifício,
Mas não cedeu esse feroz Andronicus.
Pois levem-na e façam o que quiserem:
Quanto pior fizerem, mais os amo.

LAVÍNIA

(Unindo-se a TAMORA.)
Oh, Tamora, para ser chamada boa
Com as suas mãos mate-me aqui, agora.
Pois não foi vida que eu tanto pedi,
Eu já morri vendo morto Bassianus.

TAMORA

O que me pede então, boba? Largue-me.

LAVÍNIA

Morte imediata; e só uma coisa mais
Que língua de mulher nem pronuncia.
Poupe-me da fatal luxúria deles,
E enterre-me na mais sórdida vala,
Onde ninguém verá jamais meu corpo.
Faça isso, assassina caridosa.

TAMORA
　　Roubando meus meninos de seus prêmios:
180　　Não, que eles em você se satisfaçam.

DEMETRIUS
　　　(Para LAVÍNIA.)
　　Já ficou por aqui tempo demais.

LAVÍNIA
　　Nem uma graça feminina? Besta-fera,
　　Mancha e inimiga do que somos todas!
　　Maldita seja...

CHIRON
185　　Cale essa boca.

　　　(Agarra-a, cobrindo-lhe a boca. Para DEMETRIUS.)

　　　　Tragam o marido:
　　Nessa cova Aaron disse pra escondê-lo.

　　　(DEMETRIUS joga o corpo de BASSIANUS na cova.)
　　　　　　(Saem CHIRON e DEMETRIUS, com LAVÍNIA.)

TAMORA
　　Adeus, filhos: calem-na com certeza.
　　Meu coração não terá uma alegria
　　Até que acabem todos os Andronici.
190　　E agora vou buscar meu Mouro amado,
　　E, meus filhos, deflorem a rameira.

　　　　　　　　　　　　(Sai.)

　　　(Entra AARON com dois dos filhos de TITUS: QUINTUS e MARTIUS.)

AARON
　　Vamos, senhores, pisem com vontade.
　　Já estamos chegando à vala horrenda
　　Onde eu vi a pantera adormecida.

QUINTUS
195　　'Stou vendo mal, seja o que for que veem.

MARTIUS
　　Eu também. E não fosse vergonha,
　　Largava a caça pra dormir um pouco.

(Ele cai na vala.)

QUINTUS
O quê? Caiu? Que vil buraco é esse,
De boca encoberta por galhos secos,
200 Em cujas folhas vejo sangue bem recente,
Fresco como um orvalho sobre as flores?
A mim parece ser local fatídico.
Fale, irmão; machucou-se com a queda?

MARTIUS
(De dentro da vala.)
Irmão, ferido com o mais triste objeto
205 Que algum olhar fez lamentar um peito.

AARON
(À parte.)
Agora vou buscar o rei para encontrá-los
De modo a concluir ser bem provável
Terem eles acabado com o irmão.

(Sai.)

MARTIUS
Por que não me conforta e não me ajuda
210 A deixar este buraco sangrento?

QUINTUS
Estou tomado por medo muito estranho;
Suor gelado me percorre as juntas;
Meu coração teme mais do que vejo.

MARTIUS
Para provar que ele é bom adivinho,
215 Baixe os olhos, com Aaron, pr'esta cova,
Pr'horrível cena de morte sangrenta.

QUINTUS
Aaron se foi, e a minha compaixão
Não permite que veja o meu olhar
O que só imaginar o faz tremer.
220 Diga quem ele é, pois até hoje
Tive medo infantil não sei do quê.

MARTIUS
Bassianus 'stá aqui todo ensanguentado,

Jogado, qual carneiro degolado
Na vala escura que bebeu seu sangue.

QUINTUS

Se é tão escura, como o reconheceu?

MARTIUS

No dedo ensanguentado está usando
Precioso anel que ilumina sua cova,
E como a tocha de algum monumento
Brilha no barro da face do morto,
E deixa ver as entranhas da cova,
Qual lua pálida brilhando em Píramus,
Banhado à noite em sangue de donzela.
Irmão, ajuda-me com mão desfalecente —
Se o medo o enfraquece, como a mim —
A sair desta vala que me engole,
Tal como a foz odiosa do Cocito.

QUINTUS

(Esticando-se.)
Estenda a sua mão pr'eu ajudá-lo,
Mas, se me faltam forças pra fazê-lo,
Eu posso ser sugado para o útero
Da funda cova, tumba de Bassianus.
Não tenho força pra trazer-te à borda.

MARTIUS

Nem eu para sair sem tua ajuda.

QUINTUS

Dê-me de novo a mão; eu não a solto
Até que chegue aqui, ou eu aí.
Não podes vir a mim, a ti eu vou.

(Cai na cova. Entra o IMPERADOR com AARON e servos.)

SATURNINUS

Venha! Eu quero ver que cova é essa,
E quem nela acaba de cair.

(Fala para dentro da vala.)

Diga, quem é você que ainda agora
Desceu pra boca aberta do buraco?

Martius

250   Somos filhos infelizes de Andronicus,
Aqui trazidos numa hora de azar,
Pr'encontrar morto seu irmão Bassianus.

Saturninus

Meu irmão morto! Sei que estão brincando.
Ele e a noiva agora estão na tenda,
255   No lado norte da área de caça.
Há menos de uma hora eu os vi lá.

Martius

Não sei aonde estavam quando vivos;
Mas, ai, ai! Aqui o achamos morto.

(Entram Tamora, Titus Andronicus e Lucius.)

Tamora

Onde está o rei meu senhor?

Saturninus

260   Aqui, Tamora, mas tomado de dor.

Tamora

Onde está seu irmão Bassianus?

Saturninus

Sua busca entra fundo na ferida:
Bassianus jaz ali, assassinado.

Tamora

Tarde demais chego então com este escrito,
265   Que revela o complô desta tragédia;
E a mim espanta que um rosto envolva
Em bons sorrisos tal sanha assassina.

(Entrega uma carta para Saturninus.)

Saturninus

    (Lendo.)
"E se acaso o deixarmos de encontrar,
Bom caçador, eu falo de Bassianus,
270   Peço-te cavar cova para ele:
Sabes o nosso alvo. E o teu prêmio
'Stá nas urtigas junto ao sabugueiro
Que sombreia a abertura do buraco

                    Onde iremos enterrar Bassianus.
275   Faz isso, e tens amigos para sempre."
                    Ah, Tamora, já ouviu coisa assim?
                    É essa a cova, este o sabugueiro.
                    Senhores, vão buscar os caçadores
                    Que aqui deviam matar Bassianus.

AARON
                    (Entrando com o saco de ouro.)
280   Eis o saco de ouro, meu senhor.

SATURNINUS
                    (Para TITUS.)
                    Seus dois filhotes, cachorros sangrentos,
                    Aqui privaram meu irmão da vida.
                    Arrastem-nos da cova pra prisão.
                    Que lá fiquem até que faça planos
285   Para uma tortura inimaginável.

TAMORA
                    O quê? Estão aí? Que maravilha!
                    Que fácil descobrir um assassínio!

                    (Os SERVOS retiram QUINTUS, MARTIUS e o corpo de BASSIANUS da vala.)

TITUS
                    (Ajoelhado.)
                    Imperador, nestes fracos joelhos
                    Eu imploro, com pranto que me é raro:
290   Que esse ato vil de meus malditos filhos,
                    Malditos se se prova esse ato deles...

SATURNINUS
                    Se se prova! Mas há de ver que é óbvio.
                    A carta, quem achou? Você, Tamora?

TAMORA
                    Foi Andronicus mesmo que a pegou.

TITUS
295   Peguei, senhor: que eu sirva de fiança,
                    Pois pela tumba de meu pai eu juro
                    Que estarão prontos, quando assim quiser,
                    Pra responder com a vida a acusação.

SATURNINUS
                    Não haverá fiança. Venham todos.

300 Tragam o corpo e os assassinos.
Que não digam palavra: são culpados.
Se algo é pior que morte aqui eu juro
Que tal fim é que lhes será imposto.

TAMORA

Andronicus, eu falarei ao rei.
305 Não tema por seus filhos; 'starão bem.

TITUS

(Levantando-se.)
Vamos, Lucius. Não fique pra falar-lhes.

(Saem, alguns com o corpo, outros com os prisioneiros.)

CENA 4
Outra parte da floresta.

(Entram os filhos da Imperatriz, com LAVÍNIA; ela com as mãos e a língua cortadas, e violada.)

DEMETRIUS

E agora conte, se sua língua fala,
Quem a cortou e quem a violou.

CHIRON

Escreva, anuncie o que ora sente,
Se esses tocos lhe servem de escrivães.

DEMETRIUS

5 Veja quantos sinais ela rabisca.

CHIRON

(Para LAVÍNIA.)
Vá pra casa, lavar-se e beber água.

DEMETRIUS

Sem língua pra chamar, mãos pra lavar,
Vamos deixar que passeie em silêncio.

CHIRON

Se isso fosse comigo, eu me enforcava.

DEMETRIUS

10 Só tendo mãos para fazer o laço.

(Saem CHIRON e DEMETRIUS.)

(Soam trompas. Entra Marcus, vindo da caça. Lavínia foge, correndo.)

MARCUS

Quem é? Minha sobrinha que assim foge!
Uma palavra. Onde está seu marido?

(Lavínia se volta.)

Se sonho, pago tudo p'ra acordar!
Se acordar, que algum raio me derrube,
15 Para eu poder dormir um sono eterno!
Diga, sobrinha, quais as mãos grosseiras
Que a podando deixaram o seu tronco
Sem seus dois galhos, lindos ornamentos
Em cujo abraço reis quiseram 'star,
20 Sem atingir a alta felicidade
De sequer meio amor? Por que não falas?

(Lavínia abre a boca.)

Ai, um rio de sangue rubro e quente
Como fonte batida pelo vento,
Corre pulsando entre os seus lábios róseos,
25 Com seu hálito doce cresce e baixa.
Na certa algum Tereus a deflorou,
E, para não falar, cortou-lhe a língua.
Ai, como vira o rosto, envergonhada,
E, apesar do sangue todo perdido,
30 Que de uma fonte só sai em três jatos,
Seu rosto tem o rubro de Titã,
Encabulado por estar nublado.
Falo eu por você? Foi mesmo assim?
Se eu soubesse o que sente, qual a fera,
35 Esvaziava a mente contra ela.
A dor oculta, qual forno fechado,
Transforma em cinza o coração que queima.
A Filomela tiraram a língua,
E ela pôde bordar o que pensava.
40 Mas você foi privada desses meios,
Pois enfrentou um Tereus mais astuto,
Que lhe cortou os dedinhos tão lindos,
Superiores aos de Filomela.
Se o monstro visse suas mãos de lírio
45 Tocar como uma pluma o alaúde,
Dando prazer às cordas que beijava,
Nem pela vida as teria podado.

             Ou tendo ouvido a harmonia celeste
             Que criava a doçura dessa língua,
50   Largando a faca, havia de dormir
             Como Cérbero diante do poeta.
             Venha comigo tornar seu pai um cego,
             Pois tal visão cega os olhos de um pai.
             A chuva de uma hora encharca o campo;
55   Que farão meses do pranto de um pai?
             Não vá, pois será nosso o seu lamento:
             Mas pranto não aplaca o sofrimento.

                                                       (Saem.)

ATO 3

CENA 1
Uma rua de Roma.

(Entram os juízes e os senadores, com os dois filhos de Titus, Martius e Quintus, amarrados, cruzando o palco para o lugar da execução, e Titus, na frente, implorando.)

TITUS

Ouçam, senhores! Tribunos, esperem!
Por pena deste velho que, em moço,
Gastou-se em guerra enquanto aqui dormiam,
Por todo o sangue que eu perdi por Roma,
Pelas noites geladas de vigília,
Pelas amargas lágrimas que veem
Correndo pelas rugas do meu rosto,
Tenham piedade desses condenados,
Meus filhos, menos vis do que se julga.
Por outros vinte e dois nunca chorei,
Porque morreram nos braços da honra.

(Titus se deita, os juízes passam por ele, deixando-o para trás.)

Mas por estes escrevo aqui no pó
Minha tristeza e as lágrimas da alma.
Que o meu pranto mate a sede da terra;
Que o sangue de meus filhos a enrubesçam.

(Saem todos, menos Titus.)

Ah, terra, eu te darei muito mais chuva
Que a que ora cai destas duas velhas urnas,
Ou que as chuvas que traz Abril, o jovem;
Nas secas do verão te molharei;
No inverno a neve hei de derreter,
Eterna primavera em ti farei,
Se não beberes o sangue de meus filhos.

(Entra Lucius, de arma em punho.)

Reverendos tribunos! Anciãos!
Soltem meus filhos, livrem-nos da morte,
Para que eu diga, que nunca chorei,
Venci a oradores com meu pranto!

LUCIUS

Meu nobre pai, o seu lamento é vão:
Nenhum tribuno o ouve, já se foram.
Contou suas tristezas para as pedras.

TITUS

30 Lucius, eu quero implorar por seus irmãos
Inda uma vez. Tribunos, eu lhes peço...

LUCIUS

Meu bom senhor, nenhum tribuno o ouve.

TITUS

Não importa, rapaz: se eles me ouvissem,
Não iam reparar; se reparassem,
35 Não iam ter piedade; mas imploro
Mesmo sem esperança.
Conto por isso minha dor às pedras,
Que embora não ecoem meu sofrer
São, mesmo assim, melhores que os tribunos,
40 Já que não interrompem minha história.
Quando choro, aos meus pés, com humildade,
Recebem o meu pranto, choram junto;
E se usassem os negros véus do luto,
Roma não teria tribunos melhores.
45 Pedra é suave, o tribuno é pedra;
O silêncio da pedra não ofende,
A língua do tribuno ordena a morte.
Mas por que 'stá com a arma assim na mão?

LUCIUS

Para salvar meus dois irmãos da morte,
50 Por cuja tentativa esses juízes
Me condenaram a um exílio eterno.

TITUS

(Levantando-se.)
Feliz! Eles só foram seus amigos!
Tolo Lucius, será que não percebe
Que Roma é só uma floresta de tigres?
55 O tigre caça, e não há caça em Roma
A não ser eu e os meus. Feliz, então,
É você, que é banido dessa fome!
Mas quem vem lá com Marcus, meu irmão?

(Entra MARCUS com LAVÍNIA.)

MARCUS

Titus, prepare os olhos pra chorar,
Ou o seu coração pra se partir:
À sua velhice eu trago dor fatal.

TITUS

Irá matar-me? Então eu quero vê-la.

MARCUS

Esta era sua filha.

TITUS

          Marcus, ela é.

LUCIUS

(Cai de joelhos.)
Ai, ai, essa visão me mata!

TITUS

Filho fraco, levante-se e olhe pra ela.

(LUCIUS se levanta.)

Diga, Lavínia, mas que mão maldita
Deixou seu pai vê-la assim sem mãos?
Que tolo levou água para o mar?
Ou uma acha para Troia em chamas?
Ao chegar, minha dor 'stava no auge,
Mas agora transborda como o Nilo.
Uma espada, e eu corto as minhas mãos,
Pois foi em vão que lutaram por Roma.
E só trouxeram dor, criando vida,
Em preces vãs foram elas erguidas,
E em tarefas inúteis me serviram.
Um só serviço a elas peço hoje:
Que uma me ajude a amputar a outra.
É bom, Lavínia, que não tenhas mãos,
Pois mão, a Roma, em vão presta serviço.

LUCIUS

Doce irmã, quem a maculou assim?

MARCUS

O instrumento de seus pensamentos,
Que os expressava com tal eloquência,

                    Foi arrancado da linda gaiola,
85   Onde cantava como um passarinho
                    As notas doces que encantavam a todos.

          Lucius

                    Mas diga então por ela: quem o fez?

          Marcus

                    Encontrei-a vagando pelo parque,
                    Que como a corça tenta se esconder
90   Quando recebe ferida fatal.

          Titus

                    É minha corça, e quem a golpeou
                    Feriu-me mais do que se me matasse.
                    Pois 'stou como quem atam a uma rocha
                    Toda cercada por um mar revolto,
95   Que vê subir a maré a cada onda,
                    Sempre esperando que uma, mais faminta,
                    Venha engoli-lo em salgadas entranhas.
                    Ali foram pra morte meus dois filhos;
                    Aqui está outro, banido e desgraçado,
100   E meu irmão, aqui, chora-me a dor.
                    Mas o que mais tortura a minha alma
                    É a querida Lavínia da minh'alma.
                    Se a visse assim apenas em imagem,
                    Já ficaria louco. O que fazer
105   Se vejo agora assim seu corpo vivo?
                    Sem mãos, não pode limpar suas lágrimas,
                    Sem língua, me dizer quem a feriu;
                    Seu marido 'stá morto, e por tal morte
                    Seus irmãos, condenados, já morreram.
110   Olhem pra ela, filho Lucius, Marcus!
                    Ao falar dos irmãos, lágrimas novas
                    Rolaram-lhe nas faces, como o orvalho
                    Qual lírio que, cortado, já fenece.

          Marcus

                    Talvez por lhe matarem o marido,
115   Ou talvez por sabê-los inocentes.

          Titus

                    Se o mataram, então fique contente,
                    Pois a lei já cumpriu vingança neles.
                    Mas não fariam nunca algo tão vil:
                    Basta ver a tristeza dessa irmã.

120		Doce Lavínia, que eu lhe beije os lábios,
		Ou dê sinal de como consolá-la.
		Deveremos, seu tio e seu irmão,
		Você e eu sentar-nos em um círculo
		Junto a uma fonte para ver nossos rostos
125		Manchados como o campo inda molhado

125 Manchados como o campo inda molhado
Com a lama que a enchente ali deixou?
E olhar por tanto tempo nessa fonte
Até que o gosto puro do que é doce
O nosso pranto torne em mar salgado?
130 Cortaremos as mãos, como essas suas?
Morderemos as línguas para, em mímica,
Passar a vida odiosa que nos resta?
Fazer o quê? Nós, os que temos línguas,
Façamos planos de novas misérias
135 Que deixem assombrado até o futuro.

LUCIUS

Meu pai, chega de pranto. A sua dor
Faz soluçar minha infeliz irmã.

MARCUS

Calma, sobrinha. Enxugue os olhos, Titus.

(Oferece um lenço.)

TITUS

Ah, Marcus, Marcus, irmão, eu bem sei
140 Que seu lenço não me enxuga as lágrimas,
Pois você o encharcou com as suas próprias.

LUCIUS

Minha Lavínia, vou secar-lhe as faces.

TITUS

Repare, Marcus! Eu a compreendo:
Com língua pra falar, ela diria
145 Ao irmão o que eu lhe disse inda agora.
O lenço dele, molhado de lágrimas,
Não serve pra secar as faces dela.
Toda a tristeza unida neste instante
Como o limbo do céu fica distante.

(Entra AARON, O MOURO, só.)

AARON

150 Titus Andronicus, o imperador

                    Manda dizer que, se ama os seus filhos,
                    Marcus, Lucius ou mesmo o velho Titus,
                    Deverá, qualquer um, cortar a mão
                    E mandá-la pro rei: e ele, em troca,
155   Lhe mandará aqui seus filhos vivos,
                    Sendo esse o preço do erro dos dois.

       TITUS

                    Bondoso imperador! Gentil Aaron!
                    O corvo canta como cotovia
                    Pra trazer boas novas na manhã?
160   Com prazer mando ao rei a minha mão.
                    Bom Aaron, não me ajuda a decepá-la?

       LUCIUS

                    Espere, pai. A sua nobre mão,
                    Que derrotou tantos inimigos
                    Não há de ir. Minha mão servirá.
165   É mais fácil pr'um jovem perder sangue,
                    E a minha salva a vida dos irmãos.

       MARCUS

                    Qual dessas duas não defendeu Roma,
                    Levando ao alto o machete sangrento,
                    Arruinando o castelo do inimigo?
170   Ambos os dois têm mérito supremo.
                    Pois que a minha, ociosa, agora sirva
                    Pra resgatar da morte os meus sobrinhos.
                    Guardei-a, então, para um fim glorioso.

       AARON

                    Resolvam logo qual a mão que eu levo,
175   Pra que não morram antes do perdão.

       MARCUS
                    Vai a minha.

       LUCIUS
                              Pelos céus, não vai, não.

       TITUS
                    Chega de luta. Estas ervas, se secas,
                    'Stão prontas pra colheita. Vai a minha.

       LUCIUS
                    Bom pai, pra ser julgado filho seu,
180   Seja eu quem redima os meus irmãos.

MARCUS

Por nosso pai, e o amor de nossa mãe,
Deixe que eu prove o meu amor de irmão.

TITUS

Pois entrem num acordo: eu poupo a minha.

LUCIUS

Vou pegar um machado.

MARCUS

Mas eu o usarei.

(Saem LUCIUS e MARCUS.)

TITUS

Venha cá, Aaron. Enganei a ambos:
Se sua mão me ajuda, dou-lhe a minha.

AARON

(À parte.)
Se isso é enganar, serei honesto,
E não engano mais ninguém na vida.
Pra enganá-lo eu uso um outro modo,
E em meia hora há de saber qual é.

(Ele corta a mão de TITUS. Voltam LUCIUS e MARCUS.)

TITUS

Chega de briga; o feito já está feito.
Bom Aaron, dê ao rei a minha mão.
Diga-lhe que é a mesma mão que o protegeu
De mil perigos; peça-lhe que a enterre;
Merece mais; dê-lhe ao menos isso.
Quanto a meus filhos, diga-lhe que os tenho
Quais joias que comprei a preço baixo,
Mas foram caras, pois já eram minhas.

AARON

Já vou, Andronicus. E por sua mão
Espere ter consigo logo os filhos.

(À parte.)

Ou suas cabeças. Como a vilania
Me incha só por tê-la imaginado!

Bem é pra tolo, bom pede perdão,
205 Como o meu rosto, minh'alma é carvão.

(Sai.)

TITUS
Minha única mão levanto aos céus,
E até o chão curvo a fraca ruína.

(Ajoelha-se.)

Se algum poder tem pena de quem chora,
A esse eu clamo.

(LAVÍNIA se ajoelha.)

                    O quê? 'Stá de joelhos?
210 Faz bem, querida; o céu irá ouvir-nos,
Ou com suspiros o escureceremos,
Nublando o Sol, como fazem, às vezes,
As nuvens que o abraçam em seu seio.

MARCUS
Irmão, fale de coisas mais sensatas,
215 E não se entregue assim a tais extremos.

TITUS
Não é imensa a minha dor sem fundo?
Seja sem fim também minha paixão.

MARCUS
Mas que a razão comande os seus lamentos.

TITUS
Se não teve razão tanta miséria,
220 Não posso dar limite à minha dor.
Quando o céu chora, não inunda a terra?
Não enlouquece o mar o uivo do vento,
Ameaçando o céu com o rosto inchado?
E você pede razão para o que eu faço?
225 Sou o mar. E os suspiros dela sopram.
Ela é o céu que chora, e eu a terra:
Meu mar se agita com os seus suspiros,
Minha terra com seu perene pranto
Pelo dilúvio transborda e se afoga.
230 Eu não posso engolir as suas dores,

Como um ébrio eu preciso vomitá-las.
Deem-me licença, então, pois o que perde
Com língua amarga alivia o estômago.

(Entra um MENSAGEIRO com duas cabeças e uma mão. TITUS e LAVÍNIA levantam-se.)

MENSAGEIRO

Heroico Andronicus, foi muito mal paga
A boa mão que enviou ao rei.
Eis as cabeças de seus nobres filhos,
E devolvida a mão com desprezo:
Rindo, debocham-lhe dor e bravura,
Mas em mim sua dor causa mais dor
Que a lembrança da morte de meu pai.

(Deixa as cabeças e a mão, e sai.)

MARCUS

Que agora, que o Etna da Sicília esfrie,
E o coração me queime como o inferno!
Tais dores são bem mais que o suportável.
Chorar com o que chora é algum alívio,
Mas caçoar da dor é morte dupla.

LUCIUS

Que tal visão fira tanto e assim mesmo
A vida detestada não se acabe!
Que a morte deixe a vida ter seu nome,
Quando a vida é apenas respirar!

(LAVÍNIA beija as cabeças.)

MARCUS

Esse beijo, querida, é tão inútil
Quanto é o gelo pra cobra sedenta.

TITUS

E quando acaba este sono temível?

MARCUS

Ora, adeus bajulação. Morre Andronicus.
Não dormes. Vês as cabeças de dois filhos,
A mão guerreira e a filha ultrajada;
O filho banido, e ao ver isto
Está exangue e pálido. E eu, seu mano,

'Stou frio e quedo qual imagem pétrea.
Não quero mais controlar suas dores.
260 Arranca os alvos cabelos, a outra mão
Roendo só com os dentes, e o que vemos
Fecha de vez nossos olhos malditos.
É hora de urrar; por que 'stá quieto?

TITUS

Ha, ha, ha!

MARCUS

265 Por que ri? Não condiz co'esta hora.

TITUS

Para chorar eu não tenho mais lágrimas.
Além do quê, a tristeza é inimiga
Que se imiscui em meus olhos molhados,
Cegando-os com pranto tributário.
270 Como veria a grota da Vingança?
Essas duas cabeças ora me falam
E afirmam que jamais serei feliz
Enquanto não cobrar essas maldades
Nas próprias goelas dos que as cometeram.
275 Vamos ver quais serão minhas tarefas.
Vocês, tão tristes, fechem-me num círculo,
Pr'eu poder me virar pra cada um
E jurar por minh'alma acertar tudo.

(Eles fazem um juramento.)

Já jurei. Pegue uma cabeça, irmão,
280 Com esta mão carregarei a outra.
Lavínia, irá usar esses seus braços.
Pegue essa mão, querida, com seus dentes.
Você, meu filho, não quero ver mais:
Está banido, aqui não fique mais.
285 Procure os godos, crie um novo exército,
E, se me ama, e eu penso que sim,
Beije-me e adeus. Há muito o que fazer.

(Beijam-se e saem.)

LUCIUS

Adeus Andronicus, meu nobre pai,
O homem mais infeliz de Roma inteira.
290 Roma orgulhosa, adeus, até que eu volte;

>   Tal jura Lucius preza mais que a vida.
>   Adeus Lavínia, minha nobre irmã.
>   Quem me dera que fosse como outrora!
>   Hoje nem Lucius nem Lavínia vivem
> 295 Senão nas dores e no esquecimento.
>   Se eu viver, vingarei quem lhe fez mal,
>   Fazendo a imperatriz e Saturninus
>   Esmolar como Tarquínio e sua rainha.
>   Agora vou pros godos e outra tropa,
> 300 Pra me vingar de Roma e Saturninus.

(Sai.)

CENA 2

Uma sala na casa de Titus. A mesa do banquete está posta.

(Um banquete. Entram Titus Andronicus, Marcus, Lavínia e o menino, jovem Lucius.)

Titus

>   Sente-se, assim. E não deve comer
>   Mais do que há de sustentar-lhe as forças
>   Para vingar nossa amarga miséria.

(Eles se sentam.)

>   Marcus, desmanche o nó de nossa dor.
> 5   Sua sobrinha e eu, pobres, sem mãos,
>   Não podemos dar forma à nossa pena
>   Só com braços. Minha pobre direita
>   Só faz tiranizar este meu peito,
>   Pois quando o coração, louco de dor,
> 10 Palpita na prisão da minha carne,
>   Assim eu o golpeio.

(Para Lavínia.)

>   Mapa da dor, que fala por sinais,
>   Mesmo que o coração lhe bata louco
>   Não poderá dar golpes pra acalmá-lo.
> 15 Fira-o com suspiros, mate-o gemendo,
>   Ou tomando uma faquinha entre os dentes,
>   Bem no coração cave um buraco
>   Pra que todas as lágrimas que chora
>   Corram para essa pia e encharquem tudo,
> 20 Afogando o coitado no seu pranto.

MARCUS

    Que é isso, irmão! Não lhe ensine a deitar
    Mãos violentas contra o corpo frágil.

TITUS

    Que é isso! O pranto já o fez insano?
    Ora, Marcus, o louco aqui sou eu.
25   Que mãos violentas pode ela deitar?
    Quem diz aqui essa palavra mãos
    Faz Eneias contar por duas vezes
    O incêndio de Troia e sua desgraça.
    Não lide com o tema que fala de mãos,
30   Só para nos lembrar que não as temos.
    Mas que vergonha, vejam o que digo,
    Dando o não termos mãos por esquecido,
    Se Marcus não usasse o termo mãos!
    Comecem! Coma isto, doce filha.
35   Bebida? Marcus, ouça o que ela diz.
    Eu compreendo os sinais da mártir:
    Ela diz que só bebe as suas lágrimas,
    Fermentadas na dor, coadas nas faces.
    Leio o que pensa, a queixa sem palavras.
40   Vou decorar tão bem seus vários gestos
    Quanto o eremita sua prece sagrada.
    Não há de suspirar, erguer seus tocos,
    Piscar, fazer sinal, ajoelhar-se,
    Sem que eu faça de tudo um alfabeto,
45   E, praticando, aprenda o seu sentido.

JOVEM LUCIUS

    Meu avô, deixe agora esses lamentos.
    Com conto doce, alegre a minha tia.

MARCUS

    Terno, o menino levado por amor
    Chora as grandes tristezas do avô.

TITUS

50   Raminho frágil, feito só de pranto,
    Cuja vida há de o pranto derreter.

    (MARCUS bate no prato com uma faca.)

    O que bateu com sua faca, Marcus?

MARCUS

    O que matei, senhor: era uma mosca.

TITUS

Assassino! Matou-me o coração.
Furou-me os olhos com essa tirania:
O ato de matar um inocente
Não calha bem a um irmão de Titus.
Vá embora. Não lhe quero a companhia.

MARCUS

Sinto muito. Só matei uma mosca.

TITUS

"Só"? E se a mosca tiver pai e mãe?
Como havia de abrir asas douradas
E zumbir seus lamentos pelos ares!
Pobre mosca inócua,
Que com a melodia do seu zumbido
Veio alegrar-nos e você matou.

MARCUS

Perdão, senhor. Era uma mosca negra,
Como o Mouro da rainha, e a matei.

TITUS

Oh! Oh! Oh!
Perdão, então, se o repreendi,
Pois o seu ato foi de caridade.
Dê-me sua faca; vou triunfar com ela,
E me enganar que tenha sido o Mouro
Que veio aqui para me envenenar.

(Pega a faca e dá pancadas.)

Eis aqui pra você, e eis pra Tamora.
Ah, menino!
Mas eu creio que não descemos tanto
Que não possamos matar uma mosca
Preta como o carvão e como o Mouro.

MARCUS

Coitado! A dor o marcou tanto,
Que em toda sombra ele vê substância.

TITUS

Podem tirar tudo. Vamos, Lavínia.
Vou ler velhas histórias pra você,

Tristes contos dos tempos passados.
Venha, menino: a sua vista é jovem,
E poderás ler se a minha ficar turva.

(Saem.)

ATO 4

CENA 1
Roma. O jardim da casa de Titus.

(Entram o JOVEM LUCIUS e LAVÍNIA, correndo atrás dele. Com os livros debaixo do braço, o menino foge dela. Entram TITUS e MARCUS.)

JOVEM LUCIUS
    Socorro, avô! Minha tia Lavínia
    Me segue sem parar, não sei por quê.
    Veja como vem rápida, meu tio.
    Ai, ai, titia, não sei o que quer.

MARCUS
5   Fique comigo, Lucius. Não a tema.

TITUS
    Ela o ama muito pra fazer-lhe mal.

JOVEM LUCIUS
    Mas fez, quando meu pai estava em Roma.

MARCUS
    Que dizem tais sinais, minha sobrinha?

TITUS
    Não tema, Lucius — algum alvo ela tem.

MARCUS
10   Veja, Lucius, como a tia o procura:
    Quer que, com ela, vá a algum lugar.
    Menino, nem Cornélia foi mais doce
    Lendo pros filhos que ela pra você
    Doces poemas e o Orador de Túlio.
15   Não percebe o que ela está pedindo?

JOVEM LUCIUS
    Senhor, não sei, nem posso adivinhar,
    Talvez um frenesi, uma loucura.
    Pois muitas vezes escutei o avô
    Dizer que a dor leva à loucura o homem.
20   E ouvi dizer que Hécuba de Troia
    Enlouqueceu de dor. Tive assim medo,

     Embora saiba que minha nobre tia
     Me ame tanto quanto o fez mamãe,
     E só em fúria é que me assustaria.
25   E então larguei meus livros e fugi,
     Talvez sem causa. Mas, perdão, titia.
     E se o meu tio Marcus vem comigo,
     Eu de bom grado vou obedecer-lhe.

  MARCUS

     Lucius, eu vou.

     (LAVÍNIA vira os livros.)

  TITUS

30   Vamos, Lavínia! Marcus, o que é isso?
     Ela deseja ver um desses livros.
     E qual deles, filha? Abra-os, menino.

     (Para LAVÍNIA.)

     Mas você já leu mais, livros mais sérios.
     Venha escolher na minha biblioteca,
35   E atenuar a dor, até que os céus
     Revelem-nos quem foi que agiu assim.
     Por que levanta ela os braços separados?

  MARCUS

     Creio que pra dizer que mais de um
     Tramaram juntos. Sim, foram mais —
40   Ou então pede aos céus uma vingança.

  TITUS

     Lucius, que livro é esse que ela empurra?

  JOVEM LUCIUS

     Metamorfoses, de Ovídio, meu avô.
     Mamãe me deu.

  MARCUS

         E o amor à que se foi
     Talvez a leve assim a escolhê-lo.

  TITUS

45   Mas vejam com que pressa vira as páginas!

     (Ele a ajuda.)

O que busca? Quer que eu leia?
Essa é de Filomela a triste história,
A quem Tereus traiu e violou —
Temo que sua dor nasça de um estupro.

    Marcus

50   Observe, irmão, como ela indica as páginas.

    Titus

Lavínia, você foi surpreendida,
Qual Filomela cruelmente violada,
Forçada na floresta imensa e negra?

       (Lavínia confirma com a cabeça.)

Veja! Veja!
55   Existe um tal lugar, lá nós caçamos —
Quem nos dera jamais ter lá caçado —
Igual ao que o poeta aqui descreve,
Que a natureza fez pra morte e estupros.

    Marcus

Por que criar um antro assim tão sujo,
60   Se os deuses não gostassem de tragédias?

    Titus

Faça os sinais, aqui só há amigos.
Que nobre em Roma ousou fazer tal coisa?
Ou Saturninus fez como Tarquínio,
Que foi furtivo ao pecar com Lucrécia?

    Marcus

65   Sente, sobrinha; irmão, sente também.
Que Apolo, Palas, Júpiter, Mercúrio,
Me inspirem pra aclarar essa traição!
Olhe pra aqui, senhor. Olhe, Lavínia.
A areia aqui é plana. Se puder
70   Faça como eu.

       (Ele escreve seu nome com seu bastão, guiando-o com os pés e a boca.)

        Escrevi o meu nome
Sem a ajuda de qualquer das mãos.
Maldito quem nos força a usar tais truques!
Boa sobrinha, escreva e assim revele

		O que Deus quer ver sabido e vingado.
75		Que os céus a guiem pra escrever bem claro,
		Pra conhecermos verdade e traidores!

(Ela pega o bastão na boca, guia-o com os pedaços dos braços, e escreve.)

Está lendo, senhor, o que escreveu?

TITUS

Stuprum. Chiron. Demetrius.

MARCUS

Os dois lascivos filhos de Tamora,
80 Autores desse feito hediondo?

TITUS

Magni dominator poli,
Tam lentus audis scelera, tam lentus vides?[8]

MARCUS

Calma, meu bom senhor, embora eu saiba
Haver bastante escrito nessa terra
85 Pr'amotinar a mente mais tranquila
E armar mentes de infantes pra protestos.
Ajoelhe-se comigo, e com Lavínia;
E mais você, futuro Heitor romano;

(Ajoelham-se.)

E juremos — qual, co'o ferido esposo
90 E o pai da casta dama desonrada,
Junius Brutus jurou por Lucrécia —
Fazer tombar, com planos bem pensados,
Mortal vingança sobre os godos vis,
E derramar seu sangue ou morrer.

(Levantam-se.)

TITUS

95 Isso é o certo, se o souber fazê-lo.
Mas com filhos de urso há que cuidar:
Se a mãe sentir o cheiro, ela desperta.

---

8 Em latim, como no *Hipólito*, de Sêneca: "Ó Grande Governante dos céus, és tão lento em ouvir crimes, tão lento em vê-los?". Como na cena em que Demetrius anuncia o estupro de Lavínia com uma citação de *Hipólito*, aqui Titus reage à descoberta dos criminosos com outra citação. (N.E.)

                Ela está sempre em liga com o leão,
                E deixa que ele brinque em suas costas,
100   Mas se ele dorme, ela faz o que quer.
                Marcus na caça é novo. Esqueça disso,
                Venha comigo, e em chapa de metal
                Com um buril eu escrevo essas palavras
                E as guardo um pouco. O irado vento norte
105   Sopra a areia e onde fica, então,
                O augúrio de Sibila? O que diz, Lucius?

        JOVEM LUCIUS
                Senhor, eu digo que, se fosse homem,
                Nem o quarto da mãe protegeria
                Esses vilões da mão forte de Roma.

        MARCUS
110   Isso, menino! E quanta vez seu pai
                Agiu assim por sua pátria ingrata.

        JOVEM LUCIUS
                E assim farei, meu tio, se eu viver.

        TITUS
                Venham comigo ao meu arsenal.
                Lucius, eu vou armá-lo e, já pronto,
115   Irá levar pros filhos da rainha
                Presentes meus que mandarei a ambos.
                Vamos, não quer ser meu mensageiro?

        JOVEM LUCIUS
                Com um punhal em seus peitos faço a entrega.

        TITUS
                Não, menino. Eu lhe ensino outro caminho.
120   Venha, Lavínia. Marcus, para casa.
                Lucius e eu faremos brava corte.
                Sim, senhor; e desta vez nos escutam.

                                                                    (Saem.)

        MARCUS
                Será que um homem bom pode gemer
                Sem que os céus o escutem compassivos?
125   Marcus, ajude nessa sua insânia
                Quem tem no coração mais cicatrizes
                Que marcas do inimigo em seu escudo,

Porém tão justo que ele não se vinga.
Que os céus então se vinguem por Andronicus.

(Sai.)

CENA 2
Uma sala no palácio.

(Entram Aaron, Chiron e Demetrius por uma porta e, pela outra, o jovem Lucius com um outro, trazendo uma pilha de armas e versos escritos nas mesmas.)

Chiron
Lá vem o filho de Lucius, Demetrius;
Traz alguma mensagem para nós.

Aaron
Uma mensagem de seu avô louco.

Jovem Lucius
Senhores, com a maior das humildades,
Saúdo-lhes a honra por Andronicus.

(À parte.)
E peço aos deuses que os dane a ambos.

Demetrius
Sou grato, belo Lucius. Quais as novas?

Jovem Lucius
(À parte.)
Que foram descobertos, essa é a nova,
Como vilões do estupro.

(Para todos.)
                    Se lhes apraz,
Por bons conselhos meu avô lhes manda,
Dentre as que tem, suas melhores armas,
Pro bem de sua honrada juventude,
A esperança de Roma, disse-me ele;
E assim com o que ele manda, eu presenteio
Os senhores pra, quando necessário,
Além de prontos 'stejam bem armados.

(O acompanhante mostra as armas.)

E assim deixo os dois.

(À parte.)

Vilões sangrentos

(Saem o jovem Lucius e seu acompanhante.)

Demetrius

Que é isso? Um pergaminho, todo escrito?
Vamos ver:
"*Integer vitae, scelerisque purus,
Non eget Mauri iaculis, nec arcu*".[9]

Chiron

É um verso de Horácio, que eu conheço:
Li-o há muito tempo na gramática.[10]

Aaron

Isso de Horácio está correto.

(À parte.)

Que coisa triste é ser assim um asno!
Não é pra rir! O velho achou a culpa,
E envia armas envoltas em versos
Que matam muito mais que sentimentos.
Se a esperta imperatriz 'stivesse aqui
Aplaudiria o espírito de Andronicus.
Mas nesta inquietação, que fique quieta...

(Para todos.)

Mas então, jovens nobres, não foi boa
A estrela que nos trouxe a Roma, estranhos
E cativos, pra alçar-nos a tal nível?
É bom desafiar, junto ao palácio,
O bom tribuno ao ouvido do irmão.

Demetrius

Ainda gosto mais de um grande homem
A querer bajular-nos com presentes.

---

9 Citação latina da "Ode de Horácio", que diz que o homem de vida virtuosa e livre de crimes não necessita de armas. (N.T.)
10 A "gramática" era de Lily, usada em todos os colégios da Inglaterra. (N.T.)

AARON

    E ele não tem razão, senhor Demetrius?
40   Não tratou sua filha com amizade?

DEMETRIUS

    Eu queria umas mil damas romanas
    Acuadas assim, pro meu prazer.

CHIRON

    Um desejo piedoso e todo amor.

AARON

    Só falta a sua mãe dizer amém.

CHIRON

45   Que ela diria pra mais vinte mil.

DEMETRIUS

    Venham, vamos rezar aos deuses todos
    Por nossa amada mãe em suas dores.

AARON

    Rezem ao diabo; os deuses desistiram de nós.

(Soam trompas.)

DEMETRIUS

    Por que tocam as trompas imperiais?

CHIRON

50   Por ter o imperador agora um filho.

DEMETRIUS

    Quietos! Quem vem aí?

(Entra uma AMA com uma CRIANÇA moura negra.)

AMA

               Bom dia, nobres.
    Digam-me cá: viram Aaron, o Mouro?

AARON

    Ou viram mais ou menos, ou não viram
    Eis aqui Aaron. O que quer com Aaron?

Ama

55 Oh, gentil Aaron, estamos perdidos!
Ajude-me, ou sofra para sempre!

Aaron

Mas que gatos miando vêm aí?
Que embrulho é esse que traz em seus braços?

Ama

O que esconderia até dos céus,
60 Vergonha da rainha, azar de Roma.
Dando à luz, ela trouxe tudo à luz.

Aaron

A quem?

Ama

Quero dizer que ela pariu.

Aaron

Que Deus a ampare! O que lhe mandou Ele?

Ama

Um demo.

Aaron

65 Então é mãe do demo: é boa raça.

Ama

Raça tristonha, assustadora e preta.
Eis o neném, nojento como um sapo
Entre os brancos irmãos de nosso clima.
A imperatriz o manda, tem seu selo,
70 E pede que o batize com sua adaga.

Aaron

Por Cristo, puta! Preto é assim tão feio?

(Para o bebê.)

Tão coradinho, é uma linda flor.

Demetrius

Vilão, o que fez?

AARON

O que não se pode desfazer.

CHIRON

75 Você perdeu nossa mãe.

AARON

Vilão, eu gozei a sua mãe.

DEMETRIUS

E a perdeu com isso, cão maldito.
Foi azarenta nessa escolha odiosa!
Maldito o filho desse monstro vil!

CHIRON

80 Ele não vai viver.

AARON

Ele não vai morrer.

AMA

A mãe o quer e é preciso, Aaron.

AARON

Preciso, ama? Pois que seja eu
A executar minha carne e meu sangue.

DEMETRIUS

85 Eu furo o sapo com o meu punhal:
Dê-me-o aqui, ama; minha espada o mata.

AARON

Enfio a minha em suas tripas antes.

(AARON pega a criança e puxa de sua espada.)

Assassinos, vão matar seu irmão?
Pois pelas tochas que queimam no céu,
90 E rebrilhavam quando foi gerado,
Morre na ponta desta cimitarra
O primeiro a tocar meu primogênito.
Jovens, lhes digo que nem Enceladus
Com as ferozes crias de Tifeu,
95 Nem Alcides e nem o deus da guerra,
Tira das mãos do pai esse menino.
Jovens sem coração, jovens sangrentos!

           Paredes brancas! Cartazes de cores!
           Nada é melhor que o preto do carvão,
100   Que se recusa a ostentar outras cores;
           Pois nem a água toda do oceano
           Faz brancas as patas pretas do cisne,
           Mesmo que as lave de hora em hora o rio.
           Pois diga à imperatriz que sou adulto
105   E cuido do que é meu. Que ela se arranje.

     DEMETRIUS
           E vai trair assim a sua senhora?

     AARON
           Senhora que é amante. Este sou eu,
           Tem minha força e aspecto quando jovem.
           Prefiro a ele mais que ao mundo inteiro,
110   E, apesar do mundo, o ponho a salvo,
           Ou muitos queimarão por ele em Roma.

     DEMETRIUS
           Pra nossa mãe é uma vergonha eterna.

     CHIRON
           Roma há de desprezar-lhe essa aventura.

     AMA
           O imperador em fúria irá matá-la.

     CHIRON
115   Eu enrubesço com essa ignomínia.

     AARON
           É privilégio dessa sua cor.
           Vergonha, tom traidor, que enrubescendo
           Revela os atos vis do coração!
           É outra a compleição deste rapaz.
120   Vejam como o pretinho ri pro pai,
           Como a dizer: "Meu velho, eu sou só seu."
           É seu irmão, senhores, foi criado
           Por esse mesmo sangue que os gerou,
           E do ventre onde foram prisioneiros,
125   Ele se libertou e veio à luz.
           É seu irmão do lado mais seguro,
           Mesmo que leve no rosto o meu selo.

AMA

    Mas Aaron, que direi à imperatriz?

CHIRON

    Pense bem, Aaron, no que há pra fazer,
    Que nós aceitaremos seus conselhos.
    Fique com o filho, mas nos deixe a salvo.

AARON

    Vamos sentar, então, e ponderar.

      (Sentam-se.)

    Meu filho e eu por vocês velaremos.
    Podem pensar em como se salvar.

DEMETRIUS

      (Para a AMA.)
    Quantas mulheres viram o seu filho?

AARON

    Isso, senhores! Ficando de acordo
    Sou um cordeiro. Mas desafiado
    Nem javali nem leoa dos montes
    E nem o mar urram mais do que Aaron.

      (Para a AMA.)

    Diga de novo. Quantas é que o viram?

AMA

    A parteira Cornélia e eu mesma;
    Fizemos sós o parto imperial.

AARON

    A imperatriz, a parteira e você.
    Duas guardam segredo, mas não três.
    Pois vá à imperatriz, diga-lhe que eu disse:

      (Ele a mata.)

    "Uíque, uíque!" gritou o porco no espeto.

DEMETRIUS

    Que é isso, Aaron? Por que fazer isso?

AARON
　　　　　Ora, senhor, é um ato político:
　　　　　Deveria viver, pra nos trair,
150　　　　Essa comadre linguaruda? Não.
　　　　　E agora eu vou dizer o que pretendo.
　　　　　Perto daqui, o meu conterrâneo Muly
　　　　　Vive com sua mulher que pariu ontem.
　　　　　Como a mãe e vocês, o filho é claro.
155　　　　Falem com ele, deem ouro à mãe,
　　　　　Falem das circunstâncias disso tudo,
　　　　　E das vantagens para o filho deles
　　　　　De ser tratado como herdeiro real,
　　　　　Se puder ser trocado pelo meu
160　　　　Para acalmar o vendaval na corte;
　　　　　E o imperador que o tenha como seu.
　　　　　Vejam, senhores: dei-lhes o remédio,

　　　　　　　(Apontando para a AMA.)

　　　　　Têm de cuidar do enterro desta aqui;
　　　　　Há campo aqui por perto, vocês são fortes.
165　　　　Depois, e não levando muito tempo,
　　　　　Mandem vir ter comigo a tal parteira.
　　　　　Liquidadas a ama e a parteira,
　　　　　Que falem quanto queiram as mulheres.

CHIRON
　　　　　Aaron, já vi que nem ao ar confia
170　　　　Seus segredos.

DEMETRIUS
　　　　　　　　　Por cuidar de Tamora,
　　　　　Ela e os seus lhe ficam obrigados.

　　　　　　　(Saem CHIRON e DEMETRIUS com o corpo da AMA.)

AARON
　　　　　E agora aos godos, rápido qual ave,
　　　　　Pra guardar lá o tesouro em meus braços,
　　　　　Vendo em segredo amigos de Tamora.
175　　　　Meu beiçudo, daqui hei de levá-lo,
　　　　　Pois é você quem nos deixa em apertos.
　　　　　Hei de criá-lo com frutas, raízes,
　　　　　Coalhada, e leite tirado das cabras;
　　　　　E em alguma caverna hei de criá-lo
180　　　　Pra ser guerreiro e comandar tropas.

　　　　　　　　　　　　(Sai com a CRIANÇA.)

CENA 3
Um local público.

(Entram T<small>ITUS</small>, o velho M<small>ARCUS</small>, o <small>JOVEM</small> L<small>UCIUS</small> e outros <small>CAVALHEIROS</small>, P<small>UBLIUS</small>, filho de M<small>ARCUS</small>; parentes de Andronici, C<small>AIUS</small> e S<small>EMPRONIUS</small>, com arcos. T<small>ITUS</small> carrega as flechas, com cartas presas às mesmas.)

T<small>ITUS</small>

    Venha, Marcus, e venham meus parentes.
    Menino, quero ver se é bom arqueiro.
    Quando se estica bem, ela vai certo.
    Terras Astraea reliquit[11]:
5   Marcus, lembre-se, ela se foi, fugiu.
    Senhores, as ferramentas. Meus primos,
    Vão sondar o oceano com suas redes.
    Talvez com sorte a capturem no mar;
    Mas há pouca justiça, como em terra.
10   Não, Publius e Sempronius vão fazê-lo;
    Vão cavoucar com pá e picareta
    Até chegar ao centro desta terra.
    E então, chegando ao Reino de Plutão,
    Eu peço que lhe entreguem meu pedido.
15   Digam-lhe que é pra ajuda e pra justiça,
    E foi mandado pelo velho Andronicus,
    Que a ingrata Roma sacudiu de dor.
    Ah, Roma! Eu a desgracei também
    Ao sugerir que o voto do seu povo
20   Fosse pr'aquele que me tiraniza.
    Já podem ir e, por favor, cuidado,
    Não fique uma só nave sem revista:
    Talvez o imperador a embarcasse,
    Deixando-nos em vão buscar justiça.

M<small>ARCUS</small>

25   Ai, Publius, não é coisa triste
    Ver o seu nobre tio assim insano?

P<small>UBLIUS</small>

    E por isso, senhores, cabe a nós
    Com cuidado velá-lo noite e dia,
    Procurando atender os seus caprichos,
30   Até ser encontrado algum remédio.

M<small>ARCUS</small>

    Meus primos, pra tristeza não há cura,

---

11 A deusa da justiça deixou a Terra, Metamorfoses. (N.T.)

        Mas, com os godos, em guerra vingadora
        Por sua ingratidão pilhem Roma
        E vinguem a traição de Saturninus.

Titus

35   Publius, então? Como foram, mestres?
        Chegaram a encontrá-la?

Publius

        Não, senhor. Porém Plutão responde
        Que se quiser tem vingança infernal.
        Quanto à Justiça, está tão ocupada,
40   Ele crê, com Zeus no céu ou alhures,
        Que terá de esperar por ela um pouco.

Titus

        Quem fala de demora só me ofende.
        Vou mergulhar no lago flamejante
        E pelos pés roubá-la a Aqueronte.
45   Marcus, somos arbustos e não cedros.
        Não somos homens de porte ciclópico,
        Mas de metal, meu Marcus, aço puro,
        Arcando com mais males que aguentamos.
        E sem justiça na terra ou no inferno,
50   Vamos pedir e comover os deuses,
        Para mandar a Justiça corrigi-los.
        Peguem aqui. Marcus é bom arqueiro.

        (Ele distribui as flechas.)

        Ad jovem, é pra você; aqui, *Ad Apollinem*;
        Ad Martem, essa é destinada a mim;
55   Lucius, pra Palas; eis para Mercúrio;
        Para Saturno, não pra Saturninus!
        Seria o mesmo atirar contra o vento.
        Vamos, menino! Marcus, ao meu mando.
        Palavra que escrevi com eficácia:
60   Nem um só deus ficará sem pedido.

Marcus

        Senhores, mandem todas para a corte,
        Ferindo o imperador em seu orgulho.

Titus

        Agora atirem.

(Eles atiram.)

Lucius, muito bem!
Acertou Virgo! Agora mire em Palas.

MARCUS

Senhor, mirei pra bem além da Lua,
E Júpiter já tem a sua carta.

TITUS

Ha, ha! Publius, mas o que foi que fez?
Veja, arrancou um dos chifres de Taurus.

MARCUS

Foi lindo: quando Publius atirou,
Touro, irritado, acertou tanto Áries
Que os chifres deste caíram na corte.
Quem os achou foi o escravo da rainha!
Ela riu e disse ao Mouro que por força
Teria que ofertá-los a seu amo.

TITUS

E o fez. Que Deus lhe dê proveito!

(Entra um CÔMICO, com dois pombos dentro de uma cesta.)

Novas do céu! É o carteiro, Marcus!
Que diz, moleque? Trouxe alguma carta?
Terei justiça? O que me informa Júpiter?

CÔMICO

Olá, o fazedor de forcas? Ele diz que mandou derrubar de novo, pois o homem só será enforcado na semana que vem.

TITUS

Mas estou perguntando o que diz Júpiter!

CÔMICO

Sinto muito, mas não conheço Júpiter. Jamais bebi com ele.

TITUS

Canalha, então não é o portador?

CÔMICO

Só de meus pombos, senhor — de nada mais.

TITUS

85 Mas ora essa, não desceu do céu?

CÔMICO

Do céu? Sinto muito, senhor, mas lá eu nunca fui. Deus me livre tivesse eu a ousadia de incomodar o céu na minha juventude. Estou indo com meus pombos para o tribunal comum, para acertar as contas de uma briga entre um tio meu e um homem do imperador.

MARCUS

(Para Titus.)
90 Senhor, nada seria mais conveniente que isso para suas preces: ele levará esses pombos ao imperador de sua parte.

TITUS

Diga só, você será capaz de fazer uma oração ante o imperador com a devida graça?

CÔMICO

Para falar a verdade, eu nunca soube como é que se dá graça na minha
95 vida.

TITUS

Venha, moleque. Nada de demoras.
Leve os seus pombos para o imperador:
Terá justiça dele, só por mim.
Espere, eis a paga pelo seu trabalho.

(Dá-lhe dinheiro.)

100 Deem-me pena e tinta. Moleque, sabe apresentar uma súplica com graça?

CÔMICO

Claro que sim.

(TITUS escreve e entrega um papel ao CÔMICO.)

TITUS

Pois aí está uma súplica para você. E ao chegar perto dele pela primeira vez, tem de ajoelhar-se, depois beije-lhe os pés. Só então entregue os seus pombos; e então peça sua paga. Estarei perto. Aja com coragem.

CÔMICO

105 Isso eu garanto, eu vou sozinho.

TITUS
Você tem faca? Vamos, quero vê-la.
Marcus, embrulhe-a na petição.

(Para o CÔMICO.)

Faz parecer petição humilde:
E ao tê-la entregue ao imperador,
110 Bata na porta e conte o que ele disse.

CÔMICO
Fique com Deus, senhor. Assim farei.

(Sai.)

TITUS
Vamos agora, Marcus. Publius, siga-me.

(Saem.)

CENA 4
Diante do palácio.

(Entram o IMPERADOR, a IMPERATRIZ com os dois filhos dela, CHIRON e DEMETRIUS, e séquito. O IMPERADOR carrega nas mãos as flechas que TITUS atirou.)

SATURNINUS
Senhores, quanta ofensa! Quem já viu
Tão humilhado um Imperador de Roma,
Ofendido ou desafiado, e aos olhos
Da justiça visto com tal desprezo?
5 Os senhores, como os deuses, sabem
Que apesar do que fere a paz, ou zumbe
No ouvido do povo, nada houve
Senão lei contra os filhos caprichosos
Do velho Andronicus. E o que importa
10 Se suas dores o deixam perturbado?
Teremos nós de aturar sua vingança,
Seus ataques, frenesis e amarguras?
Em cartas ele pede ao céu desforra.
Esta é pra Mercúrio, e esta pra Júpiter,
15 Esta é de Apolo, esta p'ro deus da guerra:
Escritos a voar por toda Roma!
Que é isso, senão ofensa ao Senado,
Dizendo-nos injustos cá e lá?

20 Que grande brincadeira, não, senhores?
    A dizer que não há justiça em Roma.
    Mas enquanto eu viver, tal falsa insânia
    Não pode proteger tamanho ultraje;
    Ele e os seus verão que há justiça
25 Se Saturninus vive, e se ela dorme
    'Stá ele tão alerta que ela, em fúria,
    Mata qualquer conspirador audaz.

TAMORA

    Meu bom senhor, amado Saturninus,
    Senhor de minha vida e minha mente,
    Com calma ature o louco e velho Titus,
30 Os efeitos da dor dos bravos filhos,
    Perda que lhe cortou o coração.
    Antes levar consolo ao desespero,
    Que perseguir mais nobres ou humildes
    Por tais ofensas.

        (À parte.)

                    E ainda calha bem
35 À brilhante Tamora aprovar tudo.
    Porém a Titus já feri de morte.
    Morta a estirpe, se foi sábio Aaron,
    Está tudo seguro e ancorado.

        (Entra o CÔMICO.)

    Olá, rapaz. Quer dirigir-se a nós?

CÔMICO

40 Se a senhora é a imperialeza, eu quero.

TAMORA

    Eu sou, e o imperador é aquele ali.

CÔMICO

    Que Deus e Santo Estêvão deem bom dia. Para o senhor eu trouxe
    uma carta e mais um par de pombos.

        (SATURNINUS *lê a carta.*)

SATURNINUS

        (Para o SERVO.)
    Levem-no daqui, e o enforquem logo!

TITUS ANDRONICUS *Ato 4 Cena 4* 93

CÔMICO

    E quanto vão me dar?

TAMORA

    Saia, velhaco! Será enforcado.

CÔMICO

    Por nossa senhora? Pois até que trouxe meu pescoço a um fim elegante.

(Sai escoltado.)

SATURNINUS

    Ofensas grossas e intoleráveis!
    Tenho eu de aturar tais vilanias?
    Sei muito bem de onde vem esse plano.
    Isso é tratado como se os traidores,
    Que a lei matou em paga do meu mano,
    Fossem injustamente trucidados!
    Pois tragam-me o vilão pelos cabelos:
    Idade e honra não dão privilégios.
    Por chistes tais serei seu carniceiro,
    Louco ardiloso, que me fez subir
    Só para governar a Roma e a mim.

(Entra AEMILIUS, um MENSAGEIRO.)

    Aemilius, que novas você me traz?

AEMILIUS

    Senhor, às armas! Roma lhe dá causa:
    Os godos, reunidos, e com tropa
    De homens bravos, loucos por butim,
    'Stão marchando pra cá, sob o comando
    De Lucius, o filho do velho Andronicus,
    Que ameaça, em nome da vingança,
    Fazer o que já fez Coriolanus.

SATURNINUS

    O bravo Lucius, general dos godos?
    Com o golpe dessas novas, a cabeça
    Me pende como flor no gelo, ou relva
    Que bate o vento. As tristezas já chegam.
    É a ele que o povo tanto ama;
    Eu mesmo muita vez ouvi dizer,
    Ao andar entre eles disfarçado,

Que Lucius foi banido injustamente,
E queriam Lucius para imperador.

TAMORA
Por que temer? Não é forte a cidade?

SATURNINUS
É, mas os cidadãos preferem Lucius,
E contra mim se voltam, pra ajudá-lo.

TAMORA
Rei, seja imperioso em mais que nome!
Pode um mosquito escurecer o Sol?
Permite a águia que a avezinha cante,
Sem que tenha cuidados só por isso,
Pois sabe que, à sombra de sua asa,
Num instante lhe corta a melodia.
E assim se faz co'esses romanos tontos.
Pois alegre-se e saiba, imperador,
Que eu hei de encantar o velho Andronicus
Com termos doces bem mais perigosos
Que isca pra peixe ou trevo pra carneiro.
O primeiro é ferido pela isca,
Trevo demais envenena o segundo.

SATURNINUS
Mas não trará o filho pro meu lado.

TAMORA
Se Tamora o pedir, ele o fará.
Sei afagar os seus ouvidos velhos
Com promessas de ouro que até mesmo
Se é duro o coração e surdo o ouvido,
Com a língua eu domaria um e o outro.

(Para AEMILIUS.)

Na frente, seja nosso embaixador:
Diga que o imperador ao bravo Lucius
Pede um encontro pra parlamentar,
Na casa de seu pai, o velho Andronicus.

SATURNINUS
Aemilius, faça-o de forma honrosa,
E se quiser refém por segurança,
Veja que empenho a ele mais agrada.

AEMILIUS

105   Cumprirei com rigor o que me pedem.

(Sai.)

TAMORA

Agora irei eu mesma até Andronicus
E o convencerei, com a minha arte,
De separar dos godos o seu Lucius.
Meu doce imperador, fique contente,
110   E enterre em meu talento os seus temores.

SATURNINUS

Vá bem depressa, então, pedir a ele.

(Saem separadamente.)

ATO 5

CENA 1
Perto de Roma.

(Clarinada. Entra Lucius com um exército de godos, tambores e soldados.)

LUCIUS

Bravos guerreiros, meus fieis amigos,
Recebi cartas da imponente Roma
Que dizem odiar seu imperador
E o quanto estão ansiosos pra nos ver.
Provem então o que dizem seus títulos,
Que são briosos, não aturam males,
E como Roma lhes fez grande ofensa,
Hão de ter dela satisfação tripla.

1º GODO

Lasca nascida do heroico Andronicus,
Nome que já assustou e ora protege,
E cujos altos e honrosos feitos
A ingrata Roma paga com desprezo,
Ouse conosco. Nós o seguiremos,
Quais abelhas em dia de verão,
Guiadas pelo chefe, vão às flores,
Para a vingança contra a vil Tamora.

GODOS

E o que ele diz, dizemos todos nós.

LUCIUS

Humilde eu agradeço a ele e a todos.
Mas quem vem lá, trazido por um godo?

(Entra um Godo escoltando Aaron, com seu filho nos braços.)

2º GODO

Famoso Lucius, desgarrei da tropa
Para olhar as ruínas de um mosteiro,
E ao fixar com cuidado o meu olhar
No velho prédio, repentinamente
Ouvi chorar num canto uma criança.
Busquei o som, e logo ouvi que alguém
Controlava o infante com as palavras:

		"Paz, pretinho, meio eu, meio a mãe!
		Se a cor não revelasse quem o fez,
		Se saísse com o aspecto de sua mãe,
30		Safado, inda acabava imperador.
		Mas quando boi e vaca são branquinhos,
		Nunca fabricam bezerrinho preto.
		Paz, vilão, paz!" — repreendia ao menino.
		"Vou levá-lo a um godo em quem confio,
35		Que o sabendo bebê da imperatriz,
		Por sua mãe há de tratá-lo bem."
		Puxei a arma então e fui correndo,
		Tomei-o de surpresa e aqui o trouxe,
		Para que o use como for mais útil.

LUCIUS

30 Bravo godo, esse é o demo em carne e osso
Que de Andronicus roubou a mão boa.
P'ro olhar da imperatriz é uma pérola,
E eis o fruto mau de sua lascívia.

(Para AARON.)

Diga, escravo cruel, para onde leva
45 A imagem crescente de tal rosto?
Por que não fala? Surdo? Não diz nada?
Enforquem-no com corda nessa árvore,
E a seu lado o fruto do adultério.

AARON

Ninguém o toca: é de sangue real.

LUCIUS

50 Parece o pai, só pode acabar mal.
Primeiro o filho, pr'ele o ver pender:
Visão que faz a alma de pai gemer.
Quero uma escada.

(Um GODO traz uma escada, à qual AARON é levado a subir; um outro godo pega a CRIANÇA.)

AARON

Salve a cria, Lucius.
E levem-na de mim à imperatriz.
55 Se assim fizer eu mostro maravilhas
Que poderão trazer grandes vantagens.

                    Se não, seja o que for que me aconteça,
                    Só digo: "Que a vingança os apodreça!".

    LUCIUS
                    Pois fale, e se agradar o que disser,
60   Vive o menino, e eu o alimento.

    AARON
                    Se agradar! Pois eu só garanto, Lucius,
                    Que ouvir-me só tortura a sua alma:
                    Falo de morte, de horror e violação,
                    Atos da negra noite, feitos vis,
65   Complôs de mal, traição e vilania,
                    É dor ouvi-los, porém foram feitos;
                    E minha morte enterra tudo isso
                    Se não jurar que meu filho está salvo.

    LUCIUS
                    Fale, então. O seu filho vai viver.

    AARON
70   É só jurar que sim, então começo.

    LUCIUS
                    Jurar? Você não crê em deus algum.
                    E sendo assim, quem pode crer em jura?

    AARON
                    E se não creio? E eu não creio, mesmo —
                    Mas como eu sei que é religioso,
75   E tem em si a tal da consciência,
                    Junto com truques e ritos papistas,
                    Que o vi respeitar por muitas vezes,
                    Eu lhe peço que jure; pois sabendo
                    Que se um idiota tem por deus um guizo,
80   E cumpre o que jurou em nome dele,
                    Eu lhe peço que jure. Jure, então,
                    Por esse deus, seja ele qual for,
                    Que tem sua adoração e reverência,
                    Que salva, cria e educa o meu menino.
85   Pois de outro modo não revelo nada.

    LUCIUS
                    Pelo meu deus eu juro que o farei.

AARON

    Saiba, então, que o gerei na imperatriz.

LUCIUS

    Mulher insaciável na luxúria!

AARON

    Bobagem, Lucius, isso é caridade
    Comparado ao que vai ouvir agora.
    Seus dois filhos mataram Bassianus;
    Cortaram mãos e língua de Lavínia,
    A violaram, podada, como viu.

LUCIUS

    Vilão calhorda, chama isso de podar?

AARON

    Pois foi lavada, cortada, e podada,
    Sem ser podada a diversão dos dois.

LUCIUS

    São vilões bárbaros, como você!

AARON

    Fui eu mesmo o tutor que os instruiu.
    Que o talento pro mal tinham da mãe
    É até mais certo que carta marcada.
    Se o ser sangrento aprenderam comigo,
    Foram quais cães que pegam logo o faro.
    Que os meus feitos atestem meu valor:
    Eu atraí os seus irmãos pra vala
    Na qual jazia morto Bassianus;
    A carta pra seu pai eu escrevi,
    E eu escondi o ouro mencionado,
    De acordo com a rainha e seus dois filhos.
    O que foi feito, que hoje você chora,
    No qual eu não entrasse com a maldade?
    Eu dei o golpe da mão de seu pai
    E quando a recebi fui para um canto
    Onde quase morri de tanto rir;
    E espiei, num buraco da parede,
    Quando por ela deram-lhe as cabeças.
    Vendo o seu pranto, eu me ri tanto, tanto,
    Que os meus olhos ficaram como os dele.
    E ao contar a farra à imperatriz,
    Ela quase caiu só de prazer,
    E me deu vinte beijos pelas novas.

1º GODO

E você conta isso sem corar?

AARON

Sim, qual cão preto, como é sempre dito.

LUCIUS

E não lamenta esses feitos horrendos?

AARON

Só não ter feito mais uns outros mil.
125 Inda maldigo o dia — porém penso
Que poucos cabem nessa maldição —
Em que não tenha feito um mal notório:
Matar alguém, ou planejar sua morte;
Violar uma moça ou pensar em fazê-lo;
130 Acusar um inocente, perjurar-me;
Trazer inimizade a dois amigos;
Matar o gado de quem já é pobre;
Pôr fogo, à noite, em feno e em celeiros,
Mandando o dono apagá-lo com o pranto.
135 Muitas vezes tirei mortos da cova
Para encostá-los nas portas de amigos
Que começavam a esquecer da dor,
E em suas peles, como em tronco de árvore,
Com minha faca escrevia claro, em romano,
140 "'Stou morto, mas não morra a sua dor".
Enfim, eu fiz mil coisas que apavoram,
Com calma igual à de quem mata mosca,
E nada fere mais meu coração
O não poder ter feito mais dez mil.

LUCIUS

145 Baixem o demo, pois não pode ter
A morte fácil de uma forca rápida.

(AARON desce da escada.)

AARON

Se há demos, eu queria bem ser um
Pra viver e queimar no fogo eterno,
Pra ter no inferno a sua companhia
150 E atormentá-lo com o fel desta língua!

LUCIUS

Fechem-lhe a boca. Que não fale mais.

(GODOS amordaçam AARON. Entra AEMILIUS.)

2º GODO

    Meu senhor, há um mensageiro de Roma
    Pedindo admissão à sua presença.

LUCIUS

    Que se aproxime.
    Bem-vindo, Aemilius. Que há de novo em Roma?

AEMILIUS

    Senhor Lucius, e príncipes dos godos,
    O imperador de Roma aqui os saúda,
    E como foi informado que se armam,
    Na casa de seu pai quer conversar,
    E afirma que os reféns que lhe pedir
    Serão entregues imediatamente.

1º GODO

    Que diz o nosso general?

LUCIUS

    Que o imperador entregue as garantias
    A meu honrado pai e ao tio Marcus,
    Que nós iremos. Marchem.

(Clarinada. Saem marchando.)

CENA 2
Roma. Diante da casa de Titus.

(Entram TAMORA e seus dois filhos, DEMETRIUS e CHIRON, disfarçados.)

TAMORA

    É assim, neste traje estranho e triste,
    Que irei ao meu encontro com Andronicus,
    Dizendo-me a Vingança, e enviada
    Pra, com ele, punir seus grandes males.
    Batam à porta de onde fica, dizem,
    Ruminando seus planos de vingança;
    Digam que a ele junta-se a Vingança,
    Pra levar confusão ao inimigo.

(Eles batem e TITUS aparece à porta de seu escritório.)

TITUS

    (Do alto.)
    Quem fere assim minha contemplação?

10   Fazem-me abrir por truques minha porta
      Pros meus escritos voarem com o vento
      E perderem sentido os meus estudos?
      Pois se enganam. O que penso fazer
      'Stá tudo escrito aqui, em linhas rubras,
15   E o que escrevi será executado.

TAMORA

      Titus, eu vim para falar contigo.

TITUS

           (Do alto.)
      Não. Que vida posso eu dar ao que digo
      Se a mão me falta pra criar a ação?
      Tu estás em vantagem. Basta, então.

TAMORA

20   Se soubesses quem sou, me falarias.

TITUS

           (Do alto.)
      Não 'stou louco. Eu te conheço bem:
      Vide o braço podado, as marcas rubras;
      Vide o dia que exaure e a noite densa;
      Vide as rugas de dor e de cuidados;
25   Por toda essa tristeza eu te conheço
      Como a orgulhosa imperatriz Tamora.
      Vieste agora pela outra mão?

TAMORA

      Mas, triste velho, eu não sou Tamora:
      Ela é tua inimiga, eu tua amiga.
30   Sou a Vingança, vinda dos infernos,
      Pra aplacar o abutre em tua mente,
      Jorrar vinganças em teus inimigos.
      Desce aqui pra saudar-me à luz do Sol;
      Pra conversar sobre mortes e assassínios.
35   Não há caverna nem local secreto,
      E nem escuridão, nem vale em bruma,
      Onde assassínio ou estupro odiento
      Se possam esconder sem que eu os ache,
      E lhes sussurre meu temido nome,
40   Vingança, que ao malvado faz tremer.

TITUS
      (Do alto.)
      És a Vingança? E a mim vens mandada
      Só para atormentar meus inimigos?

TAMORA
      Sou. Desce para dar-me as boas-vindas.

TITUS
      (Do alto.)
      Faze-me um serviço antes de eu descer.
45   Vejo contigo Estupro e Assassinato.
      Para provar-me que tu és a Vingança,
      Mata-os com faca ou prende-os às rodas,
      Que eu desço para guiar tua carruagem,
      E passeio contigo pelo globo.
50   Consegue dois cavalos, todos negros,
      Para correr com a carroça da Vingança,
      Para encontrar culpados que se escondem.
      E quando estiver cheia de cabeças,
      Eu me apeio e junto só das rodas
55   Trotarei todo o dia qual escravo
      Des'que Hipério levanta no leste
      Até seu fim quando afunda no mar.
      Dia após dia eu cumpro essa tarefa
      Se tu matas Estupro e Assassinato.

TAMORA
60   Esses são meus ministros, e me seguem.

TITUS
      (Do alto.)
      São teus ministros? Como são chamados?

TAMORA
      Assassinato e Estupro, assim chamados
      Por vingarem tais atos entre os homens.

TITUS
      (Do alto.)
      São como os filhos da imperatriz,
65   E tu igual a ela! Mas nós, homens,
      Temos olhos insanos, que se enganam.
      Doce Vingança, eu vou descer agora,
      E se te apraz o abraço de um só braço
      Eu hei de te abraçar, em um momento.

      (Sai, do alto.)

TAMORA

    Esse final comprova a sua insânia.
    O que inventar pra sua mente louca
    Vocês têm de apoiar e confirmar,
    Pois ele agora julga-me a Vingança,
    E já que, louco, ele fiou crédulo,
    Vou mandá-lo chamar Lucius seu filho,
    E enquanto em um banquete eu o retenho,
    Encontrarei um golpe inesperado
    Pra dispersar pra longe os godos tontos,
    Ou fazê-los virar seus inimigos.
    Aí vem ele, e eu vou representar.

(Entra Titus, embaixo.)

TITUS

    Há muito vivo só, pensando em ti.
    Bem-vinda, Fúria, à minha casa triste.
    Estupro e Assassinato, são bem-vindos.
    São iguais à imperatriz e aos dois filhos.
    Só falta o Mouro pra inteirar o quadro.
    Não pôde o inferno dar-te um tal demônio?
    Eu sei que a imperatriz não dá um passo
    Sem ter o Mouro em sua companhia.
    E pra te mostrares como a imperatriz,
    Seria conveniente um tal diabo.
    Mas és bem-vinda. E agora, o que faremos?

TAMORA

    O que queres que façamos, Andronicus?

DEMETRIUS

    Dá-me um assassino que darei fim dele.

CHIRON

    Se a mim mostras vilão violador,
    Fui enviado pra vingar-me dele.

TAMORA

    Mostra-me mil que a ti fizeram mal,
    E a todos eles eu trarei vingança.

TITUS

    (Para Demetrius.)
    Só tens de olhar as ruas desta Roma
    E quando achares um igual a ti,
    Assassinato, mata o assassino.

(Para CHIRON.)

Vai tu com ele e, se por acaso,
Encontras outro, bem igual a ti,
Estupro, mata-o: é um estuprador.

(Para TAMORA.)

Vai tu com eles. Na corte real
105 Há uma rainha a quem serve um Mouro —
Por seu aspecto hás de conhecê-la,
Pois parece contigo de alto a baixo —
Para ambos peço eu morte violenta:
Pois para mim e os meus foram violentos.

TAMORA

110 Deu boas instruções; é o que faremos.
Mas não te agradaria, bom Andronicus,
Chamar por Lucius, teu filho valente,
Que ataca Roma com guerreiros godos,
E convidá-lo pra jantar aqui?
115 Quando aqui estiver, em plena festa,
Eu trago a imperatriz e seus dois filhos,
O imperador e mais teus inimigos,
Pra tê-los de joelhos à tua mercê,
E neles derramar teu peito irado.
120 Que diz, Andronicus, a essa ideia?

TITUS

Meu irmão Marcus! Quem o chama é Titus.

(Entra MARCUS.)

Vai, gentil Marcus, buscar seu sobrinho!
Vai ter de procurá-lo entre os godos.
Peça-lhe pra voltar, e traga co'ele
125 Alguns dos grandes príncipes dos godos.
Que a tropa dele acampe onde está.
Diga que imperador e imperatriz
Aqui festejam, e ele com ambos.
Faça-o por meu amor, e que ele aja
130 Por atenção à vida de seu pai.

MARCUS

Isso farei, e volto logo após.

(Sai.)

TAMORA
       Agora vou cuidar dos meus negócios,
       Levando os meus ministros pra ajudar-me.

TITUS
       Deixa comigo Estupro e Assassinato,
135   Senão chamo de volta o meu irmão,
       E conto só com a vingança de Lucius.

TAMORA
              (À parte, para os filhos.)
       Então, meninos? Vão ficar com ele
       Enquanto eu vou contar ao imperador
       O governo que dei à nossa trama?
140   Aceitem seu capricho, falem doce,
       E com ele fiquem até eu voltar.

TITUS
              (À parte.)
       Julgam-me louco, mas conheço todos.
       E hei de superar suas tramoias,
       O par de cães danados e sua mãe.

DEMETRIUS
145   Vá, senhora, se o quer, e aqui nos deixe.

TAMORA
       Adeus, Andronicus: vai-se a Vingança
       Pra tramar mal contra os teus inimigos.

TITUS
       Eu sei que sim. Adeus, doce Vingança.

(Sai TAMORA.)

CHIRON
       E como vamos passar o tempo, velho?

TITUS
150   Tenho muito trabalho pra fazerem.
       Venham cá, Publius, Caius e Valentine.

       (Entram PUBLIUS, CAIUS e VALENTINE.)

PUBLIUS
       O que deseja?

TITUS ANDRONICUS *Ato 5* Cena 2   107

TITUS

    Sabe quem são esses dois?

PUBLIUS

    Filhos da imperatriz, Chiron e Demetrius.

TITUS

155   Mas, Publius, você está muito enganado.
    Este é Assassinato, o outro, Estupro.
    Por isso mesmo, amarre-os, doce Publius.
    Prendam os dois, Caius e Valentine.
    Muito me ouviram orar pr'uma hora tal,
160   Eis que ela chega: amarrem-nos com força,
    Tapem as bocas, pois não quero gritos.

                                                  (Sai.)

CHIRON

    Parem! Nós somos filhos da rainha.

PUBLIUS

    Razão a mais pra cumprirmos as ordens.

       (PUBLIUS, CAIUS e VALENTINE amarram e amordaçam CHIRON e DEMETRIUS.)

    Não poderão falar, amordaçados.
165   'Stá amarrado? Veja se está firme.

       (Entram TITUS ANDRONICUS, com uma faca, e LAVÍNIA, com uma bacia.)

TITUS

    Lavínia, eis atados os inimigos.
    Calem-se os dois. Que não falem comigo,
    Mas que ouçam os horrores que proclamo.
    Aqui está, vilões Chiron e Demetrius,
170   A fonte que com lama ambos sujaram,
    Manchando esse verão com o seu inverno.
    Mataram-lhe o marido, e por tal crime
    Dois irmãos dela mandaram à morte.
    Só pra brincar, cortaram minha mão,
175   As duas dela, sua língua e, inda mais
    Que qualquer delas, sua castidade,
    Traidores desumanos, violaram.
    O que diriam, podendo falar?
    A vergonha os impede de implorar.
180   Ouçam, vis, meu martírio pra vocês:

	Co'a mão que resta eu lhes corto o pescoço,
	E enquanto isso Lavínia, com os tocos,
	Junta o sangue culpado na bacia.
	Sabem que sua mãe vem fazer festa,
185	Co'o nome de Vingança, e diz-me louco.
	Pois, vilões, vou moer em pó seus ossos,
	E com o seu sangue farei uma pasta,
	Com a qual, quais caixões, eu farei formas,
	Formando duas tortas co'as cabeças,
190	Pedindo àquela puta, sua mãe,
	Que, como a terra, coma o que pariu.
	Essa é a festa pra que a convidei,
	E esse o banquete que há de fartá-la.
	Lavínia sofreu mais que Filomela,
195	Mais do que Progne eu hei de vingar.
	Aprontem as goelas. Venha, Lavínia,
	Receba o sangue, e assim que morrerem,
	Irei fazer dos ossos pó bem fino,
	Temperado co'esse líquido atroz,
200	E as vis cabeças asso nessa pasta.
	Agora quero todos ocupados
	Preparando o banquete que há de ser
	Mais sangrento que a festa dos Centauros.

(Ele corta as duas cabeças.)

| | Tragam os dois. Eu vou ser o cozinheiro, |
| 205 | Quando chegar a mãe estarão prontos. |

(Saem, carregando os cadáveres.)

CENA 3
Na casa de Titus. Um banquete.

(Entram LUCIUS, MARCUS e os GODOS, trazendo AARON prisioneiro; um dos GODOS carrega a criança.)

LUCIUS

Tio Marcus, se é desejo de meu pai
Que eu volte a Roma, fico satisfeito.

GODO

E nós também, qualquer que seja o fim.

LUCIUS

Leve consigo, tio, o Mouro bárbaro,

5 Tigre faminto, demônio maldito.
Que fique agrilhoado e sem comer
Até 'star frente a frente com a rainha,
Pra revelar o que ela fez de imundo.
Quero os nossos amigos bem guardados,
10 Pois temo as intenções do imperador.

AARON
Que algum demônio fale-me ao ouvido
E ajude a minha língua a expelir
A malícia e o veneno do meu peito!

LUCIUS
Fora, cão desumano, escravo ignóbil!
15 Ajudem o meu tio a conduzi-lo.

(Saem os GODOS com AARON. Soam trompas.)

O toque diz que chega o imperador.

(Entram o IMPERADOR e a IMPERATRIZ, com AEMILIUS, tribunos e outros.)

SATURNINUS
O quê? Há mais de um Sol no firmamento?

LUCIUS
E o que lhe adianta chamar-se de Sol?

MARCUS
Sobrinho e imperador, chega de falas.
20 Tais lutas se debatem em tom tranquilo.
'Stá pronta a festa que com esmero Titus
Organizou para um fim honorável:
Paz, amor, união e bem de Roma.
Entrem, portanto, e tomem seus lugares.

SATURNINUS
25 Assim faremos, Marcus.

(Oboés. Uma mesa é trazida para a cena. Eles se sentam. Entra TITUS, vestido como um cozinheiro, colocando as travessas, LAVÍNIA, com um véu sobre o rosto, e o JOVEM LUCIUS.)

TITUS
Bem-vindo, rei, e temida rainha;
Bem-vindos, guerreiros godos e Lucius;

Bem-vindos todos. E se a festa é triste,
Encham os estômagos. Peço que comam.

Saturninus

Por que se veste dessa forma, Andronicus?

Titus

Por desejar ver tudo sair bem
Na festa pra Sua Graça e a imperatriz.

Tamora

Somos-lhe devedores, bom Andronicus.

Titus

E o são, no fundo do meu coração.
Senhor imperador, resolva isto:
Agiu por bem o estourado Virginius
Matando a filha com a mão direita,
Por vê-la maculada, deflorada?

Saturninus

Agiu, Andronicus.

Titus

Sua razão, altíssimo?

Saturninus

Pra não sobreviver ela à vergonha,
E repisar a dor com sua presença.

Titus

É uma razão poderosa e eficaz;
Modelo, precedente e garantia
Pra que eu, desgraçado, faça o mesmo.

(Retira o véu de Lavínia.)

Morra, Lavínia, e junto a sua vergonha,
E com a vergonha morra a dor do pai.

(Ele a mata.)

Saturninus

O que fez, desumano e anormal?

Titus

Matei quem me deixou cego de pranto.

SATURNINUS

Sou tão sofrido quanto foi Virginius,
Com mil vezes mais causa do que ele
Para ousar tal ultraje, e está feito.

SATURNINUS

O quê, ela foi violada? Mas por quem?

TITUS

Não vai comer? Eu peço que se sirva.

TAMORA

Por que matou assim a filha única?

TITUS

Não fui eu. Foram Chiron e Demetrius:
A violaram, cortaram-lhe a língua;
São eles os autores desse mal.

SATURNINUS

Tragam-nos logo aqui diante de nós.

TITUS

Eu já os trouxe, assados nessa torta,
Da qual a mãe serviu-se com elegância,
Comendo a carne gerada por ela.
Verdade, eu juro por esta ponta aguda.

(Ele apunhala a IMPERATRIZ.)

SATURNINUS

Morra, insano, por tal ato maldito.

(Ele mata TITUS.)

LUCIUS

E pode um filho ver sangrar um pai?
Morte por morte é esta que aqui vai.

(Ele mata SATURNINUS. Tumulto. Os GODOS protegem os Andronici, que saem pelo alto.)

MARCUS

(Do alto.)
Povo e filhos de Roma, tão tristonhos,
Separados, qual revoada de aves
Que o vento e a tempestade dispersaram.

	Quero ensiná-los a juntar de novo
70	Em um só ramo espigas separadas,
	Em um só corpo os seus membros partidos.

UM NOBRE ROMANO

Pra que Roma não destrua a si mesma,
E ela, que respeitam outros reinos,
Qual náufrago sozinho e abandonado,
75 De forma vergonhosa se execute!
Se os meus cabelos brancos, minhas rugas,
Testemunhos da minha experiência,
Não puderem levá-los a ouvir-me,
Fale o amigo de Roma, como Enéas,
80 Quando em língua solene ele contou,
Ao ouvido de Dido apaixonada,
A história da triste noite em fogo
Com Troia surpreendida pelos gregos.
Diga que Sinon a nós encantou,
85 Ou quem a Roma trouxe arma fatal
Pra ferir nossa Troia, nosso mundo civil.

MARCUS

(Do alto.)

Meu coração não é de pedra ou aço,
E nem expresso a dor de todos nós
Sem inundar com o pranto a oratória,
90 E ficar sem fala, na hora mesmo
Em que mais deveria comovê-los,
Fazer-me ouvido, e exigir compaixão.
Que o jovem capitão de Roma fale
Enquanto eu choro ouvindo o que ele diz.

LUCIUS

(Do alto.)

95 Então fiquem sabendo, meus ouvintes,
Que Chiron e o maldito irmão Demetrius
Mataram o irmão do imperador,
E também violaram nossa irmã.
Nossos irmãos morreram por seus crimes;
100 Co'um truque vil, e desprezando o pranto
De nosso pai, cortaram a mão brava
Que enterrou tanto inimigo de Roma.
Por fim, eu fui cruelmente banido,
Chorando fui expulso dessas portas,
105 E o inimigo de Roma me abrigou,
Afogando no pranto a inimizade

E abrindo-me seus braços como amigo.
Sou o excluído que, saibam agora,
Preservei o bem dela no meu sangue
110 E afastei de seu peito o inimigo,
Embainhando o aço no meu corpo.
Já sabem que eu não sou de me gabar;
As cicatrizes dizem, mesmo mudas,
Que o meu relato é justo e verdadeiro.
115 Mas chega dessa longa digressão
Sobre meus poucos méritos. Perdão.
Louva a si mesmo o homem sem amigos.

MARCUS

(Do alto.)
É a minha vez.

(Aponta para o bebê de AARON.)

Olhem esta criança;
Pois ela foi parida por Tamora,
120 Produto adúltero de um Mouro infiel,
O arquiteto desses males todos.
O vil 'stá vivo na casa de Titus,
Para ser testemunha da verdade.
Julguem se tinha justa causa Titus
125 Pra vingar-se depois de ofensas tais,
Maiores do que atura qualquer homem.
Essa é a verdade: que dizem, romanos?
Se em algo erramos, digam-nos onde,
E daqui de onde ouvem-nos clamando,
130 O pobre resto dos Andronici
Co'as mãos dadas se atirará daqui
Livrando nossas almas nessas pedras,
Dando assim fim total à nossa casa.
Digam, romanos. Se é o que devemos,
135 E eu e Lucius, unidos, saltaremos.

AEMILIUS

Reverendo romano, vamos, vamos,
E traga pela mão o imperador.
Lucius, o imperador. Pois eu sei bem
Que assim dirá todo o povo também.

TODOS

(Do alto.)
140 Ave Lucius, real imperador!

MARCUS

(Para os CRIADOS.)
Vão já ao triste lar do velho Titus,
E arrastem para cá o Mouro infiel,
Pra que lhe seja dada horrível morte,
Como pena dos crimes de sua vida.

(Saem os CRIADOS.)

TODOS
Ave o bom governador de Roma!

LUCIUS
Obrigado. Que assim seja o meu governo,
Pra de Roma eu curar males e dores.
Mas, bom povo, dê-me tempo pra mira,
Se a natureza me dá tal tarefa.
Fiquem mais longe. Tio, se aproxime
Pra derramar seu pranto nesse corpo.

(Beijando TITUS.)

Um beijo caloroso em lábios frios,
Pingos doridos em rosto ensanguentado,
São o último adeus deste seu filho.

MARCUS

(Beijando TITUS.)
Pranto por pranto, e beijo por beijo,
Seu mano Marcus pousa nos seus lábios.
Oh, fosse a soma dos que a si eu devo
Infinita, eu ainda a pagaria!

LUCIUS

(Para o jovem LUCIUS.)
Vem cá, menino, vem para aprenderes
A verter chuva. Teu avô te amava:
Quanta vez balançou-te em seus joelhos,
Cantou pra te ninar junto ao seu peito;
Quantas histórias não te contou ele,
Pedindo que lembrasses o que dizem,
Pra falar delas quando ele morresse.

MARCUS
Que milhares de vezes esses lábios

                    Não se esquentaram nos teus, quando vivos!
                    Dá-lhes então agora o último beijo.
                    Diz-lhe adeus, entrega-o à sua tumba;
170   Fazendo assim, tu te despedes dele.

        JOVEM LUCIUS
                    (Beijando TITUS.)
                    Ai, meu vovô, de todo o coração,
                    Me gostaria morto, pra viveres!
                    Não posso lhe falar, por chorar tanto.
                    Se abrir a boca, engasga-me o meu pranto.

                    (Voltam os CRIADOS, com AARON.)

        AEMILIUS
175   Tristes Andronici, basta de dor:
                    Passem sentença nesse desgraçado,
                    Que gerou tais apavorantes atos.

        LUCIUS
                    Semienterrado, que ele morra à fome.
                    Que lá fique ele urrando por comida.
180   Que ninguém o alivie ou tenha pena.
                    Morre pelo que fez. Essa é a sentença.
                    Que vão alguns enfiá-lo na terra.

        AARON
                    Por que ser muda a ira, quieta a fúria?
                    Não sou criança pra, com preces baixas,
185   Dever me arrepender do mal que fiz.
                    Dez mil piores que qualquer um deles
                    Eu faria, se fosse por vontade.
                    Se alguma boa ação eu fiz na vida,
                    Com toda a alma me arrependo dela.

        LUCIUS
190   Que quem o amava leve o imperador,
                    Pra enterrá-lo na tumba de seus pais.
                    O meu pai e Lavínia irão, agora,
                    Descer pro monumento da família.
                    Mas pra Tamora, essa voraz tigresa,
195   Nem ritos funerários e nem lutos.
                    Sino algum tocará em seu enterro;
                    Que vá pras feras e aves de rapina.
                    Sua vida feroz foi sem piedade.
                    Morta, que as aves lhe deem sua piedade.

200   Que se faça justiça ao Mouro vil,
O criador dos nossos grandes males;
Demos ordem, depois, a nosso Estado
Pra que ninguém o veja arruinado.

(Saem, levando os cadáveres.)

Romeu e Julieta

Introdução
BARBARA HELIODORA

Prova confiável de uma peça elisabetana na época de sua primeira montagem é a publicação de uma edição "pirateada", sem autorização dos donos do texto. O conceito de *copyright* tal como o conhecemos não existia e, ainda hoje, discute-se se os direitos de publicação ficavam com quem registrava seu pedido no Stationers' Register, ou com quem imprimia primeiro. Como tampouco eram definidos os direitos de montagem, as companhias, que compravam o texto do autor, via de regra, não os queriam ver impressos, para que outras, menores, se apropriassem dos mesmos para excursionar pelo interior. *Romeu e Julieta* teve uma primeira edição péssima (um dos notórios *bad quartos*) em 1597, com texto reconstituído de memória por um ou dois atores que haviam trabalhado, ao que parece, em uma montagem bastante cortada.

Como frequentemente acontecia em tais casos, uma segunda edição, autorizada, aparece para provar que o que a companhia montava não era aquele monstrengo antes dado a público. Em 1599, portanto, aparece o Q2, que além de correto contém mais setecentos versos do que o Q1, baseado provavelmente no manuscrito de Shakespeare. Os especialistas identificam a probabilidade da origem por hábitos do poeta, como o de escrever, na rubrica, "Entra Will Kempe", o ator que faria o papel, em lugar de escrever "Entra Pedro", que é o criado da Ama.

Apesar de pirateado e apesar dos erros, o Q1 tem grande importância por trazer considerável contribuição à questão da data da peça. Diz a página de rosto: "A tragédia de excelentes conceitos *Romeu e Julieta*, como tem sido muitas vezes (e com grande aplauso) montada publicamente pelos 'Criados do Muito Honorável Lord Hunsdon'." Acontece que os dois Lordes Hunsdon, pai e filho, primos da rainha, ocuparam o cargo de Lord Chamberlain, nome pelo qual é geralmente conhecida a companhia de Shakespeare, e que foi só entre julho de 1596 e março de 1597 — ou seja, entre a morte do primeiro e a nomeação do segundo — que o grupo foi conhecido apenas como "Os Homens do Lord Hunsdon". Há uma forte corrente, no entanto, que acredita que *Romeu e Julieta* seja de 1595, data do início de seu período lírico, sendo as duas possibilidades bem próximas.

O gênio de Shakespeare se revela de modo particularmente claro no uso que ele faz de sua fonte virtualmente única, o poema que o medíocre poeta Arthur Brooke afirma ter sido primeiramente escrito em italiano por Bandello, "The Tragic History of Romeu and Juliet". As sementes da trama são remotas: no século III, em uma historieta grega, pela primeira vez uma mulher recorre à poção que simula a morte para escapar a um segundo casamento com o marido vivo, mas o tema se torna realmente popular na Renascença; em 1476, em *Il Novellino*, de Masuccio, o veneno já é ministrado por um frade. Mas é na *Historia novellamente ritrovata di due nobili amanti*, de Luigi da Porto, publicada em 1530, que a história se apresenta com considerável semelhança à de Shakespeare: os amantes são nobres, a cena é em Verona, as famílias são Montecchi e Cappelletti. A diferença é que Julieta se apaixona primeiro e é bastante oferecida; mas o desenvolvimento é semelhante. Adrien

Sevin faz uma adaptação francesa em 1542, Luigi Groto publica uma peça em 1578. Mas a linha que resulta em Brooke e Shakespeare é a da história de Romeu e Julieta em *Le Novelle del Bandello* (1554), cuja intenção era a de "advertir os jovens que eles devem governar seus desejos e não cair em paixões furiosas", traduzida para o francês por Boaistuau; a história vai adquirindo riqueza cada vez maior de detalhes, mas a versão que nos interessa é a de Brooke.

O longo poema inglês (3.020 versos), publicado em 1562, alcançou enorme popularidade (como o prova ter tido em pouco tempo mais duas edições, em 1582 e 1587), e ofereceu a Shakespeare não só toda a trama de sua tragédia, como fartíssimas informações sobre a Itália, Verona, hábitos sociais e mil outros detalhes úteis para a criação da peça. As diferenças são a de visão autoral e de objetivos. O texto de Brooke é precedido, em sua primeira edição, por um "Address to the Reader", que expressa os sentimentos e as intenções do poeta ao elaborar o seu *Romeo and Juliet*. Depois de um complexo início em que discorre sobre a obrigação que tem o homem de louvar a Deus por tudo o que criou, ele fala mais especificamente de sua história e diz:

> O glorioso triunfo do homem que se contém quanto aos prazeres da luxúria da carne, encoraja os homens a evitar as afeições loucas, os finais vergonhosos e desgraçados daqueles que escravizaram sua liberdade aos desejos sórdidos, e ensina o homem a abster-se de cair de cabeça na perdição da desonestidade. Com o mesmo efeito, por vias diversas, o exemplo do homem bom chama os homens a serem bons, e a maldade do homem mau adverte os homens a não serem maus. Para tal bom fim servem todos os maus começos. E para tal fim (bom leitor) é escrita esta matéria trágica, para descrever para ti um casal de amantes infelizes, que foi escravizado pelo desejo desonesto, desrespeitando a autoridade e o conselho de pais e amigos, constituindo seus principais conselheiros alcoviteiras bêbadas e frades supersticiosos (os instrumentos próprios da falta de castidade), que experimentam todas as aventuras do perigo para atingir sua desejada luxúria, usando a confissão auricular (chave para toda prostituição e traição) para propiciar seus objetivos, e desrespeitando o honrado nome do casamento legal para acobertar a vergonha dos encontros roubados, finalmente, por todos os meios da vida desonesta, apressando a mais infeliz das mortes.

Como Shakespeare, antes do início da ação, Brooke inclui um soneto de apresentação (petrarquiano de forma, não um *catorzain* como o de Shakespeare) que apenas descreve a ação em detalhe, afirmando inclusive que o jovem casal ficou casado e se encontrando escondido por nada menos que três meses antes do episódio da morte de Teobaldo e do exílio de Romeu. A transformação que Shakespeare opera ao compor sua tragédia é tão mais notável por não implicar qualquer maior alteração para a trama — a Ama fica mais cômica, o personagem de Mercúcio é criação sua, mas a história é rigorosamente a mesma. A diferença está no ponto de vista autoral, na postura de Shakespeare em relação aos seus protagonistas. Em lugar da moralizante condenação da juventude por não obedecer a seus pais e por ouvir alcoviteiras e frades, a ênfase da tragédia shakespeariana vai para o conflito entre as duas famílias, que perturba a ordem da comunidade, como fica bem claro desde o soneto introdutório: as duas casas põem "guerra civil em mão sangrenta" e o par de amantes "com sua morte enterra a luta de antes". Os amantes nascem "como má estrela", porém a ação mostra muito claramente que essa má estrela é o ódio entre Capuletos e Montéquios, e "a triste história desse amor marcado e de seus pais o ódio permanente, só com a morte dos filhos terminado" fala bem alto ao poeta que, ao longo de toda a sua carreira, dedicou sua mais profunda preocupação ao bem-estar da comunidade, produto da paz e do bom governo. Romeu e Julieta, a par de contar uma história de amor, é transformada também em magistral sermão contra os males da guerra civil.

O contraste entre a mediocridade de Brooke e a genialidade de Shakespeare fica evidente no uso que cada um dos dois faz exatamente da mesma trama; em lugar do míope moralismo do primeiro, o *Romeu e Julieta* do segundo transforma tudo em doloroso conflito entre o ódio e o amor, e os dois jovens amantes morrem não por desobedecerem a seus pais, mas por serem vítimas da sangrenta luta entre suas duas famílias, de um ódio cuja origem jamais é identificada. Nada tão magistral quanto a redução do tempo da ação a quatro dias, durante os quais a intensidade da emoção e a brevidade do tempo impedem que haja algum esclarecimento salvador. De certo modo, o amor é tão injustificado quanto o ódio, isto é, ele acontece em um instante, sem que nem Julieta e nem Romeu o planejassem ou sequer esperassem: Romeu só vai à festa dos Capuletos na esperança de ver Rosalina, enquanto Julieta, quando a mãe lhe pergunta o que acha da possibilidade de um casamento, responde tranquilamente: "É honra com que nunca ousei pensar", e sua ingenuidade a respeito do amor é tão grande que, insistindo a senhora Capuleto sobre o assunto, diz sobre a possibilidade de amar Páris.

> Porém mais longe eu nunca hei de ir,
> Que o voo que a senhora consentir.

O amor, como sempre em Shakespeare, entra pelos olhos, e é claro que uma vez apaixonada não ocorre mais a Julieta indagar até que ponto deverá ir esse amor, ou se sua mãe dará permissão para o mesmo. O amor amadurece em um instante a menina Julieta e, desde o primeiro momento, nem ela e nem Romeu têm qualquer dúvida a respeito do seu amor, muito embora ambos tenham consciência do perigo que representa para eles o ódio familiar — consciência esta que sem dúvida serve para torná-los ainda mais precipitados em sua emoção.

Romeu e Julieta é a única tragédia lírica de Shakespeare, mas não podemos deixar de notar, por isso, a presença de vários elementos reveladores da influência de Sêneca, como o pressentimento de Romeu antes de entrar na festa:

> É muito cedo. A minha mente teme
> Algo que, ainda preso nas estrelas,
> Possa iniciar amargo destino
> Com a festa desta noite e dar termo
> Desta vida aprisionada em meu peito
> Com a pena vil da morte inesperada.

Ou como as mortes violentas de Mercúcio e Teobaldo, o clima assustador do monumento dos Capuletos, ou o peso do acaso e da fatalidade. Quanto ao acaso, no entanto, é preciso lembrar como o atraso do frade com a carta, por causa da peste, seria plausível para a plateia elisabetana, já que a peste continuava endêmica e fazia ainda pouco (entre 1592 e 1594) mantivera os teatros de Londres fechados por quase dois anos.

Essa violência, no entanto, é banhada no lirismo do diálogo, e o clima especial da obra, do fulgurante amor entre os dois jovens, transparece na imensa quantidade de imagens de luz, luz contrastada com o escuro que não é amor. O rosto de Julieta vai ensinar as tochas a brilhar; se seus olhos brilhassem no lugar de estrelas, os pássaros cantariam como ao dia; Romeu é a luz para ela, e quando morrer ele deve ser retalhado em estrelas. O amor e a juventude são luz; a tristeza e a dor são sombrias, são o sol que se põe ou que não quer nascer. Há a imagem do brilho do sol, das estrelas, de luar, velas, tochas, da rapidez da luz do raio; há a imagem da escuridão que chega, de nuvens, sombra, noite. Mas é tudo muito complexo, porque os grandes momentos de felicidade (o encontro, a cena do balcão, a despedida) vêm na noite — e, naturalmente, a iluminam, enquanto os conflitos, mortes e o banimento dão-se de dia. O sol claro parece ser a luz do ódio, não do amor.

Já disse um crítico que *Romeu e Julieta* pertence a um período no qual Shakespeare ainda "não deixava nada sem ser dito" e, realmente, as tragédias da maturidade são mais elípticas em sua linguagem; Shakespeare aqui ainda usa muita rima, o que o leva a elaborar um soneto para marcar o primeiro diálogo dos jovens. E é memorável o que o poeta faz para mostrar o quanto Romeu muda ao conhecer Julieta: há todo um exagero de ornato em suas falas quando ele se tem como apaixonado por Rosalina e, na verdade, ele quase que só fala dele mesmo; mas a partir do baile seu discurso se altera, Romeu se concentra em Julieta e fica bem mais objetivo; compreensivelmente, na cena do banimento ele tem uma recaída de descontrole verbal, mas no final, novamente é dela que ele fala.

Afora os dois protagonistas, muito bem desenhados, *Romeu e Julieta* tem ainda outras figuras marcantes: como irretocável preparação para a poção cataléptica que Julieta irá tomar, Frei Lourenço é apresentado como competente herbalista, profundo conhecedor dos segredos da natureza, bem como perspicaz e compreensivo observador de comportamentos humanos; a Ama é não só a criada antiga na casa que já abusa de sua intimidade, mas também exibe, desde o início, um despudor, uma tendência para o grosseiro, que explicam sua insensibilidade moral em relação ao proposto segundo casamento de Julieta. Menos detalhado, mas significativo, é Teobaldo, que deixa bem claro o fato de em cada geração aparecer ao menos um indivíduo cujo temperamento conduz à preservação do ódio entre as casas. E, naturalmente, Mercúcio: como Romeu e Julieta, ele representa alegria, juventude, amor e vida, e como os dois amantes, é sacrificado pelo ódio que maltrata a cidade; ele é brincalhão, ágil de corpo e pensamento, mostra-nos a alegre vida que Verona poderia ter sem a luta sangrenta e gratuita entre os Montéquio e os Capuleto. Páris, que não pertence a nenhum dos dois partidos, é discreto, mas os velhos chefes das duas famílias e suas mulheres, mesmo cansados da luta, acabavam envolvidos por ela. A contínua preocupação de Shakespeare com o bom governo faz com que a íntegra figura de Éscalus, o Príncipe, seja desde o início radicalmente contra o conflito, e ainda se lamente, no final, por não ter sido ainda mais enérgico.

Romeu e Julieta não é nem a melhor e nem a mais consagrada das obras de Shakespeare, porém poucos contestarão que seja — e merecidamente — a mais amada.

Lista de personagens

Éscalus, Príncipe de Verona
Mercúcio, jovem fidalgo, parente do príncipe e amigo de Romeu
Páris, jovem fidalgo parente do príncipe
Pajem de Páris
Montéquio, chefe de família veronesa em luta com os Capuleto
Senhora Montéquio
Romeu, filho de Montéquio
Benvólio, sobrinho de Montéquio e amigo de Romeu e Mercúcio
Abraão, criado de Montéquio
Baltasar, criado de Romeu
Capuleto, chefe de família veronesa em luta com os Montéquio
Senhora Capuleto
Julieta, filha de Capuleto
Teobaldo, sobrinho da Senhora Capuleto
Primo Capuleto, um senhor idoso
Ama, criada dos Capuleto, ama de leite de Julieta
Pedro, criado dos Capuleto a serviço de Ama
Sansão
Gregório
Antônio
Cuca
Criados
Frei Lourenço
Frei João
Um Boticário, de Mântua
Três músicos (Simão Viola, Hugo Rabeca, João do Grito)
Integrantes da guarda, cidadãos de Verona, mascarados, pajens, portadores de tochas
Coro

A cena: A ação se passa em Verona e Mântua.

PRÓLOGO

Coro

    Duas casas, iguais em seu valor,
Em Verona, que a nossa cena ostenta,
Brigam de novo, com velho rancor,
Pondo guerra civil em mão sangrenta.
5   Dos fatais ventres desses inimigos
Nasce, com má estrela, um par de amantes,
Cuja derrota em trágicos perigos
Com sua morte enterra a luta de antes.
A triste história desse amor marcado
10   E de seus pais o ódio permanente,
Só com a morte dos filhos terminado,
Duas horas em cena está presente.
Se tiverem paciência para ouvir-nos,
Havemos de lutar para corrigir-nos.

(Sai.)

ATO 1

CENA 1
Verona. Um local público.

(Entram Sansão e Gregório, com espadas e escudos, da casa dos Capuleto.)

SANSÃO
Gregório, desaforo não se engole.

GREGÓRIO
Senão teremos fama de gulosos.

SANSÃO
Mas saiba que, com raiva, eu puxo a espada.

GREGÓRIO
Depois a corda puxa o seu pescoço.

SANSÃO
Bato na hora, sendo provocado.

GREGÓRIO
Mas pra ser provocado leva horas.

SANSÃO
Por qualquer cão Montéquio eu salto logo.

GREGÓRIO
Saltar é desviar, e o valente é firme: portanto, se você desviar, estará fugindo.

SANSÃO
Meu salto, para um cão desses, é pra firmar. Fico com as costas protegidas em frente a qualquer moço ou moça dos Montéquio.

GREGÓRIO
O que mostra que és safado e fraco, pois é o mais fraco que fica de costas para a parede.

SANSÃO
Isso é verdade, e é por isso que as mulheres, a parte fraca, acabam encostadas contra a parede; então eu tiro a parede dos Montéquio, mas empurro suas moças para a parede.

> Foi chegando mais gente e assim, mais briga,
> Até que o príncipe veio pr'apartar.

SENHORA MONTÉQUIO
> Onde está Romeu? Já o viu hoje?
> 'Stou contente: ele não 'stava na briga.

BENVÓLIO
105
> Minha Senhora, já bem antes que o Sol
> Olhasse na janela do oriente,
> Estando inquieto, saí para andar,
> E ali no bosque, sob os sicômoros
> Que crescem a oeste da cidade,
110
> Assim bem cedo eu encontrei seu filho.
> Quis chegar-me, porém ele fugiu,
> Indo esconder-se em meio às árvores.
> Julgando pelos meus os seus afetos,
> Sempre buscados onde não se encontram,
115
> Sentindo-me demais até sozinho,
> Busquei meus sentimentos, não os dele.
> E evitei, com alegria, quem fugia.

MONTÉQUIO
> Tem sido visto ali muitas manhãs,
> Acrescendo ao orvalho suas lágrimas,
120
> Nublando as nuvens com suspiros fundos;
> Porém tão logo o sol, com alegria,
> Afasta do oriente mais distante
> O reposteiro do leito de Aurora,
> Meu triste filho esconde-se da luz
125
> E bem sozinho tranca-se em seu quarto,
> Fecha as janelas afastando o dia,
> Criando noite falsa para si.
> O seu humor só pode piorar,
> Se um bom conselho não o faz mudar.

BENVÓLIO
130
> Meu nobre tio, não conhece a causa?

MONTÉQUIO
> Não a conheço, e ele não diz nada.

BENVÓLIO
> O senhor já tentou todos os meios?

Montéquio

Não só eu como inúmeros amigos.
Mas ele, conselheiro do que sente,
Fica só — e eu não sei se pra seu bem —
Tão secreto em si mesmo, tão fechado,
Tão fugidio e infenso à descoberta
Quanto o botão mordido pelo verme
Antes que possa abrir-se para o ar,
Ou dedicar ao sol sua beleza.
Sabendo a causa desse seu penar,
Poderia saber como o curar.

(Entra Romeu.)

Benvólio

Aí vem ele. Cheguem para lá;
Não admito não saber o que há.

Montéquio

Espero que sejas bem-sucedido.
Andemos, minha senhora, partamos.

(Saem Montéquio e a Senhora Montéquio.)

Benvólio

Bom dia, primo.

Romeu

O dia inda é tão jovem?

Benvólio

São nove horas.

Romeu

São longas as tristes.
Foi meu pai quem saiu, assim, depressa?

Benvólio

Foi. E o que alonga as horas de Romeu?

Romeu

A falta do que torna as horas curtas.

Benvólio

Amor?

ROMEU
    Sua falta.

BENVÓLIO
    Do amor?

ROMEU
    Das graças da que tem o meu amor.

BENVÓLIO
    Pena que o amor, tão lindo de se olhar,
    Seja tirano pra se experimentar.

ROMEU
    É pena que o amor, de olhar velado,
    Mesmo cego descubra o desejado.
    Onde ceamos? Houve briga aqui?
    Não me conte; essa história eu já conheço:
    Trata muito de ódio, e mais de amor.
    Ó amor odiento, ódio amoroso,
    Ó qualquer coisa que nasceu do nada!
    Ó densa leveza, séria vaidade,
    Caos deformado de bela aparência!
    Pluma de chumbo, fumaça brilhante,
    Fogo frio, saúde doentia,
    Sono desperto que nega o que é!
    Esse amor sem amor é o que eu sinto.
    Não se ri?

BENVÓLIO
    Ora, primo; eu quase choro.

ROMEU
    Por quê?

BENVÓLIO
    Por seu coração oprimido.

ROMEU
    A transgressão do amor é sempre assim.
    Meu peito já carrega tanta dor,
    Que torna mais pesada ao pressioná-la
    Co'a sua dor. A afeição que mostrou
    Mais aumenta a tristeza que hoje eu sou.
    O amor é fumo de um suspiro em chama
    Que faz brilhar os olhos de quem ama;

Contrariado, é um mar feito de lágrimas;
E o que mais? Critério na loucura,
Trago de fel que preserva a doçura.
Meu primo, adeus.

BENVÓLIO

Que é isso? Eu também vou.
Deixar-me aqui, assim, só me machucou.

ROMEU

Estou perdido e nem estou aqui;
Quem é Romeu só vaga por aí.

BENVÓLIO

Bem triste, conte quem é seu amor?

ROMEU

Devo gemer, então, para contar?

BENVÓLIO

Gemer? Por quê? É só dizer quem é.

ROMEU

A um doente alguém pede testamento?
É termo que não vai com o sofrimento.
Na tristeza, primo, eu amo uma mulher.

BENVÓLIO

Mirei bem, ao julgá-lo apaixonado.

ROMEU

Tem boa pontaria, e ela é bela.

BENVÓLIO

Um belo alvo é fácil de alcançar.

ROMEU

Errou; ela não me deixa acertar
Co'a flecha de Cupido. Ela é Diana,
Armada fortemente em castidade,
Pra com Cupido ter impunidade.
Não cede ao cerco das palavras ternas,
Nem aos golpes do assalto dos olhares,
E nem ao ouro que seduz os santos.
É rica de beleza; sua indigência
'Stá em morrer sem deixar descendência.

BENVÓLIO
Jurou viver pra sempre casta e pura?

ROMEU
Jurou; e é desperdício uma tal jura;
Pois beleza com tal austeridade
Rouba beleza da posteridade.
Bela e sábia demais, por que seu fado
A faz feliz 'stando eu desesperado?
Abjurou o amor, e por fazê-lo,
É morto em vida quem vive a dizê-lo.

BENVÓLIO
Ouça o que digo: é melhor esquecê-la.

ROMEU
Então me ensine a como não pensar.

BENVÓLIO
Dando a seus olhos toda a liberdade,
Observe outras belezas.

ROMEU
                Só se for
Pra remoer a dela, tão extrema.
As máscaras que beijam nossas damas,
Negras, sugerem ocultas belezas.
Quem ficou cego nunca mais esquece
Os tesouros perdidos com a visão.
Mostre-me alguma moça bonitinha;
De que serve o seu rosto senão para
Nele eu ler que há beleza bem maior?
Adeus, eu não aprendo a esquecer.

BENVÓLIO
Pois eu hei de ensinar-lhe, ou então morrer.

(Saem.)

CENA 2
Uma rua.

(Entram CAPULETO, PÁRIS e um CRIADO.)

CAPULETO
Montéquio 'stá tão preso quanto eu,

Por penas semelhantes, e não custa
A velhos como nós manter a paz.

PÁRIS

Os senhores são ambos muito honrados
E é pena que essa luta dure tanto.
Mas o que diz, senhor, ao meu pedido?

CAPULETO

O mesmo que já disse outra vez.
A minha filha não conhece o mundo,
Não completou sequer quatorze anos.
Mais dois verões eu quero ver passar
Antes de achá-la pronta pr'o altar.

PÁRIS

Outras, mais moças, já são mães agora.

CAPULETO

E sofrem pela pressa dessa hora
Na terra eu enterrei minhas esperanças:
Ela é tudo o que eu tenho neste mundo.
Mas, bom Páris, procure conquistá-la,
Meu voto é parte da vontade dela;
E ela concorda que, ao decidir,
Tenha eu direito à voz pra permitir.
Hoje eu dou uma festa costumeira
Para a qual temos muitos convidados,
Dentre os que amo encontra-se você,
Mais um, bem-vindo, que aumenta a lista.
Em meu modesto lar hoje há de ver
Astros terrenos clareando o céu.
Tudo o que agrada a um saudável rapaz,
Quando abril já em festa vem atrás
Do inverno que se arrasta, tais valores
Você verá, entre as donzelas-flores,
Em minha casa. Olhe e ouça bem,
E escolha a que maior mérito tem.
Entre muitas, a minha comparece;
É uma, verifique o que merece.
Vem comigo.

(Para o CRIADO, dando um papel.)

Pajem, vá, urgente,
Procurar em Verona toda a gente

Escrita aqui; e dê o meu recado
A cada um, que 'stá sendo esperado.

(Saem Capuleto e Páris.)

Criado

Procurar todos os que estão escritos aqui. Está escrito que o sapateiro só deve se meter com seu metro, o alfaiate com sua forma, o pescador com seu pincel e o pintor com sua rede, mas a mim mandam encontrar a gente que tem o nome escrito aqui, quando eu não sei descobrir que nomes a pessoa escrevinhadora escreveu aqui. Preciso encontrar um sábio. Bem na hora.

(Entram Benvólio e Romeu.)

Benvólio

Ora, uma chama apaga outra chama,
Cada angústia reduz uma outra dor:
Alegre-se com a dor que hoje reclama,
O desespero cura a dor menor.
Pegue nova infecção no seu olhar,
Que o seu veneno a outra há de matar.

Romeu

Folha de plátano é que é bom pra isso.

Benvólio

Para o quê?

Romeu

Pra canela fraturada.

Benvólio

Está louco, Romeu?

Romeu

Não louco, mas mais preso que um lunático:
Na cadeia, privado de alimento,
Surrado, e torturado e... Salve, homem.

Criado

Que Deus lhes dê bom-dia. Sabe ler?

Romeu

Até o meu mau fado, na miséria.

CRIADO

Talvez tenha aprendido a ler sem livros.
Mas, eu rogo, sabe ler qualquer coisa?

ROMEU

60   Se conhecer as letras e a língua.

CRIADO

Resposta honesta. Passe muito bem.

ROMEU

Espere aí, rapaz. Eu sei ler.

(Lê a carta.)

"*Signor Martino, sua mulher e filhas; Conde Anselmo e suas belas manas; a ilustre viúva de Utrúvio; Signor Placentio e as lindas sobrinhas;*
65   *Mercúcio e seu irmão Valentino; meu tio Capuleto, mulher e filhas; minhas sobrinhas Rosalina e Lívia; Signor Valêncio e seu primo Teobaldo; Lúcio e a vivaz Helena.*" Belo grupo. Aonde devem ir?

CRIADO

Para cima.

ROMEU

Onde vão cear?

CRIADO

70   Em nossa casa.

ROMEU

Casa de quem?

CRIADO

Do meu senhor.

ROMEU

Devia ter-lhe perguntado isso antes.

CRIADO

Eu conto sem o senhor perguntar. Meu amo é o rico Capuleto, e se o
75   senhor não for da casa dos Montéquio, peço-lhe que venha entornar um copo de vinho. E passe muito bem.

(Sai.)

BENVÓLIO
Na festa da família Capuleto
Vai cear Rosalina, o seu amor,
Junto com outras belas de Verona.
80 Vá até lá, e com olhar isento,
Olhe outros rostos; juro, sem rodeio,
Que farão de seu cisne um corvo feio.

ROMEU
No dia em que meus olhos devotados
Forem falsos, que o pranto queime em pira,
85 E que eles, tantas vezes afogados,
Agora hereges, queimem por mentira.
Mais bela que o meu amor? O sol que brilha
Em outra jamais viu tal maravilha.

BENVÓLIO
Ela é bonita em sua solidão,
90 Comparada a si mesma em sua visão;
Mas sendo por dois cristais pesada,
Sua dama com outra, apresentada
Brilhando nessa festa, hoje, por mim,
Não há de parecer tão linda assim.

ROMEU
95 Eu irei, não pra ver tal expoente,
Mas pra, com a minha, ficar mais contente.

(Saem.)

CENA 3
Uma sala na casa dos Capuleto.

(Entram a SENHORA CAPULETO e a AMA.)

SENHORA CAPULETO
Onde está minha filha? Chame-a, Ama.

AMA
Por minha virgindade aos doze anos,
Já a chamei. Querida! Carneirinho!
Deus me livre! Onde está? Cadê, Julieta!

(Entra JULIETA.)

JULIETA
5 Aqui estou; quem me chama?

AMA
>   A sua mãe.

JULIETA
>   Senhora, aqui estou; o que deseja?

SENHORA CAPULETO
>   É o seguinte; oh Ama, saia um pouco.
>   O assunto é secreto. Ama, volte!
>   Pensei melhor; preciso do seu conselho,
> 10   Conhece minha filha desde o berço.

AMA
>   Eu sei até a hora em que nasceu.

SENHORA CAPULETO
>   Não fez catorze anos.

AMA
>   Por catorze
>   Destes meus dentes — que são quatro — eu juro
>   Qu' ela não fez quatorze. O quanto falta
> 15   Pra primeiro de agosto?

SENHORA CAPULETO
>   Uns vinte dias.

AMA
>   Por mais ou menos, neste mesmo ano,
>   No dia primeiro, à noite, faz quatorze.
>   Susana e ela — Deus nos salve a todos —
>   Nasceram juntas. Susana 'stá com Deus.
> 20   Eu não a merecia. Como eu disse,
>   Em agosto ela faz quatorze anos.
>   Isso mesmo, eu me lembro muito bem.
>   Faz onze anos que tremeu a terra,
>   E ela desmamou — nunca me esqueço —
> 25   De todos os dias do ano, bem naquele.
>   Eu passei ervas amargas no peito
>   E sentei-me, bem ao Sol, junto ao pombal.
>   A senhora e o patrão 'stavam em Mântua —
>   A cachola está boa. Como eu disse,
> 30   Quando sentiu no seio o óleo amargo,
>   A pombinha achou ruim, achou amargo,
>   Fez cara feia e largou meu peito.
>   O pombal sacudiu! Nem precisei

　　　　　Repetir a receita.
35　　　E desde então se passaram onze anos.
　　　　　Juro por Deus que já ficava em pé,
　　　　　Já andava e corria por aí,
　　　　　Pois nesse dia ela bateu a cabeça;
　　　　　E então meu marido — Deus o tenha —
40　　　Ele era muito alegre — levantou-a,
　　　　　Dizendo: — "Mas se cai assim, de cara?
　　　　　Quando souber das coisas, cai de costas,
　　　　　Não é, Julinha?". E por tudo que é santo,
　　　　　A boba ficou quieta e disse: "É".
45　　　Vejam só como os chistes aparecem!
　　　　　Nem que viva mil anos, eu lhes juro,
　　　　　Eu hei de me esquecer, "Não é, Julinha?"
　　　　　E a boba, sem chorar, responde: "É".

SENHORA CAPULETO
　　　　　Agora, chega. Por favor, silêncio.

AMA
50　　　Sim, senhora, mas é mesmo de rir
　　　　　Ela, sem uma lágrima, disse: "É".
　　　　　E eu garanto que, bem aqui na testa,
　　　　　Tinha um inchaço que até parecia
　　　　　Culhão de galo, e que doía muito.
55　　　E meu marido: "Caiu assim, de cara?
　　　　　Quando crescer só vai cair de costas,
　　　　　Não é, Julinha?". E ela disse: "É".

JULIETA
　　　　　Pois hoje eu digo "Ama, agora chega".

AMA
　　　　　Pronto, acabei. Que Deus a abençoe,
60　　　Nunca criei menina tão bonita.
　　　　　Hei de viver pra ver seu casamento,
　　　　　É o meu sonho.

SENHORA CAPULETO
　　　　　Pois casamento é justamente o tema
　　　　　Desta conversa. Diga-me aqui, Julieta,
65　　　Como se sente quanto ao casamento?

JULIETA
　　　　　É honra com que nunca ousei sonhar.

Ama

    Uma honra. Não fosse eu sua ama,
    Diria que o juízo vem do que se mama.

Senhora Capuleto

    Pois comece a pensar. Moças mais jovens
70   Que você, na nobreza de Verona,
    Hoje já são mães. Pelas minhas contas,
    Eu era sua mãe, com a mesma idade
    Que você tem de solteira. Enfim,
    O nobre Páris quer o seu amor.

Ama

75   Um homem, moça. Um homão, senhora,
    Que no mundo... serve de modelo.

Senhora Capuleto

    A fina flor do verão de Verona.

Ama

    Uma flor, mesmo; ele é uma flor.

Senhora Capuleto

    Que diz? Será capaz de amá-lo?
80   Hoje à noite irá vê-lo em nossa festa.
    Estude o livro do rosto de Páris,
    Escrito pela pena da beleza.
    Repare na harmonia das feições,
    Pois cada uma embeleza a outra;
85   E se algo fica obscuro no volume,
    As notas no olhar aclaram tudo.
    Esse livro do amor, com as folhas soltas,
    Pra perfeição precisa só de capa.
    O peixe é pro mar. É erro eterno
90   A beleza ocultar o belo interno.
    Visto por muitos, um livro tem glória,
    Porque abraça o tesouro de uma história.
    Compartilhando do que ele possui,
    Ao tê-lo, você não se diminui.

Ama

95   Aumenta; a mulher cresce com o homem.

Senhora Capuleto

    Diga: o amor de Páris lhe agrada?

JULIETA
>Sim, se ao olhar sentir-me apaixonada.
>Porém mais longe eu nunca hei de ir,
>Que o voo que a senhora consentir.

>*(Entra um CRIADO.)*

CRIADO
100 >Senhora, os convidados chegaram, a ceia está servida, a senhora foi chamada, procuram a patroinha, na copa xingam a Ama, e tudo está uma loucura. Preciso correr para servir, e imploro que venha logo.

>*(CRIADO sai.)*

SENHORA CAPULETO
>Julieta, o conde a aguarda com ardor.

AMA
>Com noite boa, o dia é bem melhor.

>*(Saem.)*

CENA 4
Uma rua.

(Entram ROMEU, MERCÚCIO, BENVÓLIO, com cinco ou seis outros mascarados e archoteiros.)

ROMEU
>Vamos usar a fala que ensaiamos?
>Ou entramos sem desculpa?

BENVÓLIO
>Não 'stá na moda dizer muita coisa.
>Não há Cupido aqui, de olhos velados,
5 >Com arco oriental feito de ripas,
>Como espantalho a assustar as moças;
>Nem prólogo sem texto, atrapalhando,
>A esperar o ponto, pra entrarmos.
>Que eles nos meçam pelo que quiserem,
10 >Nós dançamos um pouco e já sumimos.

ROMEU
>Eu não quero brincar; deem-me uma tocha.
>Por estar tão sombrio, eu levo a luz.

MERCÚCIO
    Nada disso, Romeu; tem de dançar.

ROMEU
    Creia-me, eu não. Mas você tem sapatos
    De alma leve. Minh'alma é de chumbo.
    Grudado ao chão, mal posso caminhar.

MERCÚCIO
    Mas amante pede asas a Cupido
    Pra voar muito acima disso tudo.

ROMEU
    A sua flecha foi tão fundo em mim
    Que não dá pr'eu voar com suas penas.
    Não alcanço nada além de um suspiro,
    'Stou me afogando ao peso desse amor.

MERCÚCIO
    Quando vai fundo, o amor é sempre um peso —
    E sempre oprime algo tão delicado.

ROMEU
    É o amor é delicado? É antes bruto,
    Rude demais, e espeta como um espinho.

MERCÚCIO
    Se é rude com você, faça-lhe o mesmo;
    Se espeta, espete alguém, qu'ele se aquieta.
    Dê-me uma caixa pr'eu guardar meu rosto;
    Uma cara por outra. O que me importa
    Que curiosos vejam meus defeitos?
    Aqui tenho uma face que corará.

BENVÓLIO
    Vamos bater e entrar; uma vez dentro,
    Cada um fica entregue às próprias pernas.

ROMEU
    Quero uma tocha. Que corações leves
    Usem seus calcanhares insensíveis.
    Como um ditado velho já dizia —
    Seguro a vela e fico só olhando.
    É hora de pensar, 'stou acabando.

MERCÚCIO
    Bando é de rato, até segundo a lei.

>Se virou rato, nós vamos puxá-lo
>Pra fora desse charco que é o amor,
>E onde está afundando. Vamos logo.

ROMEU

>Não é bem isso.

MERCÚCIO

>   Eu quis dizer atraso.
>Gastamos vela pr'acender o dia.
>Vale a intenção, cujo siso tem sido
>Cinco vezes maior que o de um sentido.

ROMEU

>Vamos à festa com boa intenção.
>Mas não é muito certo.

MERCÚCIO

>   E por que não?

ROMEU

>Eu hoje tive um sonho.

MERCÚCIO

>   E eu também.

ROMEU

>Sonhou?

MERCÚCIO

>   Que os sonhadores mentem bem.

ROMEU

>Para quem dorme, o sonho é de verdade.

MERCÚCIO

>Já vi que Mab, a rainha, o visitou.
>É a parteira das fadas e ela vinha
>Como uma ágata pequenininha
>No dedo indicador de um conselheiro
>Puxada por um par de vermezinhos
>A correr no nariz do adormecido.
>Uma casca de noz é sua carruagem,
>Feita por um esquilo carpinteiro
>Que sempre foi das fadas carreteiro.
>As varas são perninhas de uma aranha,
>Asas de gafanhoto sua cobertura;

As rédeas vêm de teias pequeninas,
65 E a canga, de réstias de luar.
O seu chicote é um ossinho de grilo,
Seu cocheiro, uma mosca cinza
Que não é nem metade de uma larva
Que uma donzela tira do dedinho;
70 Assim cavalga ela pela noite
E, atravessando o cérebro do amante,
Faz nascer ali sonhos de amor;
Nos joelhos dos nobres, cortesias,
Nos dedos do advogado, grandes ganhos;
75 Os lábios das donzelas sonham beijos,
Mas Mab, zangada, faz nascerem bolhas
Nos que encontra borrados por bombons.
Se pesa no nariz de um cortesão,
Ela sonha com o cheiro de favores;
80 Às vezes passa o rabo de um leitão
Pelo nariz de um cura adormecido,
E o faz sonhar com mais uma prebenda.
Se passa no pescoço de um soldado,
Seu sonho é com a degola do inimigo,
85 Ou com assaltos, aço e emboscadas,
Ou mares de bebida; e, logo após,
Toca tambor no ouvido, ele desperta
Assustado, e, depois de uma oração,
Dorme de novo. É essa aquela Mab
90 Que embaraça a crina dos cavalos
E assa as carapinhas dos capetas
Que, penteadas, trazem grandes males.
É essa a velha que, se uma donzela
Adormece de costas, deita em cima
95 E a ensina a arcar com um peso vivo,
Pra aprender a pesar com outras cargas.
É ela...

ROMEU
          Agora, chega, paz, Mercúcio.
'Stá falando de nada.

MERCÚCIO
                    Eu sei; de sonhos.
Filhos de cérebros desocupados,
100 Concebidos por fantasias vãs,
Cuja substância não é mais que ar;
Mais frágeis do que o vento, eles seduzem
Inda hoje o seio gélido do norte —

                Mas, se irritados, bufam desde lá
105   E voltam-se pro sul, mais orvalhado.

    BENVÓLIO
                Esse vento nos tira de nós mesmos:
                A ceia está servida; já tardamos.

    ROMEU
                É muito cedo. A minha mente teme
                Algo que, ainda preso nas estrelas,
110   Possa iniciar amargo destino
                Com a festa desta noite e dar termo
                Desta vida aprisionada em meu peito
                Com a pena vil da morte inesperada.
                Que Aquele que me guia em meu percurso
115   Me oriente agora. Vamos, cavalheiros.

    BENVÓLIO
                Toquem, tambores.

                                                                (Saem.)

CENA 5
Uma sala na casa dos Capuleto.

(MÚSICOS esperando. Entram CRIADOS trazendo toalhas e guardanapos.)

1º CRIADO
                Onde está o Cuca, que não ajuda a tirar a mesa? Virou um comilão! Raspa as panelas!

2º CRIADO
                Quando as boas maneiras ficarem nas mãos de um ou dois e não estiverem lavadas, as coisas andam mal.

1º CRIADO
5   Afastem os banquinhos, tirem o guarda-louças e cuidado com a baixela. Por favor, guarde marzipã para mim, e, se gosta de mim, avise ao o porteiro para deixar entrar a Susana e a Nélia Antônio e Cuca!

2º CRIADO
                Estou pronto, rapaz.

1º CRIADO
                Estão te procurando, te chamando e te buscando e te fuçando no salão.

2º CRIADO

Não podemos ficar aqui e lá também. Alegria, pessoal! Apertem o passo agora, e que vença o melhor fígado!

(Entram CAPULETO, com JULIETA e os outros da sua casa que se juntam a todos os convidados e aos mascarados.)

CAPULETO

Bem-vindos, nobres, e damas com pés
Livres de calos pra dançar um pouco.
Ah, senhoras, qual de vós fará fita
Negando-se a dançar? Quem fizer fita
Eu digo que tem calos. Não 'stou certo?
Bem-vindos, cavalheiros. Foi-se o tempo
Em que usei máscara e tinha lábia
Pra murmurar no ouvido de uma dama
Muitos agrados. Já faz muito tempo!
Bem-vindos, cavalheiros! Toquem, músicos!
Espaço no salão! Moças, pra dança!

(A música toca e eles dançam.)

Mais luz, criados! Desarmem as mesas!
'Stá muito quente, apaguem esse fogo.
É bom ter uma festa improvisada.
Sente-se, sente-se, bom primo Capuleto;
Você e eu já não dançamos mais.
Quanto tempo faz desde que nós dois
Usamos máscaras?

PRIMO CAPULETO

Uns trinta anos.

CAPULETO

Nem tanto, homem, não é tanto assim.
É desde o casamento de Lucêncio,
Que agora, quando for em Pentecostes,
Faz vinte e cinco anos. Foi então.

PRIMO CAPULETO

Faz mais; o filho dele já tem mais que isso —
Está com trinta.

CAPULETO

Não me diga; é mesmo?
Inda era menor há um par de anos.

Romeu

Quem é a moça que enfeita a mão
Daquele cavalheiro?

Criado

Eu não conheço.

Romeu

40 Ela é que ensina as tochas a brilhar,
E no rosto da noite tem um ar
De joia rara em rosto de carvão.
É riqueza demais pro mundo vão.
Como entre corvos, pomba alva e bela
45 Entre as amigas fica essa donzela.
Depois da dança, encontro o seu lugar,
Pra co'a mão dela a minha abençoar.
Se já amei antes? Não. Tenho certeza;
Pois nunca havia eu visto tal beleza.

Teobaldo

50 Só pela voz eu sei que é um Montéquio.
Rapaz, o meu punhal.

(Sai o Pajem.)

Ousa esse escravo
Vir aqui, recoberto com essa máscara,
Pra fazer pouco desta nossa festa?
Por meu sangue, que corre sempre honrado,
55 Não creio ser matá-lo algum pecado.

Capuleto

Meu primo, por que grita? 'Stá em perigo?

Teobaldo

Tio, aquele é um Montéquio, um inimigo.
Um vilão, que aqui veio com maldade
Pra debochar desta solenidade.

Capuleto

60 Não é Romeu?

Teobaldo

É; o vilão Romeu.

CAPULETO

    Fique mais calmo, primo, e deixe-o em paz.
    Ele age qual perfeito cavalheiro;
    Verona só o honra, na verdade,
    Como alguém de virtude equilibrada.
65   Nem por toda a riqueza da cidade
    Eu permito que o insulte em minha casa.
    Portanto, paciência; esqueça dele.
    É o meu desejo, e por respeito a mim
    Seja cortês e desamarre a cara,
70   Pois tal semblante não convém à festa.

TEOBALDO

    Convém se um vilão está presente.
    Não o aturo.

CAPULETO

                Pois vai aturá-lo.
    Rapazinho abusado! 'Stou mandando.
    Sou eu ou é você o senhor, aqui?
75   Vai criar caso com os meus convidados?
    Bancar o galo? Ser o homem da casa?

TEOBALDO

    Mas tio, é uma vergonha.

CAPULETO

                        Agora, chega.
    Está muito atrevido. É uma vergonha?
    Você inda me paga. Mas já sei!
80   Precisa me amolar! Está na hora...
    Muito bem, meus amigos!... Sai, frangote,
    Quieto, ou... Mais luz! Mais luz!... Ou eu garanto
    Que eu o acalmo. Alegria, queridos!

TEOBALDO

    A minha paciência com seus gritos
85   Me treme a carne, de tantos conflitos.
    Eu vou-me embora, mas essa invasão
    Que ora adoça, há de ter má conclusão...

                                                (Sai).

ROMEU

    (Para JULIETA.)
    Se a minha mão profana esse sacrário,

Pagarei docemente o meu pecado:
Meus lábios, peregrinos temerários,
O expiarão com um beijo delicado.

JULIETA
Bom peregrino, a mão que acusas tanto
Revela-me um respeito delicado;
Juntas, a mão do fiel e a mão do santo
Palma com palma se terão beijado.

ROMEU
Os santos não têm lábios, mãos, sentidos?

JULIETA
Ai, têm lábios apenas para a reza.

ROMEU
Fiquem os lábios, como as mãos, unidos;
Que rezem também, que a fé não os despreza.

JULIETA
Imóveis, eles ouvem os que choram.

ROMEU
Santa, que eu colha o que os meus ais imploram.

(Ele a beija.)

Seus lábios meus pecados já purgaram.

JULIETA
Ficou nos meus o que lhes foi tirado

ROMEU
Dos meus lábios? Os seus é que os tentaram;
Quero-os de volta. *(Ele a beija.)*

JULIETA
                    É tudo decorado!

AMA
Senhora, sua mãe quer lhe falar.

ROMEU
Quem é a sua mãe?

AMA

                    Ora, rapaz,
Sua mãe é a dona aqui da casa,
Senhora boa, sábia e virtuosa.
110   Fui eu que amamentei essa filhinha.
E digo-lhe que aquele que a pegar
Fica rico.

ROMEU

              Então ela é Capuleto?
Entreguei minha vida ao inimigo.

BENVÓLIO

Vamos, enquanto estamos no esplendor.

ROMEU

115   E a minha inquietação fica pior.

CAPULETO

Cavalheiros, não partam agora;
Vamos servir uma ceia modesta.

        (Sussuram em seu ouvido.)

É mesmo? Pois eu agradeço a todos.
Obrigado, senhores; boa noite.
120   Mais tochas! 'Stá na hora de deitar.
Nossa! Como está ficando tarde;
Vou descansar.

                     (Saem todos menos JULIETA e a AMA.)

JULIETA

Ama, conhece aquele cavalheiro?

AMA

Ele é filho e herdeiro de Tibério.

JULIETA

125   E aquele, que vai passando pela porta?

AMA

É o jovem Petrúquio, ao que parece.

JULIETA

E aquele, atrás, que não entrou na dança?

AMA
    Não sei.

JULIETA
    Vá perguntar seu nome. Se é casado,
    Meu leito nupcial é minha tumba.

AMA
    O seu nome é Romeu, e é um Montéquio.
    Único filho do seu inimigo.

JULIETA
    Nasce o amor desse ódio que arde?
    Vi sem saber, ao saber era tarde.
    Louco parto de amor houve comigo,
    Tenho agora de amar meu inimigo.

AMA
    O que foi?

JULIETA
            Um versinho que aprendi
    Com um par na dança.

(Alguém, fora, chama: "Julieta!".)

AMA
    Está indo, senhora.
    Venha; as visitas já foram embora.

(Saem.)

ATO 2

PRÓLOGO

(Entra o Coro.)

CORO

    Mal a antiga paixão agonizava,
    Um novo amor ensaia o lugar dela;
    A bela por quem antes se matava
    Junto a Julieta nem sequer é bela.
5   Agora amado, ama outra vez Romeu;
    Ambos presas do aspecto exterior,
    Ele leva à inimiga o pranto seu
    E ela tira do ódio doce amor.
    Inimigo, a Romeu fica vedado
10 Fazer as juras naturais do amor;
    E a ela, apaixonada, não é dado
    Ir encontrá-lo, seja onde for.
    Mas a paixão, à força, os faz vencer,
    Temperando o perigo co'o prazer.

(Sai.)

CENA 1
Uma alameda perto do muro do pomar dos Capuletos.

(Entra Romeu.)

ROMEU

Partir? Deixando o coração aqui?
Barro, volta, e procura a sua essência.

(Ele escala o muro e pula para dentro do pomar.)
(Entram Benvólio e Mercúcio.)

BENVÓLIO

Romeu! Primo Romeu!

MERCÚCIO

              Ele é sabido,
E aposto que já foi deitar-se, em casa.

BENVÓLIO

Ele correu pra saltar aquele muro.
Chame-o, Mercúcio.

MERCÚCIO

          Não; vou conjurá-lo:
Romeu! Insano! Apaixonado! Amante!
Vem, aparece em forma de suspiro!
Diz um versinho que, pra mim, já basta.
Dá um suspiro, rima "amor" com "dor",
Faz um só elogio à prima Vênus,
Dá um dos nomes de seu filho cego,
O menino Cupido, que acertou
Cofétua quando amou sua mendiga.
Ele não ouve, mexe e nem reage!
O macaco está morto; só com reza.
Te invoco pelo olhar de Rosalina,
Sua testa alta e lábios carmesim,
Seu pé, perna comprida e coxa trêmula,
Bem como o reino ali por perto desta,
Pra tu, tal como és, nos apareças!

BENVÓLIO

Se ele nos ouvir, vai ficar aborrecido.

MERCÚCIO

Não sei por quê. Poderia zangar-se
Se eu invocasse algum potente espírito
Pra penetrar o círculo da amante,
Que fosse estranho e ali ficasse ereto,
Até que ela chegasse a dominá-lo:
Lá isso era maldade. A minha reza
É clara e limpa! Em nome de sua amada
Só peço que ele cresça e apareça.

BENVÓLIO

Vamos, que ele entrou pelo arvoredo
Pra conversar com os mistérios da noite.
Com amor cego, é melhor ficar no escuro.

MERCÚCIO

Amor que é cego não acerta o alvo.
Ele vai se encostar numa ameixeira.
Querer que a amada seja fruta igual
A que faz rirem, em segredo, as moças.
E quase sempre chamam-na de ameixa.

40 Ai, Romeu, ai! Se ao menos ela fosse
Uma ameixa, e você pera pontuda!
Canteiro é muito frio pra ser cama.
Vamos embora?

BENVÓLIO

Vamos, que é inútil
Buscar quem quer ficar bem escondido.

(Saem BENVÓLIO e MERCÚCIO.)

CENA 2

(ROMEU avança.)

ROMEU

Zomba da dor quem nunca foi ferido.

(JULIETA aparece ao alto.)

Que luz surge lá no alto, na janela?
Ali é o leste, e Julieta é o sol.
Levante-se, sol, faça morrer a Lua
5 Ciumenta, que já sofre e empalidece
Porque você, sua serva, é mais formosa.
Não a sirva, pois assim ela a inveja!
Suas vestais têm trajes doentios
Que só tolas envergam. Tire-os fora.
10 É a minha dama, oh, é o meu amor!
Se ao menos o soubesse!
Ela fala e nada diz. O que significa?
Seus olhos falam, e vou responder.
Que pretensão! Não é a mim que falam.
15 Duas estrelas, das mais fulgurantes,
'Stando ocupadas, pedem a seus olhos
Que brilhem na alta esfera até que voltem.
E se ficassem lá, e elas no rosto?
O brilho de sua face ofuscaria
20 Os astros como o dia ofusca a chama:
Por todo o ar do céu, com tal fulgor
A luz de seu olhar penetraria,
Que as aves cantariam, como ao dia!
Como ela curva o rosto sobre a mão!
25 Quem me dera ser luva pra tocar
Aquela face.

JULIETA

           Ai de mim!

ROMEU

           Ela fala!
Fale, anjo, outra vez, pois você brilha
Na glória desta noite, sobre a terra,
Como um celeste mensageiro alado
Sobre os olhos mortais que, deslumbrados,
Se voltam para o alto, para olhá-lo,
Quando ele chega, cavalgando nuvens,
E vaga sobre o seio desse espaço.

JULIETA

Romeu, Romeu, por que há de ser Romeu?
Negue o seu pai, recuse esse nome;
Ou se não quer, jure só que me ama
E eu não serei mais dos Capuleto.

ROMEU

    (À parte.)
Devo ouvir mais, ou falo com ela?

JULIETA

É só seu nome que é meu inimigo:
Mas você é você, não é Montéquio!
O que é Montéquio? Não é pé, nem mão,
Nem braço, nem feição, nem parte alguma
De homem algum. Oh, chame-se outra coisa!
O que há num nome? O que chamamos rosa
Teria o mesmo cheiro com outro nome;
E assim Romeu, chamado de outra coisa,
Continuaria sempre a ser perfeito,
Com outro nome. Mude-o, Romeu,
E em troca dele, que não é você,
Me entrego por inteiro.

ROMEU

           Eu cobro essa jura!
Se me chamar de amor, me rebatizo:
E, de hoje em diante, eu não sou mais Romeu.

JULIETA

Quem é que, assim, oculto pela noite,
Descobre o meu segredo?

ROMEU

                        Pelo nome,
55   Não sei como dizer-lhe quem eu sou:
Meu nome, cara santa, me traz ódio,
Porque, para você, é de inimigo.
'Stivesse escrito, tal nome rasgaria.

JULIETA

Nem cem palavras eu sorvi ainda
60   Dessa voz, mas já reconheço o som.
Você não é Romeu, e um Montéquio?

ROMEU

Nem um nem outro, se você não gosta.

JULIETA

Mas como veio aqui, e para o quê?
O muro do pomar é alto e liso,
65   E pra quem é você, aqui é a morte,
Se algum de meus parentes o encontrar.

ROMEU

Com as asas do amor saltei o muro,
Pois não há pedra que impeça o amor;
E o que o amor pode, o amor ousa tentar.
70   Portanto, seus parentes não me impedem.

JULIETA

Mas se o virem aqui eles o matam.

ROMEU

Há muito mais perigo nos seus olhos
Que em vinte lâminas deles. Seu olhar
Me deixa protegido do inimigo.

JULIETA

75   Eu não quero por nada que o vejam.

ROMEU

Tenho o manto da noite pra esconder-me,
E se você me ama, não me encontram.
Melhor morrer pelo ódio deles
Que prorrogar a vida sem seu amor.

JULIETA

80   Quem o guiou pra vir até aqui?

ROMEU

O amor, que me obrigou a procurar.
Aos seus conselhos eu juntei meus olhos.
Não sou piloto mas, se você fosse
Pro fim da praia do mar mais distante,
85   Eu singrava até lá por tal tesouro.

JULIETA

O meu rosto usa a máscara da noite,
Mas, de outro modo eu enrubesceria
Por tudo o que me ouviu dizer aqui.
Queria ser correta e renegar
90   Tudo o que disse. Mas adeus, pudores!
Me amas? Sei que vais dizer que sim,
E aceito sua palavra. Se jurar,
Pode ser falso. E dizem que Zeus ri
Dos perjúrios do amor. Doce Romeu,
95   Se me ama, mesmo, afirme-o com fé.
Mas, se pensar que eu fui fácil demais,
Serei severa e má, e direi não,
Pra que me implore; de outra forma, nunca.
Na verdade, Montéquio, ouso demais,
100   E posso parecer-lhe leviana;
Mas garanto, senhor, ser mais fiel
Que as que, por arte, fazem-se difíceis.
Eu seria difícil, e o confesso,
Se não ouvisse, sem que eu o soubesse,
105   Minha grande paixão; então perdoe,
E não julgue ligeiro o amor que, cedo,
O peso desta noite revelou.

ROMEU

Eu juro, pela Lua abençoada,
Que banha em prata as copas do pomar...

JULIETA

110   Não jure pela Lua, que é inconstante,
E muda, todo mês, em sua órbita,
Pro seu amor não ser também instável.

ROMEU

Por que devo jurar?

JULIETA

                    Não jure nunca.
Ou, se o fizer, jure só por si mesmo,

Único deus de minha idolatria,
Que eu acredito.

Romeu

Se meu grande amor...

Julieta

Não jure, pois mesmo me alegrando
O contrato de hoje não me alegra:
Foi por demais ousado e repentino,
Por demais como o raio que se apaga
Antes que alguém diga "Brilhou". Boa noite.
Este botão de amor, sendo verão,
Pode florir num nosso novo encontro.
Boa noite, ainda. Que um repouso são
Venha ao meu seio e ao seu coração.

Romeu

Mas vai deixar-me assim, insatisfeito?

Julieta

E que satisfação posso hoje eu dar?

Romeu

Sua jura de amor, pela que eu dei.

Julieta

Eu dei-lhe a minha antes que a pedisse;
Bem que eu queria ainda ter de dá-la.

Romeu

E quer negá-la? Mas pra quê, amor?

Julieta

Só pra ser franca e dá-la novamente;
Eu só anseio pelo que já tenho.
Minha afeição é como um mar sem fim,
Meu amor tão profundo: mais eu dou,
Mais tenho, pois são ambos infinitos.

(A*ma chama, de fora.*)

Ouço um ruído. Até mais, amor meu.
Ama, já vou. Seja fiel, Romeu.
Espere um momento, que eu ainda volto.

(Sai.)

ROMEU

140 Oh noite abençoada; eu tenho medo
Que, por ser noite, isto seja só sonho,
Bom e doce demais pra ter substância.

(JULIETA *volta, ao alto.*)

JULIETA

Três palavras, Romeu, e boa noite.
Se acaso o seu amor tem forma honrada
145 E pensa em se casar, mande amanhã
Dizer, por quem buscá-lo no meu nome,
Onde e a que horas tem lugar o rito,
E a seus pés porei tudo o que é meu,
Pra segui-lo no mundo, meu senhor.

AMA

(Fora.)
150 Senhora!

JULIETA

Já vou! Mas se não tem boa intenção,
Imploro...

AMA

(Fora.)
Senhora!

JULIETA

Já vou indo!
Que se afaste e me deixe à minha dor.
Amanhã mando alguém.

ROMEU

Por minh'alma...

JULIETA

155 Mil vezes boa noite.

(Sai.)

ROMEU

Tristes mil vezes; minha luz se foi!
O amor busca o amor como o menino
Corre da escola pra não trabalhar.

160 Amor longe do amor tem destino
Igual ao do vadio a estudar.

(Saindo.)

(Julieta volta ao alto.)

JULIETA

Pst! Romeu! Pst! Com a voz do falcoeiro
Eu laçava de volta o peregrino.
A voz do prisioneiro é rouca e baixa,
Ou eu rachava a caverna do Eco
165 Tornando-a mais rouca do que eu,
Com o repetir do nome Romeu.

ROMEU

Quem chamou o meu nome foi minh'alma.
A voz do amor na noite é som de prata,
Parece música a quem o escuta.

JULIETA

170 Romeu!

ROMEU

O meu falcão!

JULIETA

A que horas mesmo
Devo eu mandar saber?

ROMEU

Às nove horas.

JULIETA

Sem falta. Até lá são vinte anos.
Esqueci por que o chamei de volta.

ROMEU

Deixe-me ficar até você lembrar.

JULIETA

175 Posso esquecer, só pra você ficar,
Lembrando como é bom tê-lo aqui perto.

ROMEU

Eu fico, pra você esquecer sempre,
E esqueço até que tenho um outro lar.

JULIETA

    Já é dia. Eu quero que se vá, mas só
180   Tão longe quanto a ave de um travesso,
    Que a deixa saltitar perto da mão —
    Um pobre prisioneiro agrilhoado —
    Mas com seu fio sempre a traz de volta,
    Só por ciúme à sua liberdade.

ROMEU

185   Quisera eu ser pássaro.

JULIETA

                E eu também.
    Mas iria matá-lo, só de afagos.
    Foi tão doce esta boa-noite agora,
    Que eu direi boa-noite até a aurora.

(Sai JULIETA.)

ROMEU

    Tenha sono em seus olhos, paz no seio;
190   Por sono e paz tão doces eu anseio.
    Sorri a aurora ao escuro pesado,
    No leste, a luz já deixa o céu rajado;
    O negror, ébrio, corre pra escapar
    Das rodas de Titã, que vai passar.
195   Vou à cela do pai da minha alma
    Pra falar disso e ter ajuda e calma.

(Sai.)

CENA 3
A cela do Frei Lourenço.

(Entra FREI LOURENÇO, sozinho, com uma cesta.)

FREI

    A aurora cinza enfrenta a noite escura,
    Cortando o leste com traços de luz,
    E a salpicada noite cambaleia
    Na trilha do dia e do fogo de Titan.
5   Antes que o olho do céu venha queimar,
    Pro dia, alegre, o orvalho secar,
    Tenho de encher esta cesta com os odores
    Que vêm das ervas e do mel das flores.
    A terra, mãe de tudo, é também cova:

10 O que ela enterra o seu ventre renova;
E como é vária a prole que aqui veio
Vemos quando mamamos em seu seio.
Há filhos com virtudes excelentes;
São todos bons, mas todos diferentes.
15 É grande e forte a graça que é encontrada
Na virtude que à planta e erva é dada.
Não há nada tão vil no que aqui vem
Que a terra não lhe dê sequer um bem;
E nem nada é tão bom que, exagerado,
20 Não caia em perversão e traia o fado.
A virtude é um vício, mal gerida;
E o vício, vez por outra, salva a vida.
No sumo desta flor, pra quem procura
Mata o veneno, e o remédio cura.
25 Se cheirada, é propícia à compleição;
Provada, pára o senso e o coração.
Dois reis opostos têm presença igual,
Em planta e homem 'stão a graça e o mal;
Quando a parte pior é que se adianta
30 Logo o cancro da morte come a planta.

(Entra Romeu.)

ROMEU
Bom dia, padre.

FREI
                Deus sempre o acuda.
Por que assim tão cedo me saúda?
Filho, nem tudo pode andar direito
Para quem tão cedo salta de seu leito.
35 Velho não dorme, de preocupado,
E sono não se deita com cuidado;
Mas onde o jovem com a cabeça em paz
Joga o seu corpo, o sono vai atrás.
Portanto a madrugada me assegura
40 Que você passa por alguma amargura.
Se assim não for, eu aposto que acerto:
Esta noite, Romeu ficou desperto.

ROMEU
É bem verdade; eu tive melhor sina.

FREI
Meu santo Deus! Pecou com Rosalina?

Romeu

45 Com Rosalina? Meu bom padre, não!
Já me esqueci da dor que tive então.

Frei

Isso é bom. Mas o que andou fazendo?

Romeu

Vai saber, se ouvir o que estou dizendo.
Eu fui a um baile na casa que odeio,
50 E uma dentre eles me acertou em cheio.
Também a alvejei. Nossa tormento
Depende de sua ajuda e tratamento.
Não tenho ódio, padre, do inimigo;
Desejo-lhe o bem pelo que faz comigo.

Frei

55 Diga claro, meu filho, o seu intento,
Pois confissão não é divertimento.

Romeu

Pois ouça: meu amor 'stá firme e quieto
Junto à filha do rico Capuleto.
Se o meu é dela, o dela é só meu,
60 Cabe-lhe juntar o que se deu
Com santo matrimônio. Em que momento
Nos vimos e trocamos juramento,
Eu contarei, mas sempre a suplicar
Que hoje mesmo consinta em nos casar.

Frei

65 Meu São Francisco! Que mudança rara!
Rosalina, a que disse ser tão cara,
Foi despedida? O amor do jovem mora
Não no peito, mas no que vê na hora.
Meu Jesus, só eu sei quanto de sal
70 Correu em vão por seu rosto, afinal.
Quanta salmoura foi desperdiçada
Num tempero de amor que deu em nada.
O sol ainda nem sequer limpou
Do ar os ais que este ouvido escutou.
75 Aqui na face há uma marca ainda
Da lágrima passada, velha e finda.
Se estivesse em si, toda essa dor
Devia ainda ser do antigo amor.
Mas já mudou? Proclame então por mim:
80 Caia a fêmea, se o macho muda assim.

ROMEU

    Por amar Rosalina eu fui punido.

FREI

    Não por amar, por desejar, querido.

ROMEU

    Mandou enterrar o amor.

FREI

                  Não em cova
Onde entra uma e sai uma outra, nova.

ROMEU

85   Não condene. A que ora eu amo, senhor,
Me corresponde em graça e em amor.
A outra, não.

FREI

                Porque sabia bem
Que amor tão tolo pouca vida tem.
Mas vamos lá. Meu rapaz indeciso;
90   Há razão pra ajudar, sendo preciso.
A união que acaba de propor
Pode fazer do ódio puro amor.

ROMEU

    Vamos logo: eu estou louco de pressa.

FREI

    Muita calma. Quem corre só tropeça.

(Saem.)

CENA 4
Uma rua.

(Entram BENVÓLIO e MERCÚCIO.)

MERCÚCIO

    Mas onde, raios, se enfiou Romeu? Não foi pra casa ontem?

BENVÓLIO

    Não pra casa do pai. Perguntei ao criado.

MERCÚCIO
Ora, é aquela dona de coração de pedra, a pálida Rosalina, que o atormenta tanto que ele acaba completamente louco.

BENVÓLIO
Teobaldo, parente do velho Capuleto, mandou uma carta para a casa do pai dele.

MERCÚCIO
Juro que é desafio.

BENVÓLIO
Romeu há de responder.

MERCÚCIO
Ora, qualquer um que saiba escrever pode responder a uma carta.

BENVÓLIO
Não, Romeu vai responder ao autor dessa carta, mostrar-lhe o que faz, quando lhe fazem.

MERCÚCIO
Coitado do Romeu, já está morto, apunhalado pelos olhos negros daquela moça alva, cortado até a orelha por uma canção de amor, com o cerne do coração atravessado por uma flecha do cupido. E isso é homem para enfrentar Teobaldo?

BENVÓLIO
Por quê? Quem é esse tal de Teobaldo?

MERCÚCIO
Mais que o príncipe dos gatos. Veja, não há regulamento que ele não cumpra com bravura. Ele luta como quem lê música: respeita o ritmo, o andamento e a proporção. Faz uma pausa na mínima, conta um, dois, e o três é no seu peito: é um assassino de botões de seda — um duelista, um duelista, um cavalheiro de primeira casa e da primeira e da segunda causas. Ah, a passada dupla, a contra em quarta, o touché!

BENVÓLIO
O quê?

MERCÚCIO
Que se danem esses fantasistas afetados, ciciosos, esses inventores de falas novas. Jesus, ele é um grande espadachim, muito bravo, uma boa puta! Não é lamentável, vovô, que sejamos infernizados por

essas moscas esquisitas, esses novidadeiros, esses "com licenças", que se apoiam tanto nas novas formas que não conseguem mais se ajeitar nos bancos antigos? Que ossos! Que ossos!

(Entra Romeu.)

BENVÓLIO
Lá vem Romeu, lá vem Romeu!

MERCÚCIO
"Ro" sem "meu" tem rosto de arenque seco. Ah, carne, carne, estás peixificada. Vai deslizar em versos de Petrarca. Diante de sua amada, Laura é ajudante de cozinha — casada, apenas arranjou melhor versejador — Dido é uma pata, Cleópatra uma cigana, Helena e Hero rameiras safadas, e Tisbe bonitinha, mas nada que valesse a pena. *Signor Romeo, bonjour.* Uma saudação francesa para seus calções da França. Ontem à noite descobri que é falsário.

ROMEU
Bom dia aos dois. Mas como sou falsário?

MERCÚCIO
Saíste de mansinho, bem de mansinho. Concorda?

ROMEU
Perdão, meu bom Mercúcio; meu assunto era importante, e em tais casos, um homem pode abandonar um pouquinho a cortesia.

MERCÚCIO
É o mesmo que dizer que em casos como o seu, o sujeito se torce até destorcer as canelas.

ROMEU
Ao fazer cortesias...

MERCÚCIO
Acertou em cheio.

ROMEU
Foi da maior cortesia a sua explicação.

MERCÚCIO
Eu sou o florescimento perfeito da cortesia.

ROMEU
Floresce como uma flor.

Mercúcio

50   Exato.

Romeu

Meus sapatos são corteses, como as flores.

Mercúcio

Boa observação. E agora dê seguimento a este chiste até gastar o sapato que tem solado único, e você ficará desolado, após usá-lo solamente para pôr a sola no solo.

Romeu

55   Chiste *i-solado*, singularmente *a-solado* por ser só de sola.

Mercúcio

Entre na brincadeira, Benvólio; meu espírito já está perdendo o fôlego.

Romeu

Finque-lhe as esporas, senão ganhei eu!

Mercúcio

Não; se é para o espírito ficar sem pé nem cabeça, eu desisto. Pois cada um dos seus sentidos está mais sem sentido do que os meus
60   cinco, juntos. Com essa eu não empatei com você?

Romeu

Você empata com todos, menos comigo; foi bobo no pé e na cabeça.

Mercúcio

Eu mordo a sua orelha, só por essa.

Romeu

Cabeça que está assim não morde.

Mercúcio

Seu espírito anda acridoce, com molho muito picante.

Romeu

65   E não é preciso temperar tanta bobagem, para servi-la?

Mercúcio

Isso é chiste de pelica, que se estica para afinar e para alargar.

Romeu

Eu a estico para alargar qualquer espírito fino e bobo.

MERCÚCIO
E isso não é melhor do que gemer de amor? Você agora está muito sociável, está muito bem, Romeu; bem aquele que conhecemos, tanto pela arte quanto pela natureza. Porque quem baba de amor fica igual a um bobo, desses que correm por aí, de língua de fora e enfiando o bastão onde podem.

BENVÓLIO
Parem! Parem!

MERCÚCIO
Você quer que eu pare com o rabo ainda arrepiado.

BENVÓLIO
É que o rabo estava ficando grande demais.

MERCÚCIO
Engano seu; ia encurtá-lo. Tinha chegado ao fundo e não pretendia mais me alongar no argumento.

ROMEU
Mas vejam só que trapalhão.

(Entram a AMA e o seu criado PEDRO.)

MERCÚCIO
Vela à vista!

BENVÓLIO
Duas! Duas! Uma camisa e uma camisola.

AMA
Pedro!

PEDRO
Já vou!

AMA
Meu leque, Pedro.

MERCÚCIO
Bom Pedro, é para ela esconder o rosto. A cara do leque é mais bonita.

AMA
Deus lhes dê bons-dias, cavalheiros.

MERCÚCIO
Que Deus lhe dê uma boa-noite, bela dama.

AMA
É boa-noite?

MERCÚCIO
Nada menos do que isso, pois o safado do ponteiro do Sol está neste momento cobrindo a marca do meio-dia.

AMA
Ora, pare com isso. Que tipo de homem é esse?

ROMEU
Senhora, um que Deus fez e Ele mesmo estragou.

AMA
Palavra que isso foi bem dito: "E Ele mesmo estragou", não é? Mas senhores, será que algum dos presentes pode me informar onde encontrar o jovem Romeu?

ROMEU
Eu posso; mas o jovem Romeu estará mais velho quando o encontrar do que era quando o procurou. Eu sou o mais jovem com este nome, na falta de outro pior.

AMA
O senhor fala muito bem.

MERCÚCIO
O pior é bem? Bem apanhado. Grande sabedoria.

AMA
Se é ele, senhor, desejo trocar umas confidências consigo.

BENVÓLIO
Na certa vai "confidenciá-lo" para alguma ceia.

MERCÚCIO
É cafetina! É cafetina! Peguei!

ROMEU
Pegou o quê?

MERCÚCIO
Não foi gato por lebre, nem comida de abstinência, que geralmente já está seca antes de acabar.

(*Ele canta.*)

Velha lebre cinzenta
Velha lebre safada
É boa pra jejum
Mas lebre surrada
Não atrai a moçada
Que gela de um em um.
Romeu, você vai jantar na casa do seu pai? Nós estamos indo para lá.

ROMEU

Eu vou logo.

MERCÚCIO

Adeus, velha senhora; adeus, senhora, senhora, senhora.

(*Saem MERCÚCIO e BENVÓLIO.*)

AMA

Por favor, senhor, quem é esse rapaz tão abusado e exibido com sua grosseria?

ROMEU

Um cavalheiro, Ama, que gosta de ouvir a própria voz, capaz de falar mais em um minuto do que aguenta dos outros em um mês.

AMA

Se falar mal de mim, eu o colocarei pra baixo, nem que seja mais forte do que é, e vinte vezes mais homem. E se eu não conseguir, contrato alguém que possa. Salafrário! Não sou nem das vagabundas e nem das marginais dele. E você só fica aí, plantado, deixando que qualquer safado me use a seu bel-prazer!

PEDRO

Não vi ninguém usando a senhora para o seu prazer; se visse, punha logo de fora a minha arma. Garanto que saco tão rápido quanto qualquer outro, tendo a oportunidade para uma boa briga, se a lei estiver do meu lado.

AMA

Juro por Deus que estou tão danada que tremo toda, de alto a baixo. Safado sórdido. Por favor, senhor, uma palavra — como disse, a minha patroinha pediu que o procurasse. O que me pediu que dissesse, eu guardo para mim. *Mas primeiro, deixe-me avisá-lo que, se o senhor a fizer cair em algum conto do vigário, como se diz, seria um comportamento muito sem vergonha, como se diz, pois a mocinha é muito jovem. E, portanto, se jogar sujo com ela, ia ser muita maldade para qualquer fidalguinha, trato dos piores e dos mais desprezíveis.

ROMEU

Ama, recomendo-me à sua patroinha e senhora, e apresento-lhe meus protestos de...

AMA

Bom rapaz, prometo-lhe que vou dizer a ela tudo, fielmente. Nossa, que mulher feliz ela há de ser.

ROMEU

O que lhe irá dizer, Ama? Não me escuta...

AMA

Vou dizer que protesta — o que, segundo a minha compreensão, é uma resposta de cavalheiro.

ROMEU

Peça-lhe que encontre
Meios pra, à tarde, ir se confessar,
Pois na cela do caro Frei Lourenço,
Depois de confessar-se ela se casa.
Tome por seu trabalho.

AMA

Nem pensar, senhor. Nem um centavo.

ROMEU

Mas eu insisto.

AMA

Esta tarde, senhor? Lá ela irá.

ROMEU

Ama, pare um momento atrás da igreja.
Em meia hora o meu criado a encontra
Para entregar uma escada de cordas
Que, até o prêmio de minha alegria,
Eu subirei no segredo da noite.
Adeus; seja discreta. Eu a compensarei.
Adeus; me recomende à sua senhora.

AMA

Que Deus o abençoe. Escute aqui.

Romeu

O que é, cara Ama?

Ama

160 Seu criado é discreto? Pois ocorre:
Manter segredo com dois, só se um morre.

Romeu

Ele é leal e firme como o aço.

Ama

Minha patroa é a mais doce das moças. Meu Deus! Quando ela ainda era deste tamaninho... Olhe, há um nobre na cidade, um tal de Páris, 165 que gostaria de ser o galo do terreiro; mas ela, uma boa alma, preferia olhar um sapo, um sapo mesmo, do que olhar para ele. Eu gosto de implicar com ela, às vezes, dizendo que esse Páris é o mais adequado, mas garanto que quando falo assim ela fica mais pálida que qualquer trapo deste mundo inteiro. Rosmaninho e Romeu não começam com 170 a mesma letra?

Romeu

Isso mesmo, Ama. E daí? Ambos com R.

Ama

Debochado! Isso é nome de cachorro; "R" é pra... Não, eu sei que isso começa com outra letra; e ela faz umas ótimas rimas sobre isso, sobre o senhor e o rosmaninho, que o senhor ia gostar de ouvir.

Romeu

175 Recomende-me à sua ama.

Ama

Mais de mil vezes. Pedro!

(Romeu sai.)

Pedro!

Pedro

Já vou!

Ama

Vá na frente, e depressa.

(Saem.)

CENA 5
O pomar dos Capuleto.

(Entra Julieta.)

JULIETA

Batiam nove quando a Ama foi,
Prometendo voltar em meia hora.
Talvez não o tenha encontrado. É impossível.
Ela é capenga. Os arautos do amor
5   Devem ser rápidos como o pensar,
Muito mais do que a luz que vem do sol,
Ao expulsar as sombras das colinas.
Por isso as pombas atraem o amor,
E Cupido, o veloz, tem duas asas.
10 O Sol já está no píncaro mais alto
Deste dia, e das nove até as doze
São três horas, mas ela não voltou.
Se tivesse o ardor da juventude
Ela iria voar como uma bola:
15 Minha fala ela diria ao meu amor,
E a dele a mim.
Mas os velhos parecem mais defuntos:
São pesados, de chumbo, e sem assunto.

(Entra a Ama, com Pedro.)

Meu Deus, é ela. E então, minha Amazinha?
20 Encontrou-o? Dispense esse criado.

AMA

Pedro, espere no portão.

(Sai Pedro.)

JULIETA

Ama querida — que tristeza é essa?
Conte-me alegre até as novas tristes;
Se forem boas, você desafina
25 A música com o rosto assim franzido.

AMA

Estou exausta. Deixe que eu respire.
Meus ossos 'stão doendo. Andei demais!

JULIETA

Eu troco as suas novas por meus ossos.
Vamos, fale: por favor, Ama, fale.

AMA

Jesus, que pressa! Não pode esperar?
Não está vendo que eu estou sem fôlego?

JULIETA

Como sem fôlego se o tem bastante
Pra dizer que não pode respirar?
As desculpas que dá pra demorar
São mais compridas que o recado em si.
São boas ou más novas? Diga logo:
Uma ou outra; os detalhes vêm depois.
Mas preciso saber: boas ou más?

AMA

Bem, você fez uma escolha muito tola. Não sabe como se escolhe um
homem. Romeu? Não, ele não. Embora seu rosto seja melhor do que
o de qualquer outro, ele também tem pernas superiores às dos ou
tros, e quanto à mão e ao pé, e ao corpo, embora talvez seja melhor
não falar neles, mesmo assim são incomparáveis. Ele não é a maior
flor de cortesia, mas garanto que é manso como um cordeirinho.
Pode ir, menina. Pense em Deus. Como é, já almoçaram?

JULIETA

Não, não! O que disse eu já sabia.
O que ele disse do casamento? O quê?

AMA

Ai, meu Deus, como dói minha cabeça.
Lateja tanto que pode estourar.
'Stou desancada. Ai, as minhas costas!
Maldita seja por mandar-me assim
Correr feito uma louca por aí.

JULIETA

Lamento que não esteja muito bem.
Ama querida, o que diz o meu amor?

AMA

O seu amor, porque é um cavalheiro
Cortês, honesto, bom e bem bonito,
E virtuoso até — Cadê sua mãe?

JULIETA

    Ora essa, a mamãe? Está lá dentro.
    Onde devia estar? Mas que resposta!
60   "Seu amor, porque é um cavalheiro
    Cortês, honesto, bom e bem bonito,
    Cadê a sua mãe?"

AMA

              Virgem Maria!
    É tanta a afobação? Pouco me importa.
    É esse o emplastro que dá pros meus ossos?
65   Pois leve os seus recados você mesma.

JULIETA

    Mas quanta queixa! O que disse Romeu?

AMA

    Tem licença pra ir à confissão de hoje?

JULIETA

    Tenho.

AMA

    Pois se correr até o Frei Lourenço,
70   Lá terá um marido pra esposá-la.
    Agora ficou toda enrubescida;
    Você sempre corou com novidades.
    Vá à igreja; eu vou pra outro lado
    Buscar a escada com que o seu amor
75   Vai subir, pelo escuro, até o ninho.
    Trabalho eu pra você ter prazer;
    Mas de noite é você quem vai gemer.
    Eu vou comer. Corra para a igreja.

JULIETA

    Pro meu destino! E que Deus a proteja.

                                (Saem.)

CENA 6
A cela de Frei Lourenço.

(Entram FREI LOURENÇO e ROMEU.)

FREI

    Sorria o céu a este ato santo,
    E que ele não nos traga sofrimento.

ROMEU

    Amém, amém. Mas nem a maior dor
    Anula a linda troca de alegrias
5   Que um minuto me dá por vê-la aqui.
    Se unir nossas mãos com bênção santa,
    Que a morte, que devora o amor, ataque:
    Pra mim basta poder chamá-la minha.

FREI

    E violento prazer tem fim violento,
10   E morre no esplendor, qual fogo e pólvora,
    Consumido num beijo. O mel mais doce
    Repugna pelo excesso de delícia,
    Que acaba perturbando o apetite.
    Modere-se, pro amor ter duração:
15   A pressa atrasa como a lentidão.

(Entra JULIETA, um tanto precipitada, e abraça ROMEU.)

    Eis a dama. Esses pés, assim tão leves,
    Jamais desgastarão o chão que pisam.
    Quem ama pode caminhar nas teias
    Que sacodem co'as brisas do verão
20   Sem cair; pois tão leve é o bem terreno.

JULIETA

    Boa-tarde, confessor da minha alma.

FREI

    Romeu lhe dará graças por nós ambos.

JULIETA

    Já o fez, e ficou com a maior parte.

ROMEU

    Julieta, se a alegria que hoje sente
25   For grande como a minha, e a sua arte
    Maior pra descrevê-la, que a sua voz
    Adoce o ar e que a sua música
    Possa cantar quanta felicidade
    Nós recebemos hoje, um do outro.

JULIETA

30   *O que nós temos de imaginação,*
    Se é mais rico por dentro que por fora,
    Só canta o conteúdo, não o ornato.

              Não tem valor o que dá pra contar,
              E o meu amor cresceu a um tal excesso
35   Que não sei o valor nem da metade.

     Frei

              Venham comigo, pra apressar os votos.
              Por mim, não ficam sós de modo algum
              Até a igreja dos dois fazer um.

                                                                    (Saem.)

ATO 3

CENA 1
Um local público.

(Entram Mercúcio, Benvólio e outros homens.)

BENVÓLIO
Mercúcio, por favor, vamos embora;
'Stá quente, os Capuleto 'stão à solta.
Se houver encontro, a briga é inevitável,
Pois no calor o sangue ferve louco.

MERCÚCIO
Você parece um desses sujeitos que, ao entrar no recinto de uma taverna, fica com a espada bem à mão, na mesa, e diz "Deus permita que eu não te necessite!"; e já na segunda caneca quer se servir de quem serve, sem a menor necessidade.

BENVÓLIO
Eu sou assim?

MERCÚCIO
Ora, vamos; você é tão esquentado quanto qualquer brigão da Itália; pronto a ficar ofendido e, se ofendido, logo pronto.

BENVÓLIO
Para o quê?

MERCÚCIO
Deixe de histórias. Se houvesse dois de você, daí a pouco não ia haver mais nenhum, porque um matava o outro. Ora, você briga com qualquer um que tenha um fio de barba a mais ou a menos que você. Briga com quem quebra uma noz, só porque tem olhos cor de avelã. Que olho fica olhando mais para achar briga do que o seu? Sua cabeça é tão cheia de brigas quanto um ovo rico em alimento, mas já o vi reduzido a um ovo podre por causa de uma briga. Você já brigou com um pobre coitado que tossiu na rua, só porque ele acordou o seu cachorro, que estava tirando uma soneca ao sol. E não se desentendeu com um alfaiate, só porque ele saiu de roupa nova antes da Páscoa? Ou com um outro, porque amarrou os sapatos com uma fita velha? E ainda quer me pregar sermão por causa de uma briga!

BENVÓLIO
Se eu brigasse com a mesma facilidade que você, qualquer um simplesmente me levava a vida em pouco mais de uma hora.

MERCÚCIO
    É simples levar a vida de um simplório!

BENVÓLIO
    Olhe a dor de cabeça; lá vêm os Capuleto.

MERCÚCIO
    Olhe a dor no pé; o que me importa?

(Entram TEOBALDO, PETRÚQUIO e outros.)

TEOBALDO
    Sigam-me de perto, eu vou falar com eles. Cavalheiros, bom dia: uma palavra.

MERCÚCIO
    Só uma palavra com um de nós? Junte mais alguma coisa — é melhor um golpe e uma palavra.

TEOBALDO
    Verá que estarei bem pronto a fazê-lo, se me oferecer a ocasião.

MERCÚCIO
    E será que não pode agarrar a ocasião sem que ninguém a ofereça?

TEOBALDO
    Mercúcio, você anda em acordos com Romeu.

MERCÚCIO
    Acordos? Ou acordes? Talvez ache que somos menestréis. Pois se somos nós os menestréis, não espere nada senão discórdia. Com isto é que eu toco o violino que o fará dançar. Pelas chagas de Cristo, acordos!

BENVÓLIO
    Essa disputa, aqui, 'stá muito pública.
    Ou vão para local mais isolado,
    Ou discutam seu caso com juízo,
    Ou caiam fora. Todos 'stão olhando.

MERCÚCIO
    Gente tem olhos pra olhar, e eles que olhem.
    Não me movo para dar prazer aos outros.

(Entra ROMEU.)

Teobaldo
Fique em paz. O meu homem vem aí.

Mercúcio
Não me parece que use a sua libré.
Se for pro campo e se ele o seguir,
50 Será o caso de ele ser "seu homem".

Teobaldo
Romeu, o amor que eu lhe dedico exige
Que lhe diga na cara que é um vilão.

Romeu
Teobaldo, as razões do meu amor
Ajudam-me a escusar o tom de ira
55 Da sua saudação. Não sou vilão;
Portanto, adeus. Você não me conhece.

Teobaldo
Menino, isso, assim, não apaga o insulto
Que me lançou. Portanto, pare e saque.

Romeu
Garanto que jamais o insultei.
60 E o amo mais que possa imaginar
Até que saiba a causa do meu amor.
Então, bom Capuleto, nome que honro
Como o meu próprio, fique satisfeito.

Mercúcio
Oh calma desonrosa, vil submissão!
65 *Alla stoccata* é a palavra de ordem!

(Saca a espada.)

Teobaldo, seu pega-ratos; vamos lá?

Teobaldo
Ora essa, o que quer você comigo?

Mercúcio
Bom Rei dos Gatos, apenas uma de suas nove vidas. Com essa tenho a intenção de me servir à vontade, e depois, conforme me tratar
70 daqui em diante, *resolvo o que fazer* com as outras oito. Vai tirar sua espada da bainha, com as orelhinhas? Vamos logo, para que não chegue às suas orelhas antes que o faça.

TEOBALDO
    Estou às suas ordens.

       (Saca a espada.)

ROMEU
    Bom Mercúcio, guarde essa espada.

MERCÚCIO
75   Vamos, senhor; faça seu passe.

       (Lutam.)

ROMEU
    Benvólio, controlemos essas armas.
    Senhores, parem, isso é ultrajante.
    Teobaldo, Mercúcio, o próprio príncipe
    Proibiu essas lutas em Verona.
80   Pare, Teobaldo! Pare, bom Mercúcio!

       (TEOBALDO, por baixo do braço de ROMEU, atinge MERCÚCIO.)

CRIADO
    Fuja, Teobaldo.

MERCÚCIO
    Estou ferido.
    Danem-se as suas casas. 'Stou morto.
    Ele se foi, ileso?

BENVÓLIO
          Está ferido?

MERCÚCIO
85   É só um arranhão. Mas é o bastante.
    O meu pajem! Menino, quero um médico!

                               (Sai o PAJEM.)

ROMEU
    Coragem, homem; o corte é pequeno.

MERCÚCIO
    Não, não é tão fundo quanto um poço e nem tão largo quanto uma
    porta de igreja, mas é o bastante; é o bastante. Procurem-me amanhã
90   e me verão sério como um túmulo. Estou liquidado, eu garanto, para

este mundo. Malditas as suas casas. Pelas chagas de Cristo, um cão, um gato, um rato, um camundongo, matam um homem com um arranhão. Um fanfarrão, um safado, um vilão, que luta por regras aritméticas — por que raios veio meter-se entre nós? Fui ferido por baixo do seu braço.

Romeu

Pensei fazer pelo melhor.

Mercúcio

Levem-me pr'alguma casa, Benvólio,
Ou desmaio. Danem-se as suas casas,
Que fizeram de mim ração de verme.
Eu acabei de vez. As suas casas!

(Saem Mercúcio e Benvólio.)

Romeu

Esse fidalgo, parente do príncipe,
Meu amigo, levou golpe fatal
Por mim — a minha honra foi ferida
Pelo insulto de Teobaldo, que era,
Há uma hora apenas, meu primo.
Julieta, sua beleza me efeminou,
Amolecendo o aço do valor.

(Entra Benvólio.)

Benvólio

O bom Mercúcio 'stá morto, Romeu.
Seu bravo espírito subiu pras nuvens
Cedo demais, deixando a nossa terra.

Romeu

Maldito o fado deste dia, então:
Começa aqui a dor que outros terão.

Benvólio

Lá vem Teobaldo, ainda furioso.

Romeu

Volta triunfante, e Mercúcio morto.
Fiquem no céu respeito e leniência:
E só a fúria me conduza nesta hora!

(Entra Teobaldo.)

        Eu lhe devolvo Teobaldo, agora,
        O seu insulto. A alma de Mercúcio
        Ainda paira perto, sobre nós,
120   Esperando que a sua o acompanhe.
        Com ele irá você, ou irei eu.

TEOBALDO
        Menino ousado, que era seu comparsa,
        É você quem irá.

ROMEU
                Pois vamos ver.

(Lutam e TEOBALDO cai.)

BENVÓLIO
        Fuja logo, Romeu.
125   O povo grita, e Teobaldo está morto!
        Acorde! Se você for apanhado,
        Vai ter pena de morte. Fuja logo!

ROMEU
        Sou o bobo do destino.

BENVÓLIO
                Por que fica?

(Sai ROMEU.)

(Entram CIDADÃOS.)

1º CIDADÃO
        Pra onde foi o que matou Mercúcio?
130   Teobaldo, o assassino, pr'onde foi?

BENVÓLIO
        Eis Teobaldo.

1º CIDADÃO
              Vamos, vou levá-lo.
        É em nome do príncipe que o prendo.

(Entram o PRÍNCIPE, MONTÉQUIO, CAPULETO, suas esposas e todos.)

PRÍNCIPE
        Quem começou essa refrega vil?

Benvólio

        Meu nobre príncipe, posso contar-lhe
135   Os fatídicos lances desta briga.
        Jaz aí morto por Romeu o homem
        Que assassinou o seu primo Mercúcio.

Senhora Capuleto

        Teobaldo querido! Meu sobrinho!
        Oh príncipe, oh marido, corre o sangue
140   Do meu sobrinho. Pela lei, oh príncipe,
        Quero, por esse, o sangue dos Montéquio.
        Ai, meu sobrinho.

Príncipe

        Quero saber quem começou, Benvólio.

Benvólio

        Teobaldo, aqui, a quem Romeu matou.
145   Romeu, gentil, pediu-lhe que pensasse
        Como era tola a briga, e o alertou
        Pra sua indignação. Tudo isso feito
        Com bons modos, voz doce, e até mesuras,
        Não bastou pra conter a irritação
150   De Teobaldo, surdo à paz, que ataca
        Com aço agudo o peito de Mercúcio,
        Este, acalorado, junta ponta a ponta,
        E com desdém marcial afasta a morte
        Com uma das mãos, enquanto com a outra
155   Devolve-a a Teobaldo, que responde
        Com grande habilidade. Romeu grita
        "Parem, amigos!" e, ainda mais rápido,
        Seu ágil braço abaixa ambas as pontas
        E posta-se entre eles. Sob seu braço,
160   Um golpe traiçoeiro de Teobaldo
        Rouba a vida a Mercúcio. Foge o outro,
        Mas volta, inda à procura de Romeu,
        Que estava então sedento de vingança.
        Pularam como um raio um no outro
165   E antes que os afastasse, Teobaldo
        É abatido e Romeu sai, fugindo.
        Esta é a verdade, ou Benvólio morre.

Senhora Capuleto

        Ele é aparentado com os Montéquio.
        É falso pela afeição. Está mentindo.
170   Estavam nessa briga mais de vinte!

Foram vinte a tirar uma só vida!
Meu príncipe, é justiça que eu exijo.
Romeu matou; não pode mais viver.

PRÍNCIPE
Romeu matou Teobaldo; e este, Mercúcio.
175 Quem paga agora o preço desse sangue?

MONTÉQUIO
Não Romeu, que era amigo de Mercúcio
Seu erro terminou, como a lei manda,
A vida de Teobaldo.

PRÍNCIPE
                    E por tal crime
Desde já 'stá banido desta terra.
180 Eu fui tocado pelo acontecido,
Por vossas brigas correu sangue meu.
Mas hei de dar-vos penas tão severas
Que havereis de chorar a minha perda.
Serei surdo a pedidos e desculpas;
185 Não há perdão pra pranto e nem pra reza;
Romeu deve partir com toda pressa,
Pois se for encontrado será morto.
Levai o corpo. Haveis de me acatar;
Perdão pra morte é o mesmo que matar.

(Saem.)

CENA 2
O pomar dos Capuleto.

(Entra JULIETA.)

JULIETA
Galopa pro lar de Febo, cavalo
De pés de fogo. Um condutor qual Faeton
O levaria a golpes para o oeste
Trazendo logo a noite nevoenta.
5 Noite que faz o amor, fecha o teu pano
Pra que os olhos se fechem e Romeu
Venha para estes braços invisíveis.
Amantes sabem ver ritos de amor
Pela própria beleza. Se ele é cego,
10 O amor vai bem co'a noite. Vem, oh noite,
Sóbria matrona toda em trajes negros,

              E ensina-me a perder essa vitória
              Em que é jogada a pura virgindade.
              Cobre o meu sangue ingênuo, que palpita,
15   Com o manto negro até que o amor, ousado,
              Veja o ato do amor como modéstia.
              Vem, noite, vem, Romeu, dia em meio à noite,
              Pois nas asas da noite hás de mostrar-te
              Tão alvo quanto a neve sobre um corvo.
20   Vem, noite escura, delicada e amante;
              Dá-me o meu Romeu, e se eu morrer
              Retalha-o e faz com ele estrelas,
              E ele dará ao céu um rosto tal
              Que o mundo inteiro há de adorar a noite,
25   Recusando-se a adorar o Sol.
              Comprei pra mim uma mansão de amor,
              Mas não a possuo. Mesmo vendida,
              Inda não fui possuída. O dia hoje
              É longo como a véspera da festa
30   Pra menina que tem vestido novo
              Ainda sem usar. Lá vem a Ama.
              Traz novas, e quem fala de Romeu
              Tem na boca eloquência celestial.

              (Entra a AMA, *com as cordas, torcendo as mãos.)*

              Então, Ama, o que há? Que traz aí?
35   É a escada de Romeu?

       AMA

                              Sim, é.

              (Joga a escada.)

       JULIETA

              Mas o que há? Por que torce as mãos?

       AMA

              Que tristeza! 'Stá morto! Morto! Morto!
              Nós estamos perdidas, sim, perdidas,
              Ai de mim, está morto, assassinado.

       JULIETA
40   Pode o céu ser tão inimigo?

       AMA

                              Pode.

Se não o céu, ao menos Romeu pode.
Quem teria imaginado? Romeu!

JULIETA

Mas por que me atormenta desse modo?
Torturar desse modo, só no inferno.
45 Romeu matou-se? É só dizer que sim,
Que só o som terá bem mais veneno
Do que o olhar mortal do basilisco.
Eu não sou eu se ouvir dizer "morreu",
Ou se seus olhos piscam pra afirmá-lo.
50 Ele morreu? Diga só "sim" ou "não".
Um breve som me traz o bem ou o mal.

AMA

Eu vi o ferimento com esses olhos
— Deus me perdoe — feito no seu peito.
Um cadáver patético e sangrento,
55 Pálido como a cinza, ensanguentado
Nas estranhas. Eu desmaiei de ver.

JULIETA

Estoura, coração. Falido, estoura.
Cega, eu jamais verei a liberdade;
Meu pó em pó se tornará, e inerte
60 Pesarei com Romeu num só caixão.

AMA

Ah, Teobaldo, meu melhor amigo.
Teobaldo cortês, tão cavalheiro.
Nunca pensei viver pra vê-lo morto.

JULIETA

Que tempestade mais insana é essa?
65 Romeu assassinado, o outro morto?
Meu caro primo e meu senhor amado?
É o Juízo Final anunciado!
Pois qual está vivo se ambos se foram?

AMA

Teobaldo morto e Romeu banido.
70 Romeu que o matou, foi ele banido.

JULIETA

Meu Deus, Romeu matou Teobaldo?

AMA

    Foi ele, ai de mim, foi ele sim.

JULIETA

    Serpente oculta pela flor de um rosto!
    Que dragão tem morada tão bonita?
    Belo tirano, angélico demônio,
    Corvo-pomba, carneiro feito lobo!
    Matéria vil do mais divino aspecto!
    Oposto do que tanto pareceu!
    Santo maldito, vilão honorável!
    Oh, natureza, o que houve no inferno,
    Se ao coroar a fronte de um demônio,
    Usaste carne tão celestial?
    Que livro assim tão sórdido já teve
    Capa tão linda? Como pode o engano
    Viver em tal palácio?

AMA

              Não há verdade,
    Nem fé, nem honestidade nos homens.
    São todos perjuros, torpes, fingidores.
    Cadê meu pajem? Quero uma *aqua vitae*.
    Tanta dor e tristeza me envelhecem.
    Vergonha pra Romeu!

JULIETA

              Queime minha língua
    Por dizê-lo. Ele não nasceu pra vergonha.
    A vergonha se envergonha de sentar-se
    No trono onde a honra é consagrada.
    Como monarca único do mundo,
    Foi um monstro quem pensou mal dele.

AMA

    Vai falar bem de quem matou seu primo?

JULIETA

    E devo falar mal de meu marido?
    Ah, senhor meu, que língua há de louvá-lo
    Quando eu, recém-casada, o condenei?
    Mas, meu vilão, por que matou meu primo?
    Porque o *primo-vilão* tentou matá-lo.
    Lágrimas, voltem para suas fontes;
    Pois seu tributo é devido à tristeza,

20 Fora daqui 'stou banido do mundo;
O exílio é morte; e então o "banimento"
É um nome para a morte. O banimento
Me decapita com machado de ouro.
'Stá sorrindo da minha execução!

FREI

Que pecado mortal é ser ingrato!
25 A lei diz morte, e por bondade, o príncipe,
Tomando o seu partido a afastou
E fez da negra morte banimento;
Isso é piedade, e você não quer ver.

ROMEU

Tortura, e não piedade. Aqui é o céu
30 Onde vive Julieta, e qualquer cão,
Ou gato, ou rato ou coisa sem valor
Pode viver no céu e pode vê-la,
Menos Romeu. Existe mais valor,
Mais honra e cortesia em qualquer mosca
35 Do que em Romeu, pois essa pode
Tocar na branca mão de Julieta,
Roubar a eterna bênção de seus lábios,
Que ainda puros, vestais de seu pudor,
Coram por ver pecado nesse beijo.
40 Mas Romeu não; Romeu está banido.
As moscas podem, eu fujo daqui.
Elas são livres, eu estou banido.
E ainda diz que o exílio não é morte?
Não tem aqui um veneno, uma faca,
45 Nenhum meio de morte, por mais vil,
Pra me matar, senão esse "banido"?
O termo é pros danados, lá no inferno,
Chega uivando. Como pode o senhor,
Confessor, diretor espiritual,
50 Que dá absolvição e é meu amigo,
Retalhar-me co'a palavra "banido"?

FREI

Tolo insano, ouça ao menos um momento.

ROMEU

Pra ouvi-lo falar de banimento.

FREI

Vou dar-lhe um escudo contra essa palavra.

55 Na adversidade há filosofia
Para consolar quem foi banido.

ROMEU

Inda "banido"! Quem quer ser filósofo?
Filosofia recria Julieta?
Muda a cidade? Altera a lei do príncipe?
60 Não, não pode e não adianta. Basta!

FREI

Percebo agora que os loucos são surdos.

ROMEU

E por que não, quando os sábios são cegos?

FREI

Discutamos o estado em que se encontra.

ROMEU

Como pode falar do que não sentes?
65 Se fosse jovem, o amor de Julieta,
Recém-casado, e algoz de Teobaldo,
Apaixonado e, como eu, banido,
Podia então falar, descabelar-se,
E atirar-se ao chão, como eu agora,
70 Medindo a cova que inda não foi feita.

(Batem.)

FREI

Estão batendo. Esconda-se, Romeu.

ROMEU

Eu não, a não ser que os meus suspiros
Escondam-me dos outros com sua névoa.

(Batem.)

FREI

Escute só — Quem é? — Romeu, levante!
75 Será preso. — Eu já vou. — Fique de pé.

(Batem.)

Pro meu quarto! — Já vou. — Que Deus me acuda.
Mas que tolice é essa? — Eu já 'stou indo.

(Batem.)

Quem bate? De onde vem e o que quer?

AMA

(Fora.)
Deixe-me entrar que saberá de tudo.
80 Julieta me mandou.

FREI

Seja bem-vinda.

(Entra a AMA.)

AMA

Ah, frade abençoado, por favor,
Onde está o senhor de minha patroa?

FREI

Ali no chão; está bêbado de pranto.

AMA

O caso dele é o mesmo da patroa;
85 Exatamente o mesmo. Triste acordo;
Patética união. Assim está ela —
Queixa-se e chora; chora e mais se queixa.
Levante-se; levante-se, se é homem.
Pelo bem de Julieta, fique em pé.
90 Se assim fica, não levanta mais nada!

ROMEU

Ama!

AMA

Só a morte é que não tem mais remédio.

ROMEU

Notícias de Julieta? Ela está bem?
Será que pensa em mim como assassino
95 Que maculou a infância da alegria
Com sangue assim tão próximo do seu?
Onde está ela? O que faz? E o que diz
Deste amor suspenso a minha dama?

AMA

Não diz nada; ela chora sem parar,

Deita-se na cama e torna a levantar,
Chama Teobaldo, grita por Romeu,
Deita-se de novo...

ROMEU

                    Como se esse nome,
Saído como bala de uma arma,
A matasse, como esta mão maldita
Matou-lhe o primo. Diga-me, meu frade,
Em que recanto vil da anatomia
Mora o seu nome? Diga, que eu destruo
O seu covil.

(Retirando a espada.)

FREI

            Pare essa louca mão.
Você é homem? A forma o proclama.
Seu pranto é de mulher, e os gestos loucos
Revelam fúria que só serve às feras.
É grotesca a mulher vista num homem,
Pior ainda a fera em uma ou outro!
É um espanto. Por minha ordem santa,
Eu o julgava mais equilibrado.
Matou Teobaldo e agora quer matar-se?
E também a dama a sua vida atada,
Agindo com ódio sobre si mesmo?
Maldiz o nascimento, o céu e a terra?
Pois esses três se unem em você
Num só instante. E você os quer perder.
Pois envergonha forma, amor e espírito.
Que, como um avaro, tem de sobra?
A forma nobre é só massa de cera
Quando privada do valor de homem;
O seu amor é perjúrio oco
Se mata o amor que jurou respeitar;
O espírito, que orna forma e amor,
Se mal usado na conduta de ambos,
É pólvora nas mãos de incompetentes,
Cuja própria ignorância é que incendeia.
Está se destruindo ao defender-se.
Rapaz, acorde! Julieta está viva,
Por quem você morria, ainda agora.
É sorte! E Teobaldo ia matá-lo
Mas você o matou. Também foi sorte.

A lei que o ameaçava foi amiga,
Reduziu-se a exílio. Inda mais sorte.
Tantas bênçãos pousaram em você,
140 Tanta alegria o busca, engalanada!
Mas, como uma rapariga de maus modos,
Você faz beiço ante a fortuna e o amor.
Cuidado pois estes morrem miseráveis.
Procure o seu amor, segundo os planos,
145 Suba ao seu quarto — vá reconfortá-la
Cuidado pra partir antes da Guarda,
Senão não vai poder passar pra Mântua,
Onde há de morar até o momento
De revelar sua boda e, entre amigos,
150 Imploramos ao príncipe a sua volta,
Com milhares de vezes mais motivo
Pra alegria que hoje há pra lamento.
Vá indo, Ama, meus cumprimentos;
E que todos na casa vão pro leito,
155 Que tão grande tristeza o recomenda.
Romeu vai já.

AMA

                Eu ficaria aqui a noite inteira
Ouvindo os seus conselhos. É o saber!
Senhor, direi à Julieta que irá logo.

ROMEU

Que se prepare pra me condenar.

AMA

160 Ela pediu que lhe desse este anel.
Apresse-se, senhor, que já é tarde.

(Sai.)

ROMEU

Como isto me alegra e reconforta.

FREI

Vá logo, e boa noite. O caso é este:
Ou você parte antes que a guarda chegue,
165 Ou de manhã, viaja disfarçado.
Fique em Mântua. Eu procurarei seu pajem,
Que de tempos em tempos lhe dará
Todas as boas novas que houver.
Dê-me sua mão. É tarde. Vá com Deus.

ROMEU

170 Se a alegria do amor não me chamasse,
Não creia que daqui eu me afastasse. Adeus

(Saem.)

CENA 4
Uma sala na casa dos Capuleto.

(Entram CAPULETO, *a* SENHORA CAPULETO *e* PÁRIS.*)*

CAPULETO

Foi muito triste tudo o que se deu.
Não houve tempo pra falar com ela.
Julieta amava muito a Teobaldo;
Eu também. Pra morrer basta estar vivo.
5 É bem tarde; ela não desce mais, hoje.
Se não fosse por sua companhia,
Nós também já 'staríamos deitados.

PÁRIS

Hora de dor não é hora pra corte.
Boa noite, senhora. Recomende-me.

SENHORA CAPULETO

10 Pois não. E amanhã terá resposta.
Nesta noite a tristeza é que a domina.

CAPULETO

Páris, por imprudência eu mesmo empenho
O amor de minha filha. Eu acredito
Que em tudo ela será obediente;
15 Nem o duvido. Antes de deitar-se,
Vá falar-lhe, mulher, do amor de Páris,
E diga-lhe, 'stá ouvindo? — que na quarta —
Que dia é hoje?

PÁRIS

É segunda, senhor.

CAPULETO

Segunda? Ah, bem! Quarta é cedo demais.
20 Que na quinta — isso, quinta — diga-lhe,
Irá casar-se com este nobre conde.
Estará pronto? Gosta desta pressa?
Não haverá festa. Só uns dois amigos.

                A morte de Teobaldo é tão recente
25   Que diriam, se houver muito festejo,
                Que não o tínhamos em grande apreço.
                Teremos só meia dúzia de amigos,
                E fica nisso. O que diz da quinta?

    PÁRIS
                Que é pena a quinta não ser amanhã.

    CAPULETO
30   Agora, vá. Será na quinta, e pronto.
                Procure Julieta agora à noite.
                E prepare-a, mulher, para essa boda.
                Adeus, senhor. Quero luzes pro quarto!
                Ora essa, é tão tarde que já posso
35   Daqui a um pouco dizer que é cedo.
                Adeus.

                                                    (Saem.)

CENA 5
O pomar dos Capuleto.

(Entram ROMEU e JULIETA, ao alto, na janela.)

    JULIETA
                Mas já quer ir? Ainda não é dia.
                Foi só o rouxinol, não a cotovia
                Que penetrou seu ouvido assustado.
                Toda noite ele canta entre as romãs.
5   Verdade, amor; foi só o rouxinol.

    ROMEU
                Foi o arauto do dia, a cotovia,
                E não o rouxinol. Veja os clarões
                Que já rendaram as nuvens no leste.
                Cada vela do céu já se apagou,
10   E o dia, triunfante, se prepara
                Para pisar nos cumes das montanhas.
                Ou vou e vivo, ou fico aqui e morro.

    JULIETA
                Essa luz não é dia, amor; eu sei.
                É um meteoro que o sol exalou
15   Só pra servir de tocha pra você,
                E iluminar seu caminho para Mântua.
                Fique um pouco; não é preciso ir.

ROMEU

    Então, que eu fique, e seja executado;
    Concordo, se é assim que você quer.
20   Esse cinza não é olhar da aurora,
    Mas só o reflexo pálido da lua.
    Não ouvi cotovia, cujo canto
    Reboa até a cúpula do céu.
    Que me importa partir. Quero ficar.
25   Venha morte, bem-vinda. Se é seu desejo.
    Conversemos, amor; não é a aurora.

JULIETA

    É sim, é sim. Você tem de ir embora.
    É a cotovia que canta assim, tão mal,
    Com agudos estridentes, em discórdia.
30   Dizem que a cotovia faz, com graça,
    A divisão dos ritmos de seu canto;
    Mas, sem graça, ela agora nos divide.
    Dizem que ela e o sapo trocam de olhos;
    Só sinto que não troquem também de voz,
35   Pois sempre me parece rude e armada,
    E o expulsa daqui nesta caçada.
    Vá embora; a luz cresce e mostra as cores.

ROMEU

    Clara é a luz, escuras nossas dores.

(Entra a AMA, apressada.)

AMA

    Senhora.

JULIETA

40   O que é, Ama?

AMA

    A senhora sua mãe vem ao seu quarto.
    Já é dia; é melhor 'star prevenida.

(Sai.)

JULIETA

    Janela, que entre a luz e saia a vida!

ROMEU

    Adeus; um beijo mais e eu desço.

(Ele desce.)

Julieta

45 Já se foi meu amor, marido e amigo?
Eu quero que me escreva de hora em hora,
Pois são muitos os dias de um minuto.
Contando assim, já 'starei velhinha
Antes de rever meu Romeu.

Romeu

                    Adeus.
50 Não perderei nenhuma ocasião
De mandar meu amor e novidades.

Julieta

Você crê que algum dia nos veremos?

Romeu

Sem dúvida. E essa dor que hoje sentimos
Servirá pra conversa, no futuro.

Julieta

55 Meu Deus, só sou vidente para o mal!
Parece-me que o vejo, bem distante,
Como um morto, no fundo de um caixão.
São os meus olhos, ou você está pálido?

Romeu

Aos meus, querida, você também está.
60 A dor bebeu o nosso sangue. Adeus.

(Sai.)

Julieta

Ah, Fortuna, que dizem caprichosa;
Se o fores, o que hás de querer dele,
Famoso por firmeza? Muda, então,
Pra não querê-lo mais por muito tempo,
65 E mandá-lo de volta.

Senhora Capuleto
            (Fora.)
                    'Stá acordada?

Julieta

Quem me chama? A senhora minha mãe?

                    Ainda não deitou ou madrugou?
                    O que, de inesperado, a traz aqui?

                        (*Entra* Senhora Capuleto.)

    Senhora Capuleto
                    Como está, filha?

    Julieta
                                Não 'stou bem, senhora.

    Senhora Capuleto
70   Sempre a chorar a perda do seu primo?
                    Vai tirá-lo da cova só com pranto?
                    Nem isso poderia dar-lhe vida.
                    Portanto, basta: há pranto que é de amor,
                    Mas o excessivo é falta de juízo.

    Julieta
75   Permita-me que eu chore a minha perda.

    Senhora Capuleto
                    Assim só chora a perda, e não o amigo
                    Por quem chorou.

    Julieta
                                    Mas ao sentir a perda,
                    É importante que eu não chore o amigo.

    Senhora Capuleto
                    Por sua morte nunca há de chorar
80   Tanto quanto o vilão que o assassinou.

    Julieta
                    Senhora, que vilão?

    Senhora Capuleto
                                Ora, Romeu.

    Julieta
                    A vilania e ele estão bem longe.
                    Deus o perdoe. Eu já o perdoei.
                    Mas ninguém tanta dor me traz ao peito.

    Senhora Capuleto
85   É porque o assassino ainda vive.

JULIETA
    Vive longe do alcance destas mãos.
    Eu quero que só eu vingue o meu primo.

SENHORA CAPULETO
    Não tenha medo; ele será vingado.
    Não chore mais. Mandarei a Mântua,
    Onde mora o bandido renegado,
    Alguém que a ele dê droga tão rara
    Que em breve ele estará com Teobaldo;
    E espero, então, que fique satisfeita.

JULIETA
    Na verdade, não fico satisfeita
    Com Romeu, antes que o veja — morto —
    Qual o meu coração por um parente.
    Senhora, se encontrar um mensageiro
    Para o veneno, hei de temperá-lo,
    Pra Romeu, logo após o receber,
    Dormir em paz. Meu coração odeia
    Ouvir seu nome sem poder tocá-lo,
    Pr'eu expressar o amor que tinha ao primo
    No próprio corpo de quem o matou.

SENHORA CAPULETO
    Encontre a droga que eu encontro o homem.
    Mas, agora, eu lhe trago boas novas.

JULIETA
    Que nova é boa em tempo como este?
    Mas por favor, senhora, quais são elas?

SENHORA CAPULETO
    Já sabe que seu pai pensa em você.
    E, para aliviar sua tristeza,
    Ele marcou um dia de alegrias
    Que nem você nem eu hoje esperávamos.

JULIETA
    Que bom, senhora. Mas que dia é esse?

SENHORA CAPULETO
    Filha, na quinta-feira, de manhã,
    O guapo e muito nobre cavalheiro
    Conde Páris, na Igreja de São Pedro,
    A fará sua noiva radiosa.

JULIETA
             Pela Igreja de São Pedro e de São Paulo,
             Ele não vai me fazer noiva alguma.
             Só me espanta essa pressa pr'eu casar,
120   Antes que esse marido faça a corte.
             Por favor, diga a meu pai e senhor
             Que não me caso ainda. E se casasse
             Seria antes com Romeu, que odeio,
             Que com Páris. Então a nova é essa?

SENHORA CAPULETO
125   Lá vem seu pai. Então, diga isso a ele,
             Pra ver se ele o escuta, de você.

             (Entram CAPULETO e a AMA.)

CAPULETO
             Ao pôr do sol o orvalho cobre a terra,
             Mas para o enterro deste meu sobrinho
             Foi chuva que tivemos.
130   O que é isso, menina? Virou bica?
             Só chora e pinga? Em miniatura
             Você já virou casco, mar e vento,
             Pois seus olhos são mar que desce e sobe
             Com choro de maré. Seu corpo é a nau
135   Que ali navega; os ventos, seus suspiros
             Que rugem e sacodem suas lágrimas,
             Que se não se acalmarem vão levar
             Seu corpo a naufragar. Então, mulher,
             Já contou a ela nossa decisão?

SENHORA CAPULETO
140   Eu, já. Ela agradece, mas não quer.
             Melhor casar a tonta com uma cova.

CAPULETO
             Um momento, mulher. Que foi que disse?
             Como? Não quer? E não nos agradece?
             É orgulhosa? Não vê que é uma bênção,
145   Tendo tão poucos méritos, conseguir
             Noivar com um homem como este?

JULIETA
             Não sinto orgulho e sou agradecida.
             Não posso ter orgulho do que odeio,
             Mas sou grata pelo ódio que é amor.

CAPULETO

O quê? O quê? Tem lógica de hospício?
"Orgulhosa", "Agradecida", "Não quero",
Mais "não sou orgulhosa"? Menininha,
Nada de agradecimentos nem de orgulhos;
É só juntar os ossos pra, na quinta,
Ir com Páris à Igreja de São Pedro,
Ou a arrasto até lá pessoalmente.
Verme anêmico! Lixo, passa fora!
Cara de vela!

SENHORA CAPULETO

O que é isso? Está louco?

JULIETA

Meu bom pai, eu imploro, de joelhos.
Ouça com paciência uma palavra.

CAPULETO

Vá pra forca, rebelde de uma figa!
Pois ouça: vais pra igreja quinta-feira
Ou nunca mais verás este meu rosto.
Não fale, não replique, não responda.
A palma está coçando. Nós mulher,
Julgamos pouca bênção a que Deus dera
Com esta filha única; mas hoje
Percebo que essa única é demais.
E que fomos malditos ao gerá-la.
Sai, vagabunda.

AMA

Deus a abençoe.
Faz muito mal, senhor, dizendo isso.

CAPULETO

Por que, "sua" Sabe-Tudo? Cale a boca,
Vá fazer seus fuxicos na cozinha!

AMA

Não faltei com o respeito.

CAPULETO

Santo Deus!

AMA

Não se pode falar?

CAPULETO
>   Chega, idiota!
> Vá pregar em conversa de comadres;
> Não precisamos disso.

SENHORA CAPULETO
>   Não se exalte.

CAPULETO
> Exaltar-me? Mas Deus é testemunha
> Que dia e noite, em luta e em lazer,
> Só ou acompanhado, sonhei sempre
> Em casar bem minha filha. Pois agora,
> Ofereço-lhe um nobre cavalheiro,
> De grandes posses, jovem, de linhagem,
> Coalhado, como dizem, de virtudes,
> Tão belo quanto calha bem a um homem —
> E me aparece essa maldita idiota,
> Choramingando diante de tal sorte,
> E a dizer "Não me caso", "Eu não o amo",
> "Sou jovem, por favor, peço perdão!".
> Pois não case, pra ver que perdão tem!
> Pode ir pastar, que aqui não come mais.
> Pense bem, que eu não sou de brincadeiras.
> Quinta está aí. Use a mente e o coração.
> Ou é minha pr'eu dá-la ao meu amigo
> Ou enforque-se, então! Morra nas ruas!
> Pois juro por minh'alma renegá-la
> E impedir que o que é meu venha a ser seu.
> Acredite e reflita. Eu juro e cumpro.

(Sai.)

JULIETA
> Será que o céu não tem misericórdia
> Que veja até o fundo a minha dor?
> Não me renegue, minha mãe querida,
> Adie a boda um mês, uma semana,
> Senão, prepare o leito nupcial
> Na tumba escura onde jaz Teobaldo.

SENHORA CAPULETO
> Não me diga nada, não responderei.
> *Faça o que bem quiser. Eu lavo as mãos.*

(Sai.)

JULIETA

Ama, meu Deus, como evitar tudo isso?
Com marido na terra, e minha fé no céu,
Como hei de ter na terra votos santos
210 Senão com meu marido já no céu,
Longe da terra? O que diz? Me aconselhe!
Como é possível que o céu brinque assim
Com súdita tão fraca quanto eu?
Que diz? Nem uma palavra de alegria?
215 Não há consolo, Ama?

AMA

                                Certo que há.
Romeu está banido; aposto o mundo
Que não ousa voltar pra reclamá-la.
Se o fizer, há de ser às escondidas.
Então, as coisas 'stando como 'stão,
220 Eu creio que é melhor casar com o conde.
Que bonito que ele é!
Romeu, ao lado dele, é um rebotalho.
Nem águia tem olhar tão verde e esperto
Quanto Páris. De coração lhe digo
225 Que teve sorte nesta nova união:
É melhor que a primeira, e se não fosse,
Seu marido está morto, ou é se como
Viesse aqui sem você o querer.

JULIETA

Fala de coração?

AMA

230 De alma também; que eu me dane se não.

JULIETA

Amém.

AMA

O quê?

JULIETA

O seu consolo foi maravilhoso.
Vá dizer a mamãe que eu já saí,
235 Por desgostar meu pai, pra ver o frei,
Pra confessar-me e ter absolvição.

AMA

Que bom, já vou; está sendo ajuizada.

(Sai.)

JULIETA

Velha maldita! Monstro de maldade!
Peca mais quem me quer assim perjura,
240 Ou quem ofende assim ao meu senhor,
Com a mesma língua com que tantas vezes
O colocou no céu? Vá, conselheira.
Doravante seguimos dois caminhos.
Frei Lourenço dirá o que fazer;
245 Se tudo mais falhar, posso morrer.

(Sai.)

ATO 4

CENA 1
A cela do Frei Lourenço.

(Entram Frei Lourenço e Páris.)

FREI

Quinta, senhor? O tempo é muito curto.

PÁRIS

O meu pai Capuleto assim o quer
E não me oponho a essa sua pressa.

FREI

Diz não saber a opinião da moça;
É mau começo e eu não gosto disso.

PÁRIS

Ela chora Teobaldo como louca:
Por isso não falei do meu amor,
Pois Vênus não sorri em meio a lágrimas.
Seu pai, senhor, julgando perigoso
Ela entregar-se de tal modo à dor,
Apressou sabiamente o casamento,
Pra represar a inundação de lágrimas
Que aumentam sempre quando está sozinha,
Mas que talvez cessem tendo companhia.
Agora sabe o porquê da pressa.

FREI

Quisera não saber por que atrasá-las —
Mas eis que a jovem chega à minha cela.

(Entra Julieta.)

PÁRIS

Que bom vê-la, minha senhora-esposa.

JULIETA

Talvez seja, se um dia eu for esposa.

PÁRIS

O que será, amor, na quinta-feira.

JULIETA

O que será, será.

FREI

Boas palavras.

PÁRIS

'Stá aqui pra confessar-se com o frade?

JULIETA

Responder o fará meu confessor.

PÁRIS

Por favor, não lhe negue que me ama.

JULIETA

25 Ao frei só confesso que amo a ele.

PÁRIS

E a ele que me ama, com certeza.

JULIETA

Se assim for, valerá muito mais
Dizê-lo às suas costas que a seu rosto.

PÁRIS

Seu rosto foi marcado pelas lágrimas.

JULIETA

30 Não foi grande vitória para elas;
Não era grande coisa antes da dor.

PÁRIS

Só dizer isso ofende mais que o pranto.

JULIETA

Senhor, não é calúnia, é só verdade
Que digo frente a frente com meu rosto.

PÁRIS

35 Mas o seu rosto é meu — e assim o ofende.

JULIETA

Pode até ser, pois ele não é meu.
Meu santo pai, vai ficar livre agora
Ou devo voltar à noite, após a missa?

FREI
Eu tenho tempo agora, triste filha.
Devemos ficar sós, senhor, agora.

PÁRIS
Sabe Deus que não impeço devoções.
Julieta, quinta cedo eu a desperto;
Até então adeus, e um beijo santo.

(Sai.)

JULIETA
Feche a porta, e depois de a ter trancado,
Vamos chorar, sem cura ou esperança!

FREI
Ah, Julieta, eu sei da sua dor,
Que me arrasta aos limites da razão.
Soube que tem — sem nada que o adie —
De se casar na quinta com esse conde.

JULIETA
Frei, não diga que já sabe disso,
Se não for pra dizer como evitá-lo.
Se todo o seu saber não me ajudar,
É só julgar que 'stou agindo certo
E esta faca me ajuda num instante.
Romeu e eu por Deus fomos unidos;
E antes que a mão pelo senhor unida
Seja marcada por um outro voto,
Ou que o meu coração em vil traição
Se entregue a outro, essa mão mata os dois.
Portanto, usando a sua experiência,
Diga-me o que fazer, ou testemunhe
Entre mim e a minha dor, este punhal
Pode servir de árbitro e solucionar
O que nem sua idade ou sua arte
Puderam resolver pra mim com honra.
Mas chega de falar. Quero morrer,
Se o que diz não me trouxer remédio.

FREI
Espere, pois vislumbro uma esperança,
Que exige execução desesperada,
Pois é o desespero que ela evita.
Se, ao invés de se casar com o Conde Páris,

          Você tem forças para se matar,
          Então creio que há de enfrentar bem
          Morte falsa que evita essa vergonha.
75   Se pra escapares pensavas em se matar,
          Se quiser arriscar, dou-lhe o remédio.

     JULIETA
          Ah, mande-me saltar, pra não casar,
          Da mais alta das torres, ou andar
          No meio de bandidos, ou pisar
80   Em serpentes. Acorrente-me a ursos,
          Esconda-me de noite num ossário,
          Repleto de esqueletos de mil mortos,
          Com pedaços fedorentos ou caveiras;
          Ou peça-me que eu entre em tumba nova
85   Pra esconder-me com alguém numa mortalha —
          Outrora tudo isso me assustava —
          Mas hoje o faria sem temor ou dúvida,
          Pra manter-me fiel ao meu amor.

     FREI
          Pois vá pra casa alegre, e diga sim,
90   Que aceita Páris. Amanhã é quarta;
          Pois à noite, amanhã, durma sozinha,
          E não permita que a Ama a acompanhe.
          Tome este vidro e, quando já deitada,
          Tome o líquido todo que contém
95   Sentirá logo correr por suas veias
          Um gélido torpor, pois o seu pulso
          Não baterá mais, por ficar suspenso:
          Nem calor nem arfar mostrarão vida.
          O róseo de seus lábios vai sumir,
100   Virando cinza, e a janela dos olhos
          Se fechará ao dia, como na morte,
          Co'esse falso aspecto de cadáver
          Você há de manter-se por dois dias,
          Pra depois despertar, como de um sono.
105   Quando o noivo chegar, pela manhã,
          Pra tirá-la da cama, a verá morta;
          E segundo os costumes do país,
          Com seu melhor vestido e descoberta,
          Serás levada pra antiga capela
110   Na qual repousam os Capuleto.
          No meio tempo, e antes que desperte,
          Romeu, por carta minha, será informado
          E, assim que aqui chegar, juntos — ele e eu —

115		Iremos acordá-la. E nessa noite
Romeu há de levá-la para Mântua,
Livrando-a da vergonha deste instante,
Se tolice ou temores femininos
Não a impedem de o levar avante.
	Julieta	Oh, dê-me o vidro, e não me fale em medo.
120	Frei	Tome aqui. Vá. E seja resoluta
Na decisão. Despacho logo um frade
Para Mântua, com carta para Romeu.
	Julieta	Deus me dê forças, para o amparo meu.
Adeus, meu pai.

(Saem.)

CENA 2
Uma sala na casa dos Capuleto.

(Entram Capuleto, a Senhora Capuleto, a Ama e dois Criados.)

Capuleto
Convide aqueles que escrevi aqui.

(Sai 1º Criado.)

Rapaz, contrate vinte cozinheiros.

2º Criado
Não se preocupe, pois vou saber se são de bom tempero.

Capuleto
E como vai saber?

2º Criado
Ora, todo cozinheiro mete a mão no que faz; o que não lamber os beiços com prazer depois de lamber o dedo, é porque não é bom.

Capuleto
Vá logo.

(Sai o 2º Criado.)

O dia nos pegou desprevenidos.
A minha filha 'stá com Frei Lourenço?

AMA

Acho que sim.

CAPULETO

Pois espero que ele lhe dê jeito;
O que fez foi bobagem caprichosa.

AMA

Veja como ela voltou da confissão com cara boa.

(Entra JULIETA.)

CAPULETO

Cabeçudinha, onde andou passeando?

JULIETA

Onde aprendi a lamentar o erro
Do pecado da desobediência
Ao senhor e aos seus desejos. Mandou-me
O Frei Lourenço que aqui me prostrasse
Para implorar-lhe o perdão. Perdão eu peço.
Doravante farei tudo o que manda.

(Ela se ajoelha)

CAPULETO

Chamem o conde, pra avisá-lo disso.
Amanhã de manhã ata-se o nó.

JULIETA

Encontrei o jovem nobre na igreja,
E tratei-o com o amor que me era possível
Sem ferir os limites da modéstia.

CAPULETO

Estou contente. Muito bem. Levante-se.
É assim que deve ser. Direi ao conde.
Virgem Mãe! Vão buscá-lo logo, logo.
Por Deus que ao nosso reverendo frade
Nossa cidade inteira é devedora.

JULIETA

Ama, quer vir comigo pro meu quarto,

Ajudar-me a escolher os ornamentos
Que lhe pareçam certos pra amanhã?

Senhora Capuleto
Mas não, é só na quinta. Ainda tem tempo.

Capuleto
35 Vá ajudá-la; amanhã vai pro altar.

(Saem Julieta e a Ama.)

Senhora Capuleto
Não há tempo pra todas as providências.
Já são quase oito horas.

Capuleto
Deixe estar.
Eu me mexo, mulher, e vai dar certo.
Vá ajudar a enfeitar Julieta.
40 Hoje eu não deito; fico aqui sozinho.
Dona de casa desta vez sou eu.
Olá! 'Stão todos ocupados. Bem,
Vou alertar eu mesmo o Conde Páris
Para amanhã. Meu coração 'stá leve
45 Com o ar arrependido da menina.

(Saem.)

CENA 3
O quarto de Julieta.

(Entram Julieta e a Ama.)

Julieta
Esse é o mais bonito. Mas Ama querida,
Quero ficar sozinha hoje de noite,
Pois necessito muito de orações
Para implorar ao céu que me sorria,
5 Embora eu, como sabe, peque tanto.

(Entra a Senhora Capuleto.)

Senhora Capuleto
Mas quanta agitação! Querem ajuda?

JULIETA
Não, senhora. Já separamos tudo
Que calha bem ao ato de amanhã.
Eu peço que me deixe só, agora,
10   E leve a Ama para acompanhá-la.
Pois 'stou certa que estás muito ocupada
Com a festa inesperada.

SENHORA CAPULETO
Boa noite.
Vá deitar-se e descanse, pois precisa.

(Saem a SENHORA CAPULETO e a AMA.)

JULIETA
Adeus! Quando de novo nos veremos?
15   Sinto o medo correndo em minhas veias,
Congelando o calor da minha vida.
Vou chamá-las de volta, pra confortar-me.
Ama! Que poderá fazer aqui?
Esta cena de horror é só pra mim.
20   Vem, frasco.
E se a mistura não agir de todo?
Terei de me casar pela manhã?
Não! Isto o impedirá. Deita-te ali.

(Deposita o punhal na cama.)

E se for um veneno este que o frade
25   Sutilmente me deu, para matar-me,
Para manter a honra desta boda,
Já que antes me casou com o meu Romeu?
Tenho medo que sim; mas não o creio,
Pois ele sempre foi um homem santo.
30   E se depois de ser posta no túmulo
Eu me acordar muito antes que Romeu
Venha buscar-me? Isso me apavora!
Morrerei sufocada no jazigo
Em cuja boca o ar puro não penetra,
35   Sem poder respirar e sem Romeu?
Ou, se ainda viver, não é provável
Que a ideia da morte, nessas trevas,
Junto ao terror que inspira esse lugar,
Nessa sepultura terrível onde moram
40   Os ossos que por séculos e séculos
Minha família foi depositando;

     Onde Teobaldo, recém-enterrado,
     Jaz em sua mortalha apodrecendo;
     Onde dizem que, à noite, em negras horas,
     Surgem fantasmas... Ai! Não é provável
45   Que eu, acordando em meio a esses cheiros
     De morte e aos guinchos rudes das mandrágoras,
     Que fazem os mortais enlouquecerem —
     Não é provável que eu me torne louca,
50   Cercada desses medos pavorosos?
     Que eu brinque com os ossos desses mortos
     Ou que tire Teobaldo da mortalha?
     E na ilusão, com o osso de um parente,
     Esmague meu cérebro desesperado?
55   Olhem! Vejo o fantasma de meu primo
     Procurando Romeu, que o assassinou
     Com a ponta de um punhal. Pára, Teobaldo!
     Romeu, Romeu, é por você que eu bebo!

(Ela cai na cama, atrás do cortinado.)

CENA 4
Uma sala na casa dos Capuleto.

(Entram a Senhora Capuleto e a Ama.)

Senhora Capuleto
     Precisamos de mais temperos, Ama.

Ama
     Querem marmelo e tâmaras para as tortas.

(Entra Capuleto.)

Capuleto
     Vamos! Depressa! O galo já cantou!
     O recolher soou; já são três horas.
5   Fica de olho nessa carne, Angélica:
     Nada de economias.

Ama
                    Vá, patrão;
     Vá deitar. Amanhã vai 'star doente,
     Rodando a noite inteira.

Capuleto
     Já passei muitas noites sem dormir
10   Por muito menos, sem ficar doente.

SENHORA CAPULETO
   Sua vez de caçar ratos já passou;
   Mas eu vou vigiar essa vigília.

                         (Saem SENHORA CAPULETO e a AMA.)

CAPULETO
   Isso é ciúme, é ciúme!

         (Entram CRIADOS.)

   Então rapaz, o que é?

1º CRIADO
   É pra cozinha; não sei o que é.

CAPULETO
15   Pois vá depressa!

                                   (Sai o 1º CRIADO.)

   Vá pegar mais lenha!
   Pedro, mostra onde é que fica a seca.

2º CRIADO
   Eu tenho cabeça, senhor, e sei encontrar lenha. Não preciso incomodar
   Pedro para isso.

                                              (Sai.)

CAPULETO
   É bem esperto esse filho da mãe.
20   Um cabeça dura!
                  Mas já é dia!
   O conde vai chegar já, já, com música,
   Pois assim disse. Já o ouço, agora.

         (Tocam música.)

   Ama! Mulher! Olá! Venha cá, Ama!

         (Entra a AMA.)

   Vá acordar e enfeitar Julieta;

25 Eu vou falar com Páris. Vá depressa,
Depressa, porque o noivo já chegou.
Vá depressa!

(Saem Capuleto e um Criado.)

CENA 5
O quarto de Julieta.

(A Ama vai abrir o cortinado da cama.)

Ama

Patroa! Julieta! Inda dormindo?
Carneirinho! Noivinha! Preguiçosa!
Mas como? Meu doce coração!
Sempre calada? Ainda cochilando?
5 Pois descanse, porque, logo de noite,
Eu garanto que Páris vai lutar
Pra não lhe dar descanso! Deus o ajude!
Valha o céu! Mas que sono mais profundo!
Eu tenho de acordá-la. Patroinha!
10 Se o conde vem e a pega aqui na cama,
Você vai ter um susto. Se não vai!

(Abrem as cortinas.)

Mas o que é isso, se deitou vestida?
É preciso acordar! Minha senhora!
Ai, ai! Socorro! A patroa está morta!
15 Maldito o dia em que eu nasci! Socorro!
Aqua vitae! Ai, ai, patrão! Senhora!

(Entra a Senhora Capuleto.)

Senhora Capuleto
Mas que barulho é esse?

Ama
Ah, dia triste!

Senhora Capuleto
O que foi?

Ama
Veja, veja! Ah, dia horrível!

Senhora Capuleto

    Ai de mim! Minha filha, minha vida!
    Reviva e abra os olhos, ou eu morro!
    Socorro! Quem me ajuda?

(Entra Capuleto.)

Capuleto

    Que atraso é esse? Páris já chegou.

Ama

    Ela 'stá morta! Morreu! Dia aziago!

Senhora Capuleto

    Ai de mim, ela está morta! 'Stá morta!

Capuleto

    O quê? Deixem-me vê-la. Ela está fria.
    O sangue está parado, as juntas duras.
    Há muito que esses lábios não têm vida.
    A morte, qual geada, pousou nela,
    Na flor mais linda que os campos já viram.

Ama

    Mas que dia aziago!

Senhora Capuleto

    Que tristeza!

Capuleto

    A morte que me fez gritar de dor
    Me prende a língua e tira-me as palavras.

(Entra Frei Lourenço, com Páris e os Músicos.)

Frei

    Como é? A noiva está pronta pra igreja?

Capuleto

    Pronta pra ir, mas pra nunca voltar.
    Filho, na noite antes do casamento,
    Deitou-se a Morte com a noiva. 'Stá ali
    Uma flor deflorada pelo além.
    Meu genro é a Morte. A Morte é meu herdeiro.
    Minha filha a desposou. Morrerei
    E deixarei tudo para a Morte.

PÁRIS
>	Esperei tanto por esta manhã
>	E me deparo com um quadro desses?

SENHORA CAPULETO
>	Oh dia horrível, infeliz, maldito!
>	Hora pior que todas as que este mundo
>	Já viu em sua peregrinação.
>	Uma filha, uma só, a pobrezinha,
>	Minh'única alegria, meu conforto,
>	Me foi tirada pela Morte cruel.

AMA
>	Miséria! Dia triste, dia odioso!
>	Oh dia lamentável! Triste, triste!
>	O pior que já vi em toda a vida.
>	Oh dia de terror, dia de ódio!
>	Jamais houve outro dia negro assim.
>	Ah, dia de tristeza, de tristeza.

PÁRIS
>	Enganado, ofendido, divorciado.
>	Morte odienta, por ti fui enganado,
>	Derrotado por tua crueldade.
>	Amor! Vida! Não vida, amor na morte!

CAPULETO
>	Desprezado! Martirizado e morto!
>	Tempo infeliz, por que chegaste agora
>	Pr'assassinar nossa solenidade?
>	Minha filha! Mais que filha, minh'alma!
>	'Stá morta! Ai, ai, morreu a minha filha!
>	E com ela se enterra a alegria.

FREI
>	Mas o que é isso? A cura do terror
>	Não 'stá em mais terror. O céu e vós
>	Tinham partes iguais nessa donzela;
>	E se agora ela é toda do céu,
>	Para a donzela isso é um bem maior.
>	A vossa parte perde-se com a morte,
>	Mas o céu tem a sua para sempre.
>	O vosso esforço foi aprimorá-la.
>	Pois vosso céu era vê-la importante
>	E agora vós chorais vendo-a ganhar
>	O próprio céu, para além dessas nuvens?

　　　　　Amar assim é mal-amar a filha,
　　　　　Enlouquecendo ao vê-la assim tão bem.
　　　　　Não casa bem quem casa muito tempo;
　　　　　Casa melhor quem casa e morre cedo.
80　　　　Secai o pranto e cobri com rosmaninho
　　　　　Seu corpo e como reza a tradição,
　　　　　Levai-a à tumba com as melhores vestes.
　　　　　Mentes tolas nos dizem pra chorar,
　　　　　Mas do pranto a razão tem de ganhar.

　　　CAPULETO
85　　　　Tudo aquilo pra festa encomendado
　　　　　Agora em funeral é transformado:
　　　　　Nossa música em dobre melancólico,
　　　　　Nossa boda feliz em triste enterro,
　　　　　Nossos hinos agora são lamentos,
90　　　　Nossas grinaldas hoje são coroas
　　　　　E tudo transformou-se em seu contrário.

　　　FREI
　　　　　Entrai, senhor; e vós, minha senhora.
　　　　　Vá, senhor Páris. Aprontai-vos todos
　　　　　Para levar à cova a linda morta.
95　　　　O céu vos pune por alguma falta;
　　　　　Não se contesta vontade tão alta.

　　　　　　　　　　　(Saem todos menos a AMA *e os* MÚSICOS, *ela*
　　　　　　　cobrindo JULIETA *com rosmaninho e fechando o cortinado.)*

　　　1º MÚSICO
　　　　　Melhor guardar a flauta e ir embora.

　　　AMA
　　　　　Vocês são bons rapazes; guardem tudo,
　　　　　Pois já viram que o caso é muito triste.

　　　　　　　　　　　　　　　　　　　　　　　(Sai a AMA.)

　　　1º MÚSICO
100　　　Como as flautas, o caso 'stá encerrado.

　　　　　(Entra PEDRO.)

　　　PEDRO
　　　　　Músicos, música! "Alegrias do coração!" "Alegrias do coração!" Se querem
　　　　　que eu viva, toquem "Alegrias do coração!"

ATO 5

CENA 1
Mântua. Uma rua.

(Entra Romeu.)

ROMEU
Se posso confiar nas lisonjas do sono,
Meus sonhos me predizem boas novas.
Meu coração senta-se tranquilo
Em seu trono, feliz com um espírito
Que m'eleva todo o pensamento.
Sonhei que o meu amor me achava morto —
Com a licença do sonho, eu, morto, pensava! —
Com seus lábios me insuflou tanta vida,
Que eu revivi e era um imperador.
Deus, que doce há de ser o amor em si,
Se a sua sombra nos faz tão felizes.

(Entra Baltasar, criado de Romeu, de botas.)

Notícias de Verona! Baltasar!
Trouxe carta pra mim de Frei Lourenço?
Como está minha dama? E o meu pai?
Como está Julieta? Pergunto outra vez,
Pois nada pode ficar mal se ela estiver bem.

BALTASAR
Então ela 'stá bem, e não há mal.
Seu corpo jaz na tumba Capuleto,
E sua parte imortal está com os anjos.
Eu a vi sepultada entre os parentes,
E logo cavalguei para encontrá-lo.
Peço perdão por lhe trazer tristeza,
Mas se eu sou correio é por suas ordens.

ROMEU
Verdade? Então eu desafio os astros!
Leve papel e tinta à minha casa,
E cavalos, também. Parto esta noite.

BALTASAR
Meu senhor, eu peço, seja paciente.
A sua louca palidez sugere
Alguma desgraça.

ROMEU

                      Isso é engano seu.
Deixe-me, e vá fazer o que eu pedi.
O frade não mandou nenhuma carta?

BALTASAR
Não, senhor.

ROMEU

                  Não importa; pode ir.
Veja os cavalos, que eu o encontro já.

(Sai BALTASAR.)

Julieta, hoje eu durmo com você.
Vamos ver como. A maldade penetra
Veloz na mente do desesperado.
Eu me lembro que há um boticário
Que mora por aqui — há pouco o vi,
Em andrajos, com o ar preocupado,
Catando ervas. Com o aspecto esquálido,
Sua miséria lhe exibia os ossos.
Em sua loja pendem tartarugas,
Jacarés empalhados, outras peles
De estranhos peixes; e nas prateleiras,
Uma fila de caixas já vazias,
Potes, bexigas e sementes secas,
Pedaços de barbantes, rosas secas,
Se espalham para disfarçar o quadro.
Notando essa penúria, pensei eu:
"Se alguém, agora, quisesse um veneno
Proibido com morte aqui, em Mântua,
Esse é o infeliz que o poderia obter".
Eu já previa esta necessidade!
Pois ele há de vender-me o que eu preciso.
Parece-me que é esta a casa dele.
É feriado; a loja está fechada.
Boticário! Onde está?

(Entra o BOTICÁRIO.)

BOTICÁRIO

                  Quem grita assim?

ROMEU

Venha cá, homem. Vejo que é pobre;
Eis quarenta ducados pra me dar
Um pouco de veneno, coisa rápida,
Que se espalhe por veias e artérias

          E faça quem o tomar, cair morto,
          E o ar deixar totalmente o corpo
          Com a violência e a velocidade
65   Que a bala sai da boca d'um canhão.

BOTICÁRIO
          Tenho esta droga mortal, mas as leis
          Dão pena de morte para quem a prover.

ROMEU
          E você, tão coberto de desgraças,
          Teme morrer? O seu rosto é de fome;
70   Pobreza e opressão comem seus olhos;
          Desprezo e mendicância é que o vestem;
          As leis do mundo não lhe têm amor:
          Nenhuma lei do mundo o fará rico;
          Pois, pobre, quebre a lei e aceite isto.

BOTICÁRIO
75   Consinto por pobreza, não vontade.

ROMEU
          Não pago a sua vontade, só a pobreza.

BOTICÁRIO
          Dissolva este veneno em qualquer líquido.
          Tome-o, e mesmo que tenhas a força
          De vinte homens, ele o despacha.

ROMEU
80   Eis o seu ouro, veneno pra alma
          Que mata muito mais por este mundo
          Que este pó, que ninguém pode vender.
          Sou eu quem vendo veneno e não vocês;
          Adeus, compre comida e se alimente.

(Sai o BOTICÁRIO.)

85   Eu não comprei veneno, comprei cura;
          E bebo ao meu amor, na sepultura.

(Sai.)

CENA 2
A cela de Frei Lourenço.

(Entra FREI JOÃO.)

FREI JOÃO
          Bendito franciscano! Irmão! Olá!

(Entra Frei Lourenço.)

FREI

Parece-me que é a voz de Frei João.
Bem-vindo de Mântua. O que diz Romeu?
Ou, se escreveu, dê-me aqui sua carta.

FREI JOÃO

Eu procurei um outro irmão descalço,
Da nossa Ordem, para ir comigo,
Que aqui viera visitar doentes.
Ao encontrá-lo, a guarda da cidade,
Pensando que nós tínhamos estado
Onde grassava a peste infecciosa,
Selou a porta e nos prendeu lá dentro.
E ali parou minha ida para Mântua.

FREI

Quem levou minha carta pra Romeu?

FREI JOÃO

Eu não pude mandá-la — aqui está —
Nem tampouco enviar um mensageiro,
Tal era o medo de todos da peste.

FREI

Mas que infortúnio! Pela minha ordem,
A carta era mais séria que um recado;
Muito importante e o fracasso na entrega
Gera grande perigo. Vai, Frei João,
Arranje um pé de cabra e traga-o logo
À minha cela.

FREI JOÃO

Irmão, eu vou e volto.

(Sai.)

FREI

Tenho de ir sozinho ao jazigo.
Em três horas Julieta está desperta.
Vai zangar-se demais comigo se Romeu
Não chegou a saber do acontecido.
Vou escrever de novo para Mântua;
Ela espera Romeu na minha cela —
Morta-viva na tumba, pobre dela.

(Sai.)

CENA 3

Um cemitério. O túmulo dos Capuleto.

(Entram Páris e seu Pajem, com flores e água perfumada.)

PÁRIS

Dê-me a tocha. E afaste-se daqui.
É melhor apagá-la, pr'eu não ser visto.
Fique parado ali, perto das árvores;
Mas atenção, e ouvido no chão,
Pra que não pise alguém no cemitério
Cujo chão, tão cavado, é leve e solto —
Sem que o ouças. Dê um assovio
Como sinal, quando alguém se aproximar.
Dê-me aquelas flores. Faça o que eu mando.

PAJEM

Tenho até medo de ficar sozinho
No cemitério. Mas vou me arriscar.

(Afasta-se. Páris cobre o túmulo com flores.)

PÁRIS

Flores pro leito dessa noiva em flor.
Ai, ai, o seu dossel é pó e pedra,
Que eu regarei com água a cada noite,
Ou então com meu pranto e meus suspiros.
Meu pranto toda noite se renova,
Cobrindo eu com flores sua cova.

(O Pajem assovia.)

Esse é o aviso que vem vindo alguém;
Que pé maldito vem cá esta noite,
Cortando o ritual deste meu lamento?
Com uma tocha? Noite, então oculta-me.

(Páris se afasta.)
(Entram Romeu e Baltasar, com tocha, picareta e pé de cabra.)

ROMEU

Dê-me aqui a picareta e o pé de cabra.
Tome aqui esta carta. De manhã
Vá entregá-la a meu senhor e pai.
Dê-me a luz. Pela minha vida eu peço,
Fique longe, não importa o que aconteça,
Nem me interrompa no que vou fazer.

>
> Por que desço a esse leito de morte?
> Só para ver o rosto de quem amo
> 30 Porém ainda mais pra retirar
> De seu dedo um anel que necessito
> Pr'algo importante. Assim sendo, vá embora.
> Se chegar perto para espionar,
> Só pra saber o que mais eu vou fazer,
> 35 Juro por Deus que eu o estraçalho,
> Cobrindo o cemitério com os pedaços;
> Este momento é só de desespero,
> 'Stou mais feroz e tão mais implacável
> Que tigres famintos ou o rugido do mar.

BALTASAR

> 40 Eu vou indo, para não perturbá-lo.

ROMEU

> É gesto de amizade. Tome isto.
> Viva e prospere. Agora adeus, rapaz.

BALTASAR

> Mesmo assim, eu me escondo por aqui;
> Temo sua intenção pelo que ouvi.

(BALTASAR afasta-se.)

ROMEU

> 45 Goela odiosa, útero da morte,
> Repleta com o melhor que há na terra,
> Assim eu forço a sua boca a abrir-se
> E a obrigo a engolir mais alimento.

(ROMEU abre a tumba.)

PÁRIS

> Esse é o maldito Montéquio banido,
> 50 Que assassinou o primo de Julieta —
> Razão, segundo dizem, de sua morte.
> E ei-lo aí, pr'algum ato vergonhoso,
> Profanando seus corpos. Vou detê-lo.
> Pare o seu ato sujo, vil Montéquio:
> 55 Vingança segue para além da morte?
> Maldito condenado, aqui o prendo.
> Obedeça-me logo, pra morrer.

ROMEU

> Pois foi para morrer que vim aqui.
> Não provoque alguém desesperado.

60 Fuja daqui. Pense um pouco nos mortos;
Permita que o assustem; eu lhe imploro,
Não force outro pecado a me pesar,
Provocando-me a fúria. Vá-se embora.
Juro que o amo mais do que a mim mesmo,
65 Pois 'stou aqui armado contra mim.
Não fique, parta, fuja pra dizer
Que a piedade de um louco o fez viver.

PÁRIS

Desafio a sua jura;
E aqui o prendo por ser criminoso.

ROMEU

70 Ainda me provoca? Venha, então!

(Lutam.)

PAJEM

Estão lutando, e eu vou chamar a guarda.

(Sai o PAJEM.)

PÁRIS

Eu estou morto;

(Cai.)

Ai, se tem piedade,
Põe-me na tumba, ao lado de Julieta.

(PÁRIS morre.)

ROMEU

Assim farei; deixe-me ver seu rosto.
75 O primo de Mercúcio, o nobre Páris.
Que disse o pajem quando minh'alma tonta,
Não lhe dava atenção? Creio que disse
Que Páris ia casar com Julieta.
Não disse isso? Ou será que sonhei?
80 Ou fiquei louco, ao falar de Julieta,
E pensei que foi isso? Dê-me a mão,
Inscrita como a minha no infortúnio.
Hei de enterrá-lo em cova triunfal.
Cova? Não; junto a um esplendor de luz,
85 Pois jaz aqui Julieta; e sua beleza
Faz desta tumba festa luminosa.
Morte, deita-te aí, junto a esse morto.

(Deitando Páris no túmulo.)

Quantas vezes, logo antes de morrer,
Um homem fica alegre? É o que chamam
De fagulha mortal. E será isto
Tal fagulha? Meu amor, minha esposa,
A morte, que lhe sugou o mel dos lábios,
Inda não conquistou sua beleza.
Não triunfou. A flâmula do belo
É rubra em seus lábios e seu rosto,
E a morte branca não tremula neles.
Teobaldo, 'stás aí, banhado em sangue?
Que honraria mais posso eu prestar-te,
Que, co'a mão que ceifou-te a juventude,
Cortar a de quem foi teu inimigo?
Primo, perdão. Querida Julieta,
Por que tão bela ainda? Devo crer
Que a morte etérea está apaixonada,
E que o esquelético monstro a prende aqui
Pra, neste escuro, ser a sua amada?
Só por medo que sim aqui eu fico
E jamais do negror deste palácio
Hei de partir. Aqui sempre estarei
Com os vermes, seus criados. Aqui mesmo
Eu hei de repousar por todo o sempre,
E libertar da maldição dos astros
A carne exausta. Olhos, um olhar.
Braços, o último abraço! E vós, oh lábios,
Portal do alento, selai com este beijo
Pacto eterno com a Morte insaciável.
Vem, meu caminho amargo, insosso guia.
Piloto insano atira neste instante
Contra as rochas a barca desgastada.
Ao meu amor!

(Bebe.)

Honesto boticário,
Rápida é a droga. Assim, com um beijo, eu morro.

(Morre.)
(Entra Frei Lourenço, com lanterna, pé de cabra e pá.)

FREI

São Francisco me ajude! Quantas vezes
Tropecei esta noite em sepulturas.
Quem está aí?

Baltasar

                Um amigo, um conhecido.

Frei

125   Deus o abençoe. Diga aqui, amigo,
Que fraca luz é aquela que ilumina
Ossadas e caveiras? Me parece
Que vem do mausoléu dos Capuleto.

Baltasar

É de lá mesmo. 'Stá lá o meu senhor,
A quem tanto aprecia.

Frei

                Quem?

Baltasar

                Romeu.

Frei

130   'Stá lá há quanto tempo?

Baltasar

                Meia hora.

Frei

Vamos à tumba.

Baltasar

                Não senhor. Não ouso.
Meu amo pensa que eu fugi daqui,
E até me ameaçou de me matar
Se eu olhasse pro que 'stivesse fazendo.

Frei

135   Eu vou sozinho. O medo me domina
Porque eu temo alguma desgraça.

Baltasar

Enquanto eu cochilava neste canto,
Sonhei que o amo e um outro cavalheiro
Lutavam e o meu amo o assassinava.

(Frei Lourenço se inclina, vê sangue e espadas.)

Frei

140 Romeu!
Que sangue é esse aqui que mancha
A pedra do portal deste sepulcro?
E o que são essas espadas sem dono,
Rubras assim neste local de paz?

(Entra na tumba.)

145 Romeu, pálido assim, e também Páris?
Afogados em sangue? Que hora má
É culpada de fatos como esse?
Ela se move.

(Julieta se levanta.)

Julieta

Meu frade amigo, onde está meu senhor?
150 Lembro-me bem de onde devo estar,
E aqui estou. Onde está meu Romeu?

Frei

Ouço ruídos. Saia logo, amiga,
Deste ninho de morte, de contágio,
E de sono anormal. Poder maior
155 Do que podemos superar derrota
As nossas intenções. Vamos embora.
A seus pés seu marido caiu morto;
Páris também. Eu lhe darei destino
Em casa santa de religiosas.
160 Nada pergunte agora; a guarda chega.
Vamos, Julieta. Eu não ouso ficar.

Julieta

Pois pode ir. Eu não vou me afastar.

(Sai Frei Lourenço.)

Um cálice na mão do meu amor?
Um veneno lhe deu descanso eterno.
165 Malvado! Nem sequer uma gotinha
Para eu segui-lo? Vou beijar-lhe os lábios;
Pois que talvez neles reste algum veneno
Que restaure minha antiga morte.

(Beija-o.)

Que lábios quentes!

1º GUARDA
(À parte.)
Por onde, rapaz?

JULIETA
170 Quem é? Depressa! Ah, lâmina feliz!

(Pegando o punhal de ROMEU.)

Enferruja em meu peito, pra que eu morra!

(Ela se apunhala.)
(Cai sobre o corpo de ROMEU e morre.)
(Entram o PAJEM e GUARDAS.)

PAJEM
É aqui. Veja a tocha, ali, queimando.

1º GUARDA
Há sangue aqui no chão. Procurem fora;
Vão logo e prendam todos que encontrarem.
175 Que cena horrível! Eis o conde, morto,
Julieta sangrando e recém-morta,
Tendo sido enterrada há já dois dias.
Vão até o príncipe! Chamem os Capuleto.
E outro grupo busque os Montéquio.
180 Neste chão jazem todas essas dores,
Mas a base de tanto sofrimento
Só saberemos com explicações.

(Entram vários GUARDAS, com BALTASAR.)

2º GUARDA
Lá fora estava o pajem de Romeu.

1º GUARDA
Segure-o até o príncipe chegar.

(Entram outros guardas, com FREI LOURENÇO.)

3º GUARDA
185 Eis um frade que, arfante, treme e chora;
Tiramos dele a pá e a picareta,
Quando o vimos sair do cemitério.

1º GUARDA
Muito suspeito. Prenda-o também.

(Entra o Príncipe, com séquito.)

Príncipe

    Que mal já nos desperta assim tão cedo,
190   Cortando o nosso sono matinal?

(Entram Capuleto e a Senhora Capuleto, com Criados.)

Capuleto

    O que é que todos gritam por aí?

Senhora Capuleto

    Nas ruas há quem grite só "Romeu",
    Outros, "Julieta", "Páris". Todos correm
    Como loucos pro nosso mausoléu.

Príncipe

195   Que medo é esse, que assim nos assusta?

1º Guarda

    Senhor, eis aqui, morto, o Conde Páris,
    Romeu, morto, e Julieta, morta antes,
    Morreu mais uma vez e inda 'stá quente.

Príncipe

    Tais mortes têm de ser esclarecidas.

1º Guarda

200   Eis um frade e um pajem de Romeu,
    Ambos com ferramentas para abrir
    As tumbas desses mortos.

Capuleto

    Veja, mulher: Julieta 'stá sangrando!
    A faca se enganou, pois sua casa,
205   Que está vazia nas costas de Montéquio,
    Por erro afundou no seio dela.

Senhora Capuleto

    Esta visão de morte é como um sino
    Que chama minha velhice para a tumba.

(Entra Montéquio com criados.)

Príncipe

    Vinde, Montéquio, cedo levantado,
210   Ver vosso filho cedo aqui caído.

MONTÉQUIO

    Ai, ai, senhor, perdi hoje a esposa.
    O exílio do filho a sufocou.
    Que outra dor inda ataca este velho?

PRÍNCIPE

    Olhai, que haveis de ver.

MONTÉQUIO

215   Mal-educado! Que modos são esses,
    De preceder seu pai para a cova?

PRÍNCIPE

    Calem-se um pouco os ultrajados,
    Até que esclareçamos tais enigmas
    E, conhecendo-lhes causa e origem,
220   Aqui possamos comandar a dor
    E os guiarei — talvez até pra morte.
    Que o azar seja escravo da paciência.
    Trazei aqui, agora, os dois suspeitos.

FREI

    Sou deles o maior e o menos apto;
225   Porém o mais suspeito porque tudo,
    Lugar e hora, fala contra mim,
    No caso desse vil assassinato.
    Aqui 'stou pr'acusar e defender,
    Eu mesmo condenado e perdoado.

PRÍNCIPE

230   Diga, então, o que sabe do ocorrido.

FREI

    Eu serei breve; a vida que me resta
    Não dá para relatos tediosos.
    Romeu, aqui, casou-se com Julieta;
    Ela, ali morta, é sua fiel esposa.
235   Eu os casei, e o dia dessas bodas
    Foi fatal pra Teobaldo, cuja morte
    Fez o noivo exilar-se da cidade.
    Por ele, não Teobaldo, ela chorava;
    Os senhores, pra aliviar-lhe a dor,
240   Tentaram obrigá-la a se casar
    Com o Conde Páris. Ela então buscou-me.
    E em desespero implorou-me algum meio
    Pra livrar-se de novo matrimônio;
    Senão, matava-se, na minha cela.
245   Então dei-lhe — segundo a minha arte —

           Uma droga pro sono, que operou
           Como o esperava, pois a encobriu
           Com o aspecto da morte. Nesse meio tempo
           Escrevi a Romeu pra que viesse
250   Aqui, nesta noite apavorante,
           Ajudar-me a tirá-la dessa tumba
           Quando cessasse o efeito do veneno.
           No entanto, o portador de minha carta
           Infelizmente nunca chegou lá.
255   E devolveu-me ontem a missiva.
           Sozinho, na hora dela acordar,
           Vim eu para tirá-la do jazigo,
           No intento de guardá-la em minha cela
           Até poder mandar chamar Romeu.
260   Porém quando cheguei, quase na hora
           De ela acordar, jaziam já aqui
           O nobre Páris e o fiel Romeu.
           Ela desperta; eu peço-lhe que fuja
           E aceite com paciência o ato do céu.
265   Nesse momento um ruído assustou-me,
           Ela não quis sair; desatinada,
           Ao que parece agiu contra si mesma.
           Isso é o que sei. Da boda, a Ama sabe;
           E se algo nessa trama não foi bem
270   Por minha causa, que esta velha vida
           Vá antes de seu tempo ao sacrifício,
           Segundo o alto rigor das suas leis.

    PRÍNCIPE
           A sua fama sempre foi de santo.
           O que declara o pajem de Romeu?

    BALTASAR
275   Contei ao amo a morte de Julieta;
           E ele veio de Mântua num galope,
           Vindo direto para o mausoléu.
           Disse pr'eu dar esta carta a seu pai
           Logo cedo, e ameaçou matar-me
280   Se não me fosse e o deixasse só.

    PRÍNCIPE
           Dá-me a carta, pra que eu a examine.
           Aonde está o criado do conde
           Que foi chamar a guarda? Diga-me agora:
           O que fazia o conde neste lugar?

PAJEM

285   Trazia flores pra tumba da noiva,
      E disse pr'eu ficar bem afastado.
      Chegou um outro para abrir a tumba,
      E meu amo, depois, o atacou.
      Então corri para chamar a guarda.

PRÍNCIPE

290   O que o frade narrou está na carta:
      O seu amor, a notícia da morte,
      E diz que comprou mesmo certo veneno
      De um pobre boticário e que, com ele,
      Viria aqui, pra morrer com Julieta.
295   Aonde estão esses dois inimigos?
      Capuleto e Montéquio, vede aqui
      Que maldição recai em vosso ódio,
      Pro céu matar, com amor, vossa alegria.
      E eu, por não sustar vossa disputa,
300   Perdi dois pares. Todos estão punidos.

CAPULETO

      Irmão Montéquio, dai-me a vossa mão
      É este o dote que traz minha filha;
      Nada mais posso dar.

MONTÉQUIO

                              Pois posso eu.
      Farei por ela estátua de ouro puro.
305   Enquanto esta cidade for Verona
      Não haverá imagem com o valor
      Da de Julieta, tão fiel no amor.

CAPULETO

      Romeu, em ouro, estará a seu lado,
      Que ao ódio foi também sacrificado.

PRÍNCIPE

310   Uma paz triste esta manhã traz consigo;
      O sol, de luto, nem quer levantar.
      Alguns terão perdão, outros castigo;
      De tudo isso há muito o que falar.
      Mais triste história nunca aconteceu
315   Que esta, de Julieta e seu Romeu.

                                                (Saem.)

Júlio César

Introdução
BARBARA HELIODORA

Escrita em 1599, a peça *Júlio César* fica, cronologicamente, entre *Henrique V* e *Hamlet*, e do ponto de vista dramatúrgico representa a passagem da forma da peça histórica para a da tragédia. Com 35 anos de idade, cerca de dez dos quais já passados em Londres e no mundo do teatro, William Shakespeare estava entrando no mais vívido período de sua já destacada carreira. Por duas vezes, antes, ele se aproximara da forma trágica: uma logo no início e não muito bem-sucedida, *Titus Andronicus*, mostrava, ao lado do talento, a falta de experiência e maturidade; a outra, *Romeu e Julieta*, uma de suas obras mais queridas, é tão lírica quanto tudo o mais que estava escrevendo naquele momento (1595/96), e não seria o caminho que viria a trilhar, senequiano e sanguinolento, em sua fase áurea.

Se nas peças históricas o processo político via de regra manipula seus principais personagens, cuja ação tem de ser sempre uma ilustração, um reflexo do desenvolvimento dos acontecimentos, das mudanças quantitativas e qualitativas que têm lugar no período retratado, na tragédia o protagonista é muito mais individualizado; é o seu percurso de vida que contém o âmago do significado da obra. O que estabelece *Júlio César* como uma espécie de "pré-tragédia" é justamente a questão do protagonista trágico: já tem sido dito que a peça é constituída por duas tragédias, a de Júlio César na primeira parte, e a de Brutus na segunda, porém a mim, pelo menos, atrai muito mais a ideia de uma peça de estrutura irretocável, cujo evento central é a morte de Júlio César, que positivamente não é o protagonista trágico. Ele merece ser o personagem-título da obra, no entanto, exatamente porque toda a primeira parte é dedicada ao planejamento de sua morte, enquanto tudo o que acontece depois de seu assassinato, no início do Ato 3, é dedicado à vingança dessa mesma morte.

O que Shakespeare faz, no entanto, e que nunca fez com tanta ênfase nas peças históricas, é identificar em determinados indivíduos a essência do conflito político. Antes de tudo, aliás, é preciso lembrar que em *Júlio César* o autor teve uma liberdade para abordar a essência dos conflitos políticos que não teve ao escrever as peças históricas inglesas: seria muito mais fácil fazer passar na censura do *Master of the Revels* um debate ideológico onde os envolvidos não eram ingleses, não eram monarcas cristãos devidamente ungidos, não viviam em regime de monarquia hereditária. Assim sendo, foi possível a Shakespeare identificar Brutus como um republicano convicto, para quem não havia homem no mundo, por mais talentoso e dedicado que fosse, que valesse a perda de qualquer parcela dos direitos e deveres do cidadão ou da própria natureza do governo republicano, enquanto para Marco Antônio, militar e aristocrata, na verdade a maioria dos cidadãos preferia cuidar de sua vida do que pensar no Estado. Portanto, se um homem tão talentoso e dedicado quanto Júlio César se propusesse a governar de forma que parte dos direitos e deveres dos cidadãos lhes fossem tirados, mesmo assim valeria a pena.

O que torna a obra fascinante é o quanto Shakespeare faz os representantes das duas posições coerentes com as mesmas, o quanto eles são sinceros em suas convicções diversas, e como ele faz toda a ação da peça depender de uma sequência de ações que são, inexoravelmente, resultado direto umas das outras. Em *Júlio César* fica perfeitamente ilustrada a afirmação de que "caráter é ação, e ação, caráter": não há qualquer discussão teórica ou abstrata em torno da visão política dos vários participantes da ação; eles agem, e suas ações têm consequências que afetam mais do que eles, e resultam em transformações pessoais, sociais e institucionais. Tudo isso é expressado em termos estritamente dramáticos, e o conflito em torno da morte de César ainda traz dentro de si um segundo tema, perfeitamente integrado ao primeiro: será que existe o assassinato político totalmente puro, totalmente livre de cargas emocionais, psicológicas? A questão é levantada com a criação dos vários conspiradores, e tem ainda de ser contrastada com as motivações de Marco Antônio, que em momento algum alega motivos ideológicos para as suas atitudes e ações, mesmo que talvez até inconscientemente estes certamente existam.

Ao escrever *Júlio César*, Shakespeare já era um autor muito experimentado (já tinha escrito cerca de vinte peças, dos mais variados gêneros), e seu domínio da dramaturgia e do palco era mais que pleno. A Inglaterra fora parte do Império Romano durante cerca de trezentos anos, e de todos os povos da Antiguidade, tanto pelo que os conquistadores haviam deixado no país quanto pelo forte influxo da Renascença, que trouxera a influência de Plauto e Terêncio para a comédia e de Sêneca para a tragédia, esse seria o único a respeito do qual os ingleses teriam alguma ideia mais ou menos definida. Mas Shakespeare teria informações muito mais detalhadas sobre a cena romana nas biografias de César, Brutus e Marco Antônio que encontrou nas *Vidas paralelas* de Plutarco (cuja tradução clássica para o português é intitulada *Os varões*), e sem dúvida foi a partir de todo esse conjunto de fontes que ele acabou por criar o estilo de sua peça, onde a clareza do latim e a notória austeridade romana são reunidas numa linguagem de despojada beleza. Com o verso branco dominando a obra, de suas 2453 linhas, só 32 são rimadas, e 187 são em uma prosa usada com fins dramáticos muito específicos; o resultado cria um universo que de algum modo evoca Roma e os valores que norteavam a vida dos romanos.

Embora os eventos dos Idos de Março fossem históricos, é claro que Shakespeare não estava escrevendo nem a história de Roma nem a biografia de César e de seus contemporâneos: estava apenas escrevendo uma peça teatral por meio de cuja ação queria dizer alguma coisa. César já aparecera nos palcos elisabetanos várias vezes antes da obra shakespeariana. Uma anotação um tanto vaga no diário de Henry Machym afirma: "no primeiro dia de fevereiro [1562], à noite, houve uma ótima masque, e diversos bons homens com armaduras douradas representaram com Júlio César"; segundo o notável diário de Henslowe (importantíssima documentação do teatro elisabetano), sua companhia encenou uma peça em duas partes sobre Júlio César em 1594, porém nada se sabe sobre a mesma. Polônio, em *Hamlet*, gaba-se de ter feito o papel de Brutus em uma peça sobre César "na universidade". Há indícios de várias outras, mas nenhuma serve exatamente de fonte ou modelo para a obra de Shakespeare. A postura arrogante e vaidosa de Júlio César não vem de Plutarco, tendo origem no século XVI, no *Hercules Oetaeus* de Sêneca; ele aparece no César de M. A. Muret (1544), em *La Mort de César de Grévin*, e, bem mais próximo de Shakespeare, na *Cornélie* de Robert Garnier, traduzida para o inglês por Thomas Kyd em 1594 com as mesmas características. Shakespeare evita os excessos, mas a sugestão de que César perdeu a medida exata das coisas e passou a se considerar superior aos outros homens é fundamental para justificar não só a conspiração como principalmente a posição do íntegro Brutus.

A figura de Brutus é a que apresenta aspectos mais abertos a debate: em Shakespeare, é verdade, nunca nada é preto ou branco, ninguém é todo bom ou todo mau, não existem paradigmas idealizados, isentos das naturais contradições humanas. Brutus é de uma integridade a toda prova, porém, a contrapartida dessa integridade monolítica é a incapacidade para perceber que nem todo mundo é igual a ele. Quando Brutus se envolve na conspiração contra César, todos os outros — que agem por motivos mesquinhos e pessoais — o persuadem por se apresentarem como tão apaixonadamente republicanos quanto ele, e faz parte do caráter que Shakespeare cria para ele: a cegueira ante a realidade. O poeta sempre buscava meios para levar ao público caminhos acessíveis para o reconhecimento do caráter de cada personagem, e não há dúvida de que ele empresta a Brutus algo do culto da seriedade e da falta de senso de humor dos puritanos. Esse grupo de protestantes radicais vinha tendo cada vez mais força, e perseguia sistematicamente o teatro e quaisquer outras atividades de lazer, de modo que não é de espantar que Brutus não acredite que Marco Antônio seja capaz de qualquer atuação política simplesmente porque ele gosta de teatro e de tomar parte nos vários jogos romanos. Dois argumentos tornam paradoxal a posição de Brutus: por um lado, ele, que tanto critica César por ser alvo fácil para bajuladores, é ele mesmo enredado pela bajulação dos conspiradores, que apelam escandalosamente para sua honradez, sua integridade, seu patriotismo, até fazê-los instrumentos de seus interesses; por outro, Brutus resolve matar César baseado apenas na crença de que este poderia se tornar um tirano distante dos interesses do bem comum: a morte, por assim dizer, preventiva não tem, portanto, justificativa plena.

Marco Antônio não é menos incoerente: general vitorioso, é popular com a tropa graças a sua participação pessoal corajosa nas batalhas e à facilidade com que compartilha da vida e das conversas de seus comandados. Bebe bastante, se diverte com entusiasmo e enxerga o direito ao poder como lógico e indiscutível — muito embora não tenha a capacidade de se concentrar exclusivamente em sua busca, como fará Otávio Augusto. Simpático, carismático, usa sem pejo essas suas qualidades a fim de vingar a morte de seu amigo César — e é brilhante por parte de Shakespeare deixar bem claro que é essa, quase que exclusivamente, sua motivação ao provocar a guerra civil que se segue ao assassinato de César. Se Brutus não sabe avaliar seus cúmplices de conspiração, Marco Antônio sabe exatamente como lidar com eles, e não tem o menor pudor de se fazer passar por covarde e subserviente para poder atingir seu objetivo.

O domínio de Shakespeare sobre a dramaturgia e os recursos literários adequados apresenta em *Júlio César* um de seus mais brilhantes exemplos, na grande cena central do enterro de César: o republicano Brutus, com sua meridiana integridade, fala em prosa, a fim de ser o mais claro possível, diante do povo, quanto aos *motivos que o levaram* a agir como agiu, apelando para a responsabilidade e o raciocínio; Marco Antônio, em um momento em que todos estão abalados com o acontecimento, fala em verso e, com planejado e quase musical apelo à emoção, reverte a situação e provoca o ataque aos assassinos, sem mencionar uma só vez qual seria sua própria posição política...

Construindo com imponência romana sua grande ação política, Shakespeare faz a dedicação a um objetivo juntar os conspiradores na primeira parte e os vingadores na segunda. Como sempre acontece nas tragédias, uma ação crucial tem consequências bem diversas das sonhadas pelo seu autor; e sob esse aspecto Brutus seria realmente o protagonista trágico da peça, pois ele se propõe a preservar a república e, com seu ato, acaba por precipitar a instauração do império... E como sempre na obra do extraordinário Shakespeare, tudo é apresentado por meio de uma apaixonante ação dramática.

Lista de Personagens

JÚLIO CÉSAR

OTÁVIO CÉSAR
MARCO ANTÔNIO } triúnviros após a morte de Júlio César
M. EMÍLIO LÉPIDO

CÍCERO
PUBLIUS, } senadores
POPILIUS LENA

MARCUS BRUTUS
CASSIUS
CASCA
TREBONIUS } conspiradores contra Júlio César
LIGARIUS
DECIUS BRUTUS
METELLUS CIMBER

CINNA
FLAVIUS } tribunos
MARULLUS

ARTEMIDORUS, um Sofista de Cnidos
Um VIDENTE
CINNA, o Poeta
Outro POETA

LUCILIUS
TITINIUS
MESSALA } amigos de Brutus e Cassius
O jovem CATÃO
VOLUMNIUS

VARRO
CLITUS
CLAUDIUS } criados de Brutus
STRATO
LUCIUS
DARDANIUS

PINDARUS, criado de Cassius
Um SAPATEIRO, um CARPINTEIRO, e outros PLEBEUS
Um Criado de César; um de Antônio; um de Otávio
CALPÚRNIA, mulher de César
PÓRCIA, mulher de Brutus
O FANTASMA DE CÉSAR
SENADORES, GUARDAS, SERVIDORES ETC.

A cena: A ação se passa, na maior parte da peça, em Roma. A seguir desloca-se para perto de Sardes e de Philippi.

ATO 1

CENA 1
Roma. Uma rua.

(Entram Flavius, Marullus e gente do povo.)

FLAVIUS
    Saiam, desocupados. Vão para casa!
    Será que é feriado, ou não sabem
    Que sendo artífices não têm licença
    De andar sem sinal da profissão
5   Em dia útil? Digam: o que são?

CARPINTEIRO
    Ora, senhor; carpinteiro.

MARULLUS
    E onde estão seu avental e régua?
    Que faz assim, vestido para festa?
    E o seu ofício, qual é?

SAPATEIRO
10   Se comparado a um artesão de primeira, sou apenas o que se chama de remendão.

MARULLUS
    Mas qual o seu ofício? Responda direito.

SAPATEIRO
    Ofício que espero poder exercer de consciência limpa, já que me faz remendar as almas[1] e as solas dos sapatos.

MARULLUS
15   O seu ofício, safado; o seu ofício.

SAPATEIRO
    Por favor, meu senhor, não se zangue comigo; mas se a zanga lhe faz mal, eu posso remendá-la.

MARULLUS
    O que quer dizer com isso, abusado? Remendar-me?

---

[1] "Sale", no original, possui o mesmo som que "soul" (alma). (N.T.)

SAPATEIRO
   Pois se eu sou remendão...

FLAVIUS
20 Você é sapateiro?

SAPATEIRO
   Para falar a verdade, é com o furador que furo a minha vida; não piso em nada que é de artesão ou de mulher, mas mesmo assim sou médico de sapatos velhos: quando passam perigo eu os conserto. Tem muito homem por aí que pisa firme e caminha no que minha
25 mão fez.

FLAVIUS
   E por que não está hoje em sua loja?
   Por que leva esses homens pela rua?

SAPATEIRO
   Ora, para que gastem seus sapatos e assim me arranjem mais trabalho. Na verdade, o feriado é para vermos César, e comemorarmos seu triunfo.

MARULLUS
30 Comemorar o quê? Que conquistou?
   Que novos tributários traz a Roma,
   Para ornar, em correntes, sua biga?
   Pedras tolas, piores que insensatos!
   Oh romanos de coração de pedra,
35 Não conheciam Pompeu? Quantas vezes
   Não subiram em muros e em ameias,
   Em torres, em janelas, chaminés,
   Com os filhos no colo, pra sentar
   O dia inteiro em paciente espera
40 Pra ver Pompeu passar por esta Roma?
   Se aparecia a sua carruagem,
   Não se elevava um grito universal,
   Fazendo o Tibre tremer em seu leito
   Ao sentir a resposta de seu brado
45 Vibrar no côncavo de suas margens?
   E agora vestem roupas de domingo?
   E inda fabricam esse feriado?
   E vêm cobrir de flores o caminho
   De quem venceu o sangue de Pompeu?
50 Vão-se embora!
   Vão para casa, e lá caiam de joelhos,
   Pedindo aos deuses que retenham a praga
   Que eles prometem pr'essa ingratidão.

FLAVIUS

    Vão, gente boa; e pra pagar tal erro
55   Juntem-se a todos que também são pobres,
    E nas margens do Tibre vão chorar
    No leito até que as águas, ora baixas,
    Alcancem com seu beijo as altas praias.

(Sai todo o povo.)

    Veja que se comovem seus espíritos:
60   Mudos de culpa, já desaparecem.
    Vão pro lado de lá, do Capitólio;
    Eu vou pra cá; desnudem as imagens
    Já decoradas para a cerimônia.

MARULLUS

    Mas nós podemos?
65   Você sabe que hoje é a Lupercália.

FLAVIUS

    Não importa; não deixe que as imagens
    Sejam ornadas com os troféus de César.
    Vou expulsar quem eu puder das ruas;
    Faça o mesmo onde houver concentrações.
70   Se saem penas das asas de César
    Nós mantemos o nível de seu voo,
    Pra que não suba além de nosso olhar
    E aqui nos prenda em temor servil.

(Saem.)

CENA 2
Roma. Um local público.

(Entram CÉSAR, ANTÔNIO para a corrida, CALPÚRNIA, PÓRCIA, DECIUS, CÍCERO, BRUTUS, CASSIUS, CASCA, um VIDENTE e uma grande multidão. Depois deles MARULLUS e FLAVIUS.)

CÉSAR

    Calpúrnia!

CASCA

    Ouçam César falar.

CÉSAR

    Calpúrnia!

Calpúrnia
   Aqui, senhor.

César
   Ponha-se bem no caminho de Antônio,
   Na corrida, quando passar. Antônio!

Antônio
5 César, meu senhor?

César
   Não te esqueças, Antônio, em tua pressa,
   De tocar em Calpúrnia; pois os velhos
   Dizem que o toque, nessa santa prova,
   Quebra a maldição estéril!

Antônio
                    Prometo
10 Quando César me diz "Faz", já está feito.

César
   Pois vai, e cumpre todo o ritual.

Vidente
   César!

César
   Olá! Quem chama?

Casca
   Chega de tanto barulho! Silêncio!

César
15 Quem, nessa multidão, chama o meu nome?
   Uma voz, mais aguda que as demais,
   Chama "César!" Pois fala! César ouve!

Vidente
   Cuidado com os Idos de Março!

César
                    Quem?

Brutus
   Alguém o alerta pr'os Idos de Março.

CÉSAR

20 Tragam-no cá; eu quero ver seu rosto.

CASSIUS

Sai da turba, rapaz; e olha pra César.

CÉSAR

O que me dizes agora? Repete!

VIDENTE

Cuidado com os Idos de Março.

CÉSAR

É um sonhador. Pode esquecer. Passemos.

(Clarim. Saem. Ficam BRUTUS e CASSIUS.)

CASSIUS
25 Não vai entrar para ver a corrida?

BRUTUS

Eu, não.

CASSIUS

Eu lhe peço que vá.

BRUTUS

Não sou de jogos; falta-me uma parte
Do espírito fogoso que há em Antônio.
Porém não deixe que eu o impeça, Cassius;
30 'Stou de partida.

CASSIUS

Brutus, há tempos que, ao observá-lo,
Não vejo em seu olhar a suavidade
Nem as marcas de amor que outrora via.
A sua mão anda pesada e estranha
35 No trato deste amigo que o estima.

BRUTUS

Não se iluda; se tenho o olhar velado,
Só volto a irritação do meu semblante
Para mim mesmo. Tenho, ultimamente,
'Stado irritado com paixões diversas
40 E conceitos que só a mim concernem,

Que acaso afetam meu comportamento.
Mas não quero que isso fira amigos
(E dentre esses Cassius sempre esteve),
45 Nem deduza da minha negligência
Senão que Brutus, com ele mesmo em guerra,
Esquece de mostrar amor aos outros.

CASSIUS

Muito enganei-me com seus sentimentos;
Razão por que meu peito sepultou
50 Ideias que merecem reflexão.
Diga-me, Brutus: pode ver seu rosto?

BRUTUS

Não, Cassius; pois os olhos não se veem
Senão por outras coisas que os reflitam.

CASSIUS

É certo.
55 E é muito lamentado em Roma, Brutus,
Que não haja um espelho que lhe mostre
O seu mérito, oculto ao seu olhar,
Para que visse ali a sua imagem.
Tenho ouvido os romanos mais notáveis
60 (Exceto César), ao falar de Brutus,
Gemendo sob a opressão destes tempos,
Querer que Brutus veja o que eles veem.

BRUTUS

A que perigos, Cassius, quer levar-me,
Querendo assim que eu busque em mim mesmo
65 O que em mim não há?

CASSIUS

Prepare-se, bom Brutus, para ouvir;
E já que não se pode ver senão
Por um reflexo, eu – o seu espelho –
Modestamente vou apresentar-lhe
70 O que você ignora de si mesmo.
Não suspeite jamais de mim, bom Brutus:
Se eu fosse um brincalhão, que costumasse
Fazer juras baratas de amizade
A qualquer um; ou se soubesse um dia
75 Que eu abracei e elogiei alguém
Pra depois caluniá-lo; e, mais ainda,
Que num banquete proclamei-me amigo
De gentalha, então, sim, seria perigo.

(Toques de clarim e gritos, fora.)

BRUTUS

Que grito é esse? Eu já temo que o povo
Escolha César pra rei.

CASSIUS

Então, teme?
Devo crer, nesse caso, que o não quer?

BRUTUS

Não quero, Cassius, muito embora o ame.
Mas qual a causa de reter-me assim?
O que deseja, enfim, comunicar-me?
Se for algo que vise o bem comum,
Mostre a honra num olho e a morte no outro,
E aos dois hei de encarar com indiferença.
Os deuses sabem que amo mais a honra
Do que possa jamais temer a morte.

CASSIUS

Eu conheço as virtudes que tem, Brutus,
Tão bem quanto conheço o seu aspecto.
Pois bem, a honra é o tema desta história.
Não sei o que você ou qualquer outro
Pensa da vida; quanto a mim, prefiro
Não estar vivo a ver-me em condição
De subserviência a coisa igual a mim.
Nós dois nascemos livres como César;
Nutrimo-nos como ele; e ambos podemos,
Bem como ele, enfrentar o frio inverno:
Certa vez, num dia frio e ventoso,
Nas turbulentas margens do Tibre,
Perguntou-me César, "Cassius, ousas tu
Saltar comigo na torrente irada
E nadar até lá?". Mal terminou,
Vestido como estava eu mergulhei,
Pedindo que saltasse, o que ele fez.
A torrente rugia e nós, lutando,
Com braçadas viris a enfrentamos,
Disputando a vitória na contenda.
Mas antes de chegar ao ponto dado,
César gritou: "Socorro, Cassius, morro!".
Eu, como Eneias, nosso antepassado,
De Troia em chamas que carregou nos ombros
O velho Anquises, das águas do Tibre

JÚLIO CÉSAR Ato 1 Cena 2

　　　　　Tirei o exausto César. E esse homem
　　　　　Torna-se agora deus, enquanto Cassius
　　　　　É um rebotalho, por dever curvado
　　　　　Se César, por acaso, o cumprimenta.
　　　　　Ele apanhou uma febre na Espanha;
　　　　　E quando tinha ataques, eu notei
　　　　　Como tremia; sim, o deus tremia –
　　　　　De seus lábios covardes vi fugir
　　　　　A sua cor, enquanto o seu olhar,
　　　　　Cujo lampejo põe pavor no mundo,
　　　　　Perdia o brilho. Eu o ouvi gemer;
　　　　　E a mesma língua que pede aos romanos
　　　　　Que o notem, copiem seus discursos,
　　　　　Pedia "Dá-me de beber, Titinius",
　　　　　Como donzela frágil. Sim, me espanto
　　　　　Que um homem de tão fraca compleição
　　　　　Vencesse, só, o mundo majestoso
　　　　　Para levar a palma.

　　　　　　　　(Fanfarras, gritos, fora.)

　　Brutus

　　　　　　　　　Um outro grito?
　　　　　Já creio que as razões desses aplausos
　　　　　Sejam César coberto de honrarias.

　　Cassius

　　　　　Ele domina todo o estreito mundo
　　　　　Como um Colosso; e nós, homens mesquinhos,
　　　　　Sob suas pernas vamos caminhando
　　　　　Para encontrarmos covas desonrosas.
　　　　　O homem por vezes manda em seu destino:
　　　　　A culpa, Brutus, não 'stá nas estrelas
　　　　　Mas em nós mesmos, se nos submetemos.
　　　　　Brutus e César; o que há nesse "César"?
　　　　　Por que ecoa esse nome mais que o seu?
　　　　　Escritos juntos, são de igual valor,
　　　　　A boca os pronuncia de igual modo;
　　　　　Em peso são iguais. "Brutus" ou "César",
　　　　　Têm força igual pra conjurar espíritos.
　　　　　Por nossos deuses todos eu pergunto
　　　　　Que carne alimentou o nosso César
　　　　　Pra que crescesse tanto? Tempo infame!
　　　　　Roma perdeu suas estirpes nobres!
　　　　　Mas quando, desde os tempos do dilúvio,
　　　　　Teve ela fama apenas por um homem?

Quando pôde dizer-se, sobre Roma,
155 Que ela fosse ocupada por um homem?
Hoje Roma ficou bem pequenina,
Sendo toda ocupada por um homem.
Eu e você ouvimos nossos pais
Falar de um Brutus que, por certo, outrora,
160 Em Roma encararia como iguais
As cortes de um demônio ou a de um rei.

BRUTUS

Que você me quer bem eu não duvido;
E pr'onde quer que eu vá tenho uma ideia:
O que penso do assunto, e destes tempos,
165 Eu direi logo. Porém neste instante
Não gostaria (e eu lhe peço o favor)
De ir mais longe. O que aqui me disse
Hei de levar em conta; o que dirá
Ouvirei com paciência e encontrarei
170 Tempo e lugar pra debater tais temas.
Até então, amigo, pense nisto:
Pra Brutus, é melhor ser aldeão
Do que se proclamar filho de Roma
Nas duras condições que nestes dias
175 Se abatem sobre nós.

CASSIUS

               Fico contente
De atear com palavras, mesmo fracas,
O fogo que há em Brutus.

(Entram CÉSAR e seu SÉQUITO.)

BRUTUS

Os jogos terminaram e César volta.

CASSIUS

Quando Casca passar, pegue-lhe a manga,
180 Pois (com seu mau humor) há de contar
Se o acontecido foi digno de nota.

BRUTUS

Assim farei. Mas repare ali, Cassius,
A marca irada no cenho de César;
E os outros todos muito aborrecidos:
185 'Stá pálida Calpúrnia, enquanto Cícero
Mais parece um furão de olhos de fogo,

                    Como no Capitólio já o vimos
                    Quando contrariado por senadores.

        CASSIUS

                    Casca nos contará o que se passa.

        CÉSAR
190   Antônio.

        ANTÔNIO

                    César?

        CÉSAR

                    À minha volta eu só quero homens gordos,
                    Que durmam bem e de cabeça calma;
                    Cassius, ali, tem ar magro e faminto;
195   Pensa demais, seu tipo é perigoso.

        ANTÔNIO

                    Não há perigo nele; não o tema,
                    Ele é um romano nobre e bem dotado.

        CÉSAR

                    Precisava engordar! Eu não o temo;
                    Mas se o meu nome fosse dado a medos
200   Não sei de homem que eu mais evitasse
                    Que esse Cassius magrela. Ele lê muito,
                    Observa ainda mais, e vê no fundo
                    Do que fazemos. Não ama o teatro
                    Como tu amas, Antônio; e nem música.
205   Raramente sorri, e quando o faz
                    Parece fazer pouco de si mesmo
                    Por chegar a sorrir de qualquer coisa.
                    Homens assim jamais ficam tranquilos
                    Se veem alguém maior do que eles mesmos,
210   E são por isso muito perigosos.
                    Eu estou te dizendo o que é temível,
                    Não o que temo, pois sou sempre César.
                    Fala aqui à direita; o esquerdo é surdo,
                    E diz-me o que tu pensas mesmo dele.

                    (Clarins. Saem CÉSAR e seu SÉQUITO.)

        CASCA
215   Puxou-me pela manga pra falar comigo?

BRUTUS

Sim, Casca; conte-nos o que é que houve,
Pra César estar tão triste.

CASCA

Pois, ora essa; não estava com ele?

BRUTUS

Se estivesse, pra que fazer perguntas?

CASCA

220 Ora, foi-lhe oferecida uma coroa; e ao lhe ser ela oferecida, ele a afastou com as costas da mão; e aí o povo todo gritou.

BRUTUS

E o segundo grito, pra que foi?

CASCA

Ora, para a mesma coisa.

CASSIUS

Mas gritaram três vezes; para o que foi o último?

CASCA

225 Ora, para a mesma coisa.

BRUTUS

A coroa lhe foi oferecida três vezes?

CASCA

E ora se não foi! E ele a afastou três vezes, cada uma mais delicadamente do que a outra; e a cada recusa o populacho dava gritos.

CASSIUS

Quem lhe ofereceu a coroa?

CASCA

230 Ora, Antônio.

BRUTUS

Conte-nos como tudo se passou, meu bom Casca.

CASCA

Podem me enforcar se eu souber contar como tudo se passou; foi tudo uma tolice, eu não reparei. Eu vi Marco Antônio oferecer-lhe uma coroa; mas não era bem uma coroa, era mais uma coroinha de enfeite; e, como eu lhes disse, ele a afastou a primeira vez; mas apesar disso, segundo eu penso, ele bem que queria ficar com ela. Então ele a ofereceu uma segunda vez, e ele tornou a recusar; mas, segundo penso, estava com bastante vontade de botar a mão nela. E então ele a ofereceu pela terceira vez. Ele a afastou pela terceira vez; e no momento em que ia recusando, a ralé guinchava e aplaudia com suas mãozinhas gordas, e jogava os bonés para o alto, e soltava uma montanha de mau hálito, só porque César recusava a coroa, o que deixou César sufocado, pois ele desfaleceu e caiu. E eu, de minha parte, não ousei rir, só por medo de, abrindo a boca, inspirar aquele ar contaminado.

CASSIUS

Um momento, por favor; César caiu, mesmo?

CASCA

Caiu, no mercado, espumando pela boca e sem poder falar.

CASSIUS

Não, César não; mas você, eu e o honesto Casca sofremos do mal-caduco.

BRUTUS

É provável; ele sofre do mal-caduco.

CASCA

Não sei o que quer dizer com isso, mas sei que César caiu. E se a gentalha não o aplaudiu e vaiou, segundo ele a agradava ou não, como costuma fazer com os atores de teatro, não sou homem sério.

BRUTUS

Que disse ele ao voltar a si?

CASCA

Ora essa, pois antes de cair, quando percebeu que o populacho estava alegre porque ele recusara a coroa, ele abriu a blusa e ofereceu-lhes a garganta, para que a cortassem. E como sou um homem muito ocupado, se eu não o tomasse ao pé da letra, queria mandar para o inferno todos aqueles canalhas. Depois ele caiu. E quando voltou a si disse que se tivesse feito ou dito algo errado, implorava a suas senhorias que o atribuíssem à sua enfermidade. Duas ou três fulanas, perto de mim, gritaram "Ah, mas que boa alma!" e o perdoaram de todo o coração. Mas não se pode levar em conta o que dizem: se César lhes tivesse apunhalado as mães, elas não fariam menos.

BRUTUS

E depois disso é que saiu tristonho?

CASCA

265 Foi.

CASSIUS

Cícero disse alguma coisa?

CASCA

Disse. Falou em grego.

CASSIUS

Com que fim?

CASCA

Não sei. E eu lhes disse que jamais poderia encará-lo de novo. Os que o
270 compreenderam sorriram uns para os outros e sacudiram a cabeça; mas, para mim, era grego. Mas posso contar-lhes uma novidade: Marullus e Flavius, por arrancarem os ornamentos das estátuas de César, foram silenciados. Passem bem. Houve ainda outras tolices, mas dessas eu me esqueci.

CASSIUS

275 Quer cear comigo esta noite, Casca?

CASCA

Não; já estou comprometido.

CASSIUS

Janta comigo amanhã?

CASCA

Sim, se estiver vivo, se você continuar disposto, e o seu jantar valer a pena.

CASSIUS

Pois eu estarei à sua espera.

CASCA

280 Está combinado. Passem ambos bem.

(Sai.)

BRUTUS

Em que grosseiro transformou-se ele!
E era um mercúrio nos tempos de escola.

CASSIUS

E ainda o pode ser quando executa

285   Qualquer tarefa nobre ou arriscada,
       Embora se esconda nessa lentidão.
       A rudeza é o tempero do talento,
       Que fortalece o estômago de um homem
       E o deixa digerir suas palavras
       Com melhor apetite.

   BRUTUS
290   Assim é! Por agora eu vou deixá-lo.
       Se quiser amanhã falar comigo,
       Irei à sua casa ou, se preferir,
       Venha à minha, aonde o esperarei.

   CASSIUS
       Eu irei. Até lá, pense no mundo.

(Sai BRUTUS.)

295   Brutus é nobre mas, no entanto, eu vejo
       Que a sua honra é metal a ser moldado
       Pr'outros caminhos; e por isso é certo
       Que à mente nobre cumpre andar apenas
       Acompanhada de outras semelhantes.
300   Que firmeza não cede à sedução?
       César me odeia, porém ama Brutus;
       Se agora eu fosse Brutus e ele Cassius,
       Eu não o atenderia. Logo à noite,
       Variando a letra, por suas janelas —
305   Como vindas de vários cidadãos —
       Jogarei cartas sobre a alta conta
       Em que o tem Roma; e onde, de relance,
       Será notada a ambição de César.
       E depois disso, César, tem cuidado:
310   Ou cais tu, ou piora o nosso fado.

(Sai.)

CENA 3
Roma. Uma rua.

(Raios e trovões. Entram CASCA e CÍCERO, que se encontram.)

   CÍCERO
       Olá, Casca; levou César em casa?
       Está sem fôlego? Que olhar é esse?

Casca

E não o assusta que o curso da terra
Balance sem firmeza? Eu já vi, Cícero,
Tempestades nas quais ventos uivantes
Derrubaram carvalhos, e o oceano
Inchou com ambição e raiva a espuma
Até atingir ameaçadoras nuvens:
Mas até esta noite eu jamais vira
Tormenta cuja chuva é toda fogo.
Ou há guerra civil no próprio céu,
Ou este mundo, atrevido com os deuses,
Fê-los mandar-nos esta destruição.

Cícero

Mas viu alguma coisa inusitada?

Casca

Um escravo conhecido levantou
A mão esquerda que ardia em chamas
Iguais a vinte tochas, mas a mão,
Insensível ao fogo, não queimou.
Mais além (inda estou com a espada em punho)
Vi um leão bem junto ao Capitólio,
Que me olhou e passou, mal-humorado,
Sem me atacar. Juntados numa pilha,
Cem fantasmas com aspecto de mulheres
Transtornadas de medo, garantiam
Ter visto homens queimando, pelas ruas;
E a coruja da noite, ontem mesmo,
Esteve no mercado ao meio-dia
Com seus pios e gritos. Ninguém diga
Sobre a combinação de tais prodígios
"Tudo isso se explica, tudo é natural",
Pois creio que são coisas portentosas
Pra região onde elas aparecem.

Cícero

Os tempos, na verdade, 'stão estranhos;
Mas a mente dos homens vê as coisas,
Quando quer, muito longe do que são.
César vai, amanhã, ao Capitólio?

Casca

Creio que sim, pois pediu a Antônio
Que lhe dissesse que amanhã vai lá.

CÍCERO

Boa noite, Casca; não é bom sair
Com céu tão perturbado.

CASCA

Boa noite.

(Sai Cícero. Entra Cassius.)

CASSIUS

Quem vem lá?

CASCA

Um romano.

CASSIUS

É a voz de Casca.

CASCA

Tem bom ouvido. Cassius, mas que noite!

CASSIUS

Para homem honesto a noite é boa.

CASCA

Quando se viu céu tão ameaçador?

CASSIUS

Sempre que a terra pecou tanto assim.
Quanto a mim, tenho andado pelas ruas
Expondo-me aos perigos desta noite.
E, Casca, sem defesas, como vê,
Abri meu peito nu ante esses raios:
Quando a faísca azul buscou abrir
O seio celestial, coloquei-me
Mesmo na trilha do alvo de sua luz.

CASCA

Por que tentar os céus dessa maneira?
Cumpre aos homens temer e até tremer
Quando os potentes deuses nos enviam
Arautos tão terríveis pr'assustar-nos.

CASSIUS

Será você privado, tolo Casca,
Da fagulha que tem todo romano,

                    Ou não a usa? Esgazeado e pálido,
60   Todo medo, se mostra deslumbrado
                    Por ver do céu a estranha impaciência.
                    Mas se pensar na causa verdadeira
                    Por que tais fogos, por que tais fantasmas,
                    Por que todos os pássaros e feras,
65   Velhos, guris e tolos já calculam
                    Por que tais coisas mudam do normal —
                    Do que é ditado pela natureza
                    Pro monstruoso há de descobrir
                    Que o céu os saturou com tais espíritos
70   A fim de fazer deles instrumentos
                    De medo e de advertência em relação
                    A alguns atos monstruosos.
                    Pois eu podia lhe falar de um homem
                    Em tudo semelhante a esta noite,
75   Pois abre tumbas, cria trovoadas,
                    E urra qual leão no Capitólio.
                    Que tem poder maior que o seu ou o meu,
                    Quando ele mesmo fez-se ora um prodígio,
                    Assustador como essas erupções.

    CASCA
80   É de César que fala, não é, Cassius?

    CASSIUS
                    Seja quem for, os romanos de hoje
                    Têm os membros e os nervos dos avós,
                    Mas, ai, 'stá morta a mente de seus pais:
                    O espírito materno é que os governa.

    CASCA
85   É certo que amanhã os senadores
                    Já pretendem fazer de César rei,
                    Com direito à coroa em terra e mar,
                    Por toda parte à exceção da Itália.

    CASSIUS
                    Então sei onde usar este punhal:
90   Cassius da escravidão vai livrar Cassius;
                    Com ele, deuses, fazeis forte o fraco;
                    Com ele, deuses, derrubais tiranos.
                    Nem torre pétrea, nem muros de bronze,
                    Nem masmorras e nem correntes de aço
95   Poderão confinar o forte espírito;
                    Mas a vida, cansada deste mundo,

                    Tem sempre força pra se terminar.
                    Sabendo disso, saiba o mundo todo:
                    Da cota de opressão com que hoje arco,
100   Posso livrar-me à vontade.

                         (Ainda trovoadas.)

        CASCA
                                                E eu também.
                    Todo servo carrega em suas mãos
                    Poder pra cancelar seu cativeiro.

        CASSIUS
                    Por que deverá César ser tirano?
                    Ele jamais pensaria em ser lobo
105   Não vendo que os romanos são carneiros;
                    Só é leão porque o romano é lebre.
                    Quem quer fazer depressa um grande fogo
                    Começa com gravetos. Mas que lixo,
                    Que podridão e escória é esta Roma,
110   Para servir de entulho pra acender
                    Coisa vil como César! Mas, que horror,
                    Pra onde me levou? Falei, talvez,
                    Ante um escravo cordato, e nesse caso,
                    Sei a minha resposta. 'Stou armado
115   E os perigos me são indiferentes.

        CASCA
                    Falas com Casca; e para um homem tal
                    Isso não é fala vã. Dê-me a mão:
                    Crie facção para vingar tais dores,
                    E este meu pé há de pisar tão longe
120   Quanto o do que for mais longe.

        CASSIUS
                                                Está feito.
                    Sabia, Casca, que eu já persuadi
                    Certos romanos, dos mais bem pensantes,
                    A empreender comigo uma tarefa
                    De consequência honrosa e perigosa;
125   E sei que pra tanto ora me aguardam
                    No pátio de Pompeu. Na noite horrenda
                    Ninguém se mexe ou anda pelas ruas,
                    E o aspecto geral dos elementos
                    Favorece o trabalho a ser cumprido,
130   Sangrento, violento e aterrador.

(Entra CINNA.)

CASCA
Quieto um instante; chega alguém com pressa.

CASSIUS
É Cinna. Eu o conheço pelo andar.
É amigo. Por que a pressa, Cinna?

CINNA
Vim procurá-lo. Esse é Metellus Cimber?

CASSIUS
É Casca, um dos já incorporados
Ao nosso plano. 'Stão à minha espera?

CINNA
Seja bem-vindo. Mas que noite horrível!
Alguns de nós vimos coisas estranhas.

CASSIUS
Não estão me esperando? Diga!

CINNA
                    'Stão.
Ah, bom Cassius; se a nós fosse possível
Ganhar o nobre Brutus para os nossos...

CASSIUS
Fique calmo. Bom Cinna, este papel
Deve ficar no assento do Pretor,
Onde Brutus o ache. E jogue este
Pela janela dele, e cole o outro
Na estátua do outro Brutus; tudo feito,
Junte-se a nós no pátio de Pompeu.
Decius Brutus e Trebonius 'stão lá?

CINNA
'Stão todos a não ser Metellus Cimber;
Que foi buscá-lo em sua casa.
Vou depressa espalhar estes papéis.

CASSIUS
E vá depois ao teatro de Pompeu.

(Sai CINNA.)

Vamos, Casca, nós dois, antes da aurora,
Visitar Brutus. Um terço dele
155 Já 'stá conosco, e o homem todo inteiro
Há de ser nosso com mais este encontro.

CASCA

Ele vive no coração do povo,
E o que em nós parece transgressão,
O seu semblante, qual rica alquimia,
160 Transforma logo em mérito e virtude.

CASSIUS

A nossa precisão, dele e seu mérito,
Você definiu bem. Agora, vamos.
Já passa a meia-noite; antes do dia,
Nós precisamos ter certeza dele.

(Saem.)

ATO 2

CENA 1
Roma.

(Entra Brutus em seu pomar.)

BRUTUS

Olá, Lucius, olá!
Não posso, pelo curso das estrelas,
Saber se chega o dia. Lucius, vamos!
Quisera eu pecar por tão bom sono...
5 Então, Lucius! Desperte! Vamos, Lucius!

(Entra Lucius.)

LUCIUS

Chamou, meu amo?

BRUTUS

Pegue uma tocha no escritório, Lucius;
Quando acendê-la, venha aqui me chamar.

LUCIUS

Sim, senhor.

(Sai.)

BRUTUS

10 Ele tem de morrer; e quanto a mim
Não tenho causa pra repudiá-lo,
Senão a pública. Se coroado,
Como isso o mudaria? É esse o ponto.
É a luz do sol que faz sair a cobra,
15 Exigindo cuidados no pisar.
Se o coroamos damos-lhe um ferrão,
Perigo pra ele usar a qualquer hora.
O abuso da grandeza é separar
O poder do remorso; e, na verdade,
20 Em César jamais vi a emoção
Pesar mais que a razão. Mas é sabido
Que a humildade é a escada da ambição,
Pra qual sempre se volta o carreirista;
Mas uma vez alcançando o ponto máximo,

25 Ele dá suas costas à escada,
    Olha pras nuvens, despreza os degraus
    Por que subiu. Talvez César o faça;
    É impedi-lo pra evitar. E se à causa
    Falta hoje base pelo que é agora,
30 Digamos antes que o que é, crescendo,
    O levaria a tais atos extremos.
    Temos de vê-lo um ovo de serpente
    Que chocado, por sua natureza,
    Virá a ser maligno e deve então
35 Ser morto inda na casca.

(Entra Lucius.)

LUCIUS
    A tocha queima em sua sala, amo.
    Ao buscar a faísca eu encontrei
    Este papel selado; e estou bem certo
    Que não estava lá quando eu deitei.

(Entrega-lhe uma carta.)

BRUTUS
40 Pois vá deitar de novo; não é dia.
    Não são amanhã os Idos de Março?

LUCIUS
    Não sei, senhor.

BRUTUS
    Vá ver no calendário, pra dizer-me.

LUCIUS
    Sim, senhor.

(Sai.)

BRUTUS
45 Os meteoros que voam nos ares
    Dão luz bastante pra que eu leia isto:

(Abre a carta e lê.)

    "Brutus, tu dormes; desperta e faz justiça!
    Será que Roma...etc...etc...

	Fala, vibra teu golpe, faz justiça!
50	Brutus, tu dormes; desperta."
	Muitas instigações iguais a esta
	Têm caído onde esta foi achada.
	"Será que Roma..." O que devo pensar?
	Que ela não pode curvar-se ante um homem?
55	Meus ancestrais expulsaram Tarquínio
	De Roma quando foi chamado rei.
	"Fala, vibra teu golpe", então me pedem
	Que eu fale e aja? Roma a ti eu juro
	Que se é por justiça tu hás de ter
60	Das mãos de Brutus tudo o que hoje pedes.

(Entra Lucius.)

LUCIUS
Quinze dias de março já se passaram.

(Batem, fora.)

BRUTUS
Muito bem. Veja a porta. Estão batendo.

(Sai Lucius.)

Desde que Cassius, pela primeira vez
Me atiçou contra César, que eu não durmo.
65 Entre a execução de algo terrível
E a primeira ideia, o ínterim
Nos fica qual fantasma, ou sonho horrível:
A mente e o fatídico instrumento
'Stão em debate, e o estado do homem
70 Como um pequeno reino passa então
Por um processo revolucionário.

(Entra Lucius.)

LUCIUS
Amo, está aí o seu cunhado Cassius
Pedindo para vê-lo.

BRUTUS
Ele está só?

LUCIUS
Há três ou mais com ele.

BRUTUS

Conhecidos?

LUCIUS

75 Não sei; os seus chapéus 'stão enterrados,
Os rostos encobertos pelas capas,
De modo que eu não pude perceber
Nenhum traço marcante.

BRUTUS

Mande entrarem.

(Sai LUCIUS.)

80 São os do grupo. Oh, conspiração,
Teu rosto tem vergonha até à noite,
Quando o mal é mais livre? Então, de dia,
Aonde hás de encontrar caverna escura
Que te mascare o rosto? Não a busques;
Oculta-o em sorrisos bem afáveis,
85 Pois se caminhas com teu próprio aspecto
Nem Érebus terá sombra bastante
Para evitar que te impeçam.

*(Entram os conspiradores CASSIUS, CASCA, DECIUS,
CINNA, METELLUSCIMBER e TREBONIUS.)*

CASSIUS

Sei que é ousadia invadir seu repouso:
Bom dia, Brutus. Nós o perturbamos?

BRUTUS

90 Já estava levantado, e não dormi;
Conheço todos os que 'stão aí?

CASSIUS

Todos e cada um, e nem um só
Que não o honre; e cada um deseja
Que o conceito que tem do senhor mesmo
95 Fosse o mesmo que tem todo romano.
Este é Trebonius.

BRUTUS

Seja bem-vindo.

CASSIUS

    Este, Decius Brutus.

BRUTUS

                Também é bem-vindo.

CASSIUS

    Aqui Casca, Cinna e Metellus Cimber.

BRUTUS

    Bem-vindos todos.
100   Que zelos e vigílias se interpõem
    Entre seus olhos e a noite?

CASSIUS

    Permite uma palavra? *(Eles segredam.)*

DECIUS

    Aqui é o leste. O dia já desponta?

CASCA

    Não.

CINNA

105   Perdão, senhor; já, sim. Aquele cinza
    Que fura as nuvens prenuncia o dia.

CASCA

    Admitam ambos que estão enganados;
    Onde aponto co'a espada nasce o Sol,
    Que se mostra em desvio para o sul
110   Por causa da estação primaveril.
    Em dois meses será mais para o norte
    Que veremos seu fogo: o nobre leste
    Fica pra lá, bem junto ao Capitólio.

BRUTUS

    Eu quero a mão de todos, uma a uma.

CASSIUS

115   Juremos todos o ora resolvido.

BRUTUS

    Juras, não. Se não bastam nossos rostos,
    As penas de nossas almas, o mal dos tempos —
    Se tais causas não bastam, desistamos

E que vão todos para a cama, em casa.
120 Que a tirania siga se alastrando
E o acaso nos ceife, um a um.
Porém se o fogo destes é o bastante
Para injetar coragem em covardes
E enrijecer mulheres, meus patrícios,
125 De que estímulo além de nossa causa
Precisamos para buscar justiça
Fora a palavra, já dada em segredo,
Que o romano não trai? Que outra jura,
Além da honestidade honestamente
130 Firmada, e que nos vale vida ou morte?
Juram padres, covardes e os cautelosos,
Rebotalhos e almas resignadas
Que aceitam erros; juram por más causas
Os de quem se duvida; não manchemos
135 A virtude sem-par de nossa empresa
Nem a nossa bravura de aço puro,
Pensando que na causa ou em seu gesto
Precisemos de jura, quando o sangue
Dos romanos, que é nobre em cada gota
140 Será culpado de ampla bastardia
Se quebrar, na mais mínima partícula,
Qualquer promessa que dele emanou.

CASSIUS

E quanto a Cícero; vamos sondá-lo?
Creio que nos daria forte apoio.

CASCA

145 Não o deixemos fora.

CINNA

Nem por nada.

METELLUS

Sim, busquemos seus cabelos brancos
Que hão de nos ganhar aprovação
E comprar vozes que nos recomendem.
Dirão que seu critério nos guiou,
150 Sem falar em paixão ou juventude,
Que enterrarão em sua gravidade.

BRUTUS

Nem falem nele; não lhe digam nada;

Pois ele nunca aceitará seguir
O que outros começaram.

CASSIUS

                        Esqueçam dele.

CASCA

155 Em verdade não nos serve.

DECIUS

E ninguém será tocado senão César?

CASSIUS

Boa lembrança, Decius. Não é bom
Que Antônio, tão amado que é por César,
O sobreviva; pois veremos nele
160 Um intrigante hábil; e se aprimora
Os meios que hoje tem, pode chegar
A nos incomodar. Para evitá-lo,
Antônio e César devem cair juntos.

BRUTUS

Nos mostraremos por demais sangrentos
165 Cortando os braços depois da cabeça,
Como se à ira que cerca essa morte
Se seguisse a inveja; pois Antônio
Não passa de um apêndice de César.
Oficiantes, não somos açougueiros;
170 Opomo-nos ao espírito de César,
E no espírito humano não há sangue.
Quem nos dera prender o seu espírito
Sem retalhar César! Mas, infelizmente,
César tem de sangrar. Meus bons amigos,
175 Matemos com bravura, não com ira;
Vamos trinchá-lo qual manjar pros deuses,
E não rasgar carcaça para cães.
Que nossos corações, quais sábios amos,
Mandem servos vibrar golpes irados
180 Parecendo, depois, repreendê-los.
Nosso objetivo assim parecerá
Necessário e não ato de invejosos;
E se os olhos do povo assim nos virem,
Nós não assassinamos, só purgamos.
185 Quanto a Antônio, nem pensemos nele;
Pois não faz mais do que o braço de César,
Com César sem cabeça.

CASSIUS
                    Pois o temo,
Só pelo grande amor que tem a César...

BRUTUS
Ai, ai, bom Cassius; nem pense mais nele:
190   Se ama César, o que pode fazer
É a si mesmo: pensar e matar-se,
O que é muito pra quem é sempre dado
A jogos, desatinos e muita festa.

TREBONIUS
Não há perigo nele; que não morra;
195   Pois se viver rirá de tudo isto.

        (O relógio badala.)

BRUTUS
Paz! O relógio!

CASSIUS
            Bateram as três.

TREBONIUS
É hora de partir.

CASSIUS
            Ainda há dúvidas
Se César hoje sai de casa ou não;
Pois ele anda supersticioso,
200   Bem longe de sua antiga opinião
Dos sonhos, rituais e fantasias.
Os prodígios que hoje apareceram,
Os terrores tão raros desta noite,
E o que lhe predisseram os augúrios
205   Podem mantê-lo longe do senado.

DECIUS
Não tenham medo. Se ele pensar nisso
Eu posso convencê-lo, pois lhe apraz
Ouvir que um galho trai um unicórnio,
O vidro um urso, uma vala o elefante,
210   A rede o leão, e o elogio o homem.
Dizendo-lhe que odeia quem o bajula,
Ele, bem bajulado, diz que sim.
Deixem que eu o trabalho.

Pois eu sei bem domar os seus humores,
E eu hei de levá-lo ao Capitólio.

CASSIUS
Não; todos nós havemos de ir buscá-lo.

BRUTUS
A oitava hora será o limite?

CINNA
Não podemos falhar, esse é o limite.

METELLUS
Caius Ligarius tem mágoa de César,
Que o condenou por admirar Pompeu;
Espanta-me ninguém se lembrar dele.

BRUTUS
Meu bom Metellus, pode ir procurá-lo;
Ele me adora; dei-lhe bons motivos.
Mande-o pra cá que eu hei de convencê-lo.

CASSIUS
É quase dia; nós já vamos, Brutus.
Agora espalhem-se, se lembrem todos
Do que disseram sendo bons romanos.

BRUTUS
Senhores, tenham ar alegre e leve.
Nossos rostos não podem refletir
Nosso objetivo; eles devem, antes,
Ficar constantes como os dos atores
Que honram, sem cansar, os nossos palcos.
E, assim, bons dias para todos nós.

(Saem. Permanece BRUTUS.)

Menino! Lucius! Dorme? Não importa...
Aproveite o orvalho de um bom sono:
Você não vê visões e fantasias
Que dão trabalho ao cérebro dos homens;
Por isso dorme.

(Entra PÓRCIA.)

PÓRCIA
Meu senhor Brutus.

BRUTUS

Pórcia, o que é isso? Por que está de pé?
240 Não é bom pra saúde expor assim
Seu corpo frágil à manhã tão fria.

PÓRCIA

Tampouco para a sua. Indelicado,
Fugiu Brutus do meu leito. E inda ontem
Abandonou a mesa do jantar
245 Cruzando os braços pra pensar bem sério;
E quando eu perguntei o que ocorria,
Fixou-me um olhar aborrecido.
Eu insisti mas, coçando a cabeça
Você bateu com o pé, impaciente.
250 Quando eu insisti mais, não respondeu.
Mas, com gesto irritado de sua mão,
Fez sinal para eu sair. Assim o fiz.
Não querendo agravar a impaciência
Já bastante insuflada e, além disso,
255 Esperando que fosse só um humor,
Como os que os homens sentem qualquer dia
E não deixa que comam, falem ou durmam.
Se pudesse marcar o seu aspecto
Como já fez ao seu temperamento,
260 Eu nem podia reconhecê-lo Brutus.
Meu senhor, conte a causa dessa dor.

BRUTUS

Não 'stou bem de saúde. É só isso.

PÓRCIA

Brutus é sábio e, com má saúde,
Iria buscar meios de curá-la.

BRUTUS

265 E assim faço. Vá deitar-se, Pórcia.

PÓRCIA

Brutus 'stá mal? E ao buscar a cura
Ele escapole do saudável leito
Pra enfrentar os contágios vis da noite,
E tentar os miasmas do ar impuro
270 A piorar seus males? Não, meu Brutus;
Algo doente ofende a sua mente
Que, em virtude da minha posição
Eu mereço saber. E de joelhos
Aqui conjuro, em memória da beleza

275 Que em mim outrora foi tão proclamada,
Pelo amor que me deu, e pela jura
Que nos incorporou e nos fez um,
Que a mim, sua metade, hoje revele
Por que 'stá triste e que homens, esta noite,
280 Vieram vê-lo, pois aqui estiveram
Uns seis ou sete, escondendo o rosto,
Até da escuridão.

BRUTUS
                    Mas não de joelhos,
Doce Pórcia.

PÓRCIA
                    Não me ajoelharia
Se você fosse ainda o doce Brutus.
285 Nos laços do himeneu, diga-me, Brutus,
É dito que eu não posso conhecer
Os seus segredos? Eu sou você mesmo;
Porém ao que parece, com limites,
Para atendê-lo bem em cama e mesa
290 E, às vezes, conversar? Viver na fímbria
Do seu prazer, apenas? Se é isso,
De Brutus sou rameira, não esposa.

BRUTUS
Você é minha esposa, fiel e honrada,
Tão cara quanto o sangue que me corre
295 No triste coração.

PÓRCIA
Se assim fosse eu saberia esse segredo.
Eu sei que sou mulher mas, mesmo assim,
Uma mulher com quem Brutus casou,
Mulher de nome, filha de Catão;
300 Não serei eu mais forte que meu sexo,
Tendo tal pai e tendo tal marido?
Conte-me tudo, que eu não falarei.
Para dar forte prova de constância,
Vibrei em mim um golpe voluntário
305 Aqui na coxa; posso calar a dor
Porém não os segredos de um marido?

BRUTUS
Deuses! Fazei-me digno dessa esposa.

(Batem.)

310 Silêncio! 'Stão batendo. Saia, Pórcia;
E você logo há de partilhar
Todo segredo de meu coração.
Meus compromissos eu lhe explicarei,
E tudo o que sombreia a minha testa.
Saia logo...

(Sai Pórcia.)

Quem 'stá batendo, Lucius?

(Entram Lucius e Ligarius.)

LUCIUS

É um doente que quer lhe falar.

BRUTUS

315 É Ligarius, de que falou Metellus.
Pode ir, menino. Como está, Ligarius?

LIGARIUS

Aceite o meu bom-dia, embora fraco.

BRUTUS

Que momento escolheu, Caius Ligarius,
Pra se enfaixar. Eu quero vê-lo são!

LIGARIUS

320 Eu não 'stou mal se Brutus tem em mãos
Um plano que se possa chamar honra.

BRUTUS

É um plano assim que tenho em mãos, Ligarius,
Se o quiser ouvir com um ouvido saudável.

LIGARIUS

Pelos deuses aos quais se curva Roma,
325 Abandono a doença. Alma de Roma!
Bravo filho que vem de estirpe honrada!
Qual exorcista tu ressuscitaste
Meu espírito morto. Se me pedes,
Lutarei pr'alcançar o impossível,
330 Para vencer a todos. Que farei?

BRUTUS

Um trabalho que irá curar doentes.

LIGARIUS

    Mas não trará doença para outros?

BRUTUS

    Isso também. O que será, Ligarius,
    Eu lhe direi enquanto caminhamos,
335   E a quem deve ser feito.

LIGARIUS

                Pois caminha,
    Que eu te seguirei, com o peito em chamas,
    Pra fazer o que for. Para mim basta
    Ser guiado por Brutus.

(Trovões.)

BRUTUS

                Então siga-me.

(Saem.)

CENA 2
A casa de César.

(Raios, trovões. Entra CÉSAR vestido de camisola.)

CÉSAR

    Não há paz hoje, no céu nem na terra.
    Gritou Calpúrnia três vezes, dormindo:
    "Socorro, mataram César!". Quem está aí?

(Entra um CRIADO.)

CRIADO

    Senhor?

CÉSAR

5   Que os sacerdotes sacrifiquem logo
    E venham me dizer o que preveem.

CRIADO

    Sim, senhor.

(Sai.)

(Entra CALPÚRNIA.)

CALPÚRNIA

      O que faz, César? Pensou em sair?
      Não há de pisar fora daqui hoje.

CÉSAR

      César irá sair. Quem me ameaça
      Só o faz pelas costas, pois ao ver
      A minha face, desvanece.

CALPÚRNIA

      César, jamais pensei em maus agouros
      Mas hoje eles me assustam. Está lá dentro
      Alguém que, além do que vimos e ouvimos,
      Fala de horrores vistos pela guarda:
      Uma leoa que pariu na rua,
      Tumbas que, abertas, vomitaram mortos;
      Guerreiros fortes lutando nas nuvens,
      Em esquadrões segundo a lei da guerra,
      Cujo sangue pingou no Capitólio;
      O ruído da luta encheu os ares,
      Cavalos relinchavam sem parar,
      E fantasmas gemiam pelas ruas.
      César, tais coisas são inusitadas
      E eu as temo.

CÉSAR

            E como evitaremos
      O que é determinado pelos deuses?
      Pois César sai, já que tais previsões
      Não servem mais pra César que pros outros.

CALPÚRNIA

      Não se vê cometas se morre um mendigo;
      Mas há fogo no céu se morre um príncipe.

CÉSAR

      Morre vivo mil vezes o covarde,
      O bravo prova a morte uma só vez.
      Entre todas as incompreensões,
      A mais estranha é que os homens temam,
      Já que a morte, afinal, é necessária,
      E que chega quando chegar.

(Entra um CRIADO.)

            E os augúrios?

CRIADO

Dizem que hoje não deve sair.
Arrancando as entranhas de uma ave,
40   A oferenda não tinha coração.

CÉSAR

Os deuses sempre humilham covardia:
Besta sem coração seria César
Se só por medo ficasse hoje em casa.
Mas César, não. O perigo bem sabe
45   Que eu sou mais perigoso do que ele.
Somos leões paridos num só dia,
Sendo eu o mais velho e mais terrível;
E César vai sair.

CALPÚRNIA

                Ai, meu senhor,
Sua confiança matou seu critério.
50   Não saia hoje, diga que o meu medo
É que o prendeu em casa, não o seu.
Vamos mandar Marco Antônio ao Senado,
Pra dizer que o senhor não 'stá bem hoje.
Que eu, de joelhos, o convença disso.

CÉSAR

55   Marco Antônio dirá que eu não estou bem,
E que, por seu humor, eu fico em casa.

(Entra DECIUS.)

É Decius Brutus; ele lhes dirá.

DECIUS

Ave, César! Bom dia, nobre César.
Eu vim buscá-lo para ir ao Senado.

CÉSAR

60   E por sorte chegou na hora exata
Para ir saudar por mim os senadores,
E dizer-lhes que hoje não vou lá;
É falso que não posso ou que não ouso:
Hoje eu não vou. Diga-lhes isso, Decius.

CALPÚRNIA

65   Que está doente.

CÉSAR

                César vai mentir?
Após tantas conquistas com este braço
Temer dizer a uns velhos a verdade?
Diga, Decius, que César não vai hoje.

DECIUS

Potente César, dê-me uma razão,
Para não rirem de mim quando falar.

CÉSAR

Só a minha vontade; hoje não vou.
Isso é o bastante pra satisfazê-los;
Mas pra satisfação somente sua,
Porque o amo, a você eu digo mais:
Minha Calpúrnia quer que eu fique em casa;
Ela ontem viu minha estátua em sonho
Que, como uma fonte de mais de cem bocas,
Jorrava sangue, enquanto bons romanos
Sorriam, e banhavam nela as mãos.
Ela a julga um aviso portentoso
De algum mal iminente e, de joelhos,
Rogou que eu hoje não deixasse a casa.

DECIUS

Mas o sonho foi mal interpretado;
Pois essa é uma visão bela e feliz:
Sua estátua, com cem jatos de sangue,
Na qual, sorrindo, banham-se os romanos,
Quer dizer que é de si que Roma suga
Sangue que renova, e de que se buscam
Tinturas, marcas, saber e relíquias.
Assim se lê o sonho de Calpúrnia.

CÉSAR

Que você muito bem explicitou.

DECIUS

E confirma o que tenho a dizer.
Ouça agora: o Senado resolveu
Conceder hoje uma coroa a César;
Mas se mandar dizer que hoje não vai,
Talvez mudem de ideia. É um desrespeito
Que pode levar alguns a afirmar,
"Interrompamos a sessão um tempo,
Até Calpúrnia ter sonhos melhores".

100 Se César se esconde, talvez digam
"Vejam só; estará César com medo?"
César, perdão; é só meu grande amor
Ao seu destino que me faz falar,
Com a razão subordinada ao amor.

CÉSAR

105 Ficou bem todo o seu sonho, Calpúrnia!
Me envergonho de ter cedido a ele;
Dê-me o meu manto, pois eu vou sair.

(*Entram BRUTUS, LIGARIUS, METELLUS, CASCA, TREBONIUS CINNA e PUBLIUS.*)

E veja Publius que me vem buscar.

PUBLIUS

Ave, César.

CÉSAR

Seja bem-vindo, Publius.
110 Ora, Brutus, já está de pé tão cedo?
Bom dia, Casca. Meu caro Ligarius,
César jamais foi tão seu inimigo
Quanto a febre que tanto o emagreceu.
Que horas são?

BRUTUS

César, já soaram as oito.

CÉSAR

115 A todos agradeço a cortesia.

(*Entra ANTÔNIO.*)

Vejam! Antônio, que à noite farreia,
Mesmo assim 'stá de pé. Bom dia, Antônio.

ANTÔNIO

O mesmo ao nobre César.

CÉSAR

Vá dar ordens
Que se apressem. Não gosto que me esperem.
120 Vamos, Cinna, Metellus e Trebonius;
Quero falar uma hora com os três;
Lembrem-se de me procurar mais logo;
Fiquem perto de mim, pra que eu me lembre.

TREBONIUS

    'Stá bem, César. *(À parte.)* Eu vou ficar tão perto
125   Que seus amigos hão de lamentar
    Que'eu não tivesse ficado mais distante.

CÉSAR

    Amigos, entrem para um vinho rápido;
    Pois como amigos sairemos juntos.

BRUTUS

    (À parte.)
    Tal paralelo não é bem, oh César,
130   Ideia que me agrade ao coração.

(Saem.)

CENA 3
Uma rua perto do Capitólio.

(Entra ARTEMIDORUS lendo um papel.)

ARTEMIDORUS

    "César, cuidado com Brutus; presta atenção em Cassius; não te apro-
    -ximes de Casca; fica de olho em Cinna; não confies em Trebonius;
    olha bem Metellus Cimber; Decius Brutus não te ama; fizeste mal a
    Caius Ligarius. Esses homens só têm um pensamento, que se volta
5   contra César. Se não fores imortal, olha à tua volta. A segurança está
    dando lugar à conspiração, que os deuses potentes te defendam! O
    que te ama, Artemidorus."
    Eu fico aqui até César passar
    E entrego isto como petição.
10   Lamento que a virtude não possa
    Viver longe dos dentes do invejoso.
    Se leres isto, César, talvez vivas;
    Se não, os fados têm letais convivas.

(Sai.)

CENA 4
Diante da casa de Brutus.

(Entram PÓRCIA e LUCIUS.)

PÓRCIA

    Menino, por favor, corre ao Senado.
    Não diga nada; é só ir correndo.
    Por que demora?

LUCIUS

                O que devo eu fazer?

PÓRCIA

       Eu queria que fosse e já voltasse,
5   Mesmo antes de eu dizer o que fazer.
       Constância, fica forte do meu lado;
       Faz um muro entre o coração e a língua!
       Mente de homem, força de mulher,
       Como é difícil guardar um segredo!
10   Ainda aqui?

LUCIUS

            O que é que eu faço?
       É só correr até o Capitólio?
       E depois volto sem fazer mais nada?

PÓRCIA

       Venha dizer como passa o seu amo,
       Pois 'stava adoentado; e note bem
15   O que faz César, quem lhe pede o quê.
       Quieto, menino, que barulho é esse?

LUCIUS

       Não ouço nada.

PÓRCIA

            Ouça, com cuidado;
       Ouvi ruídos como os de uma luta,
       Com o vento que vem lá do Capitólio.

LUCIUS

20   Verdade, ama? Não escutei nada.

       (Entra o VIDENTE.)

PÓRCIA

       Venha cá, homem. De que lado veio?

VIDENTE

       Minha senhora, eu vim de minha casa.

PÓRCIA

       E que horas são?

VIDENTE

            São mais ou menos nove.

PÓRCIA

Sabe se César foi ao Capitólio?

VIDENTE

Ainda não; eu vou tomar lugar
Para vê-lo passar pro Capitólio.

PÓRCIA

Você tem algo pra pedir a ele?

VIDENTE

Tenho, senhora, se agradar a César
Fazer a César o favor de ouvir-me;
Espero que seja amigo dele mesmo.

PÓRCIA

Por quê? Há quem lhe queira fazer mal?

VIDENTE

Não 'stou certo, mas sei que é bem possível.
Então, bom dia. A rua aqui é estreita;
A multidão que vem atrás de César,
Senadores, pretores e pedintes,
Quase que mata um fraco como eu;
Vou pr'aquele cantinho mais vazio;
Lá falarei com César, ao passar.

(Sai.)

PÓRCIA

Tenho de entrar. Ai de mim, como é fraco
O coração de uma mulher! Ai, meu Brutus,
Que os céus ajudem essa sua empresa!

(À parte)
O menino me ouviu!

(Para Lucius.)

César não quer
Atender o que quer Brutus. 'Stou fraca.
Corra, Lucius; saúda o meu senhor.
Diga-lhe que estou alegre, e volte
Pra me dizer o que lhe respondeu.

(Saem.)

ATO 3

CENA 1
Roma. Uma rua diante do Capitólio.

(Clarinada. Entram César, Brutus, Cassius, Casca, Decius, Metellus, Trebonius, Cinna, Antônio, Lépido, Artemidorus, Publius, Popilius e o Vidente.)

César

(Para o Vidente.)
Chegaram os Idos de Março.

Vidente

Mas inda não se foram.

Artemidorus

Ave, César! Leia esta nota.

Decius

Trebonius pede-lhe que leia aqui,
5 Quando puder, seu humilde pedido.

Artemidorus

Leia primeiro o meu, pois meu pedido
Mais toca a César. Leia, grande César.

César

O que a mim toca fica para o fim.

Artemidorus

Depressa, César; leia isso agora.

César

10 O homem 'stá louco?

Publius

Saia do caminho.

Cassius

E petição é feita assim, na rua?
Entrem no Capitólio.

(César entra no Capitólio. Os outros o seguem.)

Popilius

Muito sucesso à sua empresa de hoje.

Cassius

Que empresa, Popilius?

Popilius

                    Passe bem.

(Ele vai falar com César.)

Brutus

Que disse Popilius Lena?

Cassius

Desejou sucesso à nossa empresa;
Temo que nosso plano esteja descoberto.

Brutus

Repare só como ele busca a César.

Cassius

Casca, depressa; tememos problemas.
E agora, Brutus? Se descobrem tudo,
Nem Cassius ou nem César viverão,
Pois eu me mato.

Brutus

                    Cassius, fique firme;
Popilius Lena não fala de nós.
Está sorrindo, e César não se altera.

Cassius

Trebonius sabe a hora; veja só
Como ele tira Antônio do caminho.

(Saem Antônio e Trebonius.)

Decius

Que é de Metellus Cimber? Está na hora
De ele fazer sua petição a César.

Brutus

'Stá indo. Aproximem-se e apoiem-no.

CINNA

30 Casca é o primeiro a levantar a mão.

CÉSAR

Estamos prontos? O que há de errado
Pra César e o Senado corrigirem?

METELLUS

(Ajoelhando-se.)
Meu exaltado e mui possante César,
Metellus Cimber prostra-se ante o seu trono
35 Um coração humilde...

CÉSAR

Chega, Cimber;
Curvaturas e grandes reverências
Podem afoguear homens comuns,
E transformar decretos e leis firmes
Em jogo de criança. Não se iluda;
40 Julgando tão rebelde este meu sangue,
Que se desvie da alta qualidade
E se derreta, tolo, com elogios,
Mesuras, demonstrações caninas.
Um decreto baniu o seu irmão;
45 Se por ele se curva, lambe e gane,
Eu o afasto com o pé, como a um cão.
Saiba que César não erra e, sem causa,
Não fica satisfeito.

METELLUS

Não há voz com mais força do que a minha,
50 E que pra César tenha tom mais doce,
Que reverta o exílio desse irmão?

BRUTUS

César, beijo-lhe a mão, sem bajular,
Para pedir que Publius Cimber possa
Contar com liberdade imediata.

CÉSAR

55 *Como, Brutus?*

CASSIUS

Perdão, César, perdão;
Aqui embaixo, a seus pés, se atira Cassius
Pra pedir que liberte Publius Cimber.

CÉSAR

    Isso me tocaria se eu pudesse
    Como você por isso ser tocado;
    Se eu orasse, ouviria a sua prece.
    Mas eu sou firme qual a Estrela d'Alva
    Que, por seus muitos dotes de firmeza,
    Não tem par nem igual no firmamento.
    Pintam os céus milhares de faíscas,
    Todas de fogo, todas rebrilhando;
    Porém só uma permanece fixa.
    Assim é o mundo bem fornido de homens,
    Homens de carne e osso, que têm medo;
    Mas nesse número só sei de um
    Que mantém o seu posto, inabalável
    Pela emoção; e esse um sou eu.
    E vou mostrá-lo um pouco, neste caso:
    Constante como fui ao punir Cimber,
    E em mantê-lo banido sou constante.

CINNA

    César!

CÉSAR

        Chega! Quer abalar o Olimpo?

DECIUS

    Grande César...

CÉSAR

        Se Brutus fala em vão...

CASCA

    Mãos, falem por mim!

    (Eles apunhalam CÉSAR.)

CÉSAR

    Et tu, Brute? Então cai, César! *(Morre.)*

CINNA

    Liberdade! Morreu a tirania!
    Corram a proclamar pelas ruas.

CASSIUS

    Subam aos púlpitos e gritem alto:
    Estamos livres, fomos libertados!

Brutus

Bom povo e senadores, não se assustem!
Não fujam; parem; a ambição foi paga!

Casca

Suba ao púlpito, Brutus.

Decius

                    Também Cassius.

Brutus

Onde está Publius?

Cinna

Aqui, atônito com esse motim.

Metellus

Resistam juntos, pra que alguém de César
Acaso não...

Brutus

Nada de resistência. Ânimo, Publius.
Ninguém tem intenção de fazer mal
A si ou a qualquer outro romano.
Diga-lhes, Publius.

Cassius

E saia, Publius, para que esse povo,
Ao nos buscar, não venha a molestá-lo.

Brutus

Sim, que ninguém responda pelo feito
Senão os que o fizeram.

(Entra Trebonius.)

Cassius

E Antônio?

Trebonius

                  Fugiu pra casa, assombrado.
Homens, mulheres e crianças gritam,
Fugindo ao fim do mundo.

Brutus

                        Vinde, fados;
Vamos todos morrer — é só a hora
E a espera que perturbam tanto os homens.

CASCA
>   Quem desta vida amputa vinte anos,
>   Corta esses vinte do temor da morte.

BRUTUS
>   Se assim for, então morte é benefício:
>   Nós, amigos de César, reduzimos
>   Seu prazo de temor. Ao chão, romanos;
>   Lavem as mãos nesse sangue de César,
>   E mais os braços, junto com as espadas;
>   Depois partamos juntos pro mercado,
>   E sacudindo as nossas rubras armas
>   Gritemos todos "Paz e liberdade!"

CASSIUS
>   Banhemo-nos. E num porvir distante
>   Este ato nobre há de ser encenado,
>   Por estados e línguas por nascer!

BRUTUS
>   Muito sangue de tinta há de correr
>   Desse César que jaz ante Pompeu,
>   Sem valer mais que pó.

CASSIUS
>   E a cada vez
>   Hão de chamar a nós, a este grupo,
>   De homens que à pátria deram liberdade.

DECIUS
>   Vamos sair?

CASSIUS
>   Sim, vamos sair todos:
>   Brutus à frente, nós a sua corte,
>   Feita de ousada elite de romanos.

(Entra um CRIADO.)

BRUTUS
>   Mas quem vem lá? É um amigo de Antônio.

CRIADO
>   *(Ajoelhando-se.)*
>   Pediu meu amo que me ajoelhasse;
>   Antônio me ordenou que assim caísse;

E só após prostrado assim dissesse:
Brutus é nobre, sábio, bravo e honesto;
César foi poderoso, régio e amante;
130 Diga que eu amo Brutus e que o honro;
Que a César eu temi, honrei e amei.
Se Brutus permitir que Marco Antônio
O veja em segurança e a ele explique
Como César mereceu sua morte,
135 Ele não amaria César morto
Mais do que a Brutus vivo, e seguiria
A fortuna e as ações do nobre Brutus
Pelos percalços do Estado atônito,
De boa-fé. Assim falou Antônio.

BRUTUS
140 Teu amo é um romano bravo e sábio;
Eu nunca o julguei menos que isso.
Diz-lhe que se quiser vir ter aqui
Ficará satisfeito; e empenho a honra
Que partirá ileso.

CRIADO
                Irei buscá-lo.

(Sai o CRIADO.)

BRUTUS
145 Sei que nele teremos um amigo.

CASSIUS
Espero; mas em minha mente o temo;
E geralmente aquilo que me assusta
Condiz com a realidade.

    (Entra ANTÔNIO.)

BRUTUS
Mas ei-lo aí. Bem-vindo, Marco Antônio.

ANTÔNIO
150 Potente César! Como jazes baixo!
Será que glórias, saques e conquistas
Encolhem tanto assim? Que passes bem.
Senhores eu não sei o que planejam,
Quem mais deve sangrar, quem julgam podre;
155 Se sou um deles não há melhor hora

               Que a da morte de César, e nem armas
               Que valham essas suas, que estão ricas
               Com o sangue mais nobre deste mundo.
               Eu lhes imploro, se me querem mal,
160   Que agora, enquanto as rubras mãos tresandam,
               Tenham o seu prazer. Pois em mil anos
               Nunca estarei tão pronto para a morte;
               Nenhum lugar ou instrumento fatídico
               Me agradará como este, junto a César,
165   Ceifado pelos homens que reúnem
               A nata e a inteligência destes tempos.

       BRUTUS

               Antônio, não nos peça a sua morte.
               Podemos parecer cruéis, sangrentos,
               E assim as nossas mãos e os nossos atos
170   Levam a crer. Você só vê as mãos
               E o gesto sangrento que cumpriram;
               Não nossos corações, que têm piedade,
               E por piedade dos males de Roma —
               Como o fogo extingue um outro fogo,
175   E a piedade que mata por piedade —
               Foi isto feito a César. Para Antônio
               Nossas espadas têm pontas de chumbo;
               Nossos braços cruéis e corações
               De têmpera fraterna o recebem
180   Com amor, bons pensamentos e respeito.

       CASSIUS

               Com voz tão forte quanto todas mais
               Na alocação de novas dignidades.

       BRUTUS

               Tenha só paciência até acalmarmos
               A multidão fora de si de medo,
185   Quando então lhe daremos os motivos
               Por que, amando César, ao matá-lo
               Assim eu procedi.

       ANTÔNIO

                              Sei que foi sábio.
               Me deem todos suas mãos sangrentas.
               Primeiro, Brutus, eu aperto a sua;
190   E a seguir a sua, Caius Cassius;
               Agora Decius Brutus e Metellus;
               A sua, Cinna; a sua, valente Casca;

               Por fim, com igual amor, o bom Trebonius;
               Cavalheiros, que posso dizer eu?
195   Meu crédito está hoje tão precário
               Que hão de julgar-me mal de um modo ou outro:
               Por ser covarde ou bajulador.
               Que a ti amei, oh César, é verdade!
               Se a tua alma, então, ora nos vê,
200   Não há de lamentar mais do que a morte
               Ver teu Antônio aqui buscando a paz,
               Cerrando as mãos sangrentas do inimigo,
               Todos tão nobres, diante do teu corpo?
               Se tantas chagas fossem olhos meus,
205   Jorrando com o sangue que perdeste,
               Faria eu melhor do que buscando
               Ter a amizade dos teus inimigos.
               Perdoa, Júlio, corça aqui caçada!
               Aqui caíste e aqui teus caçadores
210   Eu vejo rubros com as tuas entranhas.
               O mundo foi o bosque dessa corça,
               E deste mundo foste o coração.
               E como caça abatida por príncipes
               Aí jazes tu!

     CASSIUS
215   Marco Antônio...

     ANTÔNIO
                          Perdoe, Caius Cassius;
               Se inimigos de César assim falam,
               Isto é comedimento em um amigo.

     CASSIUS
               Não o condeno por louvar a César;
               Mas que acordo deseja ter conosco?
220   Deseja ser contado entre os amigos,
               Ou não devemos depender de si?

     ANTÔNIO
               Tomei suas mãos por isso mas, de fato,
               Perdi meu rumo quando olhei pra César.
               Sou amigo de todos, amo a todos,
225   Só esperando saber suas razões
               E como e quando César foi perigo.

     BRUTUS
               Não sendo, isto era um quadro de carnagem!

Nossas razões são tão justas e certas
Que até se César fosse pai de Antônio,
230 Antônio ficaria satisfeito.

ANTÔNIO

É o que quero. E peço apenas, mais,
Pra apresentar seu corpo no mercado
E lá, segundo cabe a um seu amigo,
Falar no rito de seu funeral.

BRUTUS

235 E assim fará!

CASSIUS

Uma palavra, Brutus

(À parte, para BRUTUS.)

Você não sabe o que faz; não consinta
Que nesses ritos fale Marco Antônio.
Não vê que o povo pode comover-se
Com o que ele há de lhes dizer?

BRUTUS

Perdão:
240 Eu subirei ao púlpito primeiro,
Dando as razões por que matamos César.
Se eu explicar o que Antônio disser
Ele dirá por nossa permissão,
E que a nós satisfaz que César tenha
245 As cerimônias e os ritos legais,
Isso só nos fará bem, e nunca mal.

CASSIUS

(À parte, para BRUTUS.)
Não sei o que será, mas eu não gosto.

BRUTUS

Eis o corpo de César; tome-o, Antônio.
Não fale contra nós no funeral,
250 Mas diga o que quiser de bem de César,
Dizendo que tem nossa permissão.
Se assim não for, não poderá ter parte
No funeral de César. E seu discurso
Virá do mesmo púlpito que o meu,
255 Depois que eu acabar.

ANTÔNIO

                    Assim 'stá bem.
Eu não desejo mais.

BRUTUS

Prepare, então, o corpo, e depois siga-nos.

(Saem. ANTÔNIO permanece.)

ANTÔNIO

Eu te imploro perdão, barro sangrento,
Por ser servil ante esses assassinos.
260 És a ruína do homem mais nobre
Que jamais houve na maré dos tempos.
Pobre da terra que te derramou
O nobre sangue! E ante as tuas chagas —
Que abrem mudas os lábios de rubi
265 Pra pedir voz a esta minha língua —
Eu juro que uma praga há de abater-se;
Fúria doméstica e luta civil
Virão cobrir a Itália toda inteira.
Tão comuns serão sangue e destruição,
270 Horrores serão tão familiares,
Que mães irão sorrir ao deparar
Com o filho esquartejado pela guerra,
Sufocada a piedade pelo hábito:
E a alma de César pedirá vingança
275 Vinda do inferno, com Atê ao lado,
E com voz de monarca nestas plagas
Soltará com alarma os cães da guerra,
Até que este ato feda toda a terra
Com corpos podres a implorar enterro.

(Entra um CRIADO de OTÁVIO.)

280 Você é servidor de Otávio César?

CRIADO

Sou, Marco Antônio.

ANTÔNIO

César lhe escreveu chamando-o a Roma.

CRIADO

Ele está vindo, por ter lido as cartas,

		Pedindo que eu dissesse a ele mesmo...
285		Oh, César!

ANTÔNIO

Vi que tem coração. Vá chorar só.
A paixão tem contágio, pois meus olhos,
Vendo pingos de dor tremer nos seus,
Também correram. Seu amo não vem?

CRIADO

290   Hoje dorme a sete léguas de Roma.

ANTÔNIO

Vá depressa contar-lhe o ocorrido;
Roma está enlutada e perigosa,
Ainda sem segurança para Otávio.
Vá logo dizer isso a ele. Espere:
295   Não vá antes que eu leve este cadáver
Para o mercado, aonde irei testar
Com meu discurso a reação do povo
À ação cruel desses homens sangrentos.
Segundo o que ocorrer, você relata
300   A Otávio em que estado estão as coisas.
Me dê a mão.

(Saem.)

CENA 2
O Fórum.

(Entram BRUTUS, que sobe ao púlpito, e CASSIUS com os PLEBEUS.)

PLEBEUS

Queremos satisfação, deem-nos uma satisfação.

BRUTUS

Então, amigos, deem-me sua atenção.
Cassius, vá você para a outra rua,
E repartamos essa gente.
5   Os que quiserem me ouvir, fiquem aqui;
Quem quiser seguir Cassius, vá com ele,
E a todos serão dadas as razões
Da morte de César.

1º PLEBEU

Quero ouvir Brutus.

2º PLEBEU
Vou ouvir Cassius, para compararmos
As razões que eles dão em separado.

(Sai CASSIUS com alguns PLEBEUS.)

3º PLEBEU
O nobre Brutus subiu. Silêncio!

BRUTUS
Ouvi com paciência até o fim. Romanos, compatriotas e amigos! Ouvi-me por minha causa, e ficai em silêncio para poder ouvir. Acreditai-me por minha honra, e respeitai minha honra para poder acreditar. Censurai-me em vossa sabedoria e despertai vossos sentidos para julgar melhor. Se houver alguém nesta assembleia, algum querido amigo de César, a ele eu direi que o amor de Brutus por César não foi menor do que o seu. Se então ele perguntar por que Brutus levantou-se contra César, esta é a minha resposta: não foi porque amei menos a César, mas porque amei mais a Roma. Preferiríeis vós que César estivesse vivo, para que morrêsseis todos escravos, a que César estivesse morto para viverdes livres? Porque César me amava, choro por ele, porque foi feliz, regozijo-me; porque foi bravo, honro-o; mas porque era ambicioso, matei-o. Há lágrimas por seu amor, regozijo por sua felicidade, honra por sua bravura e morte por sua ambição. Quem há aqui tão baixo que quisesse ser escravo? Se há alguém, que fale, pois a ele eu ofendi. Quem há aqui tão rude que não quisera ser romano? Se há alguém, que fale; pois a ele eu ofendi. Quem há aqui tão vil que não ame o seu país? Se há alguém, que fale; pois a ele eu ofendi. Espero uma resposta.

TODOS
Ninguém, Brutus, ninguém.

BRUTUS
Então não ofendi ninguém. Não fiz mais a César do que faríeis vós a Brutus. Toda a questão de sua morte está lavrada no Capitólio; sua glória não está diminuída, pois ele a mereceu; nem são exageradas as suas culpas, pelas quais ele morreu.

(Entram MARCO ANTÔNIO e outros, com o corpo de CÉSAR.)

Eis que chega o seu corpo, pranteado por Marco Antônio que, muito embora não tenha participado de sua morte, receberá como benefício de seu passamento, seu lugar na comunidade. E a qual de vós não acontecerá o mesmo? Com isso eu parto, eu que assassinei aquele a quem

40 amava pelo bem de Roma, e tenho a mesma adaga para mim, quando aprouvera o meu país ter a necessidade da minha morte.

Todos
Vive, Brutus, vive!

1º Plebeu
Vamos levá-lo em casa, com um desfile.

2º Plebeu
Fazer-lhe a estátua junto aos ancestrais.

3º Plebeu
45 Que ele seja César.

4º Plebeu
E o melhor
De César será coroado em Brutus.

Brutus
Meus patrícios...

2º Plebeu
Silêncio! Fala Brutus.

1º Plebeu
Silêncio, todos!

Brutus
Bons patrícios, deixai-me partir só;
50 E, se me querem bem, fiquem com Antônio.
Honrem César e atentem pro discurso
Que glorifica César e que Antônio,
Com nossa permissão, pode fazer.
Peço para ninguém sair daqui.
55 Senão eu mesmo, até falar Antônio.

1º Plebeu
Fiquem, então, para ouvir Marco Antônio.

3º Plebeu
Que ele suba à plataforma pública;
Vamos ouvi-lo. Suba, nobre Antônio.

Antônio
Sou vosso devedor, graças a Brutus.

1º Plebeu

          César foi um tirano.

3º Plebeu

                    Isso é certo.
É uma benção ver Roma livre dele.

2º Plebeu

          Vamos ouvir o que nos diz Antônio.

Antônio

          Bons romanos...

Todos

                Vamos ouvi-lo! Quietos!

Antônio

          Amigos, cidadãos de Roma, ouvi-me;
Venho enterrar a César, não louvá-lo.
O mal que o homem faz vive após ele,
O bem se enterra às vezes com seus ossos.
Com César que assim seja. O honrado Brutus
Disse que César era ambicioso;
Se isso é verdade, era uma dura falta,
E duramente César a pagou.
Com permissão de Brutus e dos outros
(Pois Brutus é um homem muito honrado,
Tal como os outros, todos muito honrados.)
Venho falar no funeral de César.
Foi meu amigo, justo e dedicado;
Mas Brutus diz que ele era ambicioso,
E Brutus é um homem muito honrado.
Ele trouxe pra Roma mil cativos
Cujo resgate enchia os nossos cofres;
Mostrou-se assim a ambição de César?
Quando o pobre clamava, ele sofria:
Ambição deve ter mais duro aspecto;
Mas Brutus diz que ele era ambicioso,
E Brutus é um homem muito honrado.
Vós todos vistes que, no Lupercal,
Três vezes lhe ofertei a real coroa:
Três vezes recusou. Isso é ambição?
Mas Brutus diz que ele era ambicioso
E sabemos que é um homem muito honrado.
Não falo pra negar o que diz Brutus
Mas para aqui dizer tudo o que sei:

>
>   Todos vós o amastes, não sem causa;
>   Que causa vos impede de chorá-lo?
> 95   Bom senso, hoje existes só nas feras;
>   O homem perde a razão! Mas perdoai-me,
>   Meu coração com César vai, no esquife,
>   E eu calarei até que ele me volte.

1º Plebeu
> Acho que tem razão no que ele diz.

2º Plebeu
> 100   Pensando bem em toda essa questão,
>   César foi muito injustiçado.

3º Plebeu
>   Muito!
>   Eu só temo que venha outro pior.

4º Plebeu
> Ouviram? Ele não quis a coroa;
> É óbvio que não era ambicioso.

1º Plebeu
> 105   E se não era, alguém vai pagar caro.

2º Plebeu
> Vejam seus olhos, rubros de chorar!

3º Plebeu
> Não há romano mais nobre do que Antônio.

4º Plebeu
> Escutem! Ele vai falar de novo.

Antônio
>   Ainda ontem, com uma palavra,
> 110   César enfrentava o mundo. Hoje, ali,
>   Não tem um só mendigo para honrá-lo.
>   Oh, senhores! Quisesse eu comover-vos,
>   Em mente e coração até a revolta,
>   Faria mal a Brutus, mal a Cassius,
> 115   Que vós sabeis serem homens bem honrados.
>   Mas não lhes farei mal; prefiro, antes,
>   *Fazê-lo ao morto*, a vós e a mim mesmo,
>   Do que fazê-lo a homens tão honrados.
>   Eis um escrito com o selo de César;

> Achei-o no seu quarto; é a sua palavra.
> Se o povo ouvisse aqui seu testamento,
> O qual, perdão, eu não pretendo ler,
> Ele iria beijar essas feridas,
> Molhar seus lenços no sangue sagrado,
> Tentar guardar um cabelo de César
> E, ao morrer, haveria de testar,
> Deixando-o qual legado precioso,
> Aos seus herdeiros.

4º PLEBEU

> Nós queremos ouvi-lo. Leia, Antônio.

TODOS

> O testamento! A vontade de César!

ANTÔNIO

> Paciência, povo bom; mas eu não devo.
> Não podeis conhecer o amor de César!
> Não sois pau nem sois pedra: vós sois homens;
> E, homens, conhecendo o testamento,
> Vós ficaríeis loucos, inflamados.
> É mau saberdes que vós sois herdeiros;
> Pois se o soubésseis, que haveria então?

4º PLEBEU

> Nós queremos ouvi-lo! Leia, Antônio!
> Tem de ler o testamento de César!

ANTÔNIO

> Não podem esperar? Ter paciência?
> Eu fui longe demais falando nisso.
> Temo magoar esses homens honrados,
> Cujos punhais assassinaram César!

4º PLEBEU

> Eram traidores! Que homens honrados!

TODOS

> O testamento! A palavra de César!

2º PLEBEU

> São vilões e assassinos! Leia logo!

ANTÔNIO

> Quereis forçar-me a ler o testamento?

Ficai então à roda do cadáver
Que eu mostrarei quem fez o testamento.
150 Devo descer? Tenho a vossa licença?

Todos

Desça!

(Antônio desce do púlpito.)

2º Plebeu

Desça!

3º Plebeu

Nós permitimos!

4º Plebeu

Aqui!
Façam um círculo!

1º Plebeu

Vamos ficar afastados do corpo!

2º Plebeu

Deixem espaço para o nobre Antônio!

Antônio

155 Não me aperteis assim; ficai mais longe!

Todos

Para trás! Abram espaço! Para trás!

Antônio

Se tendes lágrimas, chorai agora.
Conheceis este manto. Eu inda lembro
A vez primeira em que ele o usou:
160 Era tarde de estio; em sua tenda,
No mesmo dia em que venceu os Nérvios.
Vede aqui onde Cassius o feriu,
E onde o rasgou a inveja de Casca.
Aqui o apunhalou o amado Brutus,
165 E quando este puxou pra fora a faca,
Vede o sangue de César a segui-la,
Assim como se corresse porta afora
Pra ver se o golpe fora do cruel Brutus.
Pois esse Brutus, como vós sabeis,
170 Era o anjo de César. Vós, oh deuses,

Julgai o quanto César o amava!
Essa foi a ferida mais cruel,
Pois quando César o viu golpeando-o,
A ingratidão, mais forte que os traidores,
175 Venceu e arrebentou seu coração;
E, protegendo o rosto com seu manto,
Junto à base da estátua de Pompeu,
Todo em sangue, caiu o grande César.
E que queda foi essa, meus patrícios!
180 Pois então vós e eu caímos todos,
Com o triunfo sangrento da traição.
Ora chorais e eu vejo que sentis
Dor e piedade. Esse é um belo pranto.
Por que chorais se vedes tão apenas
185 As feridas de um manto? Olhai agora,
Pra ver como a traição feriu seu corpo.

(Antônio *arranca o manto.*)

1º Plebeu

Que espetáculo triste!

2º Plebeu

Oh, nobre César!

3º Plebeu

Que dia horrível!

4º Plebeu

190 Oh, traidores! Vilões!

1º Plebeu

Que visão sangrenta!

2º Plebeu

Queremos vingança.

Todos

Vingança! Vamos! Busquem! Queimem! Torrem!
Matem! Cacem! Não deixem vivo nem um
195 Só traidor!

Antônio

Esperem, meus patrícios.

1º Plebeu

Calma! Vamos ouvir o nobre Antônio!

2º PLEBEU
Temos de ouvi-lo, de segui-lo, de morrer com ele.

ANTÔNIO
Bons amigos, não quero eu instigar-vos
200 Uma repentina onda de revolta.
Os que fizeram isso são honrados.
Lamento não saber as causas íntimas
Que os motivaram. São sábios e honrados,
E estou certo que vos darão razões.
205 Não vim roubar os vossos corações;
Eu não sou, como Brutus, orador:
Como sabeis, eu sou um homem simples
Que ama o seu amigo e, bem o sabem
Os que deixaram que eu falasse dele.
210 Faltam-me espírito, palavra e mérito,
E força de expressão e de oratória
Pr'acalorar os homens; eu só falo.
Eu vos disse o que vós mesmos sabeis,
Eu só mostrei as feridas de César,
215 Pobres bocas, a cujos lábios mudos
Pedi que vos falassem. Fosse eu Brutus,
E fosse ele Antônio, esse Antônio
Poderia agitar vossos espíritos,
Dando uma língua a cada ferimento,
220 E havendo de levar todas as pedras
De Roma a amotinar-se num levante.

TODOS
Nós nos levantaremos.

1º PLEBEU
Vamos queimar a casa de Brutus!

3º PLEBEU
Em frente! Vamos pegar os conspiradores.

ANTÔNIO
225 Ouvi-me, conterrâneos, no que digo.

TODOS
Silêncio! Ouçam Antônio, o mais nobre Antônio!

ANTÔNIO
Amigos, não sabeis o que fazeis.
Qual a razão de vosso amor por César?

Ah, não sabeis! Pois devo então dizer-vos:
Vós esquecestes já do testamento.

Todos

É verdade! O testamento! Vamos parar para ouvir o testamento.

Antônio

Aqui está ele, e selado por César.
Aos cidadãos romanos ele deixa,
A cada um, setenta e cinco dracmas.

2º Plebeu

Nobre César! Nós temos de vingá-lo!

3º Plebeu

Oh, régio César!

Antônio

Ouvi com paciência.

Todos

Quietos! Silêncio!

Antônio

Além disso, deixou-vos seus passeios,
Seus bosques e pomares mais recentes,
Nesta margem do Tibre, para vós
E vossos filhos, pra sempre, pra terdes
O prazer do recreio ao ar livre.
Esse era um César! Quando haverá outro?

1º Plebeu

Nunca, nunca! Vamos, vamos todos!
Vamos queimar seu corpo em solo sacro,
Depois atear fogo nos traidores.
Peguem o corpo.

2º Plebeu

Vão buscar fogo.

3º Plebeu

Arranquem os bancos.

4º Plebeu

Os bancos, as janelas, qualquer coisa.

(Saem os PLEBEUS com o corpo.)

ANTÔNIO

Agora é só soltar. E que a maldade,
Que tomou vida, vá pr'onde quiser.

(Entra um Criado.)

O que é, rapaz?

CRIADO

Senhor, Otávio já chegou a Roma.

ANTÔNIO

E onde está?

CRIADO

'Stá na casa de César; 'stá com Lépido.

ANTÔNIO

Onde irei, logo, logo, visitá-lo.
Veio a calhar; a Fortuna está rindo,
E neste clima pode nos dar tudo.

CRIADO

Eu o ouvi dizer que Cassius e Brutus
Deixaram Roma, loucos, a cavalo.

ANTÔNIO

Na certa por ouvir até que ponto
Eu comovi o povo. Agora, a Otávio.

(Saem.)

CENA 3
Roma. Uma rua.

(Entram Cinna, o Poeta, e atrás dele o povo.)

CINNA

Eu sonhei 'star com César numa festa;
Porém, o azar manchou-me a fantasia.
Mesmo sem ter vontade de sair
Algo me guia para adiante.

1º PLEBEU

Qual é o seu nome?

2º PLEBEU

Para onde está indo?

3º PLEBEU

Aonde mora?

4º PLEBEU

É casado ou solteiro?

2º PLEBEU

Responda claramente a todos.

1º PLEBEU

E depressa.

4º PLEBEU

E com sabedoria.

3º PLEBEU

E é melhor que fale a verdade.

CINNA

Qual é o meu nome? Onde estou indo? Onde moro? Sou casado ou solteiro? Para responder a todos depressa e com sabedoria, sabiamente direi que sou solteiro.

2º PLEBEU

Isso é o mesmo que dizer que quem se casa é bobo. Só por isso já vou dar um bofetão. Continue.

CINNA

Estou indo para o funeral de César.

1º PLEBEU

Como amigo ou inimigo?

CINNA

Como amigo.

2º PLEBEU

Essa teve resposta clara.

4º PLEBEU

Depressa, o endereço.

CINNA

Moro perto do Capitólio.

3º Plebeu
E o seu nome, senhor, de verdade.

Cinna
Em verdade, meu nome é Cinna.

1º Plebeu
Acabem com ele! É um conspirador!

Cinna
Eu sou Cinna, o poeta, Cinna, o poeta.

4º Plebeu
Matem-no por seus maus versos! Matem-no por seus maus versos!

Cinna
Eu não sou Cinna, o conspirador.

4º Plebeu
Não importa. Ele se chama Cinna; é só arrancar-lhe o nome do coração, e depois mandá-lo embora!

3º Plebeu
Matem! Matem!

(Eles atacam.)

Todos
Vamos! Peguem brasas, muitas brasas! Pra casa de Brutus! E de Cassius! Queimem tudo! Vão uns pra casa de Decius, outros de Casca, e outros pra de Ligarius. Andem! Vamos logo!

(Saem os plebeus com o corpo de Cinna.)

ATO 4

CENA 1
Roma. Uma sala na casa de Antônio.

(Entram Antônio, Otávio e Lépido.)

Antônio
    Estes morrem; eu já marquei os nomes.

Otávio
    Seu irmão morre; 'stá de acordo, Lépido?

Lépido
    Estou.

Otávio
    Marque o seu nome, então, Antônio.

Lépido
    Sob condição que morra também Publius,
5   Que é filho de sua mana, Marco Antônio.

Antônio
    Não viverá. Com esta marca o condeno.
    Vá à casa de César você, Lépido;
    E traga o testamento, pra julgarmos
    Que itens é preciso eliminar.

Lépido
10   Nos encontramos aqui?

Otávio
    No Capitólio.

(Sai Lépido.)

Antônio
    Ele é um homem sem peso e sem mérito;
    É bom pra ser mandado. Será certo
    Num mundo tripartido que ele seja
15   Um dos três contemplados?

Otávio
    Pois pensou
    Que sim, ao consultá-lo sobre as mortes,
    As sentenças mais duras, banimentos.

ANTÔNIO

    Otávio, já vivi mais que você;
    Nós cobrimos de honras esse homem
    Pra nos poupar de ataques e calúnias.
    E como um asno ele carrega ouro
    E grunhe e sua ao peso das tarefas,
    Pra lá, pra cá, segundo nós mandamos.
    Depois de transportar nosso tesouro,
    Nós o descarregamos e soltamos
    Pro asno sacudir suas orelhas
    E pastar por aí.

OTÁVIO

          Como quiser;
    Mas é soldado bom e experiente.

ANTÔNIO

    Meu cavalo também; por isso, Otávio,
    Eu lhe reservo uma ração bem farta:
    É um ser que eu treinei para lutar,
    Correr, parar, atacar bem de frente,
    Com minha mente a controlar seu corpo.
    De certa forma, Lépido é assim:
    Tem de ser ensinado e comandado;
    Um espírito estéril, se alimenta
    De coisas, artes ou imitações
    Que, descartadas já por outros homens,
    Ele toma por novas. Não o julgue
    Mais que uma ferramenta. E agora, Otávio,
    Ouça as boas novas: Brutus e Cassius
    'Stão se armando. Nós temos de agir logo;
    Acertemos portanto nossa aliança,
    Procuremos amigos e recursos
    E resolvamos logo, num conselho,
    Como melhor falar do inda oculto,
    E responder ao que é perigo certo.

OTÁVIO

    Assim façamos; estamos cercados,
    Atacados por muitos inimigos;
    E muitos sorridentes corações
    Geram maldades.

                                        (Saem.)

CENA 2
Acampamento perto de Sardes. Em frente à tenda de Brutus.

(Rufam tambores. Entram Brutus, Lucilius, Lucius e o Exército. Titinius e Pindarus vêm ao seu encontro.)

BRUTUS
    Alto!

LUCILIUS
    Qual é a senha? Alto!

BRUTUS
    Como é Lucilius; Cassius já 'stá perto?

LUCILIUS
    Está bem perto, e Pindarus 'stá aqui,
5   Pra nos trazer saudações de seu amo.

BRUTUS
    Estou honrado. Mas seu amo, Pindarus,
    Mudado em si, ou tendo maus agentes,
    Deu-me razões demais pra desejar
    Fosse desfeito o muito que foi feito.
10   Porém, se ele está prestes a chegar,
    'Stou satisfeito.

PINDARUS
        Eu não tenho dúvidas
    De que meu nobre amo há de chegar
    Tal como é, honrado e valoroso.

BRUTUS
    Sem dúvida. Lucilius, uma palavra;
15   Como ele o recebeu? Quero saber.

LUCILIUS
    Com bastante respeito e cortesia,
    Mas não com aquela familiaridade,
    E nem co'a amistosa liberdade
    De outros tempos.

BRUTUS
        Você descreveu
20   Um amigo que esfria. Meu Lucilius,
    Todo amor que enfraquece e entra no ocaso

Adquire logo um ar de cerimônia.
O que é simples e aberto não tem truques;
O homem falso — e o cavalo esquentado —
Sempre querem mostrar tudo o que podem.

(Uma marcha toca, baixo, fora.)

Mas na hora de resistir à espora
Baixam a crina e, maus pangarés,
São reprovados. Ele traz a tropa?

Lucilius

Pretendem acampar já hoje em Sardes;
A maior parte, com a cavalaria,
Chega com Cassius.

(Entra Cassius com suas tropas.)

Veja! Estão aí!
Avancem com cautela pra encontrá-lo.

Cassius

Alto!

Brutus

Alto aí, e passe adiante a ordem.

1º Soldado

Alto!

2º Soldado

Alto!

3º Soldado

Alto!

Cassius

Você me injustiçou, meu nobre irmão.

Brutus

Deuses! Sou eu injusto co'o inimigo?
Se não, por que magoar a um irmão?

Cassius

Seu ar solene, Brutus, cobre injúrias,
E quando as faz...

BRUTUS

                   Melhor ter calma, Cassius.
Reclame baixo, eu o conheço bem.
Diante dos olhos de nossos exércitos,
Que entre nós dois só devem ver amor,
Não vamos brigar. Mande que se afastem;
E em minha tenda faça as suas queixas,
Que eu ouvirei.

CASSIUS

                   Vá dar as ordens, Pindarus,
Pra todo comandante e sua tropa
Livrar um pouco este terreno.

BRUTUS

Lucius, faça outro tanto, e que ninguém
Entre na tenda antes de terminarmos.
Lucilius e Titinius montam guarda.

(Saem todos, menos BRUTUS e CASSIUS.)

CENA 3
Na tenda de Brutus.

(BRUTUS e CASSIUS.)

CASSIUS

Foi clara a sua ofensa contra mim:
Condenou e destratou Lucius Pella,
E o disse subornado pelos sardos;
E a minha carta de apoio a ele,
Que é meu amigo, não teve atenção.

BRUTUS

A si mesmo ofendeu, ao escrevê-la.

CASSIUS

Não é correto em hora como esta
Ficar notando assim qualquer deslize.

BRUTUS

Pois eu lhe digo, Cassius: você mesmo
É condenado por mostrar ganância
E vender postos a peso de ouro
A quem não os merece.

CASSIUS

                    Por ganância!
Só Brutus é que fala assim comigo:
Um outro eu calaria para sempre.

BRUTUS

Se Cassius dá seu nome à corrupção,
Ele obriga o castigo a se esconder.

CASSIUS

Castigo!

BRUTUS

Deve lembrar-se dos Idos de Março;
Não sangrou César por justiça, então?
Que vilão o tocou, o apunhalou,
Senão pela justiça? E ora um de nós,
Que assassinamos o melhor dos homens
Por proteger ladrões, havemos nós
De nos sujarmos com subornos sórdidos,
Ou vender nossa honra em grandes nacos
A qualquer lixo capaz de alcançá-los?
Prefiro ser um cão a uivar pra lua
Do que um tal romano.

CASSIUS

                    Calma, Brutus;
Não posso suportar provocações.
Esquece de quem sou ao pressionar-me;
Eu sou soldado e como tal mais velho
E mais experiente que você
Pra fixar condições.

BRUTUS

                    Não é, não, Cassius.

CASSIUS

Sou, sim.

BRUTUS

Eu digo que não é.

CASSIUS

*Não me tente ou esqueço de mim mesmo.
Pense em sua saúde, e não me tente.*

Brutus
Vá embora, irresponsável!

Cassius
É possível?

Brutus
                  Ouça o que vou dizer.
Devo eu ceder à sua raiva tola?
Ter medo dos olhares de um insano?

Cassius
Deuses! Como hei de suportar tudo isso?

Brutus
Tudo isso e muito mais ainda.
Até seu peito estourar de gritar?
Vá mostrar cólera aos seus escravos,
Fazer tremer seus servos. Eu, ceder?
Devo eu ouvi-lo? Devo eu encolher-me
Por sua irritação? Mas, pelos deuses,
Você há de engolir seu próprio fel,
Mesmo que o estoure; e a partir de hoje
Eu só o usarei pra gargalhar
Quando irritar-se.

Cassius
                  Mas chegou a isto?

Brutus
Você se diz melhor soldado:
Pois mostre-o; comprove o que proclama.
É um prazer pra mim. E, do meu lado,
Eu gosto de aprender com homens nobres.

Cassius
Você me fez toda espécie de injúria;
Disse que era mais velho; não melhor.
Eu disse melhor?

Brutus
                Se disse, não me importa.

Cassius
Nem César vivo me falava assim.

BRUTUS
Nem você ousaria assim tentá-lo.

CASSIUS
Não ousaria?

BRUTUS
Não.

CASSIUS
O quê? Não ousaria assim tentá-lo?

BRUTUS
Nunca na vida.

CASSIUS
Não se fie demais no meu amor,
Ou farei algo de que me arrependa.

BRUTUS
Você já fez por que se arrepender;
Não há terror nas suas ameaças.
A honestidade me arma de tal modo
Que elas passam por mim como uma brisa
Que eu não respeito. Eu mandei pedir-lhe
Um tanto em ouro que você negou-me:
Não sei obter dinheiro com baixezas;
Hei de antes cunhar meu coração
E dar sangue por dracmas que arrancar
Migalhas da mão dura do campônio
Por meios vis. Eu lhe mandei pedir
Ouro para pagar as legiões.
Você negou. É assim que age Cassius?
Responderia eu assim a Cassius?
Se Marcus Brutus foi um dia avaro
A ponto de negar isso a um amigo,
Que os deuses 'stejam prontos pr'arrasá-lo
Só com seus raios!

CASSIUS
              Não lhe neguei nada.

BRUTUS
Negou.

CASSIUS
        Não era mais que um tolo

O que trouxe a resposta. Brutus, hoje,
Partiu-me o coração. Um bom amigo
Perdoa em outro amigo suas fraquezas;
As minhas Brutus faz mais do que são.

Brutus

Eu só o fiz quando elas me afetaram.

Cassius

Não me ama mais.

Brutus

                  Não amo os seus defeitos.

Cassius

Mas um olhar amigo não os vê.

Brutus

Nem o bajulador, mesmo que fossem
Do tamanho do Olimpo.

Cassius

Que venha Antônio com o menino Otávio,
Pra que se vinguem ambos de Cassius,
Pois Cassius 'stá cansado deste mundo!
Odiado por quem ama, pelo irmão;
Tratado como escravo, com os defeitos
Contados, anotados, decorados,
E atirados na cara! Meu espírito
Posso verter em pranto. A minha adaga
Aqui está, com o meu peito nu;
Meu coração vale bem mais que ouro,
Se você é romano, arranca-o fora.
Eu que lhe neguei ouro, dou-o agora.
Fira-me, como a César, pois eu sei
Que mesmo ao odiá-lo, amou-o mais
Que jamais amou Cassius.

Brutus

                        Guarde a lâmina.
Pode expressar à larga a sua ira;
Tomarei por humor os seus insultos.
Oh, Cassius, seu parceiro é um cordeiro
Cuja raiva, qual fogo em pederneira,
Se provocada sai como faísca,
Mas logo esfria.

CASSIUS
                Cassius viveu tanto
Pra ser o bobo do qual Brutus ri,
Quando a dor e os problemas o perturbam?

BRUTUS
Ao dizê-lo, eu estava perturbado.

CASSIUS
Então confessa? Dê-me a sua mão.

BRUTUS
E o coração.

CASSIUS
              Ah, Brutus!

BRUTUS
                  O que há?

CASSIUS
O seu amor não poderá aturar-me
Quando o humor que herdei de minha mãe
Me faz errar?

BRUTUS
              Claro, e de agora em diante
Se você se exceder junto ao seu Brutus,
Ele ouve sua mãe e fica nisso.

(Entra um POETA, seguido por LUCILIUS, TITINIUS e LUCIUS.)

POETA
Eu quero entrar pra ver os generais;
Estão em desacordo, e não é certo
Que fiquem sós.

LUCILIUS
            Não pode entrar pra vê-los.

POETA
Só a morte me impede.

CASSIUS
Então? O que é que há?

POETA

Generais, que vergonha! O que desejam?
Têm o dever de amar-se como amigos.
Eu já vivi bem mais que um e outro...

CASSIUS

135   Mas que loucuras diz, e que cinismo!

BRUTUS

Que sujeito abusado! Saia já!

CASSIUS

Paciência, Brutus; ele é mesmo assim.

BRUTUS

Se fala na hora certa, eu dou ouvidos;
Mas que fazer, na guerra, com idiotas?
140   Sujeito à-toa, saia!

CASSIUS

Saia logo!

(Sai o POETA.)

BRUTUS

Titinius e Lucilius, vão pedir
Aos comandantes que acampem logo.

CASSIUS

E venham ambos, trazendo Messala,
Ter cá conosco.

(Saem LUCILIUS e TITINIUS.)

BRUTUS

Lucius, traga vinho.

(Sai LUCIUS.)

CASSIUS

145   Eu nunca o vira antes tão zangado.

BRUTUS

Cassius, são muitas as dores que sofro.

CASSIUS

O estoicismo não serve pra nada
Quando se cede ao mal acidental.

BRUTUS

    Eu os enfrento bem. Pórcia está morta.

CASSIUS

150   O quê? Pórcia?

BRUTUS

    Está morta.

CASSIUS

    Como escapei da morte ao irritá-lo?
    Oh, perda abaladora, insuportável!
    Ficou doente?

BRUTUS

            Sim, com a minha ausência.
155   E tristeza de Otávio e Marco Antônio
    'Starem tão fortes. Co'a morte dela
    Veio esta nova. Só, e em desespero,
    Na ausência da serva engoliu fogo.

CASSIUS

    Morreu assim?

BRUTUS

            Assim.

CASSIUS

            Oh, grandes deuses!

(Entra o menino LUCIUS com vinho e tochas.)

BRUTUS

160   Não falemos mais dela. Quero vinho.
    A irritação vai nesta taça, Cassius. *(Bebe.)*

CASSIUS

    Eu estava sedento por tal brinde.
    Lucius, encha-me a taça até a boca.
    Ninguém bebe demais o amor de Brutus.

(Sai LUCIUS. Entram TITINIUS e MESSALA.)

BRUTUS

165   Entre, Titinius. Bem-vindo, Messala.
    Sentemo-nos aqui bem junto à tocha

Pra questionar nossas necessidades.

CASSIUS
Pórcia se foi?

BRUTUS
Agora chega; eu peço.
Messala, recebi cartas narrando
170 Que Marco Antônio e o jovem Otávio
Vão atacar-nos com uma vasta força
Que estão conduzindo pra Philippi.

MESSALA
Dizem o mesmo as que eu recebi.

BRUTUS
E o que mais?

MESSALA
175 Que, por proscritos e fora da lei,
Otávio, Antônio e Lépido
Já mandaram matar cem senadores.

BRUTUS
Nisso não 'stão de acordo nossas cartas.
A minha fala de setenta senadores
180 Como proscritos, dentre esses Cícero.

CASSIUS
Cícero, então?

MESSALA
Sim, Cícero está morto.
Pelo decreto de sua proscrição.
Senhor, recebeu carta de sua esposa?

BRUTUS
Não, Messala.

MESSALA
185 E nem falaram dela nas que teve?

BRUTUS
Nada, Messala.

MESSALA
Isso é muito estranho.

BRUTUS

Por que pergunta? A sua fala dela?

MESSALA

Não, meu senhor.

BRUTUS

Se é bom romano, diga-me a verdade.

MESSALA

190 Como romano enfrente o que lhe digo:
Ela morreu, de modo muito estranho.

BRUTUS

Adeus, Pórcia. Messala, a morte é certa.
Sabendo que ela morreria um dia
Fico mais forte pra enfrentar agora.

CASSIUS

195 Penso como você em teoria,
Mas não me é natural sentir assim.

BRUTUS

À tarefa dos vivos. O que você acha
De marcharmos agora pra Philippi?

CASSIUS

Não acho bom.

BRUTUS

Por quê?

CASSIUS

Eis a razão:
200 Melhor que o inimigo nos procure;
Com isso gasta meios, cansa as tropas,
Perde com isso, enquanto nós, parados,
Preservamos o corpo e as defesas.

BRUTUS

Melhor razão tem de vencer as boas.
205 O povo, entre Philippi e este ponto,
Nos tem afeto apenas simulado;
O que nos deram foi de má vontade.
Se o inimigo marcha em meio a ele,
Com ele há de ampliar a sua tropa,

210 E chegar refrescado e encorajado.
Nós o impedimos de ter uma vantagem
Se em Philippi o vemos cara a cara,
Já longe dessa gente.

   CASSIUS

                  Ouça-me, irmão...

   BRUTUS

Peço perdão. Quero que notem, mais,
215 Que os amigos já deram o que podem;
As nossas legiões estão completas,
Nossa causa madura. O inimigo
Cresce todos os dias, porém nós
'Stamos no auge, prontos pro declínio.
220 Há uma maré nos assuntos humanos
Que, tomada na cheia, traz fortuna;
Se perdida, a viagem desta vida
Será só de baixios e misérias.
Nós flutuamos num tal mar em cheia,
225 E vamos co'a corrente favorável
Ou perdemos a carga.

   CASSIUS

Vamos seguir o seu desejo, então;
Partamos pra encontrá-los em Philippi.

   BRUTUS

A negra noite envolveu nossa fala
230 E temos de ceder à natureza
Que nós traímos repousando pouco.
Algo mais a dizer?

   CASSIUS

                  Não. Boa noite.
Amanhã, logo cedo nós partimos.

   BRUTUS

Lucius! A capa.

   (Entra LUCIUS.)

                  Adeus, bom Messala.

                                  (Sai LUCIUS.)

235   Boa noite, Titinius; nobre Cassius,
Um bom repouso.

Cassius
           Oh, meu caro irmão;
Que começo tão mau a noite teve.
Nunca mais quero ver-nos divididos!
Nunca mais, Brutus.

(Entra Lucius trazendo a camisola para a noite.)

Brutus
           Está tudo bem.

Cassius
240   Boa noite, senhor.

Brutus
           Irmão, boa noite.

Titinius e Messala
Meu senhor Brutus.

Brutus
           Boa noite a todos

(Saem Cassius, Titinius e Messala.)

Dê-me a capa. Onde está sua harpa?

Lucius
Aqui na tenda.

Brutus
           'Stá com tanto sono?
Eu não o culpo; 'stá sempre de guarda.
245   Vá chamar Claudio, e mais outros guardas;
Quero que durmam comigo na tenda.

Lucius
Varro e Claudio!

(Entram Varro e Claudio.)

Varro
Chamou, senhor?

BRUTUS

    Peço que durmam hoje em minha tenda;
250   Talvez em pouco tempo eu os desperte
    Pra mandá-los a meu cunhado Cassius.

VARRO

    Ficaremos de pé ao seu dispor.

BRUTUS

    De modo algum; podem deitar-se, amigos;
    Não 'stou certo que tenham de sair.

(VARRO e CLAUDIO deitam-se.)

255   Veja, Lucius; o livro que buscava.
    Eu o coloquei no bolso da camisola.

LUCIUS

    Sabia que o senhor 'stava com ele.

BRUTUS

    Tem de ter paciência. Ando esquecido.
    Inda pode ficar de olhos abertos
260   Pra dedilhar um pouco o instrumento?

LUCIUS

    Se assim quiser, senhor.

BRUTUS

                          Quero, menino;
    É trabalho; mas tem boa vontade.

LUCIUS

    É meu dever, senhor.

BRUTUS

    Não quero que se esforce mais que deve;
265   Eu sei que os jovens têm de descansar.

LUCIUS

    Mas, meu senhor, eu já dormi um pouco.

BRUTUS

    Fez muito bem; e há de dormir mais.
    Não o prendo mais muito; se eu viver
    Hei de ser bom pra você.

JÚLIO CÉSAR *Ato 4 Cena 3*

(Música, uma canção.)

270 Sono letal que produz tom tão morto!
Pesas qual chumbo sobre o meu rapaz,
Que te chama com música? Boa noite.
Eu não farei o crime de acordá-lo;
Se cabeceia, quebra o instrumento —
275 Vou tirá-lo, e boa noite, menino.
Vejamos: foi na página dobrada
Que eu parei de ler? Ah, aqui está!

(Entra o FANTASMA DE CÉSAR.)

Como a tocha escurece! Quem vem lá?
É alguma fraqueza dos meus olhos
280 Que forma a monstruosa aparição.
Chega mais perto. És alguma coisa?
Será que és deus, que és anjo, ou que és demônio,
Que esfria o sangue e arrepia os cabelos?
Diz-me o que tu és.

FANTASMA
285 Teu mau espírito.

BRUTUS
              Por que vens tu?

FANTASMA
Pra dizer que em Philippi me verás.

BRUTUS
Então nós nos veremos outra vez?

FANTASMA
Sim, em Philippi.

BRUTUS
Pois então nos veremos em Philippi.

(Sai o FANTASMA.)

290 Me voltou a coragem e te vais!
Quero falar-te ainda, mau espírito!
Menino! Lucius! Varro! Acordem todos!
Claudio!

LUCIUS
As cordas não 'stão boas.

BRUTUS
Ainda pensa que está tocando.
Lucius, acorde!

LUCIUS
Senhor?!

BRUTUS
Você gritou porque estava sonhando?

LUCIUS
Senhor, se eu gritei foi sem saber.

BRUTUS
Gritou, sim. Mas não viu alguma coisa?

LUCIUS
Nada, senhor.

BRUTUS
Durma de novo. Claudio, chega aqui.
E tu, aí, acorda!

VARRO
Senhor?

CLAUDIO
Senhor?

BRUTUS
Por que gritastes, inda adormecidos?

AMBOS
Nós gritamos, senhor?

BRUTUS
E nada vistes?

VARRO
Não vi nada, senhor.

CLAUDIO
Nem eu, senhor.

BRUTUS

>Recomendai-me a meu cunhado Cassius;
>Que ele avance suas tropas logo cedo;
>Nós o seguiremos.

AMBOS

>Assim faremos.

>*(Saem.)*

ATO 5

CENA 1
A planície em Philippi.

(Entram Otávio, Antônio e seu exército.)

OTÁVIO

Nossa esperança se confirma, Antônio.
Você previu que eles não desceriam,
Preferindo ficar nas partes altas.
Não ficaram; suas tropas estão perto.
Pretendem enfrentar-nos em Philippi,
Agindo antes que os desafiemos.

ANTÔNIO

Conheço os seus segredos e bem sei
Por que o fazem. Eles gostariam
De estar em outra parte, e ora descem
Com bravura fingida, na ilusão
De nos fazer pensar que têm coragem;
Mas não têm.

(Entra um Mensageiro.)

MENSAGEIRO

Generais, preparai-vos.
O inimigo se mostra muito ativo;
A batalha sangrenta se anuncia.
Precisamos agir de imediato.

ANTÔNIO

Otávio, leve em silêncio os seus homens
Pela esquerda do campo aonde é plano.

OTÁVIO

Eu vou pela direita. A esquerda é sua.

ANTÔNIO

Por que me antagoniza nesta hora?

OTÁVIO

Não é essa a intenção. Mas vou por lá.

(Marcha. Tambores. Entram Brutus, Cassius e o seu exército, com Titinius, Messala e outros.)

Brutus

Querem parlamentar. Fizeram alto.

Cassius

Firme, Titinius; vamos conversar.

Otávio

Damos sinal para a batalha, Antônio?

Antônio

Não, César; aguardemos seu ataque.
Avante; os generais querem falar.

Otávio

Ninguém se mexa antes do sinal.

Brutus

Palavras antes dos golpes, patrícios?

Otávio

Não que as amemos mais, como você.

Brutus

As boas são melhores que os maus golpes.

Antônio

Brutus, no seu pior houve palavras;
Você furou o coração de César
Gritando "Viva César"!

Cassius

                    Antônio,
Quais são seus golpes ninguém sabe ainda;
Mas suas palavras roubam o mel
Da própria abelha.

Antônio

            Mas não o ferrão.

Brutus

Também; e até a voz.
Você roubou-lhe o zumbido, Antônio;
E agora ameaça antes de ferrar.

ANTÔNIO

Mas vocês não, vilões, antes que as facas
40 Arrebentassem os flancos de César.
Quais macacos e cães bajuladores
Se curvaram beijando os pés de César,
Enquanto o biltre Casca, pelas costas,
Feria César. Ah, bajuladores!

CASSIUS

45 Bajuladores? Essa língua, Brutus,
Não 'staria hoje aqui pra ofendê-lo
Se Cassius fosse ouvido.

OTÁVIO

Ao ponto! Se suamos debatendo,
Na luta haverá gotas mais vermelhas.
50 Contra conspiradores tomo a espada;
Quando julgam que ela se calará?
Jamais, até que as trinta e três feridas
De Júlio César sejam bem vingadas,
Ou até outro César inda aumentar
55 A matança das facas dos traidores.

BRUTUS

Não morrerás por mãos traidoras, César,
Se elas não vêm contigo.

OTÁVIO

                Assim espero.
Não nasci pra morrer pela espada de Brutus.

BRUTUS

Se fosses o mais nobre do teu sangue,
60 Tu não terias morte mais honrosa.

CASSIUS

Guri levado, indigno de tal honra,
Parceiro de palhaço e mascarado.

ANTÔNIO

O velho Cassius!

OTÁVIO

                Vamos logo, Antônio.
Traidores, eis o nosso desafio:

65 Venham pro campo, se ousam lutar hoje;
     Se não, quando puderem ter coragem.

                             (Saem Otávio, Antônio e seu exército.)

 Cassius
     Que venham ventos, nuvens e enchentes!
     Nessa tormenta a sorte está lançada!

 Brutus
     Lucilius, venha cá; uma palavra.

 Lucilius
             (Avançando.)
 70 Senhor?

             (Brutus e Lucilius falam, afastados.)

 Cassius
     Messala!

 Messala
             (Avançando.)
             Sim, meu general?

 Cassius
                     Messala,
     Eu comemoro hoje mais um ano
     De nascimento. Dê-me a mão, Messala;
     Quero que saiba aqui que, a contragosto,
 75 Como Pompeu fui hoje compelido
     A jogar tudo em uma só batalha.
     Sabe que eu sempre admirei Epicuro
     E o seu pensar. Porém mudei de ideia,
     E em parte eu creio hoje em maus presságios.
 80 Vindo de Sardes, sobre o nosso emblema
     Pousaram duas águias poderosas,
     Que comiam das mãos das próprias tropas
     Que vieram conosco pra Philippi.
     Esta manhã, voando, elas se foram
 85 E em seu lugar só corvos e milhafres
     Nos sobrevoam, olhando do alto,
     Como se presas fôramos. Suas sombras
     Formam dossel de morte sob o qual
     Nossa tropa só espera pra expirar.

MESSALA

    Não creia nisso.

CASSIUS

                  Eu só o creio em parte,
E o meu espírito 'stá resolvido
A ser constante em face do perigo.

BRUTUS

    'Stá bem, Lucilius.

CASSIUS

              E ora, nobre Brutus,
Sejam os deuses hoje benfazejos,
Pra na velhice termos paz e amor!
Mas como a vida humana é sempre incerta,
Pensemos que o pior nos aconteça.
Perdendo esta batalha, esta será
A última vez que, juntos, conversamos.
Que resolve fazer diante disso?

BRUTUS

    Com o mesmo pensamento filosófico
Segundo o qual eu condenei Catão
Porque ele se matou — não sei por quê,
Mas considero ato covarde e vil,
Por temer o possível, limitar
A duração da vida — hoje eu prefiro
Aguardar paciente a providência
Dos poderes mais altos que governam
Tudo aqui embaixo.

CASSIUS

                Se derrotado, então,
Há de aceitar ser levado em triunfo
Pelas ruas de Roma?

BRUTUS

    Não, Cassius; não pense, nobre romano,
Que Brutus vá acorrentado a Roma.
Ele é maior que isso. Porém hoje
É que terminam os Idos de Março:
Não sei se novamente nos veremos;
Vamos então dizer um eterno adeus.
Pra sempre e sempre, Cassius, digo adeus.

120 Se nos virmos de novo, sorriremos;
Se não, a despedida foi bem feita.

CASSIUS

Pra sempre e sempre, Brutus, digo adeus.
Se nos virmos, por certo sorriremos;
Se não, bem feita foi a despedida.

BRUTUS

Avante, então; quem nos dera saber,
125 Antes que ele chegasse, o fim do dia;
Mas já basta sabermos que ele finda.
E então se sabe o fim. Vamos! Em frente!

(Saem.)

CENA 2
Philippi. O campo de batalha.

(Alarma. Entram BRUTUS e MESSALA.)

BRUTUS

Monte, Messala; leve estas mensagens
Às legiões que estão lá do outro lado. *(Alarma alto.)*
Diga que avancem logo, pois percebo
Que a esquerda de Otávio está bem fria,
5 E uma surpresa pode derrotá-la.
Vá, Messala; que todos desçam logo.

(Saem.)

CENA 3
Uma outra parte do campo.

(Alarma. Entram CASSIUS e TITINIUS.)

CASSIUS

Veja, Titinius; fogem os vilões;
Tornei-me um inimigo de meus homens.
Este porta-estandarte ia fugindo,
Eu o matei e tirei-lhe a bandeira.

TITINIUS

5 Cassius, Brutus falou cedo demais;
Tendo certa vantagem sobre Otávio,

Precipitou-se, e a tropa só saqueia,
Enquanto Antônio aqui nos tem cercados.

(Entra Pindarus.)

PINDARUS

Fuja, meu senhor; fuja pra longe!
Marco Antônio chegou às suas tendas.
Fuja então, nobre Cassius; vá pra longe!

CASSIUS

Já basta esta colina. Olhe, Titinius!
Aquele fogo vem das minhas tendas?

TITINIUS

Vem, meu senhor.

CASSIUS

               Se me quer bem, Titinius,
Monte no meu cavalo e o esporeie,
Para que ele o leve até aquela tropa
E volte, pra que eu saiba, com certeza,
Se aquela gente é amiga ou inimiga.

TITINIUS

Rápido como um raio eu vou e volto.

(Sai.)

CASSIUS

Pindarus, suba mais nesta colina;
Minha visão é má. Olhe Titinius,
E diga-me o que nota em todo o campo.

(Sai Pindarus.)

Nesta data eu nasci. Fecha-se o ciclo.
E onde eu comecei devo acabar.
Minha vida esgotou-se. O que estou vendo?

PINDARUS

(No alto.)
Meu senhor!

CASSIUS
　　　O que há de novo?

PINDARUS
　　　Titinius 'stá cercado por cavalos
　　　Que num repente foram contra ele;
30　　Mas ele luta. Agora quase o prendem.
　　　Eles desmontam. Titinius também.

　　　　　(Gritos.)

　　　Foi preso! E eles gritam de alegria.

CASSIUS
　　　Pode descer; não olhe mais.
　　　Que covarde sou eu, qu'inda estou vivo
35　　Pra ver meu grande amigo capturado.

　　　　　(Entra PINDARUS, vindo do alto.)

　　　Venha cá, moço.
　　　Na Pártia eu o fiz meu prisioneiro,
　　　E então o fiz jurar que, afora a vida,
　　　Tudo o que algum dia eu lhe pedisse
40　　Você faria. Agora cumpra a jura.
　　　Fique hoje livre e, com esta mesma espada
　　　Que a César retalhou, vare este peito.
　　　Não me responda. Pegue aqui no punho
　　　E quando, agora, eu cobrir o meu rosto,
45　　Finque a ponta. César, estás vingado,
　　　Com a própria espada que te assassinou. *(Morre.)*

PINDARUS
　　　'Stou livre; mas seria de outro modo
　　　Se fosse por minha vontade, Cassius!
　　　Vou fugir pra bem longe desta terra,
50　　Pr'onde romano algum me há de buscar.

　　　　　　　　　　　　　　　　　　(Sai.)

　　　　　(Entram TITINIUS e MESSALA.)

MESSALA
　　　É a Fortuna, Titinius; pois Otávio

Foi vencido por Brutus e sua tropa,
Como Cassius pelas legiões de Antônio.

TITINIUS

Isso há de ser conforto para Cassius.

MESSALA

Onde o deixou?

TITINIUS

        Deixei-o inconsolável
Nesta colina, com seu servo Pindarus.

MESSALA

Não é ele, deitado ali no chão?

TITINIUS

Não deita como vivo. Ai, meu peito!

MESSALA

Não é ele?

TITINIUS

        Não; só quem era ele.
Não existe mais Cassius. Céu poente,
Como afundas na noite os rubros raios,
Em rubro sangue pôs-se também Cassius.
Caiu o sol de Roma. Foi-se o dia.
Nuvens, orvalhos e perigos, venham:
Os nossos atos já estão concluídos;
Temor que eu fracassasse é o que fez isto.

MESSALA

Foi temor do fracasso que fez isto.
Erro vil, fruto da melancolia,
Por que mostras à mente vulnerável
O que não é? Concebido na pressa,
Oh erro, jamais chegas a bom parto,
Pois tu matas a mãe que te engendrou.

TITINIUS

Olá, Pindarus! Onde estás, Pindarus?

MESSALA

Vá procurá-lo enquanto eu mesmo busco

		O nobre Brutus, pra furar com a nova
75		Os seus ouvidos. E furar é o termo,
		Pois o aço ou a ponta envenenada
		Seriam tão bem-vindos para Brutus
		Quanto este quadro.

TITINIUS

                        Corra, bom Messala;
80   Vou procurar por Pindarus um pouco.

(Sai MESSALA.)

     Por que me mandou lá, meu bravo Cassius?
     Não encontrei seus amigos, recebendo
     Deles esta coroa de vitória
     Pra que eu lha desse? Não ouviu seus gritos?
85 Mas, ai, ai, você compreendeu mal tudo.
     Permita que eu coroe a sua fronte:
     O seu Brutus pediu-me que o fizesse,
     E eu obedeço. Brutus, venha logo
     Pra ver como eu honrei a Caius Cassius.
90 Deuses, é de romano a minha ação:
     Arma de Cassius, vem-me ao coração! *(Mata-se.)*

(Alarma. Entram BRUTUS, MESSALA, o jovem CATÃO, STRATO, VOLUMNIUS e LUCILIUS.)

BRUTUS

Diga, Messala, aonde jaz o seu corpo?

MESSALA

Ali, e a pranteá-lo está Titinius.

BRUTUS

Está pro alto o rosto de Titinius.

CATÃO

95 Ele está morto.

BRUTUS

     Júlio César, ainda és poderoso!
     Teu espírito volta as nossas lâminas
     Contra as nossas entranhas.

CATÃO

                              Bom Titinius!
Vejam! Pôs a coroa em Cassius morto.

BRUTUS

100   Será que vivem mais desses romanos?
Último dos romanos, vá com os deuses!
É impossível que algum dia Roma
Gere o seu par. Amigos, devo mais
Em pranto a esse morto do que veem.
105   Hei de ter tempo, Cassius, hei de tê-lo.
Seu funeral será longe do campo,
Pra não trazer tristeza. Vem, Lucilius,
E vem, jovem Catão; vamos pro campo.
Labeo e Flavius, avancem a tropa.
110   São três horas, romanos, mas é certo
Que antes da noite estar terminada,
Outra batalha já será travada.

                                                         (Saem.)

CENA 4
Uma outra parte do campo.

(Trompas. Entram BRUTUS, MESSALA, o jovem CATÃO, LUCIUS e FLAVIUS.)

BRUTUS

Romanos, sempre de cabeça erguida!

                                                         (Sai.)

CATÃO

Que crápula a abaixa? Quem me segue?
Vou proclamar meu nome pelo campo.
Ouçam! Sou filho de Marcus Catão,
5   Que ama o país e que odeia tiranos.
Ouçam! Sou filho de Marcus Catão!

(Entram SOLDADOS e lutam.)

LUCILIUS

E eu sou Brutus, Marcus Brutus, eu!
Brutus que ama a pátria, eu sou Brutus!

                                        (Saem. Jovem CATÃO cai.)

LUCILIUS

        Jovem Catão, tão jovem, já caíste?
10   Morreste com a bravura de Titinius
        E, filho de Catão, serás honrado.

1º SOLDADO

        Rende-te ou morre.

LUCILIUS

                  Pra morrer me rendo.
        Há muito pelo que deves matar-me.
        Mata Brutus e alcança assim a glória.

1º SOLDADO

15   Não devemos; é um prisioneiro nobre!

(Entra ANTÔNIO.)

2º SOLDADO

        Brutus 'stá preso! Digam a Antônio.

1º SOLDADO

        Eu vou dizer. Lá vem o general.
        Senhor, Brutus foi preso, capturado.

ANTÔNIO

        Aonde está?

LUCILIUS

20   A salvo, Antônio. Brutus 'stá a salvo.
        Ouso afirmar que não há inimigo
        Que um dia prenda Brutus inda vivo.
        Que os céus o poupem de uma tal vergonha!
        Quando for encontrado, vivo ou morto,
25   Hão de ver que é ainda o mesmo Brutus.

ANTÔNIO

        Não é Brutus, amigo; mas garanto
        Que tem igual valor. Guarda-o bem;
        E usa-o com bondade. Eu quero antes
        Ter amigos assim do que inimigos.
30   Vão ver se Brutus está morto ou vivo;
        Traz à tenda de Otávio a informação
        Sobre tudo o que acontecer.

(Saem.)

CENA 5
Uma outra parte do campo.

(Entram Brutus, Dardanius, Clitus, Strato e Volumnius.)

BRUTUS
Pobres restos de amigos, descansemos.

CLITUS
Statilius fez sinal mas, meu senhor,
Não retornou; ele está preso ou morto.

BRUTUS
Senta, Clitus. A senha hoje é matar;
É o que ficou em moda. Ouve, Clitus. *(Sussurra.)*

CLITUS
Eu, meu senhor? Mas nunca neste mundo.

BRUTUS
Silêncio, então.

CLITUS
                Prefiro me matar.

BRUTUS
Ouve, Dardanius. *(Sussurra.)*

DARDANIUS
                          Eu, fazer tal coisa?

CLITUS
Ai, Dardanius!

DARDANIUS
Ai, ai, Clitus!

CLITUS
Que mau pedido Brutus fez a ti?

DARDANIUS
Que eu o matasse. Vê como ele pensa.

CLITUS
'Stá tão pleno de dor o nobre vaso
Que agora já transborda pelos olhos.

Brutus

15 Vem cá, Volumnius; ouve uma palavra.

Volumnius

Que diz, senhor?

Brutus

           O seguinte, Volumnius.
O fantasma de César veio ver-me
Já duas vezes: uma vez em Sardes,
E ontem aqui, no campo de Philippi.
20 Minha hora chegou.

Volumnius

           Não, meu senhor.

Brutus

Mas estou certo que chegou, Volumnius.
Tu vês, Volumnius, como está o mundo:
O inimigo está nos acuando.

    (*Clarins, baixo.*)

Melhor pularmos nós para a armadilha
25 Que sermos empurrados. Bom Volumnius,

Sabes que fomos juntos à escola;
Pela velha amizade é que te peço
Que segure a espada pr'eu matar-me.

    (*Clarins, fora.*)

Volumnius

Isso não é tarefa para amigo.

Clitus

30 Fuja, fuja, senhor; não fique aqui.

Brutus

A ti e a ti adeus; adeus, Volumnius.
Strato, 'stiveste dormindo até agora,
Adeus a ti também. Compatriotas,
Vibra meu coração porque, na vida,
35 Jamais encontrei homens desleais.

Nesta derrota encontrarei mais glória,
Muito mais do que Otávio e Marco Antônio
Alcançarão por sua vil conquista.
Adeus agora, pois a voz de Brutus
40 Já quase terminou a sua história.
Tenho a noite nos olhos; e os meus ossos
Desejam o repouso que merecem:
Eu vivi preparando este momento,

(Clarins, gritos, fora: "Fujam, fujam, fujam!")

Clitus

Fuja, senhor!

Brutus

Podem ir, que eu vou logo.

(Saem Clitus, Dardanius e Volumnius.)

45 Strato, eu te peço, fica com teu amo.
Sei que tu és um homem de respeito:
A honra tem tocado a tua vida.
Segura a minha espada, e vira o rosto
Enquanto eu salto nela. 'Stá bem, Strato?

Strato

50 Primeiro a sua mão. Adeus, senhor.

Brutus

Adeus, Strato. César enfim se acalma.
Não o matei com tanto empenho de alma. *(Mata-se.)*

(Alarma. Toque de retirada. Entram Antônio, Otávio, Messala, Lucilius e o exército.)

Otávio

Quem é esse homem?

Messala

Do meu senhor. Strato, onde está teu amo?

Strato

55 Livre, e não preso como tu, Messala.

Os vencedores só podem queimá-lo,
Pois Brutus triunfou sobre si mesmo;
Sua morte não traz honra a ninguém mais.

Lucilius

É justo assim o vermos. Grato, Brutus,
Por comprovar o que eu já predissera.

Otávio

Os que serviram Brutus eu recebo.
Rapaz, queres ficar comigo agora?

Strato

Sim, se Messala me recomendar.

Otávio

Faça-o, Messala.

Messala

Como morreu meu amo, Strato?

Strato

Atirou-se na espada que eu firmei.

Messala

Otávio, então aceite pra segui-lo
O que serviu meu amo até o fim.

Antônio

Este foi o mais nobre dos romanos.
Todos que conspiraram, menos ele,
O fizeram de inveja ao grande César.
Só ele, por honesto pensamento,
E pelo bem comum, tornou-se um deles.
Foi bom em vida, e os elementos
Nele se uniram com tal equilíbrio
Que a Natureza pôde, finalmente,
Dizer ao mundo inteiro: "Eis um homem!"

Otávio

Usemo-lo de acordo com seu mérito;
Que o funeral tenha rito e respeito.
Seu corpo fica hoje em minha tenda,

Seguindo as altas honras militares.
Descanse a tropa; a partida está dada,
Pra repartir as glórias da jornada.

(Saem todos.)

Segurado as giestas floridas/inflamadas
Descanse a tropa, arrumada está data
Pra repartir as pedras da jornada

(Sigam todos.)

de uma determinada maneira e poder preservar uma palavra perfeitamente equivalente a pelo menos *uma* das possíveis interpretações.

Racine escreveu toda a sua obra com três mil palavras; Shakespeare usou 29 mil, o vocabulário mais rico de que se tem notícia em autor de língua inglesa (e provavelmente de qualquer outra). Isso justamente porque, ao contrário dos clássicos franceses, Shakespeare e todos os seus contemporâneos pertenciam a um mundo em expansão, um mundo de descobertas, um mundo recém-libertado dos formalismos e misticismos medievais, em que tudo era belo, principalmente o que era humano e terreno. Havia poesia no ar, mas também na terra, na água e no fogo, os elementos que tanto serviriam de imagem à suprema exaltação da morte de Cleópatra quanto à alquimia de Ben Jonson e Robert Greene. A poesia de Shakespeare era escrita com todas as palavras de seu mundo, sem as escravizantes hierarquias que determinavam o vocabulário do Classicismo francês.

Por outro lado, Shakespeare foi um homem moderno de seu tempo; e foi um homem de teatro. Sua linguagem não poderia ser mais contemporânea, mais acessível, mais popular, pois sua arte, bem como sua intuitiva busca de *todo* o seu público, tornavam imperativo que ele fosse compreendido *de imediato* durante o espetáculo. Assim, não compreendo que possa haver justiça, ou mesmo justificativa, em qualquer tentativa arcaizante na tradução shakespeariana, da mesma forma que não se pode tampouco situá-la artificialmente em uma situação de excessiva atualidade, ou cair em um vocabulário transitório de regionalismo ou coloquialismo menor.

A grande preocupação desta tradução foi, para mim — a quem coube a ingrata tarefa de cobrar diariamente seu término —, a de ter em mãos um instrumento com o qual pudesse contagiar meus alunos com o micróbio da paixão shakespeariana. Quanto ao resto, confesso que não tive que fazer mais do que confiar tranquilamente na capacidade de um poeta de inspirar outro. O *verso branco* dos elisabetanos, para eles um pentâmetro iâmbico, para nós um decassílabo (sem rima), pode, quando dotado de ritmo autêntico, ser apoio extraordinário para o ator. Se é difícil chegar a dominar o verso, uma vez dominado ele passa a ser magistral servidor de dois amos: ajuda o ator em seu trabalho e ajuda-o a bem servir o autor. O que se fazia necessário, enfim, era um texto através do qual o leitor, ou o ator, ou o diretor pudessem captar o todo da obra, lendo-a até mesmo de um só fôlego, para sentir-lhe o impacto de uma só vez, mas também uma tradução que permitisse parar ao longo do caminho para admirar ou analisar passagens sem perda dos valores poéticos que fazem do *Hamlet* o que ele é, tanto quanto seu conteúdo conceitual, sua história, seu enredo ou sua caracterização. O número de felicidades verbais contidas na tradução foi comprovado, principalmente, pelo número de vezes em que tive o extraordinário prazer de ver iluminar-se o rosto de um aluno ao contato com esta ou aquela passagem da obra.

A escolha da peça a ser traduzida recaiu sobre a que parecia reunir o maior número de qualidades para os fins a que se dirige. Assim poderíamos enumerar (sem contar a incontestável curiosidade criada em torno do texto por sua universal aclamação) as seguintes razões: a) ser ela altamente representativa da dramaturgia elisabetana; b) seu exemplar aproveitamento do palco elisabetano; c) seu exemplo excepcional do aproveitamento de material anterior por Shakespeare; d) ser obra da maturidade, na qual a poesia — em prosa ou verso — se tornou mais dramática do que em qualquer outro momento; e) ser obra de transição entre o elisabetano e o jaimesco, na qual estão presentes elementos característicos de ambos os períodos; e f) ser obra de excepcionais qualidades de estrutura ou caracterização, que a tornam particularmente interessante tanto para atores quanto para diretores.

Examinemos, rapidamente, essas razões.

A dramaturgia elisabetana é uma fórmula conciliatória de rara felicidade que aproveita o melhor de dois mundos, o medieval e o renascentista. Séculos de extraordinária popularidade e vitalidade do teatro épico, didático, moralizante e salutarmente desbocado da Idade Média, impediram que, na Inglaterra, essa vital tradição popular fosse (como o foi na França, por exemplo) destruída pelas eruditas preocupações imitativas do Renascimento. O longo hábito de ouvir histórias da Bíblia (ou lições morais passadas em termos alegóricos que fixavam infalíveis pontos de referência para o estabelecimento do caráter positivo ou negativo do personagem), a exuberância do jogo, a aceitação da mistura humana da tragédia e da comédia, o hábito da criação da imagem visual pelo ouvido (que exigia do público medieval uma participação ativa na criação do ambiente), a natureza, enfim, essencialmente participante da manifestação dramática medieval depois que esta se libertou da férrea disciplina da Igreja, tudo isso fez com que os modos imitativos da Renascença fossem repudiados. Por que razão um público que via passar diante de seus olhos toda a história do mundo, da Criação ao Juízo Final, haveria de conformar-se com a apresentação de alguma coisa ligada a um dia, um local e uma única ação? Por que não poderia ele rir durante uma tragédia se nas mais ponderosas moralidades o diabo, eterno derrotado, se havia transformado em personagem cômico? Nas universidades foi tentada a imitação, mas a força da tradição medieval era grande demais para que fosse admitida a mera narração de mortes ou batalhas, muito mais fascinantes quando testemunhadas, com a imaginação complementando a convenção. Mas sem dúvida havia o que aprender: a concepção do herói, principalmente o herói senecano, herói estoico que, como o medieval Todomundo, era campo de batalha entre o bem e o mal, mas que tinha uma dimensão de autoconhecimento que servia magistralmente à curiosidade do elisabetano em conhecer tanto a si mesmo quanto a tudo o mais à sua volta. A noção de estrutura do enredo, a maior disciplina do material para formar a imagem de uma ideia dominante, a ótica humana da Renascença, essas eram as características que faziam o teatro ainda mais teatro, e foram portanto aceitas. A pantomima, tão cara a Sêneca, encontrava eco no público que tinha aprendido a compreender além do que via; e a violência de Sêneca correspondia bem à violência daquele povo que crescia, que se afirmava em impressionante demonstração coletiva de individualismo extremo.

Tudo isso está em *Hamlet*, e se *Hamlet* é mais do que tudo isso é porque William Shakespeare é a cristalização perfeita de um longo processo de amadurecimento, completado somente quando poetas como ele souberam aprimorar a linguagem popular de suas origens medievais até atingir as culminâncias da expressão poética sem perda da perspectiva dessas mesmas origens, sem se afastarem da sequiosa massa inculta mas ávida de saber, ávida de se ver retratada e estimulada, ávida de se ver reafirmada a ideia de que o homem pode tudo. E, sem dúvida, alguns dos mais decantados "problemas" de *Hamlet* emanam da síntese medieval-renascentista da obra, sendo da maior importância a interpretação de Peter Alexander de que Hamlet-pai, representa uma idade heroica em que o bravo vence lealmente, só perde quando traído e deve ser vingado, enquanto Hamlet-filho, pertence a uma outra geração, universitária e humanística, na qual valores mais altos se avultam, donde sua dificuldade em executar um ato de vingança.

Mas é a vingança que torna a peça tão altamente representativa, pois a partir da *Spanish Tragedy*, de Thomas Kyd, a sanguinolência, a loucura (real e fingida) e a vingança eram das mais populares formas dramáticas da época.

A diferença entre *The Spanish Tragedy* e *Hamlet* é a diferença entre Kyd e Shakespeare. O primeiro quis escrever um espetáculo teatral de efeito, o segundo — com uma visão infinitamente mais profunda e mais poética — deu a seu protagonista uma tarefa de vingança a executar e em torno dela criou toda uma avaliação da vida humana que chega às suas últimas consequências na famosa dúvida tão singelamente expressada: *ser ou não ser*. Não apenas "ser", por certo; "ser" só merece esse título quando plenamente vivido, pois quando as concessões e os compromissos têm de conduzir à rastejante e corrupta subserviência de um Polônio, é melhor "não ser". Para dizer isso, Shakespeare teve de escrever cinco atos e quase quatro mil linhas (o dobro de sua tragédia mais curta, *Macbeth*, e quase mil linhas mais longa do que qualquer outra obra sua), e, no entanto, é incontestável a verdade (tão conhecida) de que a melhor, a mais sucinta, a mais despojada forma de se dizer o que Shakespeare quis dizer ao escrever *Hamlet* é — precisamente — o total de *Hamlet*.

Ali nada é gratuito: tudo se ilumina e se esclarece mutuamente. Senão, vejamos: Hamlet deve vingar o pai, o mesmo que devem ou querem fazer Laertes e Fortimbrás; Hamlet finge-se de louco, e Ofélia fica louca; Cláudio é rei e ator, pois representa para todos (até mesmo para Gertrudes), e o ator é ator e rei; Hamlet recebe ordens de seu pai e não as obedece, com consequências graves — mas serão menos graves as consequências de ter Ofélia obedecido às ordens de seu pai? A interferência dos coveiros, herança da tradição medieval do alívio cômico, não constitui ela mesma uma visão inteiramente nova da posição de Ofélia?

Do mesmo modo é preciso não perder de vista a firmeza com que Shakespeare "amarra" a peça em seu todo, situando-a com clareza e precisão em um contexto que em si mesmo projeta todos os problemas debatidos a uma dimensão muito maior do que teriam isoladamente em qualquer outro contexto. Não é por esnobismo que Shakespeare cria um mundo de reis e príncipes, e sim porque as consequências para todo o estado pelo fato de Cláudio, o rei, ser um assassino, são infinitamente maiores do que as advindas da mesma condição em um súdito — e nem são menores as consequências de se ter um rei assassinado.

Quando, no início da Cena 3 do Ato 3, Rosencrantz concorda com Cláudio em que Hamlet deva ser afastado para não ameaçar a vida do rei, dizendo:

> (...) A majestade
> Não sucumbe sozinha; mas arrasta
> Como um golfo o que a cerca; é como a roda
> Posta no cume da montanha altíssima
> A cujos raios mil menores coisas
> São presas e encaixadas; se ela cai,
> Cada pequeno objeto, em consequência,
> Segue a ruidosa ruína (...)

vemos até que ponto Shakespeare domina seu instrumento, a mestria com que usa a ironia dramática, pois o pressuroso Rosencrantz, ao pronunciar suas bajuladoras palavras, não sabe que o processo a que se refere já está em curso, justamente porque Cláudio matou um rei, crime que já trouxe, e trará ainda, trágicas consequências para o reino.

Assim, e só assim, numa visão global que contenha em si o múltiplo alcance desta obra-prima dramática, é que pode e deve ser lido, visto ou compreendido *Hamlet*. Se o papel de Hamlet é o mais longo que existe na dramaturgia ocidental, ele só é protagonista em função da situação que o cerca, e a concepção romântica de uma figura ensimesmada, preocupada exclusivamente com suas angústias existenciais, é tão errada quanto a famosa definição do "nada", ou seja, Hamlet sem Hamlet. A dramaturgia elisabetana, por sua natureza panorâmica, épica, é de extraordinária flexibilidade. Permite ao autor que domina total e apaixonadamente seu material selecionar as situações, os locais e os personagens que considera necessários para a composição da imagem global a ser transmitida. A cena inicial da peça — exemplo excepcionalíssimo de aproveitamento dinâmico da exposição e passada entre personagens menores, alguns dos quais desaparecem inteiramente depois do primeiro ato — não só é fundamental para a compreensão do enredo como também cria o clima, introduz aspectos básicos da temática e apresenta o personagem que vai não só encerrar a peça como tornar-se, a partir daquele momento, responsável pelos destinos da Dinamarca.

A mobilidade da dramaturgia elisabetana só existe em função da forma de seu palco: o campo neutro do palco exterior, projetado para o centro de um pátio onde ficavam de pé os espectadores de menos posses, transformava-se no que quisesse o autor, desde que sua poesia lhe assegurasse a participação da imaginação do público; o palco interior podia ser, se necessário, transformado em quarto ou sala do trono ou em qualquer outro local de identificação indispensável, enquanto que o superior permitia a Shakespeare não só fazer Hamlet acompanhar o fantasma de seu pai até a mais alta plataforma do castelo de Elsinore como também escrever a cena do balcão de *Romeu e Julieta* ou a do mausoléu de *Antônio e Cleópatra* ou a da muralha de Harfleur em *Henrique V*, enquanto que talentos menores o utilizavam pura e simplesmente quando queriam uma cena de tom "elevado". No limite do "avental" do palco exterior, o protagonista elisabetano, cercado pelo público por três lados, tinha com ele tal intimidade que lhe saía fácil o monólogo no qual revelava seus planos ou seus mais íntimos pensamentos. No chão desse mesmo avental havia alçapões (herança medieval enriquecida por truques renascentistas) de onde saíam aparições ou onde se podia enterrar Ofélia.

Desse palco serviu-se Shakespeare com domínio incomparável. As cenas se sucedem, curtas ou longas, segundo as necessidades do desenvolvimento que o autor deseja dar ao tema, fazendo ótimo uso da mobilidade permitida pela convenção, que frequentemente acompanha acontecimentos quase simultâneos para dar ao espectador várias perspectivas de uma mesma situação. E de todo esse complexo, Shakespeare se serve para estimular o espectador a participar tanto emocional quanto intelectualmente, ligando os vários elementos por seu supremo domínio da poesia dramática, implantando ideias não só pela sequência lógica do diálogo *discursivo como também pelos* misteriosos e evocativos caminhos de uma imensa riqueza imagística. Com a flexibilidade de seu palco e a beleza de seu verso, Shakespeare pôde expandir a limites inimagináveis o universo do teatro.

Como Molière depois dele e como os gregos anteriormente, não teve Shakespeare qualquer preocupação com a originalidade de seu material. O importante em sua obra é o que resulta de alguma história mais do que conhecida anteriormente à qual seu gênio imprimiu vida nova por sua capacidade de, mudando o ponto de vista, tirar do antigo material sentidos novos, dar-lhe maior alcance, intensificar-lhe o conteúdo por meio de novas formas.

Hamlet, com suas longínquas origens na *Edda*, já chegou às mãos de Shakespeare retrabalhado por vários períodos e vários autores. Claro que o desaparecimento do *Ur-Hamlet* elisabetano (de Kyd?) faz com que desconheçamos a versão prévia mais próxima do autor. Mas a transformação de uma lenda heroica em uma obra de introspecção é o fenômeno mais fascinante de toda obra shakespeariana. Em suas origens, o pai de Amleth é assassinado quando este ainda é criança, a loucura fingida não passa de matreiro recurso para escapar de igual fado nas mãos do tio, e o final é o clássico *happy ending* da epopeia popular, com a vingança executada, e Amleth, o bom rei, para todo o sempre... Uma loucura fingida que é usada como defesa, mas defesa contra o próprio perigo da loucura que poderia advir da extrema tensão emocional e intelectual é algo de muito diverso, como muito diverso do singelo herói da saga é o príncipe renascentista intelectual, cruel, amigo leal e inimigo perigoso, introspectivo e exímio em esgrima, multiforme e paradoxal como sua época. Como em todas as outras ocasiões em que se utilizou de material alheio, Shakespeare não fez mais do que mudar a ótica para realizar o total do potencial antes desperdiçado.

Datado provavelmente de 1601, *Hamlet* é arauto de uma nova posição mais sombria e inquisidora do que aquela que pode receber realmente o rótulo de elisabetana. Não têm sido poucas as críticas feitas a Henry Bolingbroke, o usurpador Henrique IV, por serem consideradas mesquinhas e politiqueiras (na melhor das hipóteses) suas recomendações ao filho, o futuro Henrique V, de que se ocupe com guerras estrangeiras, pois enquanto estiver ocupado com elas o povo não lhe dará preocupações domésticas. Não foram necessários muitos anos para que a Inglaterra provasse, ela mesma, a veracidade (louvável ou não) dessas palavras. Toda a dramaturgia propriamente elisabetana é a dramaturgia de um país em ascensão. A sede de afirmação, a sede de conquista, a luta contra a Espanha, tudo isto uniu o povo em torno de Elizabeth, até que o país fosse reconhecido pela Europa inteira como grande potência. Os grandes exemplos dessa linhagem são os heróis marlovianos ou qualquer dos patriotas das peças históricas de Shakespeare.

Estabelecida a supremacia, destruídos os inimigos, enriquecida a nação, muito breve chegou o momento em que se tornou inevitável uma autoanálise, seja de métodos, seja de objetivos, ao mesmo tempo em que a inesperada longevidade da Rainha Virgem — e portanto sem herdeiros diretos — provocava em uma nobreza *livre das preocupações das guerras estrangeiras* uma luta pelo poder tão violenta e tão sórdida quanto as dos velhos tempos da Guerra das Rosas. O *malcontent*, o insatisfeito, era o *angry young man* do início do século XVII, usufruindo dos benefícios da rapacidade e capacidade de construção de seus superiores, mas totalmente incapaz de aceitar seus valores, avaliando-lhe e condenando-lhe cada ação. Não estavam esquecidas as lições dramáticas das moralidades, e toda a dramaturgia jaimesca reflete essa introspecção, essa avaliação, essa desesperada indagação sobre a condição do homem, a natureza do bem e, principalmente, do mal. A ascensão de James I em 1603 configura mais nitidamente esse clima, mas o século já nascera sob o signo desses conflitos extremos.

Depois do período das tetralogias históricas, depois de escrever *Júlio César*, Shakespeare nunca mais deixou de incorporar o tema político às suas tragédias — até mesmo *Otelo*, a mais doméstica, vê um governador militar executar o que julga ser um ato de justiça. Em *Hamlet* todo esse novo e sombrio mundo de avaliações, buscas e julgamentos dos processos públicos e privados de se ser ou não ser são apresentados em conjunto pela primeira vez e com maior sucesso em sua realização do que jamais seria alcançado por qualquer dos muitos outros dramaturgos que tentaram tema semelhante.

Não há, por certo, peça mais fascinante para atores ou diretores do que esse mundo em que a própria condição humana é posta em questão: o problema de enfrentarmos tarefas que não buscamos mas que nos são impostas, e de termos por isso de aprofundar-nos em uma dolorosa análise de nós mesmos, a quem devemos conhecer antes de tomar qualquer atitude em relação à tarefa proposta. Acompanhar a evolução de uma obra na qual um homem do gabarito de Hamlet, universitário de Wittenberg, príncipe renascentista, evolui da posição em que diz "maldito fado/Ter eu de consertar o que é errado" até chegar a "o estar pronto é tudo" é uma das experiências mais provocantes e enriquecedoras que podemos ter por intermédio de uma obra de arte. Tudo no *Hamlet* provoca o pensamento, a conscientização; e a forma, os caminhos percorridos para a apreensão total da tragédia são, em si, parte do que deve ser dito, excitando-nos a percepção, permitindo-nos viver, graças à intimidade que podemos ter para com a obra, um pouco mais na dimensão de um Shakespeare.

A essa intimidade, espero e confio, é que esta tradução há de convidar o leitor. Confesso que por várias vezes tenho sonhado com a possibilidade de novamente ler o *Hamlet* pela primeira vez; mas por outro lado convido todos a lerem muitas vezes a peça — não por ser "difícil", não por considerar que seja necessária qualquer preparação especial para se poder apreciá-la, mas porque é realmente impossível deixar de descobrir alguma coisa de novo a cada leitura. E creio que esta tradução permitirá esse tipo de leitura repetida, supremo teste para qualquer obra.

Introdução à segunda edição de *Hamlet*
Barbara Heliodora

Famoso por seus "problemas", o texto de *Hamlet* tem uma complexa história editorial: dado seu imenso sucesso desde a estreia em 1601, já em 1603 foi "pirateado", como se diz, por um ator que fazia pequenos papéis, o que resultou na publicação do notório *bad quarto*, uma aberração muito mais curta do que a obra de Shakespeare, com trechos sem nexo e incluindo não só frases e falas de outros autores como também descrições de algumas piadas posteriormente publicadas como da autoria do ator Tarleton. Normalmente as companhias não queriam que suas peças fossem publicadas (para não serem copiadas ou imitadas), mas quando era publicado algo tão despropositado quanto esse Q1 o quadro mudava, e em 1604 é publicado o alentado Q2, possivelmente uma transcrição do manuscrito inicial de Shakespeare. Por ocasião da publicação das obras completas em 1623, no entanto, há novas alterações, pois desaparecem cerca de 225 linhas do Q2 e aparecem cerca de 85 linhas privativas do F1, possivelmente reflexo do que efetivamente fora apresentado no palco. Todas as edições modernas incluem tanto o incluído em uma quanto em outra das formas impressas.

Primeira das quatro "grandes" tragédias, *Hamlet* aparece como consequência de um caminho de aprofundamento que pode ser identificado com clareza na sequência *Henrique V*, *Júlio César*, *Hamlet*: na primeira dessas três peças Shakespeare retrata um protagonista admirável, porém subordinado ao interesse maior que continua a ser o do estudo do Estado, e limitado pela censura, política, já que se fala de história da Inglaterra e de um rei cristão, ungido e hereditário. Já em *Júlio César*, que trata de um universo romano e não cristão, Shakespeare sente-se bem mais livre para enfrentar o debate político em termos do conflito mortal entre convicções que dominam os antagonistas, mas o processo político é tão forte que ainda se sobrepõe a todos os personagens. Ao escrever *Hamlet*, Shakespeare finalmente vai entrar pela forma dramática mais alta e significativa, a da tragédia, unindo tudo o que já observara sobre relações interpessoais como também sobre as relações entre o indivíduo e o Estado, governantes e governados, a fim de investigar comportamentos humanos em situações extremas, de valores últimos, de crenças e convicções cruciais. O caminho foi abandonar a precisão histórica e, ao manipular e mesclar crônica e lenda, conceber situações e personagens que viessem a ser veículos adequados para a aventura maior de sua capacidade criativa.

Foi em uma figura que tem suas origens nas sagas nórdicas, na *Edda*, que Shakespeare encontrou o protagonista que buscava para sua grande obra reflexiva sobre os valores últimos de bem e mal, vida e morte. Isso não significa que o poeta tenha andado lendo as velhas lendas em si: a figura original de Amleth já passara pelas mãos de Saxo Grammaticus, de Belleforest, e até mesmo de um autor teatral, possivelmente Thomas Kyd, que teria escrito uma antiga versão da mesma história — o chamado *Ur-Hamlet* — que desapareceu sem deixar vestígios e hoje não passa de uma hipótese. Com pequenos acidentes de percurso que alteram detalhes, a linha geral da trama permanece sempre mais ou menos a mesma.

A transformação da rotineira lenda de heroísmo medieval na tragédia de Shakespeare é um dos mais famosos mistérios da literatura universal, principalmente em função do desaparecimento do *Ur-Hamlet*, no qual uma etapa significativa — a do amadurecimento do herói — já começasse a ficar delineada. Kyd é o autor da *Tragédia Espanhola*, primeiro exemplo do gênero tipicamente elisabetano da "tragédia de vingança", ao qual pertence *Hamlet*. O gênero tem sua origem não só no tradicional sistema de vingança que prevalece em todas as sociedades onde não existe uma estrutura de estado que estabeleça uma justiça pública, responsável pelo julgamento e punição de todo crime, como também na grande popularidade que tinham as tragédias de Sêneca, com seus notáveis retratos de crimes, criminosos e as consequências desses atos terríveis. A par disso, Sêneca era exemplo de magistral uso da retórica em todos os colégios da Inglaterra, enquanto sua filosofia estoica foi determinante para a criação de personagens de altas convicções morais, como Horácio na opinião de Hamlet:

> (...) sempre foste
> Diante das dores, como quem não sofre;
> Um homem que recebe como idênticos
> Golpes ou recompensas da Fortuna,
> E igualmente agradece; abençoados
> Aqueles cujo sangue e julgamento
> Tão bem comungam, pois não são brinquedos
> Nos dedos da Fortuna, tão volúveis,
> Dançando ao seu prazer. Dá-me esse homem
> Que não se torna escravo da paixão
> E eu o trarei no fundo do meu peito,
> No coração do próprio coração,
> Como eu te tenho.

William Shakespeare tinha 36 anos de idade e cerca de treze de carreira quando escreveu *Hamlet*, e é interessante que a peça ocupe posição tão central em sua obra, que se completaria cerca de treze anos mais tarde. Poucas obras de arte terão merecido tanta atenção crítica, em poucas se tem procurado com tanto afinco encontrar defeitos e contradições. Tudo começou quando, quase duzentos anos depois da peça ser escrita, alguém ter arbitrado que Hamlet demorava demais para cumprir a tarefa que lhe era imposta pelo fantasma do pai. Como na dramaturgia elisabetana, escrita especificamente para um teatro a céu aberto onde tudo era convenção, tempo e lugar são sempre muito menos precisos do que ação e personagem, a demora de Hamlet é imprecisa, e só dele próprio temos a informação de que a vingança estaria sendo postergada. A partir desse momento um sem-número de teorias, estudos e desmandos têm sido elaborados, mas vale a pena lembrar que, em cena, em momento algum o espectador sente que haja demora injustificada na vingança.

Hamlet pertence ao gênero "tragédia de vingança", que tem suas exigências específicas, dentre as quais podemos salientar, por exemplo: 1) Um fantasma pede vingança repetidamente. 2) É revelado um crime secreto que precisa ser esclarecido. 3) *O vingador, depois de jurar*, tem dúvidas que precisam ser superadas. 4) O vingador finge loucura, mas há na ação exemplo de loucura verdadeira. 5) A vingança custa a ser realizada e o vingador se culpa. 6) A demora é contrastada com ação paralela na qual há precipitação. 7) Tanto o vingador quanto seu antagonista usam dissimulação. 8) Em algum ponto da ação é usado o teatro-dentro-do-teatro. 9) O antagonista tenta apanhar o protagonista em erro por meio de ardil. 10) O protagonista reflete sobre o suicídio. 11) O ambiente em que se passa a ação é de corrupção. 12) O protagonista quase perde a razão por dor e frustração.

As exigências do gênero são ainda mais numerosas, e só duas obras das incontáveis escritas no período elisabetano apresentam todas as características: *Tragédia Espanhola*, de Thomas Kyd, e *Hamlet*, de William Shakespeare. Alguns dos problemas discutidos no mar de comentários sobre a peça são, na verdade, apenas produtos da dramaturgia e do modo pelo qual se pensava o teatro ao tempo de Elizabeth I.

O que tem permitido que ao longo de quase quatro séculos essa peça teatral continue a fascinar a todos que entram em contato com ela? Seus atrativos são vários, e já foi sugerido que todos nós nos sentimos um pouco Hamlet, já que a vida que recebemos ao nascer seria uma tarefa imposta do mesmo modo que a ele a da vingança imposta pelo pai. A coragem de Hamlet, sua posição de isolamento na defesa da verdade e da integridade, sua reflexão na busca de suas mais íntimas convicções, tudo isso torna o personagem atraente, a par da beleza de suas falas, altamente reveladoras de uma figura complexa e rica.

Seria gravíssimo engano atribuir exclusivamente ao protagonista o interesse despertado pela tragédia, magistralmente construída. A partir da primeira cena, expositória, etapa por etapa é acrescida de modo a, primeiro, ampliar o alcance e a complexidade da crise e, a seguir, propiciar sua solução. Como em todas as suas obras, uma vasta teia de imagens enriquece subliminarmente o caminho escolhido para expressar aquela incursão específica por um universo no qual o mal penetra e perturba o bom governo e o bem-estar da comunidade. Em *Hamlet* as imagens dominantes são as de podridão, doença, corrupção, cancro, todas as que podem refletir o que acontece à Dinamarca quando sobe ao trono um usurpador que conquistou o poder derramando no ouvido do irmão um veneno que de imediato se espalhou por todo o seu corpo e o matou — do mesmo modo que ele mesmo vai corrompendo todo o reino.

A riqueza do texto completo de *Hamlet* é tamanha que se torna impossível determinar, por exemplo, que no palco sua interpretação terá de ser exclusivamente esta ou aquela; mesmo eliminando possíveis tolices, há muitos caminhos para interpretações válidas, cada uma delas privilegiando determinados aspectos da vasta riqueza oferecida pelo poeta. É privilégio do leitor fazer sua própria montagem imaginária e refazê-la, alterá-la, aprimorá-la, segundo as descobertas que irá fazendo a cada nova leitura desses texto inesgotável.

Introdução à terceira edição de *Hamlet*
Barbara Heliodora

Já se vão lá mais de quarenta anos desde que esta tradução foi feita. Ao relê-la ainda uma vez, com cuidado, preparando-a para mais uma edição, o tempo fez com que me visse forçada a ter a ousadia de fazer algumas alterações no texto. Essas alterações são, basicamente, de tratamento. Para a comunicação com o espectador ou leitor, hoje em dia, o tratamento na segunda pessoa do plural parece distante, e por isso mesmo ele só foi preservado quando os personagens se dirigem diretamente a alguém da família real, em ocasiões formais.

Do mesmo modo, a crescente intimidade com a peça sugeriu algumas alterações de palavras ou frases, que pareciam necessárias para serem ou mais fiéis ou mais accessíveis.

A não ser por isso, nada mudou nesse exemplar trabalho de tradução.

Lista de personagens

HAMLET, Príncipe da Dinamarca
CLÁUDIO, Rei da Dinamarca, tio de Hamlet
O FANTASMA do finado Rei, pai de Hamlet
GERTRUDES, a Rainha, mãe de Hamlet, agora mulher de Cláudio
POLÔNIO, Conselheiro de Estado
LAERTES, filho de Polônio
OFÉLIA, filha de Polônio
HORÁCIO, amigo e confidente de Hamlet

ROSENCRANTZ
GUILDENSTERN } cortesãos, antigos colegas de colégio de Hamlet

FORTIMBRÁS, Príncipe da Noruega

VOLTEMAND
CORNELIUS } conselheiros dinamarqueses, embaixadores na Noruega

MARCELO
BERNARDO } membros da Guarda real
FRANCISCO

OSRIC, um cortesão tolo
REINALDO, criado de Polônio
ATORES
UM CAVALEIRO, da corte
UM PADRE
UM COVEIRO
O COMPANHEIRO DO COVEIRO
UM CAPITÃO do exército de Fortimbrás
EMBAIXADORES INGLESES
NOBRES, DAMAS, SOLDADOS, MARINHEIROS, MENSAGEIROS E CRIADOS

A cena: Elsinore, a Corte e seus arredores.

ATO 1

CENA 1
Elsinore. A plataforma do castelo.

(Francisco, *de guarda, em seu posto. Entra* Bernardo.)

BERNARDO
Quem está lá?

FRANCISCO
Responde tu; pra trás e diz quem és.

BERNARDO
Viva o rei!

FRANCISCO
Bernardo?

BERNARDO
É ele mesmo.

FRANCISCO
Chegas exatamente em tua hora.

BERNARDO
5 Acaba de soar a meia-noite.
Vai tu pra casa; vai dormir, Francisco.

FRANCISCO
Muito obrigado, porque assim me rendes;
'Stá frio e o coração trago oprimido.

BERNARDO
Foi calma a guarda?

FRANCISCO
Não se ouviu um rato.

BERNARDO
10 Muito bem. Boa noite. Se encontrares
O Horácio e o Marcelo, companheiros
Desta noite, eu te peço que os apresses.

FRANCISCO
    Creio que os ouço. Em guarda! Quem vem lá?

    (Entram Horácio e Marcelo.)

HORÁCIO
    Amigos do país.

MARCELO
                  Fiéis ao rei.

FRANCISCO
15   Boa noite.

MARCELO
            Até breve, bom soldado.
    Quem veio te render?

FRANCISCO
                Bernardo fica.
    Que tenhas boa noite.

                                                               (Sai.)

MARCELO
                  Olá! Bernardo!

BERNARDO
    Quê? Horácio está aqui?

HORÁCIO
                    Um pouco dele.

BERNARDO
    Sejas bem-vindo, Horácio; e tu, Marcelo.

MARCELO
20   Aquela aparição veio esta noite?

BERNARDO
    Eu nada vi.

MARCELO
    Horácio diz que é nossa fantasia
    E que ele não aceita a nossa crença
    Dessa visão que duas vezes vimos.

25 Por isso convidei-o para hoje
Vir conosco guardar alguns minutos;
Pois se de novo vier a aparição,
Ele confirmará os nossos olhos
E poderá falar-lhe.

HORÁCIO
30 Tolice. Não aparecerá.

BERNARDO
Senta-te um pouco;
Deixa atacar aos teus ouvidos,
Fortificados contra a nossa história,
O que duas vezes vimos.

HORÁCIO
                        Bem, sentemo-nos
35 E ouçamos o que vai contar Bernardo.

BERNARDO
Ontem à noite,
Aquela mesma estrela ali a oeste
Tendo feito o seu curso e iluminado
Esta parte do céu onde arde agora,
40 Marcelo e eu, ao badalar uma hora...

(Entra o FANTASMA.)

MARCELO
Silêncio, por favor; ei-lo que volta!

BERNARDO
É o próprio rosto do defunto rei.

MARCELO
Tu, que és um mestre, vai falar-lhe, Horácio!

BERNARDO
Não é igual ao rei? Repara, Horácio.

HORÁCIO
45 Igual: isso me assusta e causa espanto.

BERNARDO
Vamos falar-lhe.

MARCELO

        E interrogá-lo, Horácio.

HORÁCIO

    Quem és tu, que usurpaste a escura noite,
    E nesse aspecto de gentil guerreiro
    Com o qual o nosso Rei, agora morto,
50   Marchou um dia? Pelos céus, responde!

MARCELO

    Ele ofendeu-se.

BERNARDO

              Vê; vai afastar-se.

HORÁCIO

    Fica! Fala! Por Deus, eu te conjuro!

(Sai o FANTASMA.*)*

MARCELO

    Foi-se, e não respondeu.

BERNARDO

    Então, Horácio; estás tremendo e pálido?
55   Não julgas isto mais que fantasia?
    Que pensas disso?

HORÁCIO

    Diante de Deus, eu não o acreditara,
    Sem o sincero e firme testemunho
    Dos meus olhos.

MARCELO

              Não é igual ao rei?

HORÁCIO

60   Como tu a ti mesmo:
    Aquela era sem dúvida a armadura
    Que usou contra a ambição da Noruega;
    'Stava assim carrancudo, quando em fúria
    Destruiu os polacos sobre o gelo.
65   Isto é estranho!

MARCELO

              Assim, por duas vezes
    Passou, forte e marcial, por nossa guarda.

HORÁCIO
>Não sei qual o propósito que o trouxe,
>Porém, na minha rude opinião,
>É mau presságio para o nosso reino.

MARCELO
>70 Senta-te agora e conta-nos, se o sabes,
>Por que esta severa e estrita guarda
>Todas as noites fica aqui, atenta;
>E por que cada dia os canhões chegam
>Com outros apetrechos para a guerra?
>75 E por que convocar tantos ferreiros,
>Cuja rude missão não vê domingo?
>Que vai acontecer? Que essa tarefa,
>Pesada e rude, junta a noite e o dia?
>Quem me pode informar?

HORÁCIO
>   Creio que o posso.
>80 Ao menos o que consta. O velho rei,
>Cuja imagem há pouco aqui tivemos,
>Foi provocado pelo Fortimbrás
>Da Noruega, em seu ferido orgulho,
>Para um combate; e o nosso bravo Hamlet
>85 (Que assim o chama toda a nossa gente.)
>Matou a Fortimbrás que, por promessa
>Ratificada pela lei e a heráldica,
>Perdia, com a vida, as terras todas
>Em sua posse, para o vencedor:
>90 Outros terrenos, em contrapartida,
>Empenhou nosso rei, para legá-los
>Como direito e herança a Fortimbrás,
>Fosse ele o vencedor. Pelo emprazado,
>E em razão dessa cláusula citada,
>95 Herdou-as Hamlet. Pois o filho agora,
>Com ardor juvenil e mal guiado,
>Aqui e ali, nas faldas da Noruega,
>Juntou alguns velhacos sem abrigo
>Em troca de alimento, numa empresa
>100 Que muito tem de ousada: nada mais
>— Como tão bem percebe o nosso reino —
>Busca recuperar de nós, co'a força,
>E termos compulsórios, essas terras
>Perdidas por seu pai; isso, eu suponho,
>105 É o motivo de tais preparativos,
>A causa desta guarda, e a principal
>Razão deste apressado movimento.

BERNARDO

    Creio que seja assim; e mais ainda
    Que agora essa figura portentosa
110   Chega armada até nós, igual ao rei
    Que foi e é a causa dessas guerras.

HORÁCIO

    Uma coisa perturba a minha mente:
    No altíssimo e feliz torrão de Roma,
    Antes da queda do possante Júlio,
115   Os túmulos mostraram-se agitados,
    E as figuras estranhas dos defuntos
    Gritavam e corriam pelas ruas;
    Cometas chamejantes suavam fogo,
    O Sol ficou convulso e a estrela túmida,
120   Cuja força ergue o império de Netuno,
    Quase estava em desmaio num eclipse,
    Como iguais precursores de desgraças.
    Como arautos precoces do destino,
    E prólogo de agouros pressentidos,
125   Terras e céus unidos advertiram
    O nosso clima e os nossos conterrâneos.
    Silêncio! Vede! Ei-lo que vem de novo!

(Entra o FANTASMA.*)*

Vou enfrentá-lo, mesmo que me arrase!
Para, ilusão!

(O FANTASMA *empunha suas armas.)*

    Se tens voz ou palavra,

130   Fala-me!
    Se há qualquer coisa certa a ser tentada
    Que te possa ajudar e eu o mereça,
    Fala-me!
    Se és sabedor de crime em tua pátria
135   Que se possa evitar por conhecê-lo,
    Oh, fala!
    Se juntaste um tesouro em tua vida
    E o guardaste no ventre desta terra,
    E por ele andas morto pelo mundo,
140   Fala! Detém-te e fala!

(O galo canta.)

    Não o deixes!

MARCELO
>   Devo tocá-lo a golpes de alabarda?

HORÁCIO
>   Deves, se não parar.

BERNARDO
>   Cá está.

HORÁCIO
>   Está aqui!

>   *(Sai o FANTASMA.)*

MARCELO
>   Foi-se!
>   Ferimo-lo em sua majestade,
145 Dando demonstrações de violência;
>   Porque ele é como o ar, invulnerável,
>   E o nosso inútil golpe, simples farsa.

BERNARDO
>   Ia falar, quando cantou o galo.

HORÁCIO
>   E então ele partiu, qual condenado,
150 Sob uma intimação. Ouvi o galo
>   Que, como a clarinada da manhã,
>   Com sua voz aguda e penetrante,
>   Acorda o deus do dia; e ao seu alarma
>   No mar, no fogo, no ar, como na terra,
155 Os errantes espíritos se apressam
>   Aos seus negros confins; dessa verdade
>   O nosso próprio caso é bem a prova.

MARCELO
>   Ele esvaiu-se com o cantar do galo.
>   Dizem que quando chega a estação
160 Que celebra o Natal do Salvador,
>   A ave da aurora canta a noite toda
>   E não deixa os espíritos à solta;
>   As noites são saudáveis; os planetas
>   Não ardem, nem as bruxas, feiticeiras,
165 Têm o poder para exercer encantos,
>   Tão sagrado e tão doce é esse tempo.

HORÁCIO
>   Assim ouvi, e creio nisso, em parte.

Mas olha, a aurora, com seu manto róseo,
Já pisa o orvalho nos distantes montes!
170 Terminemos a guarda e, a meu conselho,
Contemos o que vimos esta noite
Ao jovem Hamlet; pois, por minha vida,
Esse espírito, mudo para nós,
Só quer falar com ele; se o quereis,
175 Vamos dar-lhe notícia do ocorrido
Cumprindo, por amor, nosso dever?

MARCELO

Vamos fazê-lo, peço; e já conheço
A maneira melhor de vê-lo hoje.

(Saem.)

CENA 2
Uma sala no castelo.

*(Entram o REI, a RAINHA, HAMLET **vestido de preto**, POLÔNIO e seu filho, LAERTES VOLTIMAND, CORNÉLIO, LORDES e séquito.)*

REI

Conquanto viva na memória a morte
De Hamlet, nosso irmão, e nos assente
Manter em luto nossos corações,
E todo o nosso reino se concentre
5 Num aspecto severo de desgraça,
Nós, em discreta luta com a tristeza,
Com mais serena dor pensamos nele,
Lembrando-nos de nós ao mesmo tempo.
Assim, nossa ex-irmã, hoje Rainha,
10 Viúva que partilha deste império
Belicoso — com mágoa na alegria,
Com olhos auspiciosos, mas molhados,
Sorrisos no enterro e cantos fúnebres
Nas bodas, repartindo a dor e o júbilo —
15 Tomamos por esposa. Não fugimos
Aos conselhos dos sábios, que julgaram
Esse caso: obrigado eu sou a todos.
Acontece que o jovem Fortimbrás,
Num fraco avaliar da nossa força,
20 Ou pensando que, à morte do meu mano,
Nosso país seria desmembrado;
Juntando a isso sonhos ambiciosos,
Não hesitou em nos mandar ameaças,
No sentido da entrega dessas terras

25 Perdidas por seu pai, dentro da lei,
Para o nosso valente rei e irmão.
Sobre isso, basta. E quanto a nós, reunidos
Nesta assembleia, aqui vos informamos
Desse assunto: escrevemos sugerindo
30 Ao tio desse jovem Fortimbrás —
Que impotente e acamado mal conhece
A empresa do sobrinho — que suspenda
A marcha contra nós, porquanto as tropas,
Com tudo o que as equipa, são tomadas
35 De suas possessões. Ora enviamos
Cornélio e Voltemand, quais mensageiros
De nossa saudação ao Norueguês;
A ambos dando autoridade estrita
Para tratar co'o Rei, quanto requeiram
40 E permitam tais cláusulas ingratas.
Adeus; cumpri depressa esse dever.

CORNÉLIO, VOLTEMAND
Nisso, como no mais, o cumpriremos.

REI
Não duvidamos. Boa sorte. Adeus.

(Saem VOLTEMAND e CORNÉLIO.)

Então, Laertes, quais as novidades?
45 Falaste num pedido; o que é, Laertes?
Nada podes pedir ao soberano
Que não obtenhas; qual a tua súplica,
Que eu não mude em oferta, e não pedido?
A ideia não é mais ao coração,
50 A mão mais instrumento para a boca,
Que o trono desta mesma Dinamarca
Para o teu pai. Que queres tu, Laertes?
Qual tua pretensão?

LAERTES
Oh, meu Senhor,
A vossa permissão e o vosso auxílio
55 Para voltar à França, de onde vim
Gostosamente à Dinamarca, há pouco,
Em reverência à vossa coroação.
Porém agora, esse dever cumprido,
Confesso que voltar desejo à França,
60 E a vós me curvo e peço-vos perdão.

Rei

    Permitiu-o o teu pai? Que diz, Polônio?

Polônio

    Ele obteve, senhor, minha licença,
    Em demorada, longa, petição;
    Assim, dei-lhe afinal consentimento:
65   Suplico, pois, que vós o consintais.

Rei

    Assim seja, Laertes. Teus desejos
    Sejam os guias do teu próprio tempo.
    E agora, Hamlet, meu sobrinho e filho,

Hamlet

    (À parte.)
    Mais que parente, menos do que filho.

Rei

70   Por que ainda te cobrem essas nuvens?

Hamlet

    Não, não, senhor. Estou em pleno sol.[1]

Rainha

    Meu filho, deixa agora a cor noturna,
    E deita olhos amigos sobre a Dinamarca.
    Não continues sempre de olhos vagos,
75   Procurando teu pai no pó da terra:
    Sabes como é fatal — tudo o que vive
    Há de morrer, passando à eternidade.

Hamlet

    Ai, senhora, é fatal.

Rainha

                Mas se é fatal
    Por que é que te parece algo anormal?

Hamlet

80   "Parece", não, senhora; é, não "parece".
    Não é apenas meu casaco negro,
    Boa mãe, nem solene roupa preta,
    Nem suspiros que vêm do fundo da alma,

---

[1] No original: "*I am too much in the sun*" – frase em cuja tradução não é possível reproduzir o duplo sentido de "sun" (estar ao sol) e "son" (ser filho de meu pai). (N.T.)

             Nem o abundante manancial dos olhos,
85   Nem o aspecto tristonho do semblante,
             Co'as formas todas da aparente mágoa
             Que mostram o que sou: esses "parecem",
             Pois são ações que o homem representa:
             Mas eu tenho no peito o que não passa;
90   Meus trapos são o adorno da desgraça.

     REI
             É doce e até louvável que tua alma
             Guarde assim esse luto por teu pai;
             Mas, bem sabes, teu pai perdeu o pai;
             Esse perdeu o dele; essa é a cadeia
95   De deveres filiais, que, por seu turno,
             Cada qual vai sofrendo. Mas manter-se
             Em obstinado luto é teimosia
             De ímpia obstinação, é desumano;
             Mostra uma injusta oposição aos deuses,
100   Um coração sem força, uma impaciência,
             Um fraco entendimento, uma ignorância,
             A tudo que sabemos que há de ser.
             Ao que é comum, vulgar, ao nosso senso,
             Por que, numa atitude impertinente,
105   Nos devemos opor? É contra os céus,
             Pecado contra os mortos, contra o mundo,
             Absurdo sem razão, pois cabe aos pais
             Morrer antes dos filhos, desde sempre...
             E a estes, chorá-los; ontem como agora.
110   Há de ser sempre assim. Nós te pedimos,
             Lança por terra essa tristeza inútil,
             Pensa em nós como um pai: pois saiba o mundo
             Que és o herdeiro mais próximo do trono;
             E que não é menor o nobre afeto
115   Que aquele que um pai dedica ao filho,
             Que eu te dedico. Quanto ao teu intento
             De voltar para a escola em Wittenberg,
             Isso é muito contrário ao nosso anseio:
             Nós te rogamos, fica ao nosso lado,
120   No conforto e calor da nossa vista,
             Primeiro cortesão, e nosso filho.

     RAINHA
             Não deixes tua mãe perder-se em preces;
             Não nos deixes, não vás a Wittenberg.

     HAMLET
             A vós, senhora, eu obedecerei.

REI

125 Essa é uma resposta bela e amável.
Sejas como nós mesmos, nesta terra.
Vinde, senhora; esse gentil acordo
Sorri ao meu espírito: em sua honra,
O alegre brinde que hoje beba o rei,
130 Nosso grande canhão dirá às nuvens,
E o céu celebrará essa homenagem
Repetindo o trovão. Vamos, senhora.

(Clarinada. Saem todos, menos HAMLET.)

HAMLET

Oh, se esta carne rude derretesse,
E se desvanecesse em fino orvalho!
135 Ou que o Eterno não tivesse oposto
Seu gesto contra a própria destruição!
Oh, Deus! Como são gestos vãos, inúteis,
A meu ver, esses hábitos do mundo!
Que horror! São quais jardins abandonados
140 Em que só o que é mau na natureza
Brota e domina. Mas chegar a isto!
Morto há dois meses só! Não, nem dois meses!
Tão excelente rei, em face deste,
Seria como Hipério frente a um sátiro.
145 Era tão dedicado à minha mãe
Que não deixava nem a própria brisa
Tocar forte o seu rosto. Céus e terras!
Devo lembrar? Ela se reclinava
Sobre ele, qual se a força do apetite
150 Lhe viesse do alimento; e dentre um mês
— Não, não quero lembrar — Frivolidade,
O teu nome é mulher. Um mês apenas!
Antes que se gastassem os sapatos
Com que seguiu o enterro de meu pai,
155 Como Níobe em prantos... eis que ela própria —
Oh Deus, um animal sem raciocínio
Guardaria mais luto — ei-la casada
Com o irmão de meu pai, mas tão diverso
Dele quanto eu de Hércules. Um mês!
160 E apenas essas lágrimas culposas
Deixaram de correr nos falsos olhos,
Casou-se: Oh, pressa infame de lançar-se
Com tal presteza entre os lençóis do incesto!
Não 'stá certo, nem pode ter bom termo:
165 Estala, coração — mas guarda a língua!

(Entram Horácio, Marcelo e Bernardo.)

HORÁCIO
   Salve, senhor!

HAMLET
            Como me alegro em vê-los.
   Horácio! Ou me esqueço de mim mesmo.

HORÁCIO
   Eu mesmo, este seu servo, meu senhor.

HAMLET
   Senhor! Meu bom amigo; esse é o nome
170   Que trocarei contigo. Mas que fados
   Te trouxeram aqui, de Wittenberg?
   A ti, Horácio? Salve, Marcelo.

MARCELO
   Meu bom senhor...

HAMLET
   Muito me alegra vê-lo. (*Para* Bernardo.) Boa noite.
175   Mas, enfim, o que te trouxe aqui, de novo?

HORÁCIO
   Uma vontade de vadiar, senhor.

HAMLET
   Não quisera ouvir isso do inimigo,
   Nem quero em meus ouvidos a violência
   De ouvir-te confirmar essa notícia
180   Contra ti mesmo; pois não és vadio.
   Mas que assunto te traz a Elsinore?
   Aprender a beber? Somos bons mestres.

HORÁCIO
   Senhor, vim para o enterro de seu pai.

HAMLET
   Peço-te não zombar de mim, colega;
185   Vieste para as bodas da rainha.

HORÁCIO
   Na verdade, foi logo em seguimento.

HAMLET

    Economia, Horácio! A carne assada
    Do enterro serviu fria para as bodas.
    Encontrasse eu no céu meu inimigo
    Antes que ter vivido aquele dia!
    Meu pai... como que o vejo aqui, meu pai.

HORÁCIO

    Onde, senhor?

HAMLET

                Nos olhos da memória.

HORÁCIO

    Eu o vi uma vez; um belo rei.

HAMLET

    Ele era um homem, e, pelo seu todo,
    Não mais verei ninguém igual a ele.

HORÁCIO

    Senhor, creio que o vi ontem à noite.

HAMLET

    Viu? Quem?

HORÁCIO

                Senhor, o rei seu pai.

HAMLET

                        Meu pai?

HORÁCIO

    Contenha seu espanto alguns segundos
    De ouvido atento; até que eu lhe revele
    Com o testemunho destes cavalheiros,
    Esse milagre.

HAMLET

                Sim, deixa-me ouvi-lo.

HORÁCIO

    Duas noites seguidas, esses jovens,
    Marcelo e mais Bernardo, em sua guarda,
    Na morta escuridão da noite em meio,

205 Tiveram esse encontro. Uma figura,
Como a do rei, armado de alto a baixo,
Surge diante dos dois, e em nobre passo
Anda lento e solene; assim três vezes
Diante de olhos atônitos, surpresos,
210 Passou-lhes bem por perto; eles, sem sangue,
Não lhe falaram; mas me confiaram
O terrível segredo que guardavam.
Eu fui com eles na terceira noite
À guarda; e no local onde estiveram,
215 Da mesma forma, como o tinham visto,
Volta o fantasma. Eu conhecia o rei;
É realmente igual.

HAMLET
                    Onde foi isso?

MARCELO
Na plataforma onde fazemos guarda.

HAMLET
Não lhe falaste tu?

HORÁCIO
                    Falei, senhor.
220 Mas não me respondeu; a certa altura,
Ele ergueu a cabeça e parecia
Que ia mover os lábios e falar;
Mas nesse instante cantou alto o galo;
Ao ouvi-lo, tremeu, partiu depressa;
225 E desfez-se no ar.

HAMLET
                    É muito estranho.

HORÁCIO
Por minha vida, digo-lhe a verdade.
E nós julgamos que o dever se impunha
De fazê-lo saber o ocorrido.

HAMLET
Certo, amigos. Mas isso me perturba.
230 Dareis guarda esta noite?

MARCELO, BERNARDO
                    Sim, daremos.

HAMLET
    Estava armado?

MARCELO, BERNARDO
    Sim, senhor; armado.

HAMLET
    De alto a baixo?

MARCELO, BERNARDO
    Da cabeça aos pés.

HAMLET
    E não vistes, assim, a sua face?

HORÁCIO
    Vimos, Senhor; tinha a viseira erguida.

HAMLET
235   Tinha o aspecto zangado ou carrancudo?

HORÁCIO
    Parecia mais triste que zangado.

HAMLET
    Pálido ou entumescido?

HORÁCIO
    Muito pálido.

HAMLET
    Fixou acaso os olhos sobre vós?

HORÁCIO
    Constantemente.

HAMLET
    Se eu estivesse lá!

HORÁCIO
240   Teria tido um grande e rude choque.

HAMLET
    Por certo. Quanto tempo demorou-se?

HORÁCIO
    O tempo de, com calma, contar cem.

MARCELO, BERNARDO
 Mais do que isso.

HORÁCIO
    Não quando eu o vi.

HAMLET
 Tinha a barba grisalha, não?

HORÁCIO
      A barba
 Era como eu a vi em sua vida.
 Cor de areia prateada.

HAMLET
     Irei à guarda.
 Talvez venha de novo.

HORÁCIO
    Isso eu garanto.

HAMLET
 Se ele assume a aparência de meu pai,
 Falar-lhe-ei nem que o inferno m'o proíba
 E impeça de falar! Eu peço a todos,
 Se até agora silenciaram isso,
 Guardai silêncio ainda por mais tempo.
 E do que acontecer durante a noite,
 Dai vosso entendimento, não palavras.
 Vossa amizade eu recompensarei.
 Até logo: entre as onze e a meia-noite
 Irei vê-los.

TODOS
 As nossas homenagens.

HAMLET
 Vossa amizade, como a minha. Adeus.

(Saem todos, menos HAMLET.)

 O vulto de meu pai, armado! É grave.
 Talvez uma cilada. Venha a noite!
 Até lá, paz, minh'alma: a vilania
 Mesmo oculta, há de vir à luz do dia.

(Sai.)

CENA 3
Em casa de Polônio.

(Entram Laertes e Ofélia.)

LAERTES

    Minha bagagem embarcou; adeus.
    E, minha irmã, se o vento for amigo
    E houver comboio, não demores muito
    Em me mandar notícias.

OFÉLIA

              Mas tens dúvidas?

LAERTES

5   Quanto a Hamlet, e às suas gentilezas,
    Deves tomá-las por brinquedo ou farsa;
    Uma flor da primeira juventude,
    Ardente, não fiel; doce e não firme,
    O perfume e a brandura de um minuto,
10   Não mais.

OFÉLIA

        Assim, não mais?

LAERTES

              Não penses nisso.
    A natureza não se desenvolve
    Apenas em volume; enquanto cresce,
    O corpo, a alma e o espírito se estendem,
    Crescem também. Talvez ele te ame
15   Agora, e não há mácula ou embuste
    Que manche o seu desejo; mas, cuidado:
    Ele é um nobre, e assim sua vontade
    Não lhe pertence, mas à sua estirpe.
    Ele não pode, qual os sem valia,
20   Escolher seu destino: dessa escolha
    Dependem segurança e bem do Estado;
    Assim, o seu desejo se submete
    À voz e ao comando desse corpo,
    Do qual ele é a cabeça. Se ele afirma
25   Que te ama, cabe a ti acreditar
    Somente no que possam permitir
    A sua posição e a Dinamarca.
    Pesa então o perigo da tua honra,
    Se de crédulo ouvido ouves seu canto,

30 Se dás o coração e o teu tesouro
De pureza ao seu ímpeto incontido.
Teme-o, Ofélia; teme-o, irmã querida;
Conserva o teu tesouro de pureza
Longe do alcance e risco do desejo.
35 A jovem mais prudente ainda é pródiga
Se exibe os seus encantos ao luar.
Virtude não escapa da calúnia;
O verme fere a flor da primavera,
Às vezes antes que o botão desponte;
40 E no orvalho sutil da mocidade
São comuns os contágios que corrompem.
O medo é a melhor arma da virtude;
Pois o desejo engana a juventude.

OFÉLIA

Guardarei a lição que me ofereces
45 Para me defender. Mas, meu irmão,
Não faças como às vezes os pastores
Que nos mandam, entre urzes, para o céu,
Enquanto que eles próprios, libertinos,
Vão na trilha de flores que nos perde,
50 Sem ouvir bons conselhos.

LAERTES

                    Não o temas.
Já tardo muito; mas, lá vem meu pai.

(Entra POLÔNIO.)

Bênção dobrada é uma dupla graça;
Que a ocasião sorria ao novo adeus!

POLÔNIO

Ainda aqui, Laertes! Corre a bordo!
55 O vento sopra as velas do teu barco,
E tu ficas. Recebe a minha bênção!
Guarda estes poucos lemas na memória:
Sê forte. Não dês língua a toda ideia,
Nem forma ao pensamento descabido;
60 Sê afável, mas sem vulgaridade.
Os amigos que tens por verdadeiros,
Agarra-os a tu'alma em fios de aço;
Mas não procures distração ou festa
Com qualquer camarada sem critério.
65 Evita entrar em brigas; mas se entrares,

Aguenta firme, a fim que outros te temam.
Presta a todos ouvido, mas a poucos
A palavra: ouve a todos a censura,
Mas reserva o teu próprio julgamento.
70 Veste de acordo com a tua bolsa,
Porém sê rico sem ostentação,
Pois o ornamento às vezes mostra o homem,
Que em França os de mais alta sociedade
São seletos e justos nesse ponto.
75 Não sejas usurário nem pedinte:
Emprestando há o perigo de perderes
O dinheiro e o amigo; e se o pedires,
Esquecerás as normas da poupança.
Sobretudo sê fiel e verdadeiro
80 Contigo mesmo; e como a noite ao dia,
Seguir-se-á que a ninguém serás falso.

LAERTES

Humilde me despeço, meu senhor.

POLÔNIO

O tempo corre; segue os teus criados.

LAERTES

Adeus, Ofélia; e guarda para sempre
85 O que eu disse.

OFÉLIA

'Stá trancado em minha mente,
E só tu mesmo tens a chave dela.

LAERTES

Adeus.

(Sai.)

POLÔNIO

Que foi, Ofélia, que te disse?

OFÉLIA

Algo que diz respeito ao nobre Hamlet.

POLÔNIO

Ora, isso é bem lembrado. Ultimamente,
90 Dizem que ele se ocupa e se distrai

　　　　　　Muito tempo contigo; e que tu mesma
　　　　　　Tens sido muito assídua e generosa.
　　　　　　Se é assim — e isso muito me preocupa
　　　　　　E me causa cuidado — eu te previno:
95　　　　　Tu não vês a ti mesma com clareza,
　　　　　　Como convém à tua própria honra.
　　　　　　Que é que existe entre vós? Diz a verdade.

　　OFÉLIA
　　　　　　Ele tem confessado ultimamente
　　　　　　Sua afeição por mim.

　　POLÔNIO
　　　　　　　　　　　Sua afeição!
100　　　　Falas como criança inexperiente,
　　　　　　Ingênua nessa causa perigosa.
　　　　　　Crês nessas confissões, se assim as chamas?

　　OFÉLIA
　　　　　　Eu não sei, meu senhor, o que pensar.

　　POLÔNIO
　　　　　　Eu te ensino: és apenas uma criança,
105　　　　Tomaste essas palavras por moedas,
　　　　　　Mas são falsas. Precisas ter consciência
　　　　　　Do teu valor; ou — para ser mais claro —
　　　　　　Não quero que me faças de idiota.

　　OFÉLIA
　　　　　　Senhor, ele me mostra o seu amor
110　　　　De forma honrada.

　　POLÔNIO
　　　　　　　　　　　Ai, pura fantasia.

　　OFÉLIA
　　　　　　Ele apresenta sempre a sua fala
　　　　　　Cercada de promessas celestiais.

　　POLÔNIO
　　　　　　São armadilhas para apanhar rolas.
　　　　　　Eu bem sei como o sangue, quando ferve,
115　　　　É pródigo em promessas; essas brasas
　　　　　　Dão mais luz que calor, e quando morrem
　　　　　　— Mera promessa — não perdura nada.
　　　　　　Não as tomes por fogo. De hoje em diante,
　　　　　　Sê da tua presença mais avara;

        Sejas um bom espírito ou demônio;
        Tragas contigo auras de paraíso
        Ou rajadas de inferno; sejam puros
        Maus os teus intentos, vens com forma
45   Tão cara e tão estranha que eu desejo
        Falar contigo: eu vou chamar-te Hamlet;
        Rei, pai, dinamarquês real: Responde!
        Não me deixes morrer nesta ignorância;
        Diz por que é que teus ossos abençoados,
50   Sepultados na terra, arrebentaram
        Os panos da mortalha; e o teu sepulcro,
        Onde te vimos enterrado e quieto,
        Abriu de novo a poderosa goela
        Para te rejeitar? Que significa
55   Que tu, morto, de novo em aço armado,
        Voltes assim sob o clarão da lua,
        Tornando horrenda a noite, e a nós, pasmados,
        Fazendo-nos tremer horrivelmente
        Com pensamentos que a alma não atinge?
60   Diz, que é isto? Por quê? E o que faremos?

        (O FANTASMA acena para HAMLET.)

HORÁCIO
        Ele o chama para que o siga,
        Como se lhe quisesse, e a si somente,
        Dizer alguma coisa.

MARCELO
                Veja o gesto
        Polido com que ele acena e o convida
65   A segui-lo; não julgo aconselhável
        Fazê-lo.

HORÁCIO
        E não irá, senhor, de modo algum.

HAMLET
        Ele não vai falar; irei com ele.

HORÁCIO
        Não, não vá, senhor.

HAMLET
                Por que temê-lo?
        Minha vida não vale um alfinete;

70 E minh'alma, que risco há para ela,
Sendo ele imortal como ela mesma?
Eis que outra vez me chama; vou segui-lo.

HORÁCIO

E se ele o levar para a corrente,
Ou para esses rochedos perigosos
75 Que pendem debruçados sobre o mar,
E lá venha a tomar formas terríveis
Que o possam privar da lucidez
E conduzi-lo à loucura? Repare:
Só o cenário deste ponto estranho
80 Pode levar ao desespero a mente
Daquele que contempla esses fantasmas
Do próprio mar, ouvindo o uivar embaixo.

HAMLET

Ele me acena. Vamos! Vou seguir-te!

MARCELO

Não hás de ir, senhor!

HAMLET

Não me segures.

HORÁCIO

85 Seja sensato. Não vá.

HAMLET

O meu fado
Me conclama e me torna cada artéria
Tão rija quanto os nervos do leão
De Neméia. Outra vez ele me chama:
Largai-me, meus amigos; pelos santos,
90 Farei fantasma quem me detiver!
Largai-me, digo! Vamos, vou segui-lo!

(Saem o FANTASMA *e* HAMLET.*)*

HORÁCIO

Ele se exalta na imaginação.

MARCELO

Vamos segui-lo. Não o obedeçamos.

HORÁCIO

Vamos. Em que dará tudo isto?

MARCELO

Algo está podre aqui na Dinamarca.

HORÁCIO

Os céus decidirão.

MARCELO

Vamos segui-lo.

(Saem.)

CENA 5
Outro ponto da plataforma.

(Entram o FANTASMA e HAMLET)

HAMLET

Onde me levas? Fala; eu não prossigo.

FANTASMA

Ouve.

HAMLET

Ouvirei.

FANTASMA

Está chegando a hora
Em que devo voltar para os tormentos
Das chamas sulfurosas.

HAMLET

Pobre espectro!

FANTASMA

Não me lamentes, mas escuta, atento,
O que revelo.

HAMLET

Fala; é meu dever

Ouvir-te.

FANTASMA

E após ouvir, deves vingar-me.

HAMLET

O quê?

FANTASMA

              Sou o espectro de teu pai;
    Condenado a vagar durante a noite,
    Por algum tempo, e a jejuar de dia
    Preso no fogo, até que este consuma
    E purifique as faltas criminosas
    Que cometi em vida. Mas proibido
    De contar os segredos do meu cárcere,
    Pois se os narrasse, a mínima palavra
    Cortaria tu'alma e gelaria
    O próprio sangue jovem do teu corpo;
    Faria teus dois olhos, como estrelas,
    Saltar das órbitas, e os teus cabelos
    Eriçarem-se rijos, como as cerdas
    Se eriçam no irritado porco-espinho.
    Mas revelar não posso o eterno arcano
    Aos ouvidos humanos. Ouve! Escuta!
    Ouve! Se amaste um dia um pai querido...

HAMLET
    Oh, Deus!

FANTASMA
    Vinga a sua alma e o seu assassinato!

HAMLET
    Assassinato?

FANTASMA
    Assassinato, sim, sempre covarde,
    Mas desta vez mais torpe e mais covarde.

HAMLET
    Conta-me logo, pra que eu, com asas
    Rápidas como a ideia ou como o amor,
    Voe à vingança!

FANTASMA
                Era o que esperava.
    Serias mais apático e mais lento
    Que a raiz que apodrece junto ao Letes,
    Se não fizesse isso. Agora, Hamlet,
    Escuta: Dizem que eu, quando dormia
    No meu jardim, fui vítima da raiva
    De uma serpente; e assim, na Dinamarca
    Toda, essa história em torno a mim forjada

                    Foi repetida como verdadeira.
                    Mas tu, meu nobre jovem, toma nota
                    De que a serpente que tirou a vida
                    De teu pai, usa agora a sua coroa.

        HAMLET
45   Oh, minh'alma profética; meu tio!

        FANTASMA
                    Essa víbora, adúltera e incestuosa,
                    Cujos feitiços, cujos dons traiçoeiros,
                    Pérfidos dons, que prendem e seduzem,
                    Souberam conquistar para a luxúria
50   A aparente virtude da rainha.
                    Oh, Hamlet, que terrível decadência!
                    Do meu amor, cheio de dignidade,
                    Que andava sempre unido ao nobre voto
                    Que fizera ao casar-me, ir declinando,
55   Cedendo ao miserável, cujos dotes
                    Naturais são tão pobres junto aos meus!
                    Mas se a virtude é forte, é inabalável,
                    Ainda que a lascívia ande a tentá-la;
                    Já a luxúria, embora unida a um anjo
60   Resplendente, sacia-se de um leito
                    Puro e vai repastar-se num monturo.
                    Mas, alto lá. Pressinto o ar da manhã.
                    Devo ser breve. Como de costume,
                    Dormia eu à tarde, no jardim;
65   Teu tio, aproveitando essa hora incauta,
                    Furtivamente, conduzindo um frasco
                    Com a maldita essência do memendro,
                    Me fez cair nas conchas das orelhas
                    Essas gotas terríveis, cujo efeito
70   Tem tal inimizade ao sangue humano
                    Que, lestas como o azougue, elas percorrem
                    Todas as veias e canais do corpo
                    E, de repente, coagulam e talham
                    O sangue fino e fluido. Assim, meu sangue
75   De rápida erupção cobriu meu corpo,
                    Como se eu fosse um lázaro, co'a crosta
                    Mais vil e repelente.
                    Dormia eu, pois, quando essa mão fraterna
                    Roubou-me a vida, o cetro e a rainha:
80   Ceifou-me em plena flor dos meus pecados,
                    Sem sacramentos, sem extrema-unção,
                    Sem ter prestado contas dos meus erros,
                    Cheio de imperfeições em minha mente.

　　　　　　　É horrível, horrível, mais que horrível!
85　　　　　Se tens consciência em ti, não o toleres;
　　　　　　　Não deixa o leito real da Dinamarca
　　　　　　　Ser guarida do incesto e da luxúria.
　　　　　　　Mas, como quer que cumpras esse feito,
　　　　　　　Não mancha o teu espírito, nem deixa
90　　　　　Tu'alma agir contra tua mãe. Entrega-a
　　　　　　　Aos céus; e que os espinhos que ela guarda
　　　　　　　No seio a firam de remorso. Adeus,
　　　　　　　Agora, a vaga luz intermitente
　　　　　　　Do vagalume prenuncia a aurora
95　　　　　E começa a perder seu frágil fogo.
　　　　　　　Adeus! Adeus! Recorda-te de mim!

　　　　　　　　　　　　　　　　　　　　　　(Sai o FANTASMA.*)*

　　　HAMLET
　　　　　　　Hostes dos céus! Oh terra! E o que mais?
　　　　　　　Devo juntar o inferno? Ai, coração,
　　　　　　　Não estala! Nem vós, meus pobres nervos,
100　　　　Não rompei; sustentai-me com firmeza.
　　　　　　　Recordar-te! Por certo, alvo fantasma!
　　　　　　　Enquanto houver memória neste globo
　　　　　　　Atônito. Lembrar-te! Certamente!
　　　　　　　Apagarei das tábuas da memória
105　　　　Tudo o que de supérfluo ali perdure,
　　　　　　　Leituras, sentimentos, impressões
　　　　　　　Que a mocidade ali gravou um dia;
　　　　　　　Só o teu mandamento permaneça
　　　　　　　Nas páginas do livro do meu cérebro,
110　　　　Destacado de tudo. Pelos céus!...
　　　　　　　Oh mulher perniciosa!
　　　　　　　Oh vilão sorridente, mas danado!
　　　　　　　É mister que eu escreva os meus preceitos:
　　　　　　　Alguém pode sorrir e ser um crápula;
115　　　　Pelo menos, é certo, nesta terra
　　　　　　　Da Dinamarca; assim és tu, meu tio

　　　　　　　　　　(Escrevendo.)

　　　　　　　Agora, uma palavra por divisa:
　　　　　　　"Adeus! Adeus! Recorda-te de mim!"
　　　　　　　Jurei-o.

　　　HORÁCIO
　　　　　　　　　(Fora.)
120　　　　Senhor!

MARCELO

    (Fora.)
    Príncipe Hamlet!

HORÁCIO

    (Fora.)
    Deus o guarde!!

HAMLET

    Assim seja!

HORÁCIO

    (Fora.)
    Olá! Olá, meu senhor!

HAMLET

    Olá! Olá, rapaz! Vem, passarinho!

(Entram HORÁCIO e MARCELO.)

MARCELO

    Que tal, nobre senhor?

HORÁCIO

    Que novidades?

HAMLET

    Assombrosas!

HORÁCIO

    Senhor, conte-nos isso!

HAMLET

    Não, pois ireis contá-las.

HORÁCIO

    Pelos céus!
    Eu não, senhor; eu, não.

MARCELO

    Nem eu, tampouco.

HAMLET

    Que dizem disto? Um coração humano
    Iria, por acaso, imaginá-lo?
    Guardareis um segredo?

Horácio, Marcelo

　　　　　　　　　Pelos céus!

Hamlet

130　　　Não há um só vilão na Dinamarca
　　　　Que não seja um velhaco.

Horácio

　　　　　　　　　　　Pra dizê-lo,
　　　　Não é preciso que um fantasma saia
　　　　De sua cova.

Hamlet

　　　　　　　　É certo; é muito certo;
　　　　E assim, sem mais rodeios, separemo-nos:
135　　　Vós pr'onde vos leve algum negócio,
　　　　Ou um desejo; pois não há criatura
　　　　Que não tenha negócios ou desejos.
　　　　Quanto a mim, pela minha humilde parte,
　　　　Vede, eu irei rezar.

Horácio

　　　　　　　　　　Mas que palavras
140　　　Tão estranhas, senhor, e desconexas.

Hamlet

　　　　Lamento se as palavras vos ofendem.
　　　　Sinto-o deveras.

Horácio

　　　　　　　　　Não houve ofensa.

Hamlet

　　　　Mas certamente houve também ofensa,
　　　　Por São Patrício, e grande, neste caso.
145　　　Quanto à visão, é um fantasma honesto;
　　　　Isso eu vos digo: e quanto ao vosso anseio
　　　　De saber o que houve entre ele e eu,
　　　　Tereis de vos conter. E agora, amigos,
　　　　Pois sois amigos, mestres e soldados,
150　　　Faço-vos um pedido.

Horácio

　　　　　　　　Qual, senhor?

Hamlet

　　　　Não conteis a ninguém o que aqui vistes.

Horácio, Marcelo
Senhor, não contaremos.

Hamlet
Não; jurai.

Horácio
Por minha fé, não eu.

Marcelo
Nem eu, senhor.

Hamlet
Sobre esta espada.

Marcelo
Mas nós já juramos.

Hamlet
155 Digo-vos, sobre a espada! Assim!

Fantasma
(Gritando sob o palco.)
Jurai!

Hamlet
Olá, rapaz. Estás aí, amigo?
Vamos, ouvistes essa voz oculta?
Consenti em jurar.

Horácio
Com que palavras?

Hamlet
160 Nunca falar daquilo que hoje vistes,
Jurai sobre esta espada.

Fantasma
(Gritando sob o palco.)
Sim, jurai!

Hamlet
Hic et ubique?[2] Vamos nós, portanto,
Mudar de ponto. Vinde, meus senhores,

---

2 Do latim, no original: "Aqui e em toda parte". (N.T.)

                    E ponde as mãos de novo sobre a espada:
165   Nunca falar daquilo que hoje ouvistes,
                    Jurai por minha espada.

    FASTASMA
                    (Gritando sob o palco.)
                                            Sim, jurai!

    HAMLET
                    Dizes bem, oh toupeira! Tão depressa
                    Caminhas sob a terra? És sapador?
                    Mais uma vez mudemos de lugar.

    HORÁCIO
170   Dia e noite! Isso é muito estranho!

    HAMLET
                    Pois como estranho demo-lhe acolhida!
                    Há mais coisas, Horácio, em céus e terras,
                    Do que sonhou nossa filosofia.
                    Mas vinde. Agora e sempre (o céu nos valha),
175   Por estranho que eu possa parecer-vos,
                    — Se por acaso, doravante, eu queira
                    Tomar uma atitude extravagante —
                    Jurai que nunca, quando assim me virdes,
                    Não tereis nenhum gesto, nem meneio,
180   Nem direis qualquer frase duvidosa,
                    Como "Ora, nós sabemos" ou "Podíamos,
                    Se quiséssemos" ou "Se nós falássemos",
                    "Há quem possa falar", ou outra frase
                    Ambígua, pela qual se desconfie
185   Algo de mim. Jurai. Nesses momentos,
                    Graça e misericórdia vos ajudem!

    FANTASMA
                    (Gritando sob o palco.)
                    Jurai!

    HAMLET
                    Descansa, espírito agitado!

                    (Eles juram.)

                    Com todo o meu afeto eu me despeço:
                    E tudo o que o meu pobre ser consiga
190   Para exprimir estima e simpatia,

Se Deus o permitir, não faltará.
Entremos. E guardai este segredo.
O tempo é de terror. Maldito fado
Ter eu de consertar o que é errado.
Vamos, entremos juntos, camaradas.

(Saem.)

ATO 2

CENA 1
A casa de Polônio.

*(Entram P*olônio *e* Reinaldo.*)*

Polônio
    Entregue-lhe esta carta e este dinheiro.

Reinaldo
    Sim, senhor.

Polônio
          Porém mostre a perspicácia
    De indagar, antes de ir visitá-lo,
    Do seu procedimento.

Reinaldo
                  Eu o farei.

Polônio
5   Muito bom, muito bom. Veja, senhor,
    Se me pode indagar que conterrâneos
    Há em Paris, e como e com que meios
    Vivem eles; e o gasto, e as companhias.
    Procure, com rodeios e cuidados,
10   Saber se eles conhecem o meu filho;
    Se conhecerem, pode ir mais longe,
    Interrogando mais diretamente.
    Finja que o conhece de longe e pouco;
    Diga: conheço o pai e seus amigos,
15   Ele bem pouco; ouviu-me bem, Reinaldo?

Reinaldo
    Sim, ouvi, meu senhor.

Polônio
    Ele, bem pouco. Não conheço bem;
    Mas se é quem penso, é um rapaz estranho,
    Desregrado e vadio: pode pôr-lhe
20   As invenções que ocorram; não tão graves
    Que o possam desonrar — cuidado nisso —
    Mas, senhor, esses vícios e defeitos

Que são os companheiros mais frequentes
Da juventude livre.

REINALDO

Como o jogo.

POLÔNIO

25 Sim, como o jogo, a bebida, a vadiagem,
As brigas, os caprichos, as mulheres...

REINALDO

Mas, senhor, isso iria desonrá-lo.

POLÔNIO

Qual nada, se souber bem moderar
A acusação. Não o acuse de escândalo,
30 Da mais completa incontinência; isso
Não é o que pretendo — mas, jeitoso,
Sopre seus erros com tamanha astúcia
Que pareçam senões da liberdade;
Explosões de um espírito fogoso,
35 Erros de um sangue jovem e indomado,
Comuns na juventude.

REINALDO

Mas, senhor...

POLÔNIO

E por que é que eu quero que o faça?

REINALDO

Isso é o que eu, senhor, quero saber.

POLÔNIO

Este é o meu plano, que parece certo,
40 Mais que seguro: acusará meu filho
Dessas pequenas falhas, qual se fossem
Atritos naturais de seu estado.
Repare, que a pessoa que o ouve
Pode ter visto o jovem acusado
45 Praticar esses atos que citamos:
Nesse caso, ele diz em consequência,
Assim: "Bom senhor", ou "cavalheiro",
De acordo com a linguagem e as maneiras
Usadas pelo povo do país.

REINALDO

                  'Stá bem, senhor.

POLÔNIO

50   E nesse ponto, o mesmo...
Que é mesmo que eu dizia? Pela missa,
Eu estava dizendo alguma coisa;
Onde foi que eu parei?

REINALDO

                "Em consequência";
Em "meu amigo" ou "meu senhor"...

POLÔNIO

                      Parei
55   Em "consequência"; e ele "eu conheço o jovem",
"Eu o vi ontem, ou há poucos dias",
Tal e tal dia, com fulano ou outro.
Como disse, jogava em tal lugar;
Noutro lugar, mostrou-se embriagado,
60   Ou noutro logo terminou brigando;
Dirá talvez que o viu entrar na casa
De uma mulher, ou antes, num bordel...
Ou coisa assim. Veja como com a isca
Da mentira pescou toda a verdade.
65   Assim fazemos nós, com descortino,
Chegando ao alto por sinuosas curvas.
Com estes meus conselhos e preceitos,
Tudo há de descobrir sobre o meu filho.
O senhor me entende, não?

REINALDO

                Sim, meu senhor.

POLÔNIO

70   Então, adeus. Que a viagem seja boa.

REINALDO

      Bem, meu senhor, adeus.

POLÔNIO

                Vá observá-lo
Em sua própria inclinação.

REINALDO

                  Irei.

POLÔNIO

    Veja-o mostrar qual é a sua missa.

REINALDO

    Está bem, meu senhor. Adeus.

POLÔNIO

                      Adeus.

(Sai REINALDO.)

(Entra OFÉLIA.)

75   Que tens, Ofélia?

OFÉLIA

              Pai, tive tal susto!

POLÔNIO

    Por Deus, mas como foi que te assustaste?

OFÉLIA

    Senhor, 'stava eu cosendo no meu quarto,
    Quando o Príncipe Hamlet, mal trajado,
    Sem chapéu, tendo as meias enroladas
80   Pelas pernas, sem ligas, branco e pálido
    Como o linho, os joelhos tremulantes,
    Com o olhar de tão fúnebre expressão
    Como se nos viesse dos infernos
    Falar de horrores — vem diante de mim.

POLÔNIO

85   Louco por teu amor?

OFÉLIA

                    Senhor, não sei,
    Mas temo que seja assim.

POLÔNIO

                    Que te disse?

OFÉLIA

    Tomou-me pelos pulsos fortemente.
    Logo afastou-se ao longo de seu braço,
    E co'a outra mão erguida sobre os olhos
90   Pôs-se a mirar-me o rosto de tal modo,

	Como para sorvê-lo; muito tempo
	Assim ficou; depois tomou-me o braço
	E abanando a cabeça de alto a baixo
	Arrancou um suspiro tão profundo
95	Que pareceu-me ser bastante abalo
	Para levá-lo à morte. Então deixou-me,
	E curvando a cabeça sobre o ombro,
	Caminhou desprezando os próprios olhos,
	Pois saiu pela porta sem usá-los,
100	Mantendo sempre em mim a sua luz.

POLÔNIO

    Anda comigo; vou falar ao rei.
    Esse é o chamado êxtase do amor,
    Cuja violência chega a destruir-se,
    E leva os seres para o desespero,
105   Mais vezes que as paixões que, neste mundo,
    Afligem os mortais. Eu o lamento.
    Terás, acaso, usado ultimamente
    Palavras muito duras?

OFÉLIA

              Não, senhor.
    Mas observando aquilo que ordenou,
110   Repeli suas cartas, e neguei
    Sua presença.

POLÔNIO

              Isso tornou-o louco.
    Lamento não ter tido mais cuidado,
    Nem julgado melhor; temia sempre
    Que brincasse contigo e te trouxesse
115   Algum pesar. Perdoa o meu ciúme.
    Parece que é comum, na minha idade,
    Ser sombrio demais no julgamento,
    Do mesmo modo que é comum ao jovem
    Falar sem discrição. Vamos ao rei!
120   Ele deve saber o que, escondido,
    Causará maior mal que em ser ouvido.

(Saem.)

CENA 2
Sala do castelo.

(Entram o REI, a RAINHA, seguidos por ROSENCRANTZ, GUILDENSTERN e SÉQUITO.)

Rei

Bem-vindos, Rosencrantz e Guildenstern!
Além do nosso anseio pra revê-los,
Causou nosso chamado o precisarmos
De vosso auxílio. Certo, alguma coisa
Já vos falaram da transformação
Que houve em Hamlet; assim a chamaremos,
Já que nem na aparência e nem no ânimo
Ele é o mesmo. A causa deste fato,
Além da morte de seu pai, que tanto
O pôs fora do próprio entendimento,
Não posso nem sonhar. Eu vos imploro,
Por serdes seus amigos de criança,
Companheiros da sua adolescência,
Que concordeis em demorar na corte
Por uns tempos, lhe dando companhia,
Arrastando-o a prazeres, e buscando,
Conforme a ocasião que se ofereça,
O que é que assim aflige o seu espírito
Que, revelado, possa ter remédio.

Rainha

Senhores, ele fala sempre em vós;
E estou certa de que não há na vida
Quem mais sincero afeto lhe mereça.
Se nos quereis mostrar boa vontade
E gentileza, aqui ficando um pouco
Para cumprir as nossas esperanças,
Terá vossa visita recompensas
Dignas de um rei.

Rosencrantz

Vós poderíeis antes
Mandar, e não pedir, oh Majestades,
Com poder soberano sobre nós.

Guildenstern

Mas nós obedecemos, e fazemos
A entrega de nós mesmos ao serviço
Que voluntariamente dedicamos
Ao vosso mando.

Rei

Graças, Rosencrantz;
E gentil Guildenstern, muito obrigado.

RAINHA

35 Agradeço também a Guildenstern,
E ao gentil Rosencrantz. E aqui vos peço
Que visiteis imediatamente
Meu tão mudado filho. Um de vós vá
Levar estes dois jovens junto a Hamlet.

GUILDENSTERN

40 Sejam nossa presença e nossos atos
De utilidade para ele!

RAINHA

Amém.

(Saem ROSENCRANTZ, GUILDENSTERN e outros.)

(Entra POLÔNIO.)

POLÔNIO

Senhor, os emissários da Noruega
Voltaram satisfeitos.

REI

Vós ainda
Fostes o portador de boas novas.

POLÔNIO

45 Fui, meu senhor? E posso assegurar-vos
Que cuido o meu dever como a minh'alma,
Ambas para o meu Deus e o meu bom rei!
E penso — ou meu cérebro hesitante
Não mais segue o caminho do costume —
50 Que encontrei o motivo verdadeiro
Da demência de Hamlet.

REI

Falai disso;
Anseio por ouvir a explicação.

POLÔNIO

Dai entrada primeiro aos emissários;
Minhas notícias coroarão a festa.

REI

55 Fazei as honras, e trazei-os logo,

(Sai POLÔNIO.)

                    Ele me diz, Gertrudes, que encontrou
                    O que traz a seu filho o destempero.

            RAINHA

                    Duvido que não seja o mesmo sempre:
                    A morte de seu pai e este apressado
60   Casamento.

            REI
                                    Veremos o que sabe.

                    (Volta POLÔNIO, com VOLTEMAND e CORNÉLIO.)

                    Bem-vindos, bons amigos. Voltemand,
                    Trazeis novas do rei da Noruega?

            VOLTEMAND
                    Retribui cumprimentos e bons votos.
                    Logo que nos ouviu, mandou sustar
65   As hostes do sobrinho, que supunha
                    Serem preparações contra a Polônia.
                    Mas, reparando, viu que realmente
                    Se erguiam contra Vossa Majestade.
                    Sentindo que o iludiam — velho e fraco —
70   Chama por Fortimbrás: este obedece,
                    Aceita a repreensão, e jura ao rei
                    Nunca mais contra vós armar-se em guerra.
                    O velho rei, tomado de alegria,
                    Dá-lhe por ano trinta mil coroas
75   E investe-o da missão de ir combater
                    A Polônia co'os mesmos elementos
                    Alistados por ele contra nós;
                    E envia a petição, que aqui vos trago,
                    De permitirdes que essas mesmas tropas
80   Atravessem em paz e segurança
                    Vossos domínios para a operação,
                    Conforme aqui propõe.

                            (Mostra um papel.)

            REI
                                    Isso me apraz;
                    Depois de refletir e ler com tempo
                    Esse texto, enviaremos a resposta.
85   Enquanto isso, agradeço o vosso zelo:
                    Agora, descansai — à noite, juntos,

Festejaremos essa alegre volta.

*(Saem V*OLTEMAND *e* C*ornélio*.)*

POLÔNIO
Esse negócio teve um bom final.
Meu rei, minha senhora — especular
90 O que é a majestade, o que é dever,
Por que o dia é dia e a noite, noite,
E o tempo, tempo, é perder noite e dia
E tempo. Se ser breve é ter espírito,
Se o tédio é feito de floreios óbvios,
95 Resumo: vosso filho enlouqueceu.
Ficou louco, e a loucura verdadeira
Não se define: é louco quem é louco.
Mas basta.

RAINHA
Mais verdade e menos arte.

POLÔNIO
Juro, senhora, que não uso de arte.
100 Que está louco, é verdade; e é muito triste.
E é triste ser verdade: um pobre louco!
Mas não prossigo, pois não uso de arte.
Louco está, com certeza; resta agora
Descobrirmos a causa deste efeito,
105 Ou antes, a razão deste defeito,
Pois efeito e defeito hão de ter causa.
Resta encontrá-la, e assim saber o resto.
Ponderai!
Tenho uma filha — tenho-a enquanto é minha —
110 Que, com docilidade e obediência,
Deu-me isto: lede, e concluí vós mesmos.

(Lê a carta.)

"Celestial Ofélia, idolatrada de minh'alma,
formosa, mais que bela"
É uma frase infeliz e sem finura,
115 Porém tendes de ouvir. Sigo, portanto:
(Lê.) "Em seu marmóreo seio, estas..."

RAINHA
Foi Hamlet quem mandou isso a Ofélia?

PolÔnio

        Um momento, senhora; eu sou fiel.
        (Lê.) *"Duvida que as estrelas tenham fogo,*
120   *Duvida que o sol tenha luz e ardor;*
        Duvida da verdade como um jogo,
        Mas não duvides, não, do meu amor.
        Querida Ofélia, eu não sou bom poeta e não tenho arte para traduzir meus gemidos. Mas que te amo mais que a tudo, oh muito mais, crê
125   *sempre. Teu para sempre, enquanto lhe pertencer esta máquina.[3] Hamlet."*
        Isto mostrou-me a filha obediente
        E depois disso todos os seus rogos,
        Por vários meios, horas e lugares,
130   Me foram transmitidos.

Rei

                      Porém ela,
        Como o aceitou?

PolÔnio

                      Por quem me tomais vós?

Rei

        Por um homem honrado e verdadeiro.

PolÔnio

        Pretendo ser; mas que diríeis vós
        Se, ao ver esse amor tomando vulto,
135   Como eu o vi, antes que minha filha
        O confessasse — o que diríeis vós,
        Ou a nobre rainha aqui presente,
        Se eu tivesse servido de correio
        Ou feito ouvidos surdos e olhos cegos,
140   Ou feito vista grossa a esse amor.
        Que pensaríeis vós? Não! Fui direto
        Ao que importava, assim dizendo à filha:
        "Hamlet é um nobre, além da tua estrela;
        Isto não pode ser". E aconselhei-a
145   Que ela se recolhesse e se isolasse,
        Não recebesse cartas nem lembranças.
        Ela ouviu docilmente os meus conselhos.
        Em resumo: eis que Hamlet, repelido,
        Cai em tristeza; segue-se o fastio,

---

[3] Único uso da palavra máquina por Shakespeare e o primeiro uso metafórico indicado no *Oxford English Dictionary*. Máquina indica o corpo como uma combinação de partes. (N.T.)

150 Depois a insônia, e logo, enfraquecido,
Cai na melancolia e, em consequência,
Na loucura em que agora se debate,
E que nós lamentamos.

REI

Crês que é isso?

RAINHA

Pode muito bem ser.

POLÔNIO

Já houve caso
155 Em que eu dissesse positivamente
"É isso", e não o fosse?

REI

Não que eu saiba.

POLÔNIO

(Apontando para cabeça e ombros.)
Tirai esta cabeça destes ombros
Se não é como acabo de dizer.
Se os fatos me ajudarem, acharei
160 A verdade escondida, nem que esteja
Enterrada.

REI

Mas como proceder?

POLÔNIO

Sabemos que ele anda horas a fio
Nas galerias.

RAINHA

Isso é bem verdade.

POLÔNIO

Mando, então, encontrá-lo, minha filha.
165 Juntos, atrás de uma tapeçaria,
Os veremos a sós. Se ele não a ama,
E não tiver por isso enlouquecido,
Deixarei este posto no governo
E *irei ser fazendeiro*.

REI

Tentaremos.

RAINHA
170
Mas vede como vem, tristonho, lendo.

POLÔNIO

Deixai-me, por favor; deixai-me, ambos.
Vou dirigir-me a ele, sem demora.

(Saem o REI e a RAINHA.)

(Entra HAMLET, lendo um livro.)

Deixai-me.
Como passa o meu príncipe?

HAMLET
175
Bem, graças a Deus.

POLÔNIO

Sabeis quem sou?

HAMLET

Sei muito bem. O senhor é um peixeiro.

POLÔNIO

Eu não, senhor.

HAMLET

Pois gostaria que fosse homem assim tão honesto.

POLÔNIO
180
Honesto, meu senhor?

HAMLET

Sim, senhor. E ser honesto, no mundo como anda, é ser um homem entre dez mil.

POLÔNIO

Lá isso é verdade, senhor.

HAMLET

Pois se o Sol gera larvas num cão morto, que é boa carcaça para beijar...
185
Tem uma filha?

POLÔNIO

Tenho, senhor.

HAMLET

Não a deixe andar ao Sol. A concepção é uma bênção, mas não como possa conceber a sua filha. Amigo, cuidado.

POLÔNIO

(À parte.) Que me dizem disso? Sempre insistindo em minha filha. No entanto, a princípio não me conheceu; disse que eu era um peixeiro. Está muito mal. E na verdade em minha juventude sofri muito pelos extremos do amor; fiquei quase assim. Vou falar-lhe de novo. O que estais lendo?

HAMLET

Palavras, palavras, palavras.

POLÔNIO

Qual a intriga, senhor?

HAMLET

Entre quem?

POLÔNIO

Falo do que está lendo, senhor.

HAMLET

Calúnias, senhor; pois o cínico calhorda diz aqui que os velhos têm barbas grisalhas, que suas faces são enrugadas, seus olhos purgam âmbar espesso e goma de ameixeira, e que têm completa falta de discernimento, a par de coxas fracas. Em tudo o que, senhor, acredito firmemente, mas não creio que seja decente dizê-lo assim, em um livro. Pois o senhor mesmo chegaria à minha idade se pudesse andar para trás, como um caranguejo.

POLÔNIO

(À parte)
Embora isso seja loucura, mesmo assim há nela certo método. Quereis deixar estes ares, senhor?

HAMLET

Para o meu túmulo?

POLÔNIO

Por certo lá estaríeis sem ar.
(À parte.) Como suas respostas são penetrantes — uma felicidade que a loucura alcança às vezes, e que a razão e a sanidade não têm a

sorte de encontrar. Vou deixá-lo, para armar logo os meios de o fazer encontrar com a minha filha. — Senhor, tomo a liberdade de retirar-me.

HAMLET
Não poderia, senhor, tirar-me nada de que me separasse com mais gosto: exceto a minha vida, exceto a minha vida, exceto a minha vida.

POLÔNIO
215 Passai bem, senhor.

HAMLET
Esses velhos tolos e cacetes!

(Entram ROSENCRANTZ e GUILDENSTERN.)

POLÔNIO
Estão procurando o Senhor Hamlet. Está ali ele.

ROSENCRANTZ
Salve, senhor.

(Sai POLÔNIO.)

GUILDENSTERN
Meu nobre senhor!

ROSENCRANTZ
220 Meu prezado senhor!

HAMLET
Meus excelentes amigos! Com vai, Guildenstern? Ah, Rosencrantz! Rapazes, como vão?

ROSENCRANTZ
Como simples mortais, filhos da terra.

GUILDENSTERN
Felizes, mas não mais do que felizes. Não estamos no topo da Fortuna.

HAMLET
225 Nem tampouco na sola de seus pés?

ROSENCRANTZ
Também não, senhor.

HAMLET
Vivem então em torno de sua cintura, em meio aos seus favores?

GUILDENSTERN
Por nossa fé, na sua intimidade.

HAMLET
Nas partes secretas da Fortuna? É verdade; ela é uma rameira. Quais as novidades?

ROSENCRANTZ
Nenhuma, senhor, senão que o mundo se tornou honesto.

HAMLET
Então é o fim do mundo. Mas suas novidades não são verdadeiras. Deixem-me interrogá-los mais de perto. O que, meus bons amigos, mereceram das mãos da Fortuna que ela os mandasse aqui para a prisão?

GUILDENSTERN
Prisão, senhor?

HAMLET
A Dinamarca é uma prisão.

ROSENCRANTZ
Então o mundo também é.

HAMLET
Uma grande prisão, onde há clausuras, celas e calabouços, sendo a Dinamarca uma das piores.

ROSENCRANTZ
Não julgamos assim, senhor.

HAMLET
Ora, não será assim então para vocês; pois não existe nada de bom ou de mau que não seja assim pelo nosso pensamento. Para mim, é uma prisão.

ROSENCRANTZ
Ora, então é sua ambição que a faz assim; é estreita demais para o seu espírito.

HAMLET
Oh Deus, eu poderia viver preso numa casca de noz e me sentir um rei de espaços infinitos, se não fossem os maus sonhos que tenho.

GUILDENSTERN

Tais sonhos são decerto ambições, pois a própria essência do ambicioso não passa da sombra de um sonho.

HAMLET

Um sonho é, ele mesmo, apenas sombra.

ROSENCRANTZ

Sem dúvida; e eu julgo a ambição qualidade tão leve e irreal que não passa da sombra de uma sombra.

HAMLET

Então nossos mendigos são os corpos, e nossos monarcas e grandes heróis as sombras dos mendigos. Vamos à corte? Pois por minha fé, não sou capaz de raciocinar.

ROSENCRANTZ, GUILDENSTERN

Estamos aqui para servi-lo.

HAMLET

Nada disso. Não irei confundi-los com o resto de meus serviçais, pois para falar a verdade, sou terrivelmente servido. Mas em nome da nossa velha amizade, o que fazem em Elsinore?

ROSENCRANTZ

Viemos visitá-lo, senhor. Não há outra razão.

HAMLET

Mendigo que sou, sou pobre até no agradecer, mas lhes agradeço: e por certo, caros amigos, mesmo um vintém é demais para pagar-me a gratidão. Não foram chamados? Foi sua a inclinação? É uma visita livre? Vamos, vamos, sejam leais comigo. Digam tudo.

GUILDENSTERN

O que poderemos dizer, senhor?

HAMLET

Qualquer coisa, mas dentro do assunto. Foram chamados, e há uma espécie de confissão em seus olhos, que suas modéstias não têm malícia bastante para disfarçar. Sei que o bom Rei e a Rainha os mandaram chamar.

ROSENCRANTZ

Mas com que fim, Senhor?

HAMLET

Isso vocês têm de me dizer. Mas deixem que eu lhes implore, pelos direitos do companheirismo, a harmonia de nossa juventude, a obrigação do amor sempre presente, e por qualquer outra boa razão que eu lhes possa apresentar, sejam claros e diretos comigo, se foram ou não chamados.

ROSENCRANTZ

(À parte, a GUILDENSTERN.) O que me diz?

HAMLET

Não, estou olhando vocês. Se me amam, não recusem.

GUILDENSTERN

Senhor, fomos chamados.

HAMLET

E eu lhes direi por que: assim, minha antecipação os impedirá de revelar, e não cairá uma só pluma do seu dever para com o rei. Ultimamente — não sei por quê — perdi toda a alegria, desprezei todo o hábito dos exercícios e, realmente, tudo pesa tanto na minha disposição que este grande cenário, a terra, me parece agora um promontório estéril; este magnífico dossel, o ar, vejam, esse belo e flutuante firmamento, este teto majestoso, ornado de ouro e flama — não me parece mais que uma repulsiva e pestilenta congregação de vapores. Que obra de arte é o homem, como é nobre na razão, como é infinito em faculdades e, na forma e no movimento, como é expressivo e admirável, na ação é como um anjo, em inteligência, como um deus: a beleza do mundo, o paradigma dos animais. E, no entanto, para mim, o que é essa quintessência do pó? O homem não me deleita — não, nem a mulher, embora o seu sorriso pareça dizê-lo.

ROSENCRANTZ

Senhor, não houve tal intenção em meus pensamentos.

HAMLET

Por que se riram, então, quando disse que o homem não me deleita?

ROSENCRANTZ

Por imaginar, Senhor, que se não se deleita com os homens, que triste acolhida os atores de si terão. Nós os encontramos no caminho, e estão vindo oferecer-lhe os seus serviços.

HAMLET

O que representar o rei será bem-vindo; sua Majestade terá o seu *tributo*; o cavaleiro andante terá sua lança e seu escudo; o amante não há de suspirar em vão, o cômico terminará em paz o seu papel; o palhaço fará rir quem tiver pulmões sensíveis, e a dama dirá livremente o que pensa — pois senão o verso vai sair de pé quebrado. Que atores são eles?

ROSENCRANTZ
Os mesmos que o senhor costumava ouvir com tanto gosto, os trágicos da cidade.

HAMLET
Por que estão viajando? Ficar em casa seria mais útil para sua reputação e seu proveito.

ROSENCRANTZ
Creio que suas dificuldades vêm da recente inovação.

HAMLET
Gozam eles ainda da mesma fama de que gozavam quando eu estava na cidade? Têm tanto público?

ROSENCRANTZ
Não, na verdade não têm mais.

HAMLET
Por quê? Estão enferrujando?

ROSENCRANTZ
Não; seus esforços mantêm-nos na antiga forma; mas há, senhor, um grupo de pirralhos, filhotes de falcão, que gritam mais que os outros, e são delirantemente aplaudidos por isso. Eles estão em moda, e de tal modo atacam os teatros populares — como os chamam — que muitos espadachins têm medo dessas penas de ganso, e quase não vão lá.[4]

HAMLET
Mas, são crianças? Quem os mantém? Como se sustentam? Acaso só seguem a profissão enquanto podem cantar? Não dirão mais tarde, se se tornarem atores populares — o que é provável, se não encontrarem melhor meio de vida — que os autores os prejudicaram, fazendo-os clamar contra sua própria profissão?

ROSENCRANTZ
A verdade é que tem havido muito barulho de ambas as partes, e o povo não julga pecado atiçá-los à luta. Durante algum tempo, não houve interesse financeiro por nenhuma peça a não ser que o poeta e o ator não brigassem aos murros pela questão.

---

4 Referência à concorrência pelo público que as companhias de teatro de Londres enfrentavam frente à novidade das companhias de atores-meninos, que faziam então muito sucesso. (N.T.)

HAMLET
Será possível?

GUILDENSTERN
Oh, tem havido muito desperdício de cérebro.

HAMLET
E os meninos ganharam?

ROSENCRANTZ
Ganharam tudo, senhor. Até a carga de Hércules.

HAMLET
Isso não é de estranhar; pois meu tio é Rei da Dinamarca, e aqueles que faziam pouco dele enquanto meu pai era vivo, dão hoje vinte, trinta, quarenta e cem ducados por seu retrato em miniatura. Pelas chagas de Cristo, há nisso qualquer coisa além do natural, se a filosofia o pudesse decifrar.

(Um toque de clarins.)

GUILDENSTERN
Aí estão os atores.

HAMLET
Cavalheiros, sejam bem-vindos a Elsinore. Deem-me aqui suas mãos: o complemento das boas-vindas são a cerimônia e a forma: deixem-me cumpri-las, assim, para com ambos, a fim de que minha saudação aos atores — que, aviso, terá de mostrar-se mais expansiva — não pareça mais acolhedora do que a sua. São bem-vindos; mas meu tio-pai e minha tia-mãe estão logrados.

GUILDENSTERN
Em que, meu caro senhor?

HAMLET
Eu estou louco apenas para o noroeste; quando sopra o sul, sei distinguir um falcão de uma coruja.

(Entra POLÔNIO.)

POLÔNIO
Cavalheiros, a paz esteja convosco.

HAMLET
Atenção, Guildenstern; você, também — a cada ouvido um ouvinte. Esse grande bebê que veem aí ainda não saiu dos cueiros!

ROSENCRANTZ

350 Talvez os use pela segunda vez, pois dizem que um velho é duas vezes uma criança.

HAMLET

Profetizo que ele vem me falar dos atores. Reparem. É como disse, senhor, era segunda de manhã, era sem dúvida.

POLÔNIO

Senhor, tenho novidades a vos contar.

HAMLET

355 Senhor, eu tenho novidades a lhe contar. Quando Roscius era ator em Roma...

POLÔNIO

Os atores estão vindo aí, senhor.

HAMLET

Bla, blá, blá.

POLÔNIO

Palavra de honra...

HAMLET

360 E cada ator chegou em seu jumento...

POLÔNIO

Os melhores atores do mundo, tanto para tragédia como para comédia, história, pastoral, pastoral-cômica, histórica-pastoral, trágico-histórica, trágico-cômica-histórico-pastoral, cena indivisível, ou poema ilimitado. Sêneca não pode ser pesado demais, nem Plauto por demais leve. 365 Para peças clássicas, ou obras livres, eles são os únicos.

HAMLET

Oh Jefté, Juiz de Israel, que tesouro possuíste![5]

POLÔNIO

Que tesouro tinha ele, senhor?

HAMLET

Ora,
"Uma filha, única e linda
370 *Que ele amava por demais".*[6]

---

5 Hamlet faz referência a Jéfte, do Velho Testamento, um líder judeu que sacrifica a própria filha. (N.T.)
6 Ainda se referindo a Jefté, Hamlet cita um trecho da antiga balada "Jeftè Juiz de Israel"; vários desses poemas, posteriormente

POLÔNIO

(À parte.) Ainda sobre a minha filha.

HAMLET

Não é verdade, velho Jefté?

POLÔNIO

Se me chamais Jefté, senhor, eu tenho uma filha que amo muito.

HAMLET

Não, isso não se segue.

POLÔNIO

O que se segue então, Senhor?

HAMLET

Ora, "*Deus que lhe deu, fado seu*", e depois, sabe "*Aconteceu, e assim pareceu*".[7] A primeira estrofe da piedosa canção há de mostrar-lhe mais, pois aí vêm os que me interrompem.

(Entram quatro ou cinco ATORES.)

Sejam bem-vindos, mestres, bem-vindos todos. Alegra-me vê-los bem. — Bem-vindos, bons amigos. — Oh, velho amigo, ora essa, seu rosto criou franjas desde que o vi pela última vez. Veio pôr-me barbas na Dinamarca? — Ora, minha jovem namorada! Pela Virgem, a senhorita chegou mais perto do céu desde que a vi pela última vez pela altura de um coturno. Reze a Deus que sua voz não esteja quebrada, como moeda de ouro fora de uso. — Mestres, são todos bem-vindos. Vamos logo ao que interessa como os falcoeiros franceses, que voam contra tudo o que veem. Vamos, deem-nos um gostinho de sua qualidade. Vamos, uma fala apaixonada.

1º ATOR

Que fala, meu bom senhor?

HAMLET

Ouvi-o dizer certa vez uma fala, mas nunca foi representada, ou se foi, não mais de uma vez — pois a peça, eu me lembro, não agradava as multidões, era caviar para o povo. Mas era, tal como a compreendi — e para outros, cujo julgamento nesses assuntos era mais alto do que o meu — uma excelente peça, bem equilibrada nas cenas, escrita com tanta singeleza quanto mestria. Lembro-me de que

---

reunidos em um volume pelo Bispo Thomas Percy, inspiraram Shakespeare. (N.T.)

7 Ainda citando o poema. (N.T.)

alguém disse que não havia tempero nos versos para dar sabor ao assunto, nem assunto nas frases que pudesse indiciar o autor por afetação, mas chamou-as de um método honesto, tão salutar quanto doce, e muito mais belo do que burilado. Uma fala agradou-me especialmente — era a narrativa de Eneias para Dido e, nela, em particular, a descrição do assassinato de Príamo. Se ela ainda lhe vive na memória, comece na linha... vejamos...
"O hirsuto Pirrus, como fera hircânea..."[8]
Não é assim; começa com Pirrus —
"O hirsuto Pirrus, cujas negras armas,
Negras como o seu fito e como a noite,
Quando ele andava oculto em seu cavalo,
Ostenta agora horrível face negra
De heráldica mais triste; de alto a baixo
'Stá ele todo em goles recoberto;
Sangue de pais e mães, filhos e filhas,
Grosso e pastoso sobre o chão das ruas
Empresta luz tirânica e danada
Ao matador; queimando de ódio e fogo,
Untado com suor de sangue e lama,
Olhos em brasa, o pavoroso Pirrus
Procura o velho Príamo, o ancestral."
Agora, continue.

POLÔNIO

Por Deus, Senhor, falou bem, com boa dicção e muito critério.

1º ATOR

"Logo o encontra, atacando inutilmente
Os gregos; sua espada de outros tempos,
Rebelde à sua mão, jaz onde tomba,
Recusando o comando. Cheio de ira,
Cai Pirrus sobre Príamo; erra o golpe,
Mas co'ar que desloca a forte espada
Cai o velho, sem forças. A insensata
Troia, como que sob o golpe, cai
Flamejante por terra; e o horrível som
Parece fazer Pirrus prisioneiro,
Pois a espada que desce sobre a neve
Da cabeça do velho venerando
Paira no ar, e Pirrus fica inerte,
Parecendo a imagem de um tirano,
Parado entre o desígnio e a realidade,
E nada faz.

---

8 O trecho sobre Pirrus é escrito em estilo bombástico e em ritmo diverso do de *Hamlet*, imitando o estilo mais exaltado de Marlowe em *Dido, Rainha de Cartago*. (N.T.)

>   *Como às vezes ao vir da tempestade*
>   *Há silêncio nos céus, as nuvens param,*
>   *O vento cala e a terra fica imóvel,*
>   *Mas logo estala o hórrido trovão.*
> 440   *Assim, depois da pausa, ergue-se Pirrus;*
>   *A febre da vingança dá-lhe forças,*
>   *E jamais os ciclópicos martelos*
>   *Caíram sobre Marte — armas eternas —*
>   *Mais sem remorso do que a espada em sangue*
> 445   *De Pirrus cai agora sobre Príamo.*
>   *Vai-te, Fortuna adversa, prostituta!*
>   *E vós, oh deuses, em conclave uníssono,*
>   *Privai-a do poder: tomai-lhe roda,*
>   *Quebrai-lhe os raios, destruí-lhe os dentes.*
> 450   *Fazei rolar o globo do alto Olimpo*
>   *Até o negro inferno."*

POLÔNIO
É muito longo.

HAMLET
Ela irá ao barbeiro com suas barbas. Por favor, continue. Ele é pelas jigas ou histórias obscenas, senão, dorme. Continue, vamos a Hécuba.

1º ATOR
455   *"Mas — ai! — quem visse a rainha ultrajada..."*

HAMLET
"A rainha ultrajada"?

POLÔNIO
Essa é boa.

1º ATOR
>   *"Correr de um lado ao outro, os pés descalços,*
>   *Vencendo as chamas, cega pelas lágrimas,*
> 460   *Um trapo rodeando aquela fronte*
>   *Que ostentara a coroa, e por vestido,*
>   *Sobre os quadris, outrora tão fecundos,*
>   *Um pano que, ao fugir cheia de medo,*
>   *Apanhou. Quem assim agora a visse,*
> 465   *De língua saturada de veneno,*
>   *A julgaria como criminosa*
>   *De traição contra o reino da Fortuna.*
>   *Porém, se os próprios deuses a avistassem,*
>   *Quando ela presenciou o horrendo Pirrus*

> Em malicioso jogo de crueldade
> Picar à espada os membros do marido,
> E o grito lancinante que soltou —
> A não ser que de todo não se alterem
> Com as coisas mortais —, teriam feito
> Jorrar pranto dos céus e dor dos peitos."

POLÔNIO

Vede se não empalidece e se não há lágrimas em seus olhos. Por favor, basta.

HAMLET

Muito bem, declamará o resto dentro em pouco. Meu bom senhor, poderia encarregar-se de acomodar os atores? Lembre-se que devem ser muito bem tratados, pois são o resumo e a crônica de nosso tempo; seria melhor ter um mau epitáfio depois de sua morte do que a sua maledicência enquanto está vivo.

POLÔNIO

Senhor, hei de tratá-los de acordo com seu merecimento.

HAMLET

Pelo amor de Deus, homem, muito melhor! Trate cada homem segundo o seu merecimento, e quem escapará à chibata? Trate-o segundo sua própria honra e dignidade; quanto menos eles o merecerem, tanto maior será a sua generosidade. Leve-os.

POLÔNIO

Venham, senhores.

HAMLET

Sigam-no, amigos; amanhã teremos uma peça.

(Sai POLÔNIO com os ATORES, exceto o 1º ATOR.)

Escute, velho amigo; pode levar O Assassinato de Gonzago?

1º ATOR

Sim, senhor.

HAMLET

É o que teremos amanhã. Poderia, se necessário, decorar uma fala de doze ou dezesseis linhas, se eu as escrevesse e as intercalasse nela, não?

1º ATOR

Poderia, senhor.

HAMLET

495 Muito bem. Sigam esse senhor; e tratem de não caçoar dele.

(Sai o 1º Ator.)

Meus amigos, deixo-os até a noite; sejam bem-vindos a Elsinore.

ROSENCRANTZ

Meu bom senhor.

HAMLET

Vão com Deus.

(Saem Rosencrantz e Guildenstern.)

Agora estou sozinho.
Que camponês canalha e baixo eu sou!
500 Não é monstruoso que esse ator consiga
Em fantasia, em sonho de paixão,
Forçar sua alma a assim obedecer-lhe
A ponto de seu rosto ficar pálido,
Ter lágrimas nos olhos, o ar desfeito,
505 A voz cortada, e todo o desempenho
E as expressões de acordo com o papel?
E tudo isso por nada! Só por Hécuba!
Que lhe interessa Hécuba, ou ele a ela,
Para que chore assim? E que faria
510 Se tivesse os motivos de paixão
Que eu tenho? Inundaria com seu pranto
O palco, e rasgaria com palavras
Horríveis os ouvidos da assistência;
Poria louco o réu, medroso o livre,
515 Conturbado o ignorante, e estuporados
Os sentidos da vista e dos ouvidos...
Mas eu, canalha inerte, alma de lodo,
Arrasto-me, alquebrado, um João-de-Sonho,
Nada digo, porquanto não me enfronho
520 Em minha causa; causa que é de um rei
A cujo patrimônio e à própria vida
Foi imposta uma trágica derrota.
Sou acaso um covarde? Quem me chama
De vilão? Quem me parte o crânio e arranca
525 As barbas, pra em rosto m'as lançar?
Quem me torce o nariz? Quem me desmente
E jura que há de pôr-me pela goela,
Atingindo os pulmões, o que é mentira?

Quem me faz isso? Ai, bem o mereço:
530 Não o devia ser, mas sou um fraco;
Falta-me o fel que amarga as opressões,
Senão, eu já teria alimentado
Os milhafres do céu co'os restos podres
Desse vilão lascivo e ensanguentado!
535 Vilão cruel, traidor e incestuoso!
Oh, vingança!
Ah, que jumento eu sou! Isso é decente,
Que eu, filho de um pai assassinado,
Chamado a agir por anjos e demônios,
540 Qual meretriz sacie com palavras
Meu coração, co'as pragas das rameiras
E das escravas!
Arre, que asco! Mas ergue-te, meu cérebro:
Ouvi dizer que quando os malfeitores
545 Assistem a uma peça que os imita,
Sentem na alma a perfeição da cena
E confessam de súbito os seus erros.
Pois o crime de morte, sem ter língua,
Falará com o milagre de outra voz.
550 Esses atores, diante de meu tio,
Repetirão a morte de meu pai;
Vou vigiar-lhe o olhar, sondá-lo ao vivo;
Se trastejar, eu sei o que farei.
O fantasma talvez seja um demônio,
555 Pois o demônio assume aspectos vários
E sabe seduzir; ele aproveita
Esta melancolia e esta fraqueza,
Já que domina espíritos assim,
Para levar-me à danação. Preciso
560 Encontrar provas menos duvidosas.
É com a peça que penetrarei
O segredo mais íntimo do rei.

(Sai.)

ATO 3

CENA 1
Uma sala do castelo.

(Entram Rei, Rainha, Polônio, Ofélia, Rosencrantz e Guildenstern.)

Rei
    E não puderam, com fala habilidosa,
    Obter-lhe a confissão desse desvario,
    Que assim perturba a calma dos sentidos
    Com turbulenta e perigosa insânia?

Rosencrantz
5   Ele confessa que a razão lhe foge,
    Mas de nenhuma forma diz por quê.

Guildenstern
    Nem se mostra disposto a ser sondado;
    Com uma hábil loucura, vai distante
    Se queremos trazê-lo à confissão
10   Do que ele sente.

Rainha
              Recebeu-os bem?

Rosencrantz
    Como convém a um nobre.

Guildenstern
                        Mas forçando

    Sua disposição.

Rosencrantz
                Falando pouco;
    Mas pronto a responder-nos as perguntas.

Rainha
    Procurastes levá-lo a um passatempo?

Rosencrantz
15   Aconteceu, senhora, que em caminho,
    Encontrarmos, na vinda, alguns atores.
    Falamos deles e, ao ouvi-lo, o príncipe

           Mostrou-se interessado e jubiloso.
           Estão na corte e penso que esta noite
20   Devem representar para ele.

    POLÔNIO
                              É fato;
           E ele pede que Vossas Majestades
           Venham ouvir e ver esse espetáculo.

    REI
           De coração; e isso me alegra muito,
           Saber que ele se encontra interessado.
25   Amigos, ajudai esse interesse,
           E induzi-o a esse tipo de prazer.

    ROSENCRANTZ
           Assim procederemos.

                              (Saem ROSENCRANTZ e GUILDENSTERN.)

    REI
                              Retirai-vos,
           Doce Gertrudes, também vós. Deixai-nos.
           Mandamos em segredo chamar Hamlet,
30   Pra que, como se fosse por acaso,
           Encontre Ofélia.
           Seu pai e eu — como espiões honrados —
           Vamos nos esconder onde os vejamos
           Sem sermos vistos, para que possamos
35   Julgar do seu encontro francamente,
           E assim saber, conforme ele se porte,
           Se é ou não por amor que ele se aflige
           E sofre desse modo.

    RAINHA
                              Eu obedeço;
           E do teu lado, Ofélia, o que desejo
40   É que a tua beleza seja a causa
           Da loucura de Hamlet; pois espero
           Sejam tuas virtudes sua cura,
           Para honra de ambos.

    OFÉLIA
                              Seja assim, senhora.

                              (Sai a RAINHA.)

POLÔNIO

Ofélia, vem aqui. (*Para o Rei.*) Nós dois, a postos,
Se vos apraz, senhor.

(*Para Ofélia.*)

Lê este livro;
Esta é a ocupação que justifica
O teu isolamento. Muitas vezes
Temos culpa e, com ares de devotos
E atos piedosos, 'stamos pondo açúcar
Sobre o próprio demônio.

REI

(*À parte.*)

Isso é verdade.
Como me ferem a alma essas palavras!
A face da rameira, embelezada,
Não se torna tão feia às suas tintas
Quanto os meus atos diante das palavras
Que uso pra mentir e disfarçá-los.
Oh, dura carga!

POLÔNIO

Ei-lo que vem; fujamos!

(*Saem o Rei e Polônio.*)

(*Entra Hamlet.*)

HAMLET

Ser ou não ser, essa é que é a questão:
Será mais nobre suportar na mente
As flechadas da trágica fortuna,
Ou tomar armas contra um mar de escolhos
E, enfrentando-os, vencer? Morrer — dormir,
Nada mais; e dizer que pelo sono
Findam-se as dores, como os mil abalos
Inerentes à carne — é a conclusão
Que devemos buscar. Morrer — dormir;
Dormir, talvez sonhar — eis o problema:
Pois os sonhos que vierem nesse sono
De morte, uma vez livres deste invólucro
Mortal, fazem cismar. Esse é o motivo
Que prolonga a desdita desta vida.
Quem suportara os golpes do destino,

Os erros do opressor, o escárnio alheio,
A ingratidão no amor, a lei tardia,
O orgulho dos que mandam, o desprezo
Que a paciência atura dos indignos,
Quando podia procurar repouso
Na ponta de um punhal? Quem carregara
Suando o fardo da pesada vida
Se o medo do que vem depois da morte —
O país ignorado de onde nunca
Ninguém voltou — não nos turbasse a mente
E nos fizesse arcar co'o mal que temos
Em vez de voar para esse, que ignoramos?
Assim nossa consciência se acovarda,
E o instinto que inspira as decisões
Desmaia no indeciso pensamento,
E as empresas supremas e oportunas
Desviam-se do fio da corrente
E não são mais ação. Silêncio agora!
A bela Ofélia! Ninfa, em tuas preces
Recorda os meus pecados.

OFÉLIA

                        Meu senhor!
Como está, que o não vejo há tantos dias?

HAMLET

Humilde eu lhe agradeço; bem, bem, bem.

OFÉLIA

Senhor, tenho comigo umas lembranças
Vossas, que há muito quero devolver-vos.
Por favor, recebei-as.

HAMLET

                  Não; não eu;
Nunca te dei presentes.

OFÉLIA

Meu honrado senhor, sabeis que os destes;
E com eles palavras tão suaves
Que os tornavam mais ricos. Mas agora,
Ido o doce perfume, recebei-os;
Pois para um nobre espírito, os presentes
Tornam-se pobres quando quem os dera
Se torna cruel. Tomai-os, meu senhor.

HAMLET

    És honesta?

OFÉLIA

    Senhor?

HAMLET

    És também bela?

OFÉLIA

    Que quereis dizer, senhor?

HAMLET

    Que se fores honesta e bela, a tua honestidade não deveria admitir diálogo com a tua beleza.

OFÉLIA

    Poderia a beleza, senhor, ter melhor convívio do que com a virtude?

HAMLET

    Certamente, pois é mais fácil ao poder da beleza transformar a virtude em libertinagem do que à força da honestidade moldar a beleza à sua feição. Isto foi outrora um paradoxo, mas agora os tempos o provam. Eu já te amei um dia.

OFÉLIA

    É verdade, senhor; fizestes com que eu acreditasse que sim.

HAMLET

    Não devias ter acreditado em mim; pois a virtude não poderia ter inoculado tanto o nosso velho tronco que não restasse o gosto dele. Eu nunca te amei.

OFÉLIA

    Maior a minha decepção.

HAMLET

    Entra para um convento. Por que desejarias conceber pecadores? Eu próprio sou passavelmente honesto; mas poderia ainda assim acusar-me a mim mesmo de tais coisas, que seria melhor que minha mãe não me tivesse concebido. Sou muito orgulhoso, vingativo, ambicioso, com mais erros ao meu alcance do que pensamentos para expressá-los, imaginação para dar-lhes forma, ou tempo para cometê-los. O que podem fazer sujeitos como eu a arrastar-se entre o céu e a terra? Somos todos uns rematados velhacos; não acredites em nenhum de nós. Entra para um convento. Onde está teu pai?

OFÉLIA

Em casa, meu senhor.

HAMLET

Fecha sobre ele as portas, para que não faça papel de bobo senão em sua própria casa. Adeus.

OFÉLIA

Oh, ajudai-o, céus misericordiosos!

HAMLET

135 Se casares, dar-te-ei esta praga como dote: sejas casta como o gelo, pura como a neve, não escaparás à calúnia. Entra para um convento, adeus. Ou se tiveres mesmo que casar, casa-te com um tolo; pois os homens de juízo sabem muito bem que monstros vós fazeis dele. Para um convento, vai — e depressa; adeus.

OFÉLIA

140 Oh, poderes celestiais, curai-o!

HAMLET

Tenho ouvido também falar muito de como vos pintais. Deus vos deu uma face e vós vos fabricais outra; dançais, meneais, ciciais, arremedando as criaturas de Deus, e mostrais vosso impudor como se fosse inocência. Vamos, basta; foi isso o que me fez louco. Digo-te:
145 não haverá mais casamentos. Daqueles que já estão casados, todos, menos um, viverão; os restantes ficarão como estão. Para um convento, vai.

(Sai.)

OFÉLIA

Como está transtornado o nobre espírito!
O olhar do nobre, do soldado a espada,
150 Do letrado a palavra, a esperança,
A flor deste país, o belo exemplo
Da elegância, o modelo da etiqueta,
Alvo de tanto olhar — assim desfeito!
E eu, a mais infeliz entre as donzelas,
155 Que o mel provei dos seus sonoros votos,
Ver agora a razão mais alta e nobre,
Como um sino de notas dissonantes,
Badalar sem os sons harmoniosos.
Cortada pela insânia a forma e o viço
160 Da juventude. E eu, pobre miserável,
Tendo visto o que vi, ver o que vejo.

(Entram o Rei e Polônio.)

Rei

Amor? Não tende a isso o seu espírito,
Nem o que disse, embora um pouco estranho,
Parecia loucura. Há qualquer coisa
Na qual se escuda essa melancolia;
E eu prevejo que, abertas as comportas,
Venha o perigo; temos que evitá-lo,
E eu tomo agora a determinação
De mandá-lo à Inglaterra sem demora,
Em busca do tributo que nos devem.
A viagem por mar, as novas terras,
Com várias sensações, expelirão
Esse ponto cravado no seu peito;
Seu cérebro, remoendo o mesmo tema,
Põe-no fora de si. Que pensais disso?

Polônio

Há de fazer-lhe bem, conquanto eu creia
Que a fonte e o começo de seus males
Vêm do amor rejeitado. Então, Ofélia?
Não precisas contar-nos o que disse.
Ouvimos tudo. Fazei como vos apraza,
Senhor; deixai, porém, se concordardes,
Que depois do espetáculo a rainha
Tente arrancar-lhe, a sós, esse segredo
De sua dor. Deixai que ela o interrogue
A sós, e eu ficarei, se vos agrada,
Para ouvir a conversa, sem ser visto.
Se ela não conseguir o seu intento,
Enviai-o à Inglaterra, ou internai-o
Onde achardes melhor.

Rei

                    Assim farei.
Quando um grande da corte fica louco,
Para o vigiar todo cuidado é pouco.

(Saem.)

CENA 2
Uma sala do castelo.

(Entram Hamlet e dois ou três Atores.)

HAMLET

Repeti o trecho, por favor, como eu o pronunciei, com naturalidade; mas se o dizeis afetadamente, como muitos atores fazem, admito até que o pregoeiro público vá bradar pelas ruas as minhas linhas. Não gesticuleis, tampouco, assim, serrando o ar com as mãos; usai de moderação, pois na própria torrente, tempestade ou, direi mesmo, torvelinho da paixão, deveis adquirir e empregar um controle que lhe dê alguma medida. Oh, ofende-me até a alma ouvir rasgar uma paixão em farrapos, em verdadeiros molambos, e ferir os ouvidos da plateia que, na maior parte, não é capaz senão de apreciar pantomimas e barulho. Eu mandaria chicotear tal camarada, por exagerar o papel de Termagante. Isso é super-herodiar Heródes. Por favor, evitai isso.

1º ATOR

Eu o garanto a Sua Alteza.

HAMLET

Não sejais fracos, tampouco, mas deixai que o vosso critério seja o vosso mestre. Ajustai o gesto à palavra, a palavra à ação; com esta observância especial, que não sobrepujeis a moderação natural. Pois qualquer coisa exagerada foge ao propósito da representação, cujo fim, tanto no princípio como agora, era e é, oferecer como se fosse um espelho à natureza, mostrar à virtude seus próprios traços, ao ridículo sua própria imagem, e à própria idade e ao corpo dos tempos sua forma e aparência. Ora, o exagero, como a deficiência, conquanto façam rir os incompetentes, não podem causar senão desgosto ao criterioso, e a censura deste deve constituir na vossa estima mais do que um teatro lotado pelos outros. Oh, há atores que eu vi representar — e aos quais ouvi muita gente louvar, e muito — para não falar profanamente, que não tinham nem pronúncia de cristão, nem andar de cristão, pagão ou homem; pavoneavam-se e urravam tanto, que julguei terem sido feitos por pobres operários da natureza, e os fizeram malfeitos, tão abominavelmente imitavam eles a humanidade.

1º ATOR

Espero que tenhamos corrigido isso razoavelmente entre nós.

HAMLET

Oh, corrijam-no completamente. E que aqueles que fazem os papéis de bobos não digam mais do que foi escrito para eles; pois há entre eles os que querem rir a fim de fazer rir também certo tipo de néscios espectadores, conquanto nesse ínterim algum ponto importante da peça devesse ser valorizado. Isso é vil, e demonstra uma patética ambição no tolo que o pratica. Ide, aprontai-vos.

(Saem os ATORES.)

(Entram Polônio, Rosencrantz, e Guildenstern.)

Então, senhor, o rei virá assistir a essa obra-prima?

Polônio
E a rainha também, e logo, logo.

Hamlet
Diga aos atores que se apressem.

(Sai Polônio.)

40 Poderão ajudá-los a apressar-se?

Rosencrantz, guildenstern
Pois não, senhor.

(Saem Rosencrantz e Guildenstern.)

Hamlet
Olá! Horácio!

(Entra Horácio.)

Horácio
Aqui estou, meu senhor, para servi-lo.
Hamlet
Tu és o homem mais justo e equilibrado
45 Com quem jamais privei.

Horácio
                Meu caro príncipe...

Hamlet
Não penses que eu te quero bajular;
Que pedirei a ti, que não desfrutas
De rendas, a não ser teu bom espírito,
Para roupa e alimento? Quem bajula
50 O pobre espera o quê? Deixa que a língua
Açucarada lamba a absurda pompa
E se curve de joelhos diante dela,
Com esperança de lucro. Estás ouvindo?
Des' que esta alma foi capaz de escolha,
55 *E pode distinguir* os homens, ela
Marcou-te para si; pois sempre foste

Diante das dores, como quem não sofre,
Um homem que recebe como idênticos
Golpes ou recompensas da Fortuna,
60 E igualmente agradece; abençoados
Aqueles cujo sangue e julgamento
Tão bem comungam, pois não são brinquedos
Nos dedos da Fortuna, tão volúveis,
Dançando ao seu prazer. Dá-me esse homem
65 Que não se torna escravo da paixão,
E eu o trarei no fundo do meu peito,
No coração do próprio coração,
Como eu te tenho. E chega por agora.
Há hoje um espetáculo a que o rei
70 Vem assistir. Uma das cenas mostra
As mesmas circunstâncias que cercaram
A morte de meu pai, que te contei.
Peço-te, quando vires essa cena,
Que uses da mais aguda observação
75 Sobre o meu tio. Se o seu crime oculto
Não se denunciar em certo ponto,
Então é um mau fantasma que nós vimos,
E as suspeitas que tenho, mal forjadas
Nas forjas de Vulcano. Atenta nele.
80 Pois os meus olhos estarão bem fixos
No seu rosto; e depois compararemos
Nosso juízo de suas expressões.

HORÁCIO

Muito bem; se ele acaso escamoteia,
E consegue furtar-se, frente à peça,
85 À nossa observação, eu pago o roubo.

HAMLET

Já chegam para a festa. Eu tenho agora
De ficar distraído. Vai sentar-te.

(Entram o REI, a RAINHA, POLÔNIO, OFÉLIA, ROSENCRANTZ, GUILDENSTERN e outros.)

REI

Como passa nosso sobrinho Hamlet?

HAMLET

De modo excelente, com a dieta do camaleão. Como ar, recheado de
90 promessas. Não se pode cevar capões assim.

REI

Não tenho nada com essa resposta, Hamlet. Essas palavras não são minhas.

HAMLET

E nem minhas, agora. *(Para Polônio.)* Senhor, disse que certa vez representou na universidade?

POLÔNIO

Representei, senhor, e era tido como bom ator.

HAMLET

O que representou?

POLÔNIO

Representei Júlio César. Fui morto no Capitólio. Brutus me matou.

HAMLET

Foi bruto da parte dele matar bezerro tão importante. Estão prontos os atores?

ROSENCRANTZ

Estão, senhor; esperam sua permissão.

RAINHA

Vem cá, querido Hamlet; senta-te junto a mim.

HAMLET

Não, boa mãe; está aqui metal mais magnético.

POLÔNIO

(Para o REI.) A-há! Ouvistes isso?

HAMLET

Permite a jovem que eu me recline em seu regaço?

(Sentando-se ao pé de OFÉLIA.)

OFÉLIA

Não, meu senhor.

HAMLET

Quero dizer, a cabeça em seu regaço.

OFÉLIA

Sim, meu senhor.

Hamlet
Pensavas que eu falava em bandalheiras?

Ofélia
Não penso nada, senhor.

Hamlet
É um belo pensamento, o de deitar-se entre as pernas de uma donzela.

Ofélia
O quê, meu senhor?

Hamlet
Nada.

Ofélia
Estais alegre, meu senhor.

Hamlet
Quem, eu?

Ofélia
Sim, meu senhor.

Hamlet
Oh, Deus, só o seu bobo. Que pode fazer um homem senão ficar alegre? Pois veja como minha mãe está contente, e meu pai morreu há apenas duas horas.

Ofélia
Não, são duas vezes dois meses, meu Senhor.

Hamlet
Tudo isso? Pois então que o diabo vista o preto, que eu usarei zibelinas. Oh, céus, morto há dois meses, e ainda não esquecido! Então há esperanças que a memória de um grande homem possa sobreviver-lhe por meio ano; mas, por Nossa Senhora, é preciso que ele tenha construído igrejas, pois de outro modo terá de aturar não ser lembrado, como o cavalinho de pau cujo epitáfio é "Pois ora, ora, o cavalinho de pau foi esquecido".

(Soa uma trombeta. Segue-se um espetáculo mudo: entram um Rei e uma Rainha, a Rainha a abraçá-lo, e ele a ela. Ela se ajoelha e faz gestos de dedicação a ele. Ele a faz levantar-se e inclina a cabeça sobre o pescoço dela. Ele se deita em um banco de flores. Ela, vendo-o dormir, deixa-o. No mesmo instante entra outro Homem, tira-lhe a coroa, beija-a, derrama veneno no ouvido do que dorme e o deixa.

A RAINHA volta, encontra o REI morto e faz gestos apaixonados. O Envenenador com mais três ou quatro entra de novo. Eles parecem apresentar condolências a ela. O corpo morto é levado embora. O Envenenador corteja a RAINHA com presentes. Ela parece ríspida por algum tempo, porém no fim aceita o seu amor.)

(Saem.)

OFÉLIA

O que quer dizer isso, meu senhor?

HAMLET

Ora, safadeza disfarçada. Quer dizer maldade.

OFÉLIA

Parece que o mostrado conta o argumento da peça.

(Entra o PRÓLOGO.)

HAMLET

130   Saberemos por esse camarada. Atores não sabem guardar segredo. Contam tudo.

OFÉLIA

E nos dirá o que quis dizer aquela cena?

HAMLET

Certo; ou qualquer cena que lhe mostrar. O que não tiveres vergonha de mostrar, ele não terá vergonha de explicar.

OFÉLIA

135   Sois maldoso, sois maldoso. Vou ver a peça.

PRÓLOGO

Para nós, digna audiência,
Pedimos vossa clemência,
E vossa atenta paciência.

(Sai.)

HAMLET

Isso é prólogo, ou inscrição em anel?

OFÉLIA

140   É breve, senhor.

HAMLET
    O amor de uma mulher.

(Entram os ATORES *Rei e* RAINHA*.)*

ATOR REI
    Trinta voltas o carro do áureo Febo
    Deu em torno a Netuno e sobre o solo
    De Telus; trinta dúzias de luares
145   Com sua falsa luz viram os mares,
    Depois que o amor nos une num abraço,
    E Himeneu fez eterno o nosso laço.

ATRIZ RAINHA
    Outras tantas jornadas Sol e Lua
    Façam sem que este amor se nos destrua!
150   Mas, ai de mim, 'stás tão mudado agora,
    Tão longe da alegria e humor de outrora,
    Que eu te estranho. E conquanto isso me doa,
    Não te quero afligir, magoar à toa,
    Pois o amor da mulher iguala o medo:
155   Ou não os tem, ou sofre tarde ou cedo.
    Agora que este amor provou que existe
    Meu medo é igual, e isso me torna triste.
    Se amor é grande, a dúvida é temor;
    E onde o medo cresceu, cresceu o amor.

ATOR REI
160   Meu amor, vou deixar-te sem demora;
    Minhas forças vitais se vão embora
    E tu deves viver num mundo lindo,
    Cercada de honra e amor; e alguém, sorrindo,
    Te virá desposar.

ATRIZ RAINHA
                    Não sigas, não!
165   Um novo amor seria uma traição,
    Um outro casamento, um ato odioso;
    Só se casa outra vez quem mata o esposo.

HAMLET
    (À parte.) Olha o veneno.

ATRIZ RAINHA
    As razões de aceitar segundas bodas
    Não são de amor: são de interesse, todas.

170　　　　　Mato de novo o esposo falecido
　　　　　　Quando no leito beijo outro marido.

　　ATOR REI
　　　　　　És sincera, eu o creio, nessas frases;
　　　　　　Mas nossas decisões são bem falazes.
　　　　　　Intenções são escravas da memória,
175　　　　　São fortes, mas têm vida transitória,
　　　　　　Qual fruto verde que se ostenta, duro,
　　　　　　E há de cair quando ficar maduro.
　　　　　　É fatal que esqueçamos de nos dar
　　　　　　O que a nós mesmos temos de pagar:
180　　　　　Aquilo que juramos na paixão,
　　　　　　Finda a mesma, perdeu a ocasião.
　　　　　　A violência das dores e alegrias
　　　　　　Destrói as suas próprias energias.
　　　　　　Onde há prazer, a dor põe seu lamento,
185　　　　　Se a mágoa ri, chora o contentamento.
　　　　　　O mundo não é firme, e é bem frequente
　　　　　　O próprio amor mudar constantemente.
　　　　　　E ainda está para ficar provado
　　　　　　Se o fado guia o amor, ou este o fado.
190　　　　　Se o grande cai, não possui mais amigos,
　　　　　　Sobe o pobre, e não tem mais inimigos.
　　　　　　E tanto o amor à morte se escraviza
　　　　　　Que amigos tem quem deles não precisa.
　　　　　　Quem na dor prova o amigo que é tratante,
195　　　　　Prepara um inimigo nesse instante.
　　　　　　Mas para terminar como o começo,
　　　　　　Cada fato é à ideia tão avesso,
　　　　　　Que os planos ficam sempre insatisfeitos.
　　　　　　Julgas casar de novo indecoroso,
200　　　　　Mas casarás, quando morrer o esposo.

　　ATRIZ RAINHA
　　　　　　Neguem-me pão a terra e luz os astros,
　　　　　　Dia e noite, sem trégua, ande eu de rastros,
　　　　　　Mude a esperança em desesperação,
　　　　　　Seja meu alvo a cela da prisão,
205　　　　　Tudo o que fere e desfigura a face
　　　　　　Se oponha ao meu desejo e o despedace,
　　　　　　Persiga-me a má sorte eternamente,
　　　　　　Se uma vez viúva eu case novamente!

　　HAMLET
　　　　　　Se agora ela quebrasse o juramento...

ATOR REI

210 *Forte jura. Mas deixa-me um momento.*
Tenho o espírito tonto e gostaria
De repousar no sono este árduo dia.

(Dorme.)

ATRIZ RAINHA

Teu cérebro cansado embala, pois,
E nunca haja infortúnio entre nós dois.

(Sai.)

HAMLET

215 Senhora, que vos parece a peça?

RAINHA

A dama faz protestos demasiados.

HAMLET

Mas ela manterá sua palavra.

REI

Leste o argumento? Não contém ofensas?

HAMLET

Não; é tudo brincadeira — veneno de brincadeira. Nenhuma ofensa
220 neste mundo.

REI

Como se chama a peça?

HAMLET

"A Ratoeira" — Pela Virgem, que metáfora! A peça é o relato de um
assassinato em Viena. Gonzaga é o nome do duque; sua mulher,
Baptista — já o vereis. É uma obra canalha; mas o que tem isso? A
225 Vossa Majestade e a nós, que temos almas livres, isso não atinge. Que
se acovarde o pangaré sarnento, nossos lombos não ficarão marcados.

(Entra Luciano.)

Esse é um tal Luciano, sobrinho do rei.

OFÉLIA

Sois tão bom quanto um coro, senhor.

HAMLET

Poderia narrar o que vai entre tu e o teu amante, se eu pudesse ver como se acariciam os títeres.

OFÉLIA

Sois agudo, senhor, sois agudo.

HAMLET

Custar-te-ia um gemido tirar-me essa agudeza.

OFÉLIA

Ainda melhor, ou antes, pior.

HAMLET

Assim é que enganais vossos maridos. — Começa, assassino. Pústula, deixa essas caretas danadas e começa. Vem, o corvo grasna e clama por vingança.

LUCIANO

Negro intento, apta mão, droga terrível,
Ninguém que o veja, ocasião plausível,
Ervas à meia-noite preparadas
Co'a maldição de Hécate infectadas;
A mágica mistura horripilante
Usurpa a vida humana num instante.

(Despeja veneno no ouvido do REI adormecido.)

HAMLET

Ele o envenena no jardim por suas posses. Seu nome é Gonzago. A história ainda existe, escrita em puro italiano. Ireis ver logo como o assassino consegue o amor da mulher de Gonzago.

OFÉLIA

O rei se levanta.

HAMLET

O que, assustado com fogo falso?

RAINHA

Como passa o meu senhor?

POLÔNIO

Parem a peça!

REI

Deem-me luz! Vamos.

POLÔNIO

    Luzes, luzes, luzes.

(Saem todos, menos Hamlet e Horácio.)

HAMLET

    Que gema o veado na agonia,
    E o cervo vá brincando
    Enquanto um dorme, outro vigia;
255   E o mundo vai andando...
    Será que isto, com uma floresta de plumas — se o resto da minha fortuna me der as costas — com rosas da Provença em seus sapatos esfarrapados, não me daria lugar numa matilha de atores?

HORÁCIO

    Uma meia quota.

HAMLET

    Uma inteira, digo.
260   Pois Júpiter, Damon[9] amigo,
    Aqui reinou por um momento;
    E agora reina, eu vos digo,
    Um pobre, um mísero pavão.

HORÁCIO

    Poderia ter rimado.

HAMLET

265   Meu bom Horácio, jogo mil libras na palavra do espectro! Percebeste?

HORÁCIO

    Perfeitamente, meu senhor.

HAMLET

    Na cena do envenenamento?

HORÁCIO

    Notei-o muito bem.

HAMLET

    Ah, há! Vamos! Um pouco de música! Que venham as flautas!
270   Pois se o Rei não gostou da peça,
    É que não gostou, ora essa...
    Vamos, um pouco de música!

---

9 Referência ao mito da amizade verdadeira entre Damon e Pítias, na mitologia grega. (N.T.)

(Entram Rosencrantz e Guildenstern.)

GUILDENSTERN
Concedei-me, senhor, uma palavra convosco.

HAMLET
Senhor, toda uma história.

GUILDENSTERN
275 O rei, senhor...

HAMLET
Ora, o que é que há com ele?

GUILDENSTERN
Está em seus aposentos, terrivelmente perturbado.

HAMLET
Com bebida, senhor?

GUILDENSTERN
Não, meu senhor, com cólera.

HAMLET
280 Vossa sabedoria mostrar-se-ia mais esplendorosa relatando tudo isso a seu médico, pois ser purgado por mim talvez o afundasse em cólera ainda maior.

GUILDENSTERN
Meu bom Senhor, falai com mais coerência e não fugi tão rudemente ao assunto.

HAMLET
285 Estou calmo. Proclamai.

GUILDENSTERN
A rainha, vossa mãe, na maior aflição de espírito, mandou-me procurar-vos.

HAMLET
Sois bem-vindo.

GUILDENSTERN
Não, meu bom senhor, essa cortesia não é de boa-fé. Se vos apraz
290 dar-me resposta sensata, cumprirei as ordens de vossa mãe; se não, o vosso perdão e a minha volta serão o fim deste assunto.

HAMLET
   Senhor, não posso.

GUILDENSTERN
   O quê, meu senhor?

HAMLET
   Dar-vos resposta sensata. Meu espírito está enfermo. Mas, senhor, as respostas que eu puder vos dar estão às vossas ordens, ou, como dissestes, às ordens de minha mãe; não resta, pois, senão o assunto. Minha mãe, dizíeis...

ROSENCRANTZ
   Então, assim diz ela: vosso comportamento a deixou perplexa e cheia de espanto.

HAMLET
   Oh filho admirável, que assim pode espantar a mãe! Mas não há consequências, por trás dessa admiração materna? Revelai-as.

ROSENCRANTZ
   Ela deseja falar convosco, em seus aposentos, antes de irdes para o leito.

HAMLET
   Nós lhe obedeceremos, fosse ela dez vezes nossa mãe. Tendes mais algum negócio a tratar comigo?

ROSENCRANTZ
   Senhor, outrora fostes meu amigo.

HAMLET
   E ainda sou, por todos os velhacos e ladrões.

ROSENCRANTZ
   Meu bom senhor, qual é a causa de vosso destempero? Estais, por certo, fechando a porta de vossa própria liberdade, se negais vossos desgostos a vosso amigo.

HAMLET
   Senhor, falta-me estímulo.

ROSENCRANTZ
   Como pode ser isso, se tendes a palavra do próprio Rei a favor de vossa sucessão na Dinamarca?

HAMLET
   Sim, senhor; mas *"enquanto a grama cresce..."* — o provérbio está um tanto bolorento.

(Entram os ATORES com flautas doces.)

315 Oh, as flautas. Deixe-me ver uma. Para terminar, por que ficais tentando girar-me contra o vento, como se quisésseis levar-me para a armadilha?

GUILDENSTERN
Senhor, se o meu dever é por demais ousado, minha amizade o torna doloroso.

HAMLET
320 Isso eu não compreendo. Quereis tocar esta flauta?

GUILDENSTERN
Senhor, eu não sei.

HAMLET
Eu vos peço.

GUILDENSTERN
Acreditai-me, não sei.

HAMLET
Eu vos suplico.

GUILDENSTERN
325 Eu não sei como se toca, meu senhor.

HAMLET
É tão fácil quanto mentir. Controlai esses orifícios com os dedos e o polegar, dai-lhe fôlego com a boca, e ela falará com música muito eloquente. Vede, é aqui que se dedilha.

GUILDENSTERN
Não sei fazê-los provocar qualquer sonoridade harmônica. Falta-me
330 a habilidade.

HAMLET
Pois vede, então, que coisa sem importância fazeis de mim. A mim quereis tocar, meus controles parece que conheceis; quereis arrancar o âmago do meu segredo; fazer-me soar da minha nota mais baixa até o alto da minha escala; e há muita música, voz excelente neste
335 pequeno órgão, e, no entanto, não podeis fazê-lo falar. Por Deus, pensais acaso que sou mais fácil de tocar do que uma flauta? *Chamai-me do instrumento que vos aprouver; mesmo podendo dedilhar-me, não me podeis tocar.*

(Entra Polônio.)

Deus o abençoe, senhor.

POLÔNIO
340 Meu senhor, a rainha vos quer falar, e agora.

HAMLET
Está vendo aquela nuvem que tem quase a forma de um camelo?

POLÔNIO
Pela santa missa, e é mesmo como um camelo.

HAMLET
Eu acho que parece uma doninha.

POLÔNIO
É; tem as costas de doninha.

HAMLET
345 Ou de baleia.

POLÔNIO
Muito de baleia.

HAMLET
Então irei ver minha mãe, logo, logo. Brincam comigo até o fim de minha resistência. — Eu irei logo, logo.

POLÔNIO
Eu lhe direi.

HAMLET
350 É fácil dizer "logo, logo".

(Sai Polônio.)

Deixai-me, amigos.

(Saem todos, menos Hamlet.)

Esta é a hora maléfica da noite,
Quando se abrem as campas e o inferno
Exala peste sobre o mundo. Agora
355 Eu poderia beber sangue quente,
E fazer coisas acres, que de dia
Nos fariam tremer. À minha mãe

Irei agora. Coração, sê forte;
Que a alma de Nero não me invada o peito,
360 Que eu seja cruel, não desumano.
Falarei de punhais, mas sem usá-los.
Minha língua e minh'alma que se traiam:
Por mais que de injunções eu a atormente,
Que a fira a ação, minh'alma, não consente.

(Sai.)

CENA 3
Uma sala no castelo.

(*Entram* Rei, Rosencrantz *e* Guildenstern.)

REI

Não gosto do que faz; nem é seguro
Deixar à solta um louco. Preparai-vos:
Vou despachar a vossa comissão.
Com ele partireis para a Inglaterra.
5 Não pode o nosso Estado tolerar
Perigo tão crescente, de hora em hora,
Como a sua loucura.

GUILDENSTERN

                Partiremos.
É necessário esse piedoso zelo
Para manter a salvo tantas vidas
10 Que dependem de Vossa Majestade.

ROSENCRANTZ

A vida, por mais simples, tem deveres
Para manter-se e armar o pensamento,
Evitando as desgraças; e ainda mais,
Deve evitá-las um sereno espírito
15 Sobre cujo valor repousa o Estado
E a vida de outros mil. A majestade
Não sucumbe sozinha; mas arrasta
Como um golfo o que a cerca; e como a roda
Posta no cume da montanha altíssima,
20 A cujos raios mil menores coisas
São presas e encaixadas; se ela cai,
Cada pequeno objeto, em consequência,
Segue a ruidosa ruína. O brado real
Faz reboar a voz universal.

REI

　　Armai-vos e aprontai-vos pra viagem;
　　Vamos agrilhoar esses temores
　　Que andam soltos.

ROSENCRANTZ

　　　　　　　　Já vamos preparar-nos.

(Saem ROSENCRANTZ e GUILDENSTERN.)

(Entra POLÔNIO.)

POLÔNIO

　　Ele já vai em busca de sua mãe.
　　Sob a tapeçaria, eu me disfarço,
　　Para ouvir a conversa; e estou seguro
　　De que ela lhe fará forte censura.
　　Como dissestes com palavras sábias,
　　Esse encontro precisa testemunha
　　Além da mãe, de vez que a natureza
　　Faz as mães parciais, alguém à escuta
　　Que o ouça com proveito. Adeus, Senhor,
　　Eu ver-vos-ei antes de vos deitardes
　　E direi o que ouvi.

REI

　　　　　　　Muito obrigado.

(Sai POLÔNIO.)

　　Meu crime é como um cancro; fede aos céus;
　　Tem toda a maldição das velhas eras —
　　A morte de um irmão. Rezar não posso,
　　Embora o meu desejo seja intenso,
　　Meu pecado é mais forte que esse intento
　　E, como um homem preso a dois negócios,
　　Fico indeciso à escolha do primeiro
　　E ambos desprezo. Se o fraterno sangue
　　Tornasse mais escura a mão maldita,
　　Não haveria chuva que bastasse
　　Nos doces céus para torná-la branca?
　　De que serve o perdão, senão de apoio
　　Para enfrentar o crime? E que há na prece
　　Mais que o duplo poder de prevenir-nos
　　Para que não caiamos, e perdoar-nos

             Quando caímos? Erguerei os olhos.
55   A minha falta é coisa do passado —
             Porém, que forma de oração me cabe?
             Perdoai-me o assassínio cometido?
             Não serve. Estou de posse dos proventos
             Pelos quais fiz o crime — eis a coroa,
60   Minha própria ambição, minha rainha.
             Pode-se obter o perdão, guardando a ofensa?
             Nas correntes corruptas deste mundo,
             O crime afasta às vezes a justiça
             Com mão dourada, e vemos muitas vezes
65   Que o prêmio do delito compra a lei.
             Mas não é tal nos céus; lá não há manha:
             Lá fica a ação co'a própria natureza,
             E somos pois levados a mostrar
             Até os dentes nossas próprias faltas,
70   E a depor à evidência. E então? Que resta?
             Usemos o que pode a contrição.
             E o que não pode? E se o arrependimento
             Nos é vedado? Oh sorte miserável!
             Alma negra de morte! Alma enredada,
75   Lutando por livrar-se e sempre, sempre,
             Mais confundida! Oh, anjos, ajudai-me!
             Tentai! Curvai-vos, joelhos obstinados!
             Coração de aço, faz-te tão suave
             Quanto os tendões de algum recém-nascido.
80   Tudo acabará bem.

                 (Ajoelha-se.)
                 (Entra HAMLET.)

    HAMLET
             Agora posso agir, eis que ele reza.
             E vou fazê-lo. E ele entrará no céu;
             E eu estarei vingado. Mas, pensemos:
             Um vilão mata o pai e, em consequência,
85   Eu, seu único filho, o criminoso
             Mando aos céus.
             Isso não é vingança, é paga e engano.
             Ele colheu meu pai, forte e nutrido,
             Em plena floração de seus pecados;
90   Na flor de maio; e só os céus conhecem
             Como deu suas contas ao Criador.
             Mas nessas condições, bem refletindo,
             Pesa o castigo; e estarei eu vingado,
             Levando-o quando está purgando a alma,
95   Preparado e disposto para o transe?

                    Não.
                    Alto, espada! Terás maior violência
                    Quando o vires dormindo, embriagado,
                    No prazer incestuoso do seu leito,
100   Jogando, blasfemando ou cometendo
                    Um ato que não tenha salvação.
                    Derruba-o então; de pernas para os céus;
                    E que sua alma seja negra e horrenda
                    Como é o inferno. Minha mãe me espera.
105   Este remédio um pouco mais afasta
                    O fim de tua vida tão nefasta.

                                                                    (Sai.)

        REI
                    (Erguendo-se.)
                    Voa a palavra, a ideia jaz no chão;
                    Palavras ocas nunca aos céus irão.

                                                                    (Sai.)

                            CENA 4
                        Os aposentos da rainha.

                    (Entram a RAINHA e POLÔNIO.)

        POLÔNIO
                    Ele já vem. Falai-lhe seriamente;
                    Dizei que seus atos ultrapassam
                    Todo limite a suportar, e apenas
                    Vossa clemência o defendeu da cólera
5   Do Rei. Eu vou ficar bem escondido.
                    Por favor, sede clara.

        HAMLET
                    (Fora.)
                    Mãe, mãe, mãe!

        RAINHA
                                    Não tenhais medo.
                    Escondei-vos, ouço-o chegar.

                    (POLÔNIO esconde-se atrás do reposteiro.)
                    (Entra HAMLET.)

        HAMLET
                    Então, que há, minha mãe?

Rainha

    Hamlet, causaste ofensas a teu pai.

Hamlet

    Mãe, tu causaste ofensas a meu pai.

Rainha

    Vamos, tu me respondes com tolices.

Hamlet

    Vamos, tu me interrogas com malícia.

Rainha

    Oh Hamlet, o que é que tens?

Hamlet

                        De que se trata?

Rainha

    Esqueceste quem sou?

Hamlet

                  Não, pela cruz.
És a rainha, a mulher de teu cunhado;
E — antes assim não fosse — és minha mãe.

Rainha

    Vou mandar-te quem possa interrogar-te.

Hamlet

    Vem, vem sentar-te. E não te mexas.
Não irás sem que vejas num espelho
A mais íntima parte de ti mesma.

Rainha

    Que vais fazer? Acaso vai matar-me?
Ai, socorro!

Polônio

    (Atrás do reposteiro.)
        Socorro!

Hamlet

    (Tirando a espada.)
              Agora um rato?
Aposto um níquel que ele vai morrer!

(Dá um golpe através do reposteiro.)

POLÔNIO

(Atrás.) Estou morto. *(Cai e morre.)*

RAINHA

Oh, céus, o que fizeste?

HAMLET

Que sei eu? Será o rei?

RAINHA

Oh insensato, que sangrenta ação!

HAMLET

Tão sangrenta, tão vil, quase tão torpe
Quanto matar um rei, oh mãe querida,
E casar com o irmão, logo em seguida.

RAINHA

Como matar um rei?

HAMLET

É o que eu disse.

(Afasta o reposteiro e descobre POLÔNIO, morto.)

Adeus, mísero tolo intrometido!
Tomei-te por alguém melhor; a sorte
Te castigou por seres tão solícito.
Não torças tanto as mãos. Senta-se, acalma,
E deixa que eu te torça o coração;
É isso o que farei, se ele for feito
De matéria sensível, penetrável,
Se o hábito do inferno não blindou-o
Em bronze e o fez infenso ao sentimento.

RAINHA

Que fiz eu, para assim me censurares
Levianamente, num clamor tão rude?

HAMLET

Um ato que desfaz graça e pudor,
Que deturpa a virtude e corta a rosa
Da pura fronte do inocente amor,
E põe nela um estigma, e torna os votos

           Nupciais em falsas juras de traidores,
           Um ato que do próprio matrimônio
50   Arranca a alma, e da doce religião
           Faz um arranjo de palavras. Ato
           Ante o qual se perturba o firmamento,
           Sim, essa massa sólida e complexa
           De rosto triste, como no crepúsculo,
55   Adoece de aflição.

     Rainha
                         Qual é esse ato,
           Que clama assim tão forte, e assim troveja?

     Hamlet
           Olha neste retrato e neste outro,
           A representação de dois irmãos.
           Olha a graça que paira nesta fronte;
60   Como lembra a feição do próprio Zeus,
           Olhos de Marte, forte no comando,
           O gesto de Mercúrio, o núncio alado,
           Sobre a colina, quase alçado ao céu;
           Um aspecto e uma forma que realmente
65   Pareciam dos deuses ter a marca
           Que afirma ao mundo que está ali um homem.
           Este era o teu esposo. Agora, observa
           O teu marido de hoje, espiga podre
           Que contamina a safra. Não tens olhos?
70   Pudeste abandonar essas alturas
           Para cevar-te no lodaçal? Tens olhos?
           Não me fales de amor; na tua idade
           O alvoroço do sangue é fraco e humilde,
           E cede ao julgamento. Mas que escolha
75   Seria entre este e o outro? Certamente
           Tens sentidos, mas 'stão paralisados,
           Pois a própria loucura não faz erros
           Assim; nem os sentidos são escravos
           Que não conservem uma certa escolha,
80   Para servi-los nessa diferença.
           Que diabo te logrou na cabra-cega?
           Olhos sem senso, sensações sem olhos,
           Ouvidos sem as mãos e sem os olhos,
           Olfato só, ou parte dos sentidos,
85   Doente de um sincero sofrimento,
           Não poderia transviar-te tanto.
           Oh vergonha, onde estão os teus rubores?
           Se o inferno exalta assim uma matrona,
           Seja de cera a própria castidade

90   Na juventude, e se derreta em fogo:
Clamando que não há nenhum opróbrio
Quando ataca o furor, visto que o gelo
Também pode queimar, e que a razão
É alcoviteira da vontade.

RAINHA

                    Basta!
95   Voltas os olhos meus para minh'alma
E neles vejo tantos pontos negros
Que nunca sairão...

HAMLET

                E isso somente
Para viver num leito conspurcado,
Em meio à corrupção, fazendo amor
100   Em vil pocilga.

RAINHA

                Não me fales mais.
Essas palavras entram como espadas
Nos meus ouvidos. Pára, doce Hamlet!

HAMLET

        Assassino e vilão, mísero escravo,
Que não vale um vigésimo do dízimo
105   Do teu antigo esposo, um rei palhaço,
Usurpador do reino e do comando,
Que roubou um precioso diadema
E o pôs no bolso...

RAINHA

                Não, não fales mais!

HAMLET

        Um rei de trapos e retalhos...

           (Entra o FANTASMA.)

110   Valei-me, e sobre mim abri as asas,
Guardas celestes! Que é que me quereis
Serena forma?

RAINHA

                Está de fato louco.

HAMLET

        Viestes pra ralhar com vosso filho
        Que, preso de paixão e do momento,
115   Deixa passar a execução do ato
        Que lhe ordenastes? Por favor, dizei-o!

FANTASMA

        Não te esqueças. O fim desta visita
        É avivar teu ânimo esgotado.
        Mas vê que o espanto oprime a tua mãe;
120   Põe-te entre ela e su'alma conflagrada,
        Que o mal domina o corpo que é mais fraco.
        Fala-lhe, Hamlet.

HAMLET

                  Como estás, senhora?

RAINHA

        Como estás tu, que fixas olhos vagos
        No vácuo, e que te empenhas em conversa
125   Com o ar sem corpo? Filho, nos teus olhos,
        Teu espírito espreita, alienado,
        Como o soldado que desperta o alarme;
        Teus cabelos, sedosos, acamados,
        Como excrescências vivas se levantam
130   E estão de pé. Oh meu querido filho,
        Deita o bálsamo frio da paciência
        Sobre a chama e o calor do desvario.
        Para onde estás olhando?

HAMLET

                            Oh, para ele!
        Olha tu, como pálido fulgura!
135   Seu aspecto e sua causa, conjugados,
        Se ele pregasse às pedras, mesmo às pedras
        Tocariam! (Para o FANTASMA.) Não me fites assim,
        Senão, com esse olhar tão doloroso,
        Abalais minhas rudes intenções.
140   O que tenho a fazer requer violência,
        As lágrimas talvez mudando em sangue...

RAINHA

        A quem falas assim?

HAMLET

                  Tu não vês nada?

RAINHA

    Nada, mas vejo tudo o que nos cerca.

HAMLET

    Nada ouviste?

RAINHA

              Não, nada; exceto a nós.

HAMLET

145   Olha ali! Vê como ele se retira,
    Meu pai, com o mesmo traje que ele usava!
    Olha por onde vai, transpondo a porta!

(Sai o FANTASMA.)

RAINHA

    Essa é uma criação do teu espírito;
    Esses vultos sem corpo — esses espectros —
150   São hábeis criações do teu delírio!

HAMLET

    Delírio! Meu pulso é como o teu,
    Seu ritmo é normal. Não é loucura
    O que eu disse; tu podes pôr-me à prova:
    Repetirei as frases que a loucura
155   Confundiria. Mãe, por Deus te peço,
    Não continues a embalar tu'alma
    Nessa ilusão que é minha loucura
    Que fala no lugar das tuas faltas.
    Isso seria um bálsamo nas úlceras,
160   Enquanto a corrupção te vai minando,
    Invisível, cruel. Confessa aos céus,
    Contrita, o teu passado. Evita os males
    Que virão, e não ponhas mais estrume
    Nas ervas más. Perdoai minha virtude
165   Que assim fala; na enxúndia destes dias
    Obesos, a virtude se constrange,
    Pede perdão ao vício, e curva a espinha,
    A cortejá-lo pra fazer o bem.

RAINHA

    Hamlet, partiste em dois meu coração.

HAMLET

170   Pois joga fora a parte mais corrupta,

Para viver mais pura co'a outra parte.
Boa noite. Mas não vás ao leito dele;
Se não és virtuosa, finge sê-lo;
O hábito, esse monstro que devora
175 O juízo, é por vezes como um anjo
Que nos dá a sotaina que se ajusta
Aos atos bons. Refreia-te esta noite;
E isso dará certa facilidade
À próxima abstinência; e mais à outra,
180 Pois o costume altera a natureza,
A ponto de vencer o próprio diabo,
Ou de expulsá-lo, com potência enorme.
Mais uma vez, boa-noite. E se quiseres
Ser abençoada, eu pedirei a benção
185 Divina para ti. — Quanto a esse nobre,
Eu me arrependo; mas aprouve aos céus
Puni-lo com meu ato, e a mim com ele,
Servindo eu de castigo e de instrumento.
Vou escondê-lo e resgatar, por certo,
190 A morte que lhe dei. Então, boa noite!
Eu devo ser cruel pra ser honesto;
Começa o mal, pior será o resto.
Uma palavra mais.

RAINHA
     Que farei eu?

HAMLET
Nada daquilo que eu peço que faças:
195 Deixa que o fátuo rei te leve ao leito,
Te belisque na face com luxúria,
E uma carícia no pescoço obtenha
De ti a história toda deste caso,
Que eu não sou louco, mas apenas finjo.
200 É bom que lhe confesses tudo isso;
Pois quem, não sendo mais que uma rainha
Bela, virtuosa e casta, esconderia
De um sapo, de um chacal, de um velho gato,
Tão boas novas? Quem faria isso?
205 Não, apesar da sensatez discreta,
Abre essa cesta no telhado e deixa
Voar os passarinhos; como o mono,
Entra na cesta para ver o fundo
E quebra nessa queda o teu pescoço.

RAINHA

210   Fica certo, se o sopro das palavras
Vem do sopro da vida, eu não o tenho
Para dizer o quanto me disseste.

HAMLET

Tenho de ir à Inglaterra; sabes disso?

RAINHA

Eu o tinha esquecido, mas é certo.

HAMLET

215   Há papéis assinados; e os colegas,
Em quem confio como em duas víboras,
Vão limpar-me o caminho e vão guiar-me
A uma cilada. Pois que isso aconteça.
É divertido ver o sapador
220   Saltar com o seu petardo: vai ser duro,
Mas eu hei de cavar por sob as minas
E na explosão os mandarei à Lua.
Oh como é doce quando dois espertos
Se encontram, de repente, face a face.
225   Esse homem vai fazer com que eu me mova,
Arrastando-lhe as vísceras pra fora.
Mãe, boa noite. O nosso conselheiro
Quão sério agora está, grave, calado,
Que foi em vida um falador avoado.
230   Vamos, senhor, pôr fim ao vosso fado,
Boa noite, mãe.

(*Saem separadamente,* HAMLET *arrastando* POLÔNIO.)

ATO 4

CENA 1
Uma sala do castelo.

(Entram Rei, Rainha, Rosencrantz e Guildenstern.)

REI

Como estás ofegante, suspirando...
Algo existe que deves explicar.
Convém que eu saiba. Onde ficou teu filho?

RAINHA

Deixai-nos nesta sala por um pouco.

(Saem Rosencrantz e Guildenstern.)

5 Ai, meu senhor, que vi agora à noite!

REI

O que, Gertrudes? Como se acha Hamlet?

RAINHA

Louco, como se o mar e o vento em luta
Quisessem disputar qual o mais forte.
No seu estranho estado, ouvindo um ruído
10 Atrás de uma cortina, tira a espada,
Gritando "um rato, um rato", e em seu delírio,
Mata o bom velho oculto.

REI

                    Oh! feito odioso!
Se fosse eu a lá estar, faria o mesmo!
Livre, ele ameaça a todos nós,
15 E a cada um. Como daremos contas
Desse cruento feito? Vão julgar-nos
Culpados, pois a nossa providência
Devia ter forçado o afastamento
Do jovem louco. Mas o amamos tanto
20 Que não tomamos a medida urgente,
Como o doente de chaga repulsiva,
Para a manter secreta, deixa-a roendo
O âmago da vida. Onde foi ele?

Rainha

        Saiu puxando o corpo que matara,
        E sobre o qual a sua própria insânia
        Se mostra pura como a gota de ouro
        Entre outros vis metais. Pois ele chora
        O mal que fez.

Rei

                Oh, vamo-nos, Gertrudes!
        Mal toque o Sol o cimo das montanhas,
        Já terá de embarcar; e o feito ignóbil
        Devemos, com cautela e majestade,
        Esconder e perdoar. Ei, Guildenstern!

(Entram Rosencrantz e Guildenstern.)

        Amigos, ide os dois dar-lhe assistência.
        Hamlet está louco e assassinou Polônio;
        E após, puxando o corpo, se afastou
        Do quarto de sua mãe. Ide em procura
        Dele, falai com doçura e trazei
        Para a capela o corpo. Ide depressa!

(Saem Rosencrantz e Guildenstern.)

        Vamos, Gertrudes, convocar amigos,
        Os mais sensatos, e dizer-lhes tudo,
        O que iremos fazer, e o que foi feito.
        Assim talvez a infâmia e o murmúrio,
        Cujo sopro se espraia pelo mundo,
        Certeiro como um tiro de canhão,
        Nos erre o nome e fira o ar inócuo.
        Vamos daqui! Minh'alma está repleta
        De mágoa e confusão a mais completa.

(Saem.)

CENA 2
Outra sala do castelo.

(Entra Hamlet.)

Hamlet

        Já está oculto. Silêncio!

Rosencrantz, Guildenstern:
        (Fora.)
        Hamlet! Lord Hamlet!

HAMLET
Que ruído é esse? Quem me chama? Ah, lá vêm eles.

(Entram Rosencrantz e Guildenstern)

ROSENCRANTZ
O que é que fez, senhor, do corpo inerte?

HAMLET
Misturei-o com o pó de onde proveio.

ROSENCRANTZ
Mas diga-nos onde ele está, para podermos achá-lo e então levá-lo para a capela.

HAMLET
Não o creiam.

ROSENCRANTZ
Crer o quê?

HAMLET
Que eu possa guardar o seu segredo e não o meu. E depois, ao ser interrogado por uma esponja, que resposta deve ser dada pelo filho de um rei?

ROSENCRANTZ
Toma-me por uma esponja, meu senhor?

HAMLET
Exato. É uma esponja que se ensopa nos favores do rei, em suas recompensas e autoridades. Mas tais servidores prestam, afinal, os melhores serviços ao rei: ele os conserva, como um macaco faz com as nozes, no canto do maxilar; é o que primeiro abocanha, mas engole por último. Quando precisa daquilo que colheu, basta esprimê-lo, e ficará seco novamente.

ROSENCRANTZ
Eu não o compreendo, meu senhor.

HAMLET
Isso me alegra. Uma fala safada dorme em um ouvido tolo.

ROSENCRANTZ
Senhor, deve dizer-nos onde está o corpo, e ir conosco à presença do rei.

HAMLET
O corpo está com o rei, mas o rei não está com o corpo. O rei é uma coisa...

GUILDENSTERN
Uma coisa, senhor?

HAMLET
De nada. Levem-me a ele. Esconde-se a raposa, vão todos atrás.

(Saem.)

CENA 3
Sala do castelo.

(Entra o REI com dois ou três lords.)

REI
Mandai buscá-lo, e procurar o corpo.
Que perigo, deixá-lo assim à solta!
No entanto, não podemos castigá-lo:
Ele é querido pela multidão,
Que não segue a justiça, mas os olhos,
Vendo apenas o peso do castigo
Nunca o do crime. Para sossegá-la,
Esta partida deve parecer
Deliberada e calma decisão.
Doenças graves, quando em desespero,
Serão curadas por violentos choques,
Ou não têm cura.

(Entram ROSENCRANTZ, GUILDENSTERN e outros.)

O que é que aconteceu?

ROSENCRANTZ
Senhor, não conseguimos que contasse
Onde escondeu o corpo.

REI
E onde está ele?

ROSENCRANTZ
Aí fora, senhor; e bem guardado.
Às vossas ordens.

REI

Trazei-o à nossa presença.

ROSENCRANTZ

Oh, Guildenstern! Traz o nosso príncipe.

(Entram HAMLET e GUARDAS.)

REI

Vamos, Hamlet; onde está Polônio?

HAMLET

Numa ceia.

REI

Numa ceia? Onde?

HAMLET

Não onde come, mas onde é comido. Uma certa convocação de vermes políticos está ainda agora a atacá-lo. O verme é o único imperador da dieta: cevamos todas as outras criaturas para que nos engordem, e cevamos a nós mesmos para as larvas. O rei gordo e o mendigo esquelético não são mais que variedade de cardápio — dois pratos, para a mesma mesa. Esse é o fim.

REI

Que pena! Que pena!

HAMLET

Um homem qualquer pode pescar com o verme que engoliu um rei, e depois comer o peixe que engoliu o verme.

REI

Que queres dizer com isso?

HAMLET

Nada, a não ser mostrar como um rei pode passar em cortejo pelas tripas de um mendigo.

REI

Onde está Polônio?

HAMLET

No céu. Mandai procurá-lo por lá. Se vosso mensageiro não o encontrar, ide vós mesmo procurá-lo no outro lado. Em verdade, se não o *encontrardes* dentro de um mês, sentireis o seu cheiro quando subirdes a escada da galeria.

CAPITÃO

    Do Rei da Noruega, meu senhor.

HAMLET

    Para onde se dirigem, se permite?

CAPITÃO

    Contra uma parte da Polônia.

HAMLET

    Quem os comanda?

CAPITÃO

    O sobrinho do rei; é Fortimbrás.

HAMLET

    Vão contra toda a terra da Polônia,
    Ou para alguma fronteira?

CAPITÃO

    Para falar a verdade, sem rodeios,
    Vamos tomar uma pequena terra
    Que nada vale além do simples nome.
    Nem por cinco moedas a quereria
    Pra cultivar; e o resto da Polônia
    Ou a Noruega não teriam mais
    Se a vendessem em livre operação.

HAMLET

    A Polônia não há de defendê-la.

CAPITÃO

    Sim, ela já se acha guarnecida.

HAMLET

    Duas mil almas, vinte mil ducados,
    Não são o preço dessa ninharia!
    Esse é o abscesso da paz e da opulência,
    Que arrebenta por dentro e não exibe
    Qual a causa da morte. Humildemente
    Eu lhe agradeço.

CAPITÃO

    Adeus, senhor.

(Sai.)

ROSENCRANTZ
        Podemos ir, senhor?

HAMLET
        Eu os encontro logo. Vão na frente.

                        (Saem todos, menos HAMLET.)

35   Como as coisas se ligam contra mim
        E incitam minha tímida vingança.
        O que é um homem, se o seu grande bem
        É dormir e comer? Um bruto, apenas.
        Aquele que nos fez com descortino,
40   Com passado e futuro, certamente
        Não nos dotou dessa razão divina
        Para mofar sem uso. Seja, entanto,
        Esquecimento ou escrúpulo covarde,
        De pensar claramente no que ocorre —
45   Cérebro que possui somente um quarto
        De consciência e três quartos de baixeza —
        Eu nem sei por que vivo e apenas digo
        Isso deve ser feito, pois não faltam
        Razões, vontade e força, e os próprios meios
50   Para fazê-lo. Exemplos evidentes
        Me exortam a lutar. Como essa armada
        Tão vultosa e tão cara, conduzida
        Por um príncipe jovem e sensível,
        Cuja paixão, numa ambição divina,
55   Faz muxoxo às possíveis consequências,
        Expondo o que é mortal e duvidoso
        A toda essa aventura, à morte, ao risco,
        Por uma casca de ovo... Pois ser grande
        Não é mover-se sem motivo sério,
60   Mas com grandeza se bater por nada
        Se a honra está em jogo. Como posso
        Eu, que tenho o pai morto e a mãe infame —
        Estímulos do espírito e do sangue —
        Deixar tudo dormir, enquanto vejo,
65   Para vergonha minha, a sorte absurda
        De vinte mil soldados, que por causa
        De um sonho, ou da promessa de uma glória,
        Vão para a tumba como para o leito,
        Lutam *por um pedaço de terreno*
70   Onde não cabem todos os seus corpos,
        Para a todos servir de sepultura?

Doravante, terei ódio sangrento,
Ou nada valerá meu pensamento.

(Sai.)

CENA 5
Elsinore. Uma sala no castelo.

(Entram Rainha, Horácio e um Cavalheiro.)

Rainha
Não, não quero falar-lhe.

Cavalheiro
                    Ela, contudo,
Insiste, realmente tresloucada.
Seu estado merece compaixão.

Rainha
Mas que quer ela?

Cavalheiro
                    Fala de seu pai,
Diz que sabe os enganos deste mundo,
Bate no peito e chora, descontrola-se.
Diz coisas dúbias, frases sem sentido,
Dessas que têm ideias por metade.
Quem a ouve, e procura compreendê-la,
Completa com os seus próprios pensamentos
Suas palavras que, com gestos vagos,
Fazem com que se possa suspeitar,
Embora incertos, graves infortúnios.

Horácio
Seria bom falar-lhe, pois maldosas
Mentes podem dar pasto a conjecturas.

Rainha
Deixai-a entrar.

(Sai o Cavalheiro.)

Para minh'alma doente,
Como acontece sempre no pecado,
Cada fato sugere um mal latente.
A culpa tem tais coisas a temer,
Que se mata, com medo de morrer.

(Volta o Cavalheiro, com Ofélia.)

Ofélia

Onde está essa bela Majestade?

Rainha

Então, Ofélia?

Ofélia

(Canta.)
"Como de outro distinguir
Teu fiel apaixonado?
Pelo tipo de chapéu,
A sandália e o cajado."

Rainha

Linda jovem, que dizes nesse canto?

Ofélia

Quereis saber? Por favor, atentai.

(Canta.)

"Ele morreu e se foi
Está morto e repousa agora;
A cabeça num canteiro,
E os pés nas pedras, Senhora."

Rainha

Mas não, Ofélia...

Ofélia

Reparai, por favor.

(Canta.)

"O sudário é de neve da montanha..."

(Entra o Rei.)

Rainha

Ai, ai, vê só, senhor.

Ofélia

(Canta.)
"Alimentado de flores

> Baixou à campa entre lágrimas
> Dos olhos dos seus amores."

REI
40
Como está, linda jovem?

OFÉLIA
Bem, como Deus quer. Dizem que a coruja era filha de um padeiro. Senhor, nós sabemos o que somos, mas não o que poderemos vir a ser. Deus esteja à vossa mesa.

REI
Está pensando no pai.

OFÉLIA
45
Por favor, não falemos nisso. Mas quando vos perguntarem o que quer dizer, dizei assim:

(Canta.)

> "Amanhã é dia santo,
> Dia de São Valentim;
> Na janela desde cedo
> 50 Tu vais esperar por mim,
> Pra ser tua Valentina.
> Ele ergueu-se e se vestiu,
> Abriu a porta do quarto,
> Deixou entrar a menina,
> 55 A donzela Valentina,
> Que donzela não saiu."

REI
Pobre Ofélia!

OFÉLIA
Na verdade, sem lamentos, vou pôr fim a esta história:

(Canta.)

> "Por Cristo e por Caridade,
> 60 Que tristeza e que vergonha,
> Em tendo oportunidade
> Os rapazes farão isso;
> E são culpados de tudo.
> Pois antes de eu ter caído,
> 65 Jurastes ser meu marido."

E ele responde:
"Eu teria casado, satisfeito,
Se não tivesses tu vindo ao meu leito."

REI

Mas há quanto tempo ela está assim?

OFÉLIA

70 Espero que tudo acabe bem. É preciso ter paciência, mas eu não posso deixar de chorar quando penso que o deitaram no chão frio. Meu irmão vai saber de tudo. Assim, eu vos agradeço pelo vosso bom conselho. — Vem, minha carruagem! Boa noite, senhoras; boa noite, lindas senhoras; boa noite, boa noite.

(Sai.)

REI

75 Vigiai-a. Segui-a bem de perto.

(Sai HORÁCIO.)

Esse veneno de profunda mágoa
Vem todo do desgosto de ver morto
O pai. Vê tu, Gertrudes, oh Gertrudes!
Os males nunca vêm como escoteiros,
80 Mas em massa. Primeiro o assassinato;
Depois o exílio do teu filho; o povo
Perturbado, confuso, remoendo
A morte de Polônio — e nós erramos
Sepultando-o sem pompas. Hoje Ofélia
85 Fora de si, perdida a lucidez,
Sem a qual somos como os animais.
Não menos grave a volta inesperada
Do irmão, que aqui chegou secretamente,
E se nutre de dúvidas estranhas.
90 Não faltam vozes que encham seus ouvidos
Da morte de seu pai; falho de provas,
Não sentirá escrúpulos em dar-nos
Como culpados, e de ouvido a ouvido
Isso irá, qual ribombo de canhão.
95 Vejo a morte a soprar por muitos lados,
Minha cara Gertrudes.

(Ruído fora.)

Que razão
Há para esse tumulto? Alerta, alerta!

Rainha
　　Que ruído é esse?

Rei
　　Os suíços, onde estão? Guardem a porta.

　　(Entra um Mensageiro.)

100　　Que é que há?

Mensageiro
　　　　　　Senhor, ponde-vos a salvo.
　　O oceano, quando passa os seus limites,
　　Não lambe a terra com maior violência
　　Do que o jovem Laertes, com um bando
　　De vossos oficiais. Chamam-no Chefe,
105　　E como se a nação recomeçasse,
　　Esquecido o passado, em novos hábitos,
　　Retificados por palavra e atos,
　　Gritam "Façamos de Laertes rei!".
　　Gorros, línguas e mãos aplaudem, loucos,
110　　"Laertes será rei, Laertes rei."

Rainha
　　Como se lançam nessa pista falsa.
　　Isso é vil, falsos cães da Dinamarca.

Rei
　　As portas cedem!

　　　　(Mais ruído fora.)
　　　　(Entra Laertes, armado, com seguidores.)

Laertes
　　Onde está esse rei? — Fiquem lá fora.

Seguidores
115　　Não! Queremos entrar!

Laertes
　　　　　　Deixem-nos, peço.

Seguidores
　　Está bem, está bem.

　　　　　　　　　　(Saem os seguidores.)

LAERTES

                    Assim; guardem a porta.
E tu, vil rei, devolve-me meu pai!

RAINHA

Calma, meu bom Laertes.

LAERTES

                            Uma gota
De sangue calmo e eu não seria eu mesmo.
Marcaria o ferrete de rameira
Na fronte casta e pura de minha mãe.

REI

Por que razão a tua rebeldia
Toma essas gigantescas proporções?
Deixa-o, Gertrudes; não tenhamos medo.
Tal é a divindade em torno ao rei
Que a traição mal consegue, pelas frestas,
Ver aquilo que quer. Eis-me, Laertes;
Por que tão grande ardor? Deixa-o, Gertrudes.
Fala, homem.

LAERTES

            Aonde está meu pai?

REI

Está morto.

RAINHA

            Mas não pelo teu rei.

REI

Deixa que indague tudo o quanto queira.

LAERTES

Como morreu? Ninguém queira enganar-me.
Para o inferno a lealdade. As minhas juras,
Leve-as o demo! Que a consciência e a graça
Se vão com ele! Enfrento a danação.
Cheguei ao ponto de não ter respeito
A este mundo nem ao outros. Venha
O que vier, hei de vingar meu pai;
Vingá-lo inteiramente.

REI

                Quem o impede?

Laertes

140 Minha vontade, não a deste mundo.
E quanto aos meios, hei de controlá-los
Tão bem, que farão muito com tão pouco,
Ao desejar saber toda a verdade.

Rei

Da morte de teu pai, pede a vingança
145 Que atinjas ao acaso, com teus golpes,
Amigo ou inimigo, vencedor
Ou derrotado?

Laertes

　　　　　　　Apenas inimigos.

Rei

Desejas conhecê-los, pois, Laertes?

Laertes

A amigos dele estes meus braços
150 Se abrirão, e qual nobre pelicano
Hei de nutri-los com meu sangue.

Rei

　　　　　　　　　　Agora
Falas como um bom filho e um cavalheiro.
Que não me cabe a culpa nessa morte,
E que ela me causou profunda mágoa,
155 Penetrará tão claro em teu juízo
Como o dia que surge ao teu olhar.

(Um ruído é ouvido fora. Ouvem Ofélia cantando.)

Deixai-a entrar!

Laertes

Mas que rumor é esse?

(Volta Ofélia.)

Calor, seca-me o cérebro! Oh lágrimas
160 Sete vezes salgadas, que os meus olhos
Se queimem e não mais sirvam à vista.
Céus! Pagarei tua loucura a peso,
Até que desça o prato da balança.
Rosa de maio, doce irmã, Ofélia!

165 Oh céus, como é possível que o espírito
De uma jovem se mostre tão precário
Quanto a vida de um velho? A natureza
É bela em seu amor, e quando é bela
Manda um precioso signo dela mesma
170 Sobre o objeto que ama.

Ofélia

(Canta.)
"Levaram-no sem véu no seu caixão,
E sobre ele correu pranto em porção...
Adeus, minha rola."

Laertes

Se em juízo perfeito me incitasses
175 À vingança, talvez não me causasses
Tão profunda emoção.

Ofélia

Tu deves cantar "*Para baixo, para baixo*", e vós "*Chamem-no para baixo*". Como fica bem para a roda!¹⁰ Foi o falso mordomo que roubou a filha do patrão.

Laertes

180 Esse nada é mais que muito.

Ofélia

Aqui tens rosmaninho, para recordação — eu te peço, amor, recorda-te. E temos amores-perfeitos para o pensamento.

Laertes

Ensinamentos na loucura: pensamentos unidos às lembranças.

Ofélia

Aqui está funcho para vós, e colombinas. Eis arruda para vós. E aqui
185 está um pouco para mim. Podemos chamá-la erva-da-graça aos domingos. Vós deveis usar vossa arruda por outro motivo. Eis uma margarida. Gostaria de dar-vos algumas violetas, mas todas murcharam quando meu pai morreu. Dizem que ele teve um bom fim.

(Canta.)

"Pois o lindo e doce Robin é todo o meu prazer."

---

10 Em inglês, "wheel", que além de poder indicar "roda da fortuna", também pode se traduzido como refrão; também em português sugere tanto roda da fortuna quanto a música, como em uma cantiga de roda. (N.T.)

Laertes

190 Pensamento e aflição, paixão, inferno.
Tudo ela muda em graça e em beleza.

Ofélia

(Canta.)
"E ele não mais há de voltar?
E ele não mais há de voltar?
Não, ele morreu,
195 Foi no sepulcro descansar.
Ele não mais há de voltar.
A sua barba era de neve,
O seu cabelo era de linho.
Ele morreu, ele morreu,
200 Não adianta mais chorar."
Deus que o recolha em seu carinho.
E a todas as outras almas cristãs. Deus esteja convosco.

(Sai.)

Laertes

Estais vendo isso, oh Deus?

Rei

Laertes, eu comungo em tua dor,
205 Ou me negas justiça. Vai, escolhe
Os amigos mais sábios e sensatos,
E eles irão julgar entre nós dois.
Se por meio direto ou indireto
Me julgarem culpado, eu te darei
210 Vida, coroa, e tudo o que possuo,
Para tua vingança; mas se o negam,
Que te contente usar de paciência
E nós iremos, junto de tua alma,
Dar-lhe satisfação.

Laertes

Pois assim seja.
215 Sua morte, seu triste funeral —
Sem espada, troféus ou galas fúnebres,
Sem nobre rito ou justa ostentação —
Clama por ser ouvida a céus e terras,
E eu devo investigar.

Rei

De acordo, amigo.

E onde o crime surgir, virá castigo.
Agora vem comigo, por favor.

(Saem.)

CENA 6
Outra sala do castelo.

(Entra Horácio, com um Criado.)

Horácio
Quem quer falar comigo?

Criado
Homens do mar;
Dizem que trazem cartas pr'o senhor.

Horácio
Pois que entrem.

(Sai Criado.)

Não sei quem poderia
Enviar-me saudações, no mundo inteiro,
A não ser meu nobre amigo Hamlet.

(Entram Marinheiros.)

1º Marinheiro
Deus vos guarde, senhor.

Horácio
E a ti também.

1º Marinheiro
Ele o fará, senhor, se o bem quiser. Aqui está uma carta para o senhor. Ela veio de um embaixador que foi mandado à Inglaterra — se o seu nome é Horácio, como me disseram que é.

Horácio
(Lê.)
"Horácio, quando tiveres lido esta, encaminha esses homens para o rei. Levam cartas para ele. Mal estávamos havia dois dias no mar, um pirata de equipamento muito guerreiro nos deu caça. Vendo-nos muito fracos de vela, fomos obrigados a mostrar muita bravura, e na abordagem saltei-lhes ao barco. Nesse instante eles se desprenderam de nossa nave, e assim só eu tornei-me seu prisioneiro. Trataram-me

como ladrões generosos: mas sabiam o que estavam fazendo; terei de retribuir-lhes o favor. Faz com que o rei receba as cartas que mandei, e vem encontrar comigo aqui onde estou, tão depressa quanto se estivesses fugindo da morte. Tenho coisas a dizer em teu ouvido que te deixarão mudo; no entanto, serão leves demais para o calibre deste assunto. Esses bons sujeitos te trarão para onde estou. Rosencrantz e Guildenstern continuam a viagem para a Inglaterra; deles terei muito o que te contar. Adeus. Aquele que sabes teu, Hamlet."
Vou conduzi-los pra entregar as cartas;
Sejam ligeiros, para após levar-me
Àquele que os mandou até aqui.

(Saem.)

CENA 7
Outra sala do castelo.

(Entram Rei e Laertes.)

REI
Agora, em consciência, tu me absolves
E me guardas no peito como amigo,
Depois que ouviste, e com que sábio ouvido,
Que aquele que matou teu nobre pai
Buscava a minha vida.

LAERTES
                            Mas, dizei-me
Por que não procedestes contra os fatos
Tão criminosos e de tal violência,
Se por vossa grandeza e segurança
Éreis tão provocado.

REI
                            Dois motivos,
Que podem parecer-te sem valia,
Mas são fortes pra mim. Pela rainha,
Sua mãe, que só vive para ele;
E por mim mesmo... Por bem ou por mal,
A tenho tanto unida ao corpo e à alma,
Que, como a estrela que se move apenas
Na sua esfera, eu vivo só por ela.
A outra causa de eu não ir a público
É o grande amor que o povo tem por ele,
Afogando os seus erros nesse afeto,
Tal como a fonte que faz pão da pedra,

           Lhe mudaria as faltas em adornos,
           E as minhas frágeis flechas, contra o vento,
           Voltariam ao arco, sem chegarem
           Ao alvo que eu visava.

   LAERTES
                             Desse modo,
25   Perdi meu pobre pai, e vejo agora
           Minha irmã arrastada ao desespero —
           Cujo valor, louvando o que ela foi,
           Desafiou o píncaro dos tempos,
           Por suas perfeições. Hei de vingar-me.

   REI
30   Não percas o teu sono. Não presumas
           Que somos feitos de tão vil matéria
           Que vejamos o mal às nossas barbas
           E o tomemos por graça. Em pouco tempo
           Ouvirás mais. Eu tinha por teu pai
35   Grande amizade. E a temos por nós mesmos.
           Isso, espero, fará com que compreendas...

                (Entra um MENSAGEIRO, com cartas.)

           Que é que há?

   MENSAGEIRO
           Cartas, Senhor, de Hamlet.
           Essa é vossa e a outra é da Rainha.

   REI
40   De Hamlet? Quem as trouxe?

   MENSAGEIRO
                              Marinheiros,
           Senhor, segundo dizem. Não os vi;
           A mim foram entregues pelo Cláudio,
           Que deles recebeu-as.

   REI
                        Vais ouvi-las,
           Laertes. Deixa-nos.

                                    (Sai o MENSAGEIRO.)

(Lendo.) *"Alto e poderoso, sabei que fui deixado nu[11] em vosso reino. Amanhã pedirei permissão para ver os vossos reais olhos, quando, primeiro pedindo o vosso perdão, vos contarei as circunstâncias da minha súbita e, mais que tudo, estranha volta. Hamlet."*[12]

45 Que quer isto dizer? Voltaram todos?
Ou trata-se de abuso, e é tudo falso?

LAERTES
É sua a letra?

REI
Sim, de Hamlet. *"Nu"*.
E no post-scriptum diz *"sozinho"*. Entendes?

LAERTES
50 'Stou confuso, senhor; mas que ele venha!
Consola-me o dorido coração
Poder viver para atirar-lhe ao rosto
"Isto fizeste tu!",

REI
                Assim, Laertes;
E tem de ser assim; como o contrário?
55 Queres seguir agora o meu conselho?

LAERTES
Contanto que não seja pela paz.

REI
A tua própria paz. Se ele hoje volta —
Se ele abandona a viagem e pretende
Não mais fazê-la — eu hei de conduzi-lo
60 A certa empresa que já tenho em mente,
Na qual ele terá de sucumbir.
Dessa morte não pode haver censura;
E a sua própria mãe 'stará de acordo
Em chamá-la acidente.

LAERTES
                      Eu me submeto:
65 E é melhor que, o plano estando urdido,
Eu possa executá-lo.

---
[11] "Nu" significa destituído, sem suporte militar, sem armas. (N.E.)
[12] A carta, sarcástica, é composta em estilo elevado. (N.E.)

REI

                    Estamos certos.
            Desde que viajaste, toda a gente
            Fala em teu nome — e Hamlet sabe disso —
            Sobre um dom em que dizem que tu brilhas:
70   Teus muitos outros dons não lhe causaram
            Tamanha inveja; e esse é, no meu conceito,
            Um dos mais fracos.

    LAERTES

                        Mas que dom, senhor?

    REI

            Um laço no chapéu da juventude,
            Mas necessário; à mocidade calham
75   As roupas leves e sem pompa que usa,
            Como aos mais velhos martas e roupagens
            Que refletem seu siso e gravidade.
            Há dois meses esteve nesta corte
            Um normando — eu servi contra os franceses,
80   Conheço-lhes o garbo em montaria:
            Mas aquele era um mágico; crescia
            Na sela; tais proezas realizava
            Com seu cavalo, que dir-se-ia um corpo
            Único, o que formava com o corcel.
85   De tal forma excedeu meu pensamento
            Que eu, sonhando figuras e artifícios,
            Fiquei aquém do que ele realizou.

    LAERTES
            Um normando?

    REI
                        Um normando.

    LAERTES
                                Por meu sangue,
            Lamord.[13]

    REI
                    O próprio.

    LAERTES
                        Eu o conheço bem.

---

13 Lamord sugere "La Mort", "a morte", em francês. O nome aparece no Fólio como Lamound. (N.E.)

Ele é esplendido, uma joia excelsa,
Um orgulho de todo o seu país.

Rei

Ele te reconhece superior,
E de tal forma nos narrou teus feitos
Na arte e no exercício da defesa,
Especialmente no que toca a espada,
Que clamou "que espetáculo seria"
Se alguém pudesse te enfrentar, porquanto
Os esgrimistas seus compatriotas
Não teriam ataque, vista ou guarda
Ao medir-se contigo. E, ouvindo-o, Hamlet
Se envenenou de inveja, desejando
Apenas que depressa regressasses
Para contigo se bater. Portanto...

Laertes

Portanto o quê, senhor?

Rei

      Caro Laertes,
Amavas tu teu pai sinceramente?
Ou és somente o aspecto de uma dor,
Face sem coração?

Laertes

      Por que indagais?

Rei

Não que eu pense que tu não o estimavas,
Mas sei que o amor varia com o tempo
E vejo, em circunstâncias que o comprovam,
Esmorecer co'o tempo o ardor e a flama.
Dentro do amor existe uma centelha
Que abranda e que definha com o tempo;
Nada perdura sempre na bonança,
Pois o bem, quando sobe ao próprio excesso,
Morre por ser demais. O que queremos
Fazer deve ser feito na hora exata;
Pois o próprio "querer" muda e declina,
Ferido quando adiado. Mas vejamos:
Que vai provar o teu amor de filho
Mais que as palavras?

LAERTES

                Quero degolá-lo
Na igreja.

REI

             Nem ali o crime pode
Santificar-se. É certo que a vingança
Não deve ter fronteiras; mas, Laertes,
125   É melhor que te feches no teu quarto.
Hamlet, chegando, saberá tua volta:
Faremos o louvor do teu prestígio,
Dando novo verniz à grande fama
Que te deu o francês para, afinal,
130   Fazer com que se encontrem face a face,
Havendo apostas sobre um e outro.
Hamlet é displicente e sem malícia,
Nem cuidará das armas; desse modo,
Poderás escolher a tua espada
135   Sem proteção na ponta, e num bom passe
Terás vingado a morte de teu pai.

LAERTES

Isso farei; e pra ter mais certeza
Untarei minha espada de um veneno
Que comprei de um pirata, tão mortal
140   Que uma faca, uma vez imersa nele,
Se tira sangue a alguém, não há no mundo
Emplastro feito de ervas virtuosas
Que salve esse infeliz da morte certa,
Por mais leve que seja a arranhadura.
145   Será banhada ali a minha ponta,
Para que esta, ao feri-lo levemente,
Logo o faça morrer.

REI

              Depois veremos.
Pensemos qual a hora e a contingência
Que servirão melhor ao nosso plano;
150   Pois se esse fracassar, e vier a lume
O nosso estratagema, melhor fora
Nem o tentar. Assim, esse projeto,
Se tiver de explodir durante a prova,
Tem de estar garantido por um outro
155   Que o venha assegurar. Calma! Vejamos!...
Apostaremos na destreza de ambos...
Já sei!

          Quando lutardes, com calor e sede —
          Para isso atacarás com violência —
160   E ele pedir um gole, já teremos
          Preparada uma taça especial:
          Se apenas lhe provar o conteúdo,
          Mesmo que escape ao golpe venenoso,
          Nosso projeto vencerá. Mas, calma;

              (Entra a RAINHA.)

165   Que ruído é esse?

     RAINHA

          Uma desgraça corre atrás de outra
          Com tanta pressa: a tua irmã está morta,
          Laertes; afogou-se.

     LAERTES
                    Como? Aonde?

     RAINHA

          Onde um salgueiro cresce sobre o arroio,
170   E espelha as flores cor de cinza na água,
          Ali, com suas líricas grinaldas
          De urtigas, margaridas e rainúnculos,
          E as longas flores de purpúrea cor
          A que os pastores dão um nome obsceno
175   E as virgens chamam "dedos de defunto",
          Subindo aos galhos para pendurar
          Essas coroas vegetais nos ramos,
          Pérfido, um galho se partiu de súbito,
          Fazendo-a despencar-se e às suas flores
180   Dentro do riacho. Suas longas vestes
          Se abriram, flutuando sobre as águas;
          Como sereia assim ficou, cantando
          Velhas canções, apenas uns segundos,
          Inconsciente da própria desventura,
185   Ou como ser nascido e acostumado
          Nesse elemento. Mas durou bem pouco
          Até que as suas vestes encharcadas
          A levassem, envolta em melodias,
          A sufocar no lodo.

     LAERTES
                    Ai, afogou-se?

RAINHA

190   Afogou-se, afogou-se.

LAERTES

Já tens água demais, oh, pobre Ofélia,
Por isso eu me proíbo de chorar.
Mas é nosso costume, e a natureza
O guarde, embora digam que é vergonha.
195   Findo o pranto, o meu lado feminino
Terá cessado. Adeus, senhor. A chama
Que inflamava as palavras que eu dizia
Vem de extinguir-se agora.

(Sai.)

REI

        Vem, Gertrudes;
Como custou para conter-lhe a cólera!
200   E temo agora que este novo golpe
Faça-a explodir. Vamos segui-lo, pois.

(Saem.)

ATO 5

CENA 1
Um cemitério.

(Entram dois Coveiros.)

1º Coveiro
Deve ser enterrada em sepultura cristã aquela que buscou voluntariamente a salvação?

2º Coveiro
Digo-te que deve; portanto, abre logo essa cova. O pontífice informou-se de tudo e deliberou que o enterro fosse cristão.

1º Coveiro
Como pode ser isso, a não ser que ela se afogasse em sua própria defesa?

2º Coveiro
Ora, foi decidido assim.

1º Coveiro
Deve ter sido "*se offendendo*",[14] nem pode ser de outro modo. Pois esse é o ponto: se eu me afogo voluntariamente, isso indica ato, e um ato tem três partes, a saber: agir, fazer e consumar. *Ergum*,[15] ela afogou-se voluntariamente.

2º Coveiro
Não; mas, escuta, mestre cavuqueiro...

1º Coveiro
Com licença. Aqui está a água, bem; aqui está o homem, bem; se o homem vai para esta água e se afoga, queira ou não queira, é ele que vai. Presta atenção: mas se a água vem para ele e o afoga, não é ele que se afoga; *ergum*, ele não é o culpado de sua própria morte, ele não encurta a própria vida.

2º Coveiro
Mas isso é lei?

1º Coveiro
É, sim, senhor; lei de borla e capelo.

---
14 O coveiro confunde com o latim "*se defendendo*". (N.E.)
15 Novamente, o coveiro utiliza mal o latim "ergo". Em inglês, Shakespeare faz um trocadilho entre "*ergo*" e "*argal*", possível pela sonoridade do inglês, lembrando que John Argall era um lógico da Universidade de Oxford. (N.E.)

2º Coveiro

Queres saber a verdade? Se ela não fosse nobre, seria enterrada fora do ritual cristão.

1º Coveiro

Assim o disseste; e é uma lástima que os grandes deste mundo tenham o direito de afogar-se ou de enforcar-se, mais do que qualquer outro cristão. — Vamos, a minha pá. Não há gentis-homens mais antigos do que os jardineiros, os cavadores e os coveiros; eles conservam a profissão de Adão.

2º Coveiro

E ele era um cavalheiro?

1º Coveiro

Ele foi o primeiro a portar armas.

2º Coveiro

Ora, ele não tinha nenhuma.

1º Coveiro

Como? És pagão? Como é que entendes as Escrituras? A Escritura diz "*Adão cavou a terra*"; como é que ele ia cavar sem armas? Vou fazer-te outra pergunta; se não me respondes certo, confessa que...

2º Coveiro

Vamos a ela.

1º Coveiro

Quem é que constrói mais solidamente do que o pedreiro, o construtor naval e o carpinteiro?

2º Coveiro

O que constrói a forca, pois essa estrutura sobrevive a mais de mil inquilinos.

1º Coveiro

Aprecio a tua esperteza, para fazer a verdade; a forca calha bem; mas calha bem como? Calha bem aos que fizeram mal. Agora, tu fazes mal em dizer que a forca é mais forte que a igreja; *ergum*, a forca poderá calhar-te bem. Outra vez, vejamos.

2º Coveiro

Quem constrói mais forte que o pedreiro, o construtor naval e o carpinteiro?

1º COVEIRO

Isso mesmo; descalça essa bota.

2º COVEIRO

Claro; agora posso dizer.

1º COVEIRO

Então diz.

2º COVEIRO

Pela Santa Missa, não sei.

(Entram HAMLET e HORÁCIO.)

1º COVEIRO

Deixa de quebrar a cabeça por causa disso, pois burro empacador não anda com pancada; e quando de outra vez te fizerem essa pergunta, responde: "Um coveiro". As casas que ele faz duram até o dia do Juízo Final. Vamos, vai até o Yaughan[16] e traz-me uma caneca de vinho.

(Sai o 2º Coveiro.)

(O 1º COVEIRO cava e canta.)

"*Quando em jovem eu amava, eu amava,*
Achava a vida muito doce.
Encurtar os meus dias não buscava,
Ai, não queria que assim fosse."

HAMLET

Esse camarada não tem consciência de seu mister, cantando assim enquanto abre uma cova?

HORÁCIO

O hábito fez disso, para ele, uma coisa facílima.

HAMLET

É isso mesmo; a mão que é pouco usada tem o tato mais fino.

1º COVEIRO

(Canta.)
"*Mas a idade, em passos insensíveis,*
Em suas garras me apanhou;

---

[16] Provavelmente refere-se ao proprietário de uma taberna próxima ao teatro Globe, de nome Yaughan. (N.E.)

E me arrastou até a terra
Como eu agora nela estou."

(Atira para o alto um crânio.)

HAMLET
Essa caveira já teve uma língua, já pôde cantar, um dia. Olha como esse idiota a atira ao solo, qual se fosse a queixada de Caim, que cometeu o primeiro assassinato. Ela pode ter sido o crânio de um político, que esse asno supera agora, de alguém que desejasse enganar a Deus, não podia?

HORÁCIO
Bem pode ter sido, senhor.

HAMLET
Ou de um cortesão que dizia "Bom dia, caro senhor. Como passa o meu bom senhor?" Pode ter sido o Senhor de Tal-e-Tal, que elogiava o cavalo do Senhor Tal-e-Tal, quando pretendia pedi-lo, não é verdade?

HORÁCIO
Verdade, senhor.

HAMLET
É isso mesmo; e agora pertence aos vermes, descarnado e golpeado nos queixos pela pá de um coveiro; eis uma bela evolução, se tivéssemos o poder de vê-la. Custou tão pouco formar esses ossos, que agora só servem para se jogar malha? Os meus doem só de pensar nisso.

1º COVEIRO
(Canta.)
Com picareta e uma pá, uma pá,
Em torno uma branca mortalha:
Um punhado de cal cai na cova,
E um novo corpo se agasalha.

(Atira outro crânio.)

HAMLET
Aí está outra; por que não poderá ser a caveira de um jurista? Onde estão agora as suas cavilações, os seus processos, as suas sutilezas, os seus truques, as suas trapaças? Como é que ele agora suporta que esse maroto lhe pespegue pancadas com uma pá imunda, sem processá-lo por lesões corporais? Hum! Esse camarada pode ter sido, no seu tempo, grande comprador de terras, com seus títulos e

contratos, com suas obrigações a solver, suas multas, suas duplas testemunhas, suas cobranças. Será este o cobro de suas cobranças, a paga de seus contratos, ficar com seu belo crânio cheio do mais fino pó? Será que seus avalistas não lhe avalizarão mais as promissórias, por mais garantidas que sejam, além do comprimento e da largura de um par de promissórias imbricadas? As próprias escrituras de suas terras não caberiam neste caixão, e o próprio herdeiro não necessita de mais terra do que aquela em que cabe, não é?

HORÁCIO

Nem um pingo mais, senhor.

HAMLET

O pergaminho não é feito de pele de carneiro?

HORÁCIO

É, senhor. E de vitela, também.

HAMLET

São carneiros ou vitelas os que procuram nisso as suas garantias. Vou falar a esse camarada. De quem é essa cova?

1º COVEIRO

Minha, senhor.

(Canta.)

Um punhado de barro para se fazer
E um novo corpo se agasalha.

HAMLET

Creio que é tua, realmente, pois estás dentro dela.

1º COVEIRO

Estais fora dela, senhor, portanto não é vossa. Da minha parte, não jazo nela, mas é minha.

HAMLET

Mentes ao dizeres que é tua porque estás nela; isto é para os mortos, não para os vivos.

1º COVEIRO

Mentira viva, senhor, que vivamente passa de mim para vós.

HAMLET

Para que homem a estás cavando?

1º Coveiro

Para homem nenhum, senhor.

Hamlet

Para que mulher, então?

1º Coveiro

Para nenhuma, meu senhor.

Hamlet

115 Quem vai ser enterrado nela?

1º Coveiro

Alguém que foi mulher, senhor; mas, paz à sua alma, agora está morta.

Hamlet

Como é preciso esse sujeito. Temos de falar muito claro, ou nos perderemos em seus equívocos. Por Deus, Horácio, nos últimos três anos tenho observado, os tempos são tão estranhos que a ponta do
120 pé do camponês chega no calcanhar do cortesão e lhe roça as frieiras. — Há quanto tempo és coveiro?

1º Coveiro

Entre todos os dias do ano, comecei este ofício no dia em que nosso último Rei Hamlet venceu Fortimbrás.

Hamlet

E quanto tempo faz?

1º Coveiro

125 Vós não o sabeis? Qualquer idiota é capaz de informá-lo. Foi no próprio dia em que o jovem Hamlet nasceu, esse que está louco e foi mandado para a Inglaterra.

Hamlet

Deveras? E por que foi ele mandado para a Inglaterra?

1º Coveiro

Ora, porque estava louco: deverá recobrar o juízo por lá; se não se
130 recuperar, isso não terá muita importância.

Hamlet

Por quê?

1º Coveiro

Por lá não será notado. Os homens lá são todos tão loucos como ele.

Hamlet
Como é que ele ficou louco?

1º Coveiro
Dizem que de maneira muito estranha.

Hamlet
Estranha como?

1º Coveiro
Por minha fé, foi perdendo o juízo.

Hamlet
E o que deu lugar a isso?

1º Coveiro
Este lugar aqui mesmo, a Dinamarca. Tenho sido coveiro aqui, homem e rapazola, estes trinta anos.

Hamlet
Por quanto tempo jaz na terra um homem até apodrecer?

1º Coveiro
Por minha fé, se ele ainda não estiver podre antes de morrer — pois hoje em dia vejo muito cadáver tão pesteado que mal resiste ser posto na cova — isso deve durar uns oito ou nove anos. Um curtidor durará nove anos.

Hamlet
Por que mais que os outros?

1º Coveiro
Ora, senhor; seu couro já vem tão curtido com o ofício, que impede a água de entrar por longo tempo. E a água é a úlcera que destrói o corpo de qualquer cadáver filho da mãe. Aqui está uma caveira que jazeu na terra vinte e três anos.

Hamlet
De quem era?

1º Coveiro
De um louco filho da mãe. De quem acha que ela foi?

Hamlet
Não, não sei.

1º COVEIRO

Uma praga para esse patife louco! Uma vez ele me despejou sobre a cabeça uma garrafa de vinho do Reno. Esta caveira aqui, senhor, era de Yorick, o bobo do Rei.

HAMLET

Esta?

1º COVEIRO

Esta mesmo.

HAMLET

(*Tomando a caveira.*) Ai, ai, pobre Yorick. Eu o conheci, Horácio, um tipo de infinita graça e da mais excelente fantasia. Carregou-me nas suas costas mais de mil vezes, e agora — agora como é horrível imaginar essas coisas! Aperta-me a garganta ao pensar nisso. Aqui ficavam os lábios que eu beijei nem sei quantas vezes. Onde estão agora os teus gracejos? As tuas cabriolas? As tuas canções? Teus lampejos de espírito que eram capazes de fazer gargalhar todos os convivas? Nenhum mais agora, para zombar dos teus próprios esgares? Caiu-te o queixo? Vai agora aos aposentos de minha dama e diz-lhe que, por mais grossas camadas de pintura ela ponha sobre a face, terá de chegar a isto. Vai fazê-la rir com essa ideia. Por favor, Horácio, diz-me uma coisa.

HORÁCIO

Que coisa, senhor?

HAMLET

Acreditas que o próprio Alexandre tenha esse aspecto, dentro da terra?

HORÁCIO

Esse mesmo.

HAMLET

E tinha esse cheiro? Bah!

(*Larga a caveira.*)

HORÁCIO

Esse mesmo, senhor.

HAMLET

A que baixa condição nós temos de volver, Horácio! Por que não poderá nossa imaginação rastrear as nobres cinzas de Alexandre até encontrá-las tapando a boca de uma pipa?

HAMLET

(Avançando.)

Quem é esse
Cuja mágoa é tão forte e tem tal ênfase,
Cujas palavras sobem às estrelas
E as enchem de estupor? Aqui estou eu,
Hamlet, o Dinamarquês.

(Salta para dentro da cova.)

LAERTES

Maldito sejas!

(Lutam.)

HAMLET

Tu não sabes rezar. Afasta os dedos
Do meu pescoço, peço-te, porque
Se não sou rancoroso e nem colérico,
Tenho contudo algo de perigoso
Que terá de temer. Tira essa mão!

REI

Afastai-os!

RAINHA

Hamlet!

TODOS

Cavalheiros!

HORÁCIO

Meu bom senhor, suplico, acalme-se.

(Os CAVALHEIROS os separam, e eles saem da cova.)

HAMLET

Eu lutarei com ele sobre o caso
Até que minhas pálpebras sucumbam.

RAINHA

Oh, meu filho, que caso?

HAMLET

Amei Ofélia;

245 Quarenta mil irmãos, por mais que amassem,
Não somariam mais que o meu amor.
Que queres tu fazer então por ela?

REI

Laertes, ele é louco.

RAINHA

                        Eu vos suplico,
E por amor de Deus, deixai-o agora.

HAMLET

250 Pelas chagas de Cristo, que pretendes?
Chorar? Lutar? Jejuar? Despedaçar-te?
Beber fel? Engolir um crocodilo?
Eu o farei. Vieste pra queixar-te?
Desafiar-me, saltando em sua cova?
255 Enterra-te com ela, e eu o farei.
Se falas de montanhas, que nos cubram
Jogando sobre nós milhões de acres,
Até que a nossa tumba, chamuscada
No topo por tocar as zonas tórridas,
260 Faça do Ossa um botão! Se o que pretendes
É atroar os ares, eu te sigo
E clamarei tão alto como tu.

RAINHA

Isto é a própria loucura; e num acesso
Vai operar sobre o seu nobre ser.
265 Depois, como uma pomba delicada,
Quando um par de filhotes rompe a casca
Dos ovos, a ostentar penugem de ouro,
Seu silêncio será sereno e doce.

HAMLET

Senhor, por que é que me tratas assim?
270 Eu sempre te estimei — mas não importa;
Deixe que Hércules cumpra o que porfia —
Miará o gato e o cão terá seu dia.

(Sai.)

REI

Peço-vos, bom Horácio; olhai por ele.

(Sai HORÁCIO.)

(*Para* Laertes.)

Pensa com paciência na conversa
275 Mantida ontem: vamos, sem demora,
Pô-la em execução. Cara Gertrudes,
Mandai que não lhe falte vigilância.
Vamos pôr nessa campa um monumento;
Breve teremos horas de quietude;
280 Seja calma, até lá, nossa atitude.

(*Saem.*)

CENA 2
Uma sala do castelo.

(*Entram* Hamlet *e* Horácio.)

HAMLET

Sobre este caso, basta; agora o outro.
Lembras-te bem das várias circunstâncias?

HORÁCIO

Lembro-me bem, senhor.

HAMLET

Dentro do peito eu tinha algo lutando
5 Que me impedia de dormir. Sentia-me
Pior que entre grilhões. Irrefletido,
E a irreflexão nos seja abençoada,
Pois nossa insensatez nos vale às vezes,
Quando falham os planos bem pensados.
10 A divindade nos acerta os fins,
Quando nós os lascamos.

HORÁCIO

Isso é certo.

HAMLET

Saí do beliche de roupão, nas trevas;
Fui procurá-los, tateando; achei-os,
Tomei-lhes o despacho e, finalmente,
15 Voltei ao meu beliche, na afoiteza,
Esquecendo o bom-tom, como os temores,
Rompi o selo do diploma e achei,
Horácio — oh real torpeza — o texto exato,
Repleto de motivos e pretextos,

    Visando o bem da Dinamarca e o deles,
    Com tais calúnias sobre a minha vida —
    Para que ao lê-lo, e sem maior demora,
    Antes mesmo que afiassem o machado,
    Cortassem-me a cabeça.

HORÁCIO

                        Isso é possível?

HAMLET

    Aqui tens o despacho. Lê com calma.
    Mas não queres ouvir como eu agi?

HORÁCIO

    Senhor, lhe rogo.

HAMLET

                        Dentro dessa trama —
    Nem mesmo havia um prólogo em meu cérebro,
    E a peça começara — Eu me sentei
    E escrevi outro texto, bem escrito.
    Julgava outrora, como muitos nobres,
    Baixo ofício ostentar caligrafia,
    E fiz por esquecer o que aprendera;
    Mas ela me prestou grande serviço.
    Queres saber o que escrevi?

HORÁCIO

                        Decerto.

HAMLET

    Uma solene comissão do rei —
    Como a Inglaterra é tributária fiel —
    Para que o amor floresça entre os dois povos,
    Para que a paz conserve essa coroa,
    E seja um traço de união de amigos,
    Por muitas outras coisas importantes —
    Que lendo e conhecendo essa mensagem,
    Sem nenhuma demora e sem temores,
    Mandasse à morte os próprios portadores,
    Sem mesmo receber os sacramentos.

HORÁCIO

    Como a selou?

HAMLET

                        Com o favor dos céus,

Hamlet
Esta me agrada. São de igual medida?

(Eles preparam-se para lutar.)

Osric
São iguais, meu senhor.

Rei
Ponde os jarros de vinho sobre a mesa.
250 Se for de Hamlet o primeiro toque,
Ou o segundo, e ele der resposta ao outro,
Farei ecoar em torno a artilharia:
O rei está a beber ao teu triunfo,
E na taça será lançada pérola
255 De mais alto valor que as que adornaram
A coroa dos reis da Dinamarca.
Dai-me as taças; e ora o gongo anuncie
À trombeta, e esta diga ao artilheiro,
E digam os canhões ao céu e à terra:
260 "O rei brindou Hamlet". Começai.
E, juízes, olhai de olhar atento.

Hamlet
Vamos, senhor.

Laertes
Vamos lá, meu senhor.

(Eles lutam.)

Hamlet
Um toque.

Laertes
Não.

Hamlet
265 Julgamento.

Osric
Um toque bem patente.

Laertes
Bem, outra vez.

Rei

Parai. Quero beber. Hamlet, a ti
Dou esta pérola. À tua saúde.

(Soam as trombetas.)

Dá-lhe a taça.

Hamlet

Quero primeiro o assalto. Ponde-a ali.
Um momento.

(Lutam.)

Outro toque. O que dizes?

Laertes

Eu o confesso.

Rei

O nosso filho vencerá.

Rainha

Ele sua. Engordou e está sem fôlego.
Hamlet, toma meu lenço. Enxuga a testa.
A rainha saúda a tua sorte.

Hamlet

Que bondade.

Rei

Não, não bebas, Gertrudes; eu te peço.

Rainha

Quero beber, senhor; peço perdão.

Rei

(À parte.)
A taça envenenada! Agora é tarde.

Hamlet

Não ouso ainda beber — daqui a pouco.

Rainha

Vem, Hamlet; deixa que eu te enxugue o rosto.

Laertes

Hei de feri-lo agora.

Rei

Não o creio.

Laertes

(À parte.)
Mas quase contra a minha consciência.

Hamlet

Vamos, Laertes, ao terceiro. Eu creio
Que brincas. Ataca-me com violência.
Temo que me trates como criança.

Laertes

É o que pensa? Vamos!

(Eles tornam a lutar.)

Osric

Nada de um ou outro.

Laertes

Vou atacar!

(Laertes fere Hamlet; depois, na confusão, trocam de espadas.)

Rei

Separai-os. Enlouqueceram!

Hamlet

Não; de novo!

(Ele fere Laertes. A Rainha cai.)

Osric

A rainha! Socorrei-a!

Horácio

Ambos sangram. Como está, meu senhor?

Osric

Como estás, Laertes?

Laertes

Qual caçador

> Que cai no laço que ele próprio armara,
> Mata-me, com justiça, a própria insídia.

HAMLET

> Como está a rainha?

REI

>   Desmaiada,
> Ao ver o sangue deles.

RAINHA

>   Não! O vinho!
> O vinho, o vinho, meu querido Hamlet!
> Estou envenenada.

(Morre.)

HAMLET

>   Deus, que infâmia!
> Fechai as portas! Há traição! Buscai-a!

LAERTES

> Ela aqui está. Está perdido, Hamlet.
> Nenhum remédio poderá curá-lo.
> Não tem nem meia hora mais de vida;
> O instrumento mortal 'stá nos seus dedos,
> Violento e envenenado. A vil ação
> Voltou-se contra mim. Aqui tombei
> Para não mais me erguer. Sua mãe foi morta
> Pelo veneno. Eu não posso mais.
> O rei, o rei é o único culpado.

HAMLET

> A ponta também está envenenada!
> Então, veneno, faz o teu serviço!

(Fere o REI.)

TODOS

> Traição! Traição!

REI

>   Amigos, defendei-me!
> 'Stou apenas ferido.

HAMLET

>   Aqui, assassino

Incestuoso e danado, bebe agora
Esta poção. Nela está tua jura.
Vai, segue a minha mãe.

(O Rei morre.)

LAERTES

                    Fez-se justiça.
É um veneno por ele preparado.
Perdoem-nos os dois, meu nobre Hamlet:
A morte de meu pai e a minha própria
Não caiam sobre si; e nem a sua
Sobre mim.

(Morre.)

HAMLET

          Que os céus te absolvam. Eu sigo
O teu caminho. Horácio, eu sinto a morte —
Adeus, pobre rainha! A vós, tão pálidos
E trêmulos diante desta desgraça,
Só testemunhas mudas deste ato,
Tivesse eu tempo — mas o duro braço
Da morte é tão severo — eu contaria...
Mas seja tudo como for. Horácio:
Eu já estou morto e tu 'stás vivo; conta
Toda a verdade sobre a minha causa
Aos que a ignoram.

HORÁCIO

                    Não creia que o faça.
Sou mais romano antigo que de hoje:
Ainda ficou alguma gota...

HAMLET

Se és um homem, entrega-me essa taça!
Larga-a! Peço-te! Hei de alcançá-la!
Oh, Deus, Horácio! Que manchado nome,
Se esses fatos não forem conhecidos,
Deixarei eu. Se um dia me estimaste,
Transfere um pouco essa felicidade,
E arrasta o teu alento pelo mundo
Pra contar a minha história.

(Ouvem-se, fora, marchas e tiros.)

                    Mas, que é isso?

OSRIC
É Fortimbrás, voltando vitorioso
Da luta na Polônia e homenageando
O embaixador inglês.

HAMLET
                    Eu morro, Horácio!
345 O violento veneno me domina
O espírito. Eu não vivo até que cheguem
Notícias da Inglaterra. Mas auguro
Que a eleição será de Fortimbrás.
Dou-lhe o meu voto, embora na agonia.
350 Diz-lhe o que se passou e as ocorrências
Que me envolveram. O resto é silêncio.

         (Morre.)

HORÁCIO
Partiu-se agora um nobre coração.
Boa noite, doce Príncipe. E que os anjos
Venham em coro lhe embalar o sono.
355 Por que soam tambores nesta hora?

         *(Entram FORTIMBRÁS e EMBAIXADORES INGLESES, com tambores, bandeiras
         e séquito.)*

FORTIMBRÁS
Que cena é essa?

HORÁCIO
                    Que é que procurais?
Se é um quadro de desgraça, aqui o tendes.

FORTIMBRÁS
Os despojos revelam a carnagem,
E tu, morte arrogante, que festejos
360 Preparas no teu reino, que, de um golpe
Sanguinário, derrubas tantos príncipes?

EMBAIXADOR
Que quadro horrível! Chegam atrasadas
As notícias que temos da Inglaterra:
Já não nos ouve aquele a quem trouxemos
365 Notícias de que a ordem foi cumprida,
Que Rosencrantz e Guildenstern 'stão mortos.
De quem teremos agradecimentos?

HORÁCIO
Não dessa boca, inda que fosse viva.
Mas já que aqui chegais na hora sangrenta,
370 Vós da Polônia, e os outros da Inglaterra,
Ordenai que esses corpos sejam postos
Num patamar bem alto, ante este povo.
E deixai-me dizer a quem não sabe
Como as coisas correram: ouvireis
375 Atos carnais, sangrentos e incestuosos,
Mortes causadas por traições astutas,
E, afinal, intenções inconfessadas
Que caíram nas frontes que as tramaram.
Tudo isso eu contarei, pois é verdade.

FORTIMBRÁS
380 Vamos ouvir os fatos, sem demora,
E chamar a nobreza como audiência.
Quanto a mim, com tristeza aceito a sorte:
Tenho tradicional direito ao reino,
Que agora sou chamado a reclamar.

HORÁCIO
385 Tenho algo a dizer também sobre isso,
Repetindo a palavra deste nobre,
Que há de arrastar consigo muitas outras.
Mas seja feito agora o que eu vos disse,
Enquanto estão turbados os espíritos,
390 Antes que outras desgraças aconteçam,
E outros erros.

FORTIMBRÁS
Que quatro capitães
Conduzam Hamlet, como bom soldado,
Ao catafalco. Pois, ao que parece,
Se ele vivesse e ocupasse o trono,
395 Tornar-se-ia um grande soberano.
Por sua morte falem
Música militar, ritos guerreiros.
Levai os corpos. A uma guerra calha
Muito bem este campo de batalha;
400 Não aqui.
Ide. Que atirem os soldados.

(Saem marchando e carregando os corpos. Soa uma salva de canhão.)

Otelo, o mouro de Veneza

Introdução
BARBARA HELIODORA

Segunda das "quatro grandes" tragédias, *Otelo* data de 1603 ou 1604 (a 1º de novembro é documentada apresentação na corte), e a seu respeito já foi dito que, mesmo não sendo a maior peça de Shakespeare, ela seria sem dúvida a melhor, do ponto de vista da construção dramática. Escorreita, a obra é totalmente centrada no único tema da confrontação entre a inabalável integridade do Mouro e a malévola mesquinharia de Iago. Em *Hamlet* temos os paralelos de Laertes e de Fortimbrás; em *Macbeth* o destino da própria Escócia, em termos do que fazem Malcolm e Macduff, por exemplo, contrasta-se com o do usurpador; e em *Rei Lear* toda a trama em torno de Gloucester e seus filhos é um constante contraponto com a linha principal que trata do próprio rei. Mas em *Otelo* não existe um único episódio que não seja diretamente relacionado ao general mouro que luta em nome de Veneza.

A tragédia é, entre outras coisas, mais um exemplo da capacidade de Shakespeare para transformar tramas de obras alheias em textos absolutamente originais, de conteúdo e significado bem distintos dos da fonte. Shakespeare encontrou a trama de *Otelo* em uma *novella* do *Hecatommithi*, uma popular coletânea de contos de Giovanni Battista Giraldi, chamado Cinthio. Desse original apenas um nome é usado por Shakespeare, o de Desdêmona ("Disdemona", no original). Otelo era Christophoro Moro, Iago, apenas Alfieri [Alferes]; Cassio, *o capo di squadra*, e assim por diante. Muito embora a trama seja seguida com considerável fidelidade, o texto italiano é apenas uma história de intriga barata e muita brutalidade, com o Alferes querendo vingar-se de Moro por ter sido rejeitado como amante por Disdemona.

Mesmo por motivos bem diversos dos do insidioso Iago, o vilão italiano também usa um lenço para confirmar as suspeitas do marido "enquanto ela brinca com seu filho" (e aqui a alteração shakespeariana é crucial). Juntos, o mouro e o alferes planejam um assassinato sórdido, programando fazer cair em cima da morta um pedaço do teto do quarto, para criar a ideia de acidente.

Muito se tem escrito a respeito da questão do tempo duplo em *Otelo*: no primeiro ato, Cassio não tem ideia de com quem se teria casado Otelo, e a ação, a partir da chegada a Chipre, quando se dá a entender que teria lugar a verdadeira noite de núpcias, termina dentro de quarenta e oito horas, o que torna absolutamente impossível toda a história do adultério de Desdêmona. Fica bastante claro que a ideia da passagem de um longo período de tempo, que tornasse plausível a acusação, vem da história de Cinthio, onde o casal chega mesmo a ter um filho; mas em Shakespeare o memorável é o tratamento que ele dá a Otelo, para quem, em sua perturbação, o tempo passa a ter um valor puramente emocional, permitindo-lhe acreditar na acusação de Iago, com a precipitação dos acontecimentos servindo para a intensificação da crise emocional.

Muito se tem escrito, igualmente, a respeito da forma como Otelo acredita *em Iago*, que seria de uma exagerada ingenuidade, mas toda a obra é farta em evidências de que todos acreditavam no "honesto Iago" e o prestigiavam, não apenas o Mouro; e muito ao contrário de querer fazer de Otelo um tolo, creio que, em nenhuma outra das tragédias, Shakespeare tomou tanto cuidado para apresentar seu protagonista como nobre e respeitado. A desonestidade e a capacidade de intriga de Iago, logo na abertura da tragédia, assim como sua preocupação em retratar Otelo da forma mais desfavorável, são usadas exatamente para ressaltar a alta categoria deste a partir de sua primeira entrada; entre outras coisas, Otelo é o único general capaz de salvar Veneza...

Shakespeare, assim como seus contemporâneos, não tem maior conhecimento sobre a etnia dos mouros, e descreve Otelo (do mesmo modo que o Mouro Aaron em *Titus Andronicus*) como negro. Por isso não têm sido poucos os trabalhos interpretativos que tentam situar a tragédia como uma abordagem do problema de preconceito de cor, ou como um puro e simples caso de ciúmes. Na verdade, a visão shakespeariana é mais profunda e mais ampla: a cor da pele se apresenta, penso eu, como informação fácil de chegar ao espectador, como indício dos diferentes universos culturais a que pertencem Otelo e Desdêmona. O conflito desses valores é a espinha dorsal da tragédia.

O amor, como sempre em Shakespeare, entra pelos olhos, mas, para se estabelecer como uma relação sólida, ele precisa encontrar pontos de contato mais amplos, menos frágeis do que simplesmente, como diz Otelo:

> Ela me amou porque passei perigos,
> E eu a amei porque sentiu piedade.

Infelizmente, em *Otelo*, o amor idealizante, assim nascido entre "um bárbaro errante" e "uma veneziana sofisticada", leva a um precipitado casamento, que é atacado por Iago antes de ter tempo de se solidificar através de um melhor conhecimento entre o maduro guerreiro e a ingênua e inexperiente quase adolescente.

Toda a tragédia, tal como Shakespeare a concebeu, só poderia acontecer exatamente nessas circunstâncias, isto é, afetando um relacionamento de romantismo tão exacerbado, e em função do próprio caráter do protagonista: do mesmo modo que o *Hamlet* que o precedeu, *Otelo* ainda reflete alguns aspectos de *Júlio César*, a quase tragédia que faz a ponte entre a grande fase das peças históricas e o esplendor do período trágico. Hamlet era um reflexivo, como Brutus, enquanto Otelo, também como Brutus, é de tal modo íntegro que não lhe ocorre que os outros não o sejam, por isso acaba por tomar por verdade a simples aparência da integridade; quando Iago acusa Desdêmona de infidelidade, não ocorreria sequer a um homem como Otelo a possibilidade de alguém efetivamente mentir a respeito de assunto tão sério — exatamente como jamais ocorreu a Brutus que os que conspiravam contra César não fossem tão puros e idealistas quanto ele mesmo era em relação às suas convicções republicanas.

Muito se tem escrito a respeito de uma suposta ausência de motivo para as ações de Iago — já que Shakespeare abandonou completamente a ideia de ele ser um amante rejeitado; mas não me parece justo afirmar que ele age sem motivo, só pelo prazer do mal pelo mal. Sem dúvida, Iago tem um caráter negativo, malévolo; mas é possível que o aspecto mais doloroso da tragédia seja justamente o da destruição de um Otelo pela mesquinharia de um Iago, que se sente preterido e quer o posto de Cassio.

Otelo, o mouro que vive em Veneza, não pode lutar contra seus valores absolutos, mais característicos de culturas mais primitivas: ele age segundo suas convicções, sem investigar a procedência das acusações a Cassio e, a seguir, a Desdêmona. E como os mais clássicos heróis trágicos, aprende pelo sofrimento; graças à influência de Sêneca sobre a dramaturgia elisabetana, Otelo tem um grande momento de serenidade antes da morte. Como acontece em todas as grandes obras de Shakespeare, o que cada uma nos oferece torna irrelevante tentar saber se qualquer delas é a melhor ou a maior.

Lista de personagens

Otelo, um nobre mouro a serviço do Estado Veneziano
Brabantio, senador de Veneza e pai de Desdêmona
Cassio, tenente de Otelo
Iago, alferes de Otelo
Rodrigo, um cavalheiro veneziano
O Duque de Veneza
Outros senadores
Montano, predecessor de Otelo no Governo de Chipre
Graziano, tio de Brabantio
Ludovico, primo de Brabantio
Cômico, criado de Otelo
Desdêmona, filha de Brabantio e mulher de Otelo
Emília, mulher de Iago
Bianca, uma cortesã e amante de Cassio
Marinheiro, mensageiro, arauto, oficiais, cavalheiros, músicos e criados.

A cena: Veneza e Chipre.

ATO 1

CENA 1
Veneza. Uma rua.

(Entram Rodrigo e Iago.)

RODRIGO
Não digas isso. Sinto-me ofendido
Que tu, Iago, que da minha bolsa
Controlas os cordões, soubesses disso.

IAGO
Mas, diabo, será que não me ouves?
5 Se algum dia sonhei com uma tal coisa,
Odeia-me.

RODRIGO
Tu me disseste que o odiavas.

IAGO
Despreza-me se não. Três grandes nomes
Da cidade, pra ver-me seu tenente,
10 Suplicaram por mim, e tenho fé
Que sei meu preço e que mereço o posto.
Mas ele, só pensando em seus caprichos,
Escapa-lhes, com pompa e muita argúcia,
Ornamentadas com termos guerreiros!
15 E, para concluir,
Renega aos que me apoiam: "Juro", diz,
"Que já selecionei meu oficial".
E quem é ele?
Um grande aritmético, sem dúvida,
20 Um tal Michael Cassio, florentino,
Amaldiçoado com uma bela esposa,
Que nunca pôs em campo um esquadrão,
Nem sabe como as tropas são dispostas
Melhor que uma donzela; exceto em livros,
25 Onde os togados cônsules teóricos
São mestres, como ele: são soldados
Que falam mas não fazem. Pois foi ele
O eleito, enquanto eu, que já dei provas
Em Rodes, Chipre, e muitos outros campos,
30 Cristãos ou não, devo encolher as velas,
Ser guarda-livros desse matemático.

>   Pois ele, agora, é que será tenente,
>   E eu, por Deus, alferes do ilustríssimo!

RODRIGO
>   Eu preferia ser o seu carrasco.

IAGO
>   Não há remédio. A praga da carreira
>   É a promoção por cartas e amizades,
>   E não, como antes, por antiguidade,
>   Com o segundo herdando do primeiro.
>   Julga, então, se eu tenho algum motivo
>   Pra amar o Mouro.

RODRIGO
>   Eu não o seguiria!

IAGO
>   Podes ficar tranquilo!
>   Eu só o sirvo pra servir-me dele!
>   Nem todos são senhores, nem são todos
>   Os senhores seguidos lealmente.
>   Há muito tolo, preso ao seu dever,
>   Que encantado com a própria subserviência
>   Cumpre o seu tempo como asno do amo,
>   Só por ração; e, velho, é enxotado.
>   Honesto assim, pra mim, vai pra chibata!
>   Outros mantêm o aspecto do dever,
>   Mas guardam para si seus corações;
>   E, servindo os seus amos na aparência,
>   Lucram com eles e, enchida a bolsa,
>   Saem honrados. Esses, sim, têm alma
>   E proclamo-me um deles... Pois, senhor,
>   Tão certo quanto tu sejas Rodrigo,
>   Se eu fosse o Mouro, eu não seria Iago.
>   Seguindo a ele eu sigo-me a mim mesmo.
>   Deus sabe que o dever, como o amor,
>   Não são pra mim. Finjo só pros meus fins.
>   Quando o que eu faço revelar aos outros
>   O aspecto e os atos do meu coração
>   No exterior, hão de me ver em breve
>   A carregar na mão o coração,
>   Pra dar aos pombos: não sou o que sou.

RODRIGO
>   Mas que sorte total tem o beiçudo,
>   Se ganha esta!

IAGO

                Vai! Desperta o pai!
Provoca-o, envenena o seu prazer,
Acusa-o pelas ruas, chama os primos,
E mesmo que ele viva em clima ameno,
Cobre-o de moscas! Se estiver feliz,
Propicia mudanças vexatórias
Que empalideçam tudo.

RODRIGO

Essa é a casa do pai. Eu vou chamar.

IAGO

Chama com o grito assustador e agudo
Igual ao que, na noite, de um descuido,
Nasce o do fogo nas cidades grandes.

RODRIGO

Olá, Brabantio! Olá, senhor Brabantio!

IAGO

Pega ladrão! Brabantio! Acorda, acorda!
Olha a casa, olha a filha, olha os teus cofres!

(BRABANTIO aparece ao alto, em uma janela.)

BRABANTIO

Qual a razão de tal clamor terrível?
O que é que houve?

RODRIGO

Senhor, sua família está em casa?

IAGO

Trancou as portas?

BRABANTIO

                Mas por que perguntam?

IAGO

Foi roubado, senhor. Vista o casaco.
Seu coração partiu, sua alma foi-se.
Neste momento um bode velho e preto
Cobre a sua ovelhinha! Venha logo.
Vá despertar com o sino os que dormiam,
Senão o demo vai fazê-lo avô.
Levante-se logo.

BRABANTIO
O quê? Estão insanos?

RODRIGO
Reverendo senhor, sabe quem fala?

BRABANTIO
Eu, não. Quem é?

RODRIGO
O meu nome é Rodrigo.

BRABANTIO
E és mal vindo!
Mandei que não rondasses minha porta.
Em linguagem bem clara eu já te disse
Que minha filha não é para ti;
E agora como louco, farto e bêbado,
Com bravura maldosa ousas vir
Perturbar meu repouso?

RODRIGO
Senhor, senhor...

BRABANTIO
Mas tu deves saber
Que em sangue e posição tenho poder
Pra fazer-te amargar.

RODRIGO
Senhor, paciência.

BRABANTIO
Por que falas de roubo? Isto é Veneza,
Não moro em granja...

RODRIGO
Vetusto Brabantio,
Com a alma pura e simples aqui venho...

IAGO
Pelas chagas de Cristo, senhor, parece ser dos que não servem a Deus nem que o diabo apareça. Porque aqui viemos para prestar-lhe um serviço, julga-nos rufiões; terá sua filha coberta por um garanhão da Barbária; terá netos que relincham, terá corcéis por primos e ginetes por consanguíneos.

BRABANTIO
    Que infeliz profano és tu?

IAGO

    Alguém, senhor, que lhe vem dizer que sua filha e o Mouro estão agora formando a besta de duas costas.

BRABANTIO
    És um vilão!

IAGO
        E tu um senador!

BRABANTIO
    Hás de responder por isso, Rodrigo.

RODRIGO
    Respondo tudo, senhor. Mas só pergunto
    Se é seu prazer e sábia aquiescência
    (Parece ser) que sua bela filha,
    No lusco-fusco alerta desta noite,
    Fosse levada, sem melhor escolta
    Que um lacaio comum, um gondoleiro,
    Ao chulo abraço de um lascivo Mouro.
    Se já sabia disso e o permitira,
    Fomos rudes e ousados com o senhor;
    Mas não sabendo, diz-me a etiqueta
    Que é injusta a sua ira, pois não creia
    Que, abandonando toda a cortesia,
    Eu viesse brincar com a sua honra.
    Sua filha (sem sua permissão,
    Repito) fugiu-lhe com baixeza,
    Ligando herança, espírito e beleza
    A um estranho errante e extravagante,
    Sem rumo certo. Veja por si mesmo:
    Se ela estiver no quarto, ou nessa casa,
    À justiça do Estado eu presto contas
    Por tal engano.

BRABANTIO
        Acendam logo o fogo!
    Deem-me uma tocha! Chamem minha gente!
    Isso não deixa de lembrar meu sonho,
    E por crer nele já me sinto opresso.
    Luzes, eu disse!

(Sai.)

IAGO

               Adeus, devo deixar-te.
Não convém, nem é bom para o meu posto,
Ser apanhado como oposto ao Mouro,
Como seria aqui. Sei que o Estado,
145   Embora o repreenda por seu ato,
Não tem como afastá-lo, em segurança,
Já que o embarcam, com o mais alto aplauso,
Para as guerras de Chipre que, inda agora,
Recrudescem; e nem por suas almas
150   Terão alguém de igual envergadura
Pra liderar sua causa. Sendo assim,
Embora eu o odeie como o inferno,
Devo enfeitar-me com os sinais do afeto,
Sinais, apenas. Pra encontrá-lo logo,
155   Conduz a busca ao Sagitário,
Onde estarei com ele. Agora, adeus.

                                                             (Sai.)

(Entra BRABANTIO, de pijama, e CRIADOS com tochas.)

BRABANTIO

O mal é verdadeiro, ela se foi.
E o que virá do tempo que me resta
Não passa de amargura. Diz, Rodrigo,
160   Onde a viste? — Filha desgraçada! —
Disseste o Mouro? — Para quê ser pai? —
Como soube que é ela? — Me enganaste
Mais que nem sei! — Que disse ela? Tochas!
Chamem os meus. Será que estão casados?

RODRIGO

165   Em verdade, eu o creio.

BRABANTIO

Oh, céus! Como saiu? Traição do sangue!
Que nunca mais um pai julgue saber
O que pensam os filhos por seus atos.
Não há encantos pelos quais se abuse
170   Da virgindade? Sabes tu, Rodrigo,
Se há coisas assim?

RODRIGO

               Já li que sim, senhor.

BRABANTIO
Oh, meu irmão! Antes fosse ela tua!
Umas dão certo, outras não. Mas não sabes
Onde a encontraremos, com o Mouro?

RODRIGO
175 Creio que o encontrarei, se lhe aprouver
Chamar a guarda e vir junto comigo.

BRABANTIO
Por favor, guia-me. Não há morada
Onde eu não peça, e até comande auxílio.
Às armas! Tragam quem 'stá de vigília!
180 Eu honrarei teus favores, Rodrigo.

(Saem.)

CENA 2
O Sagitário.

(Entram OTELO, IAGO e CRIADOS, com tochas.)

IAGO
Na guerra matei homens por ofício,
Mas tenho como base de consciência
Jamais matar com premeditação.
Falta-me o mal que tanta vez nos serve.
5 Pensei dez vezes em furar-lhe o peito.

OTELO
Melhor assim.

IAGO
Não. Ele matraqueava
Usando tais baixezas ofensivas
Contra a sua honra,
Que a pouca santidade que me é dada
10 É que me fez aguentá-lo. Mas, ouça,
Está mesmo casado? Pois, por certo,
O magnífico é mais do que estimado
E tem a seu dispor voto tão forte
Quanto o do Duque: ele há de divorciá-lo,
15 Ou de impor-lhe as restrições ou penas
Que a lei (dado o poder que tem pra usá-las)
Lhe permitir.

OTELO

                Que se queixe à vontade.
O muito que eu servi à Signoria
Há de falar mais alto. O que não sabem —
E quando gabolice trouxer honra,
Hei de dizê-lo — minha vida e sangue
Vêm de estirpe real. Meus muitos méritos
Com a cabeça erguida fazem frente
A essa grande fortuna que alcancei.
Pois saiba, Iago, que não fora o amor,
Que à suave Desdêmona eu dedico,
Minha vida sem teto e sem amarras
Eu não restringiria, nem que fosse
Por todo o mar. Mas que luzes vêm lá?

(Entram CASSIO e OFICIAIS, com tochas.)

IAGO

É o pai, com os amigos que alertou.
É bom entrar.

OTELO

                Eu, não. Que eles me encontrem.
Meus feitos, títulos, minh'alma íntegra,
Hão de falar por mim. São eles mesmo?

IAGO

Por Janus, parece que não.

OTELO

São agentes do duque e o meu tenente.
Que a bondade da noite os cubra, amigos!
O que há de novo?

CASSIO

                As saudações do duque,
Que pede, general, a toda pressa,
Sua presença.

OTELO

                Mas por que razão?

CASSIO

Segundo penso, é algo a ver com Chipre;
É assunto sério, pois os galeões
Já enviaram dúzias de mensagens
Só esta noite, uma atrás da outra.

Muitos dos conselheiros convocados
Já estão com o duque, e o chamam com aflição,
Pois não sendo encontrado onde se hospeda,
O Senado mandou três companhias
Pra buscá-lo.

OTELO

                Foi sorte ver-me a sua.
Eu só direi uma palavra em casa
E o acompanho.

(Sai.)

CASSIO

           O que faz ele aqui?

IAGO

Abordou esta noite uma carraca
Que se for presa fiel o faz pra sempre.

CASSIO

Não entendo.

IAGO

                Casou-se.

CASSIO

                  Mas, com quem?

(Entra OTELO.)

IAGO

Ora, com... Vamos, Capitão?

OTELO

                'Stou pronto.

CASSIO

Já vem por lá mais gente a procurá-lo.

(Entram BRABANTIO, RODRIGO e OFICIAIS, com tochas e armas.)

IAGO

General, é Brabantio; fique alerta.
Pois tem más intenções.

OTELO

                Alto, quem vem!

RODRIGO

    É o Mouro, senhor.

BRABANTIO

                Pega o ladrão!

(Ambas as partes tiram as espadas.)

IAGO

    Vem, avança, Rodrigo. Tu és meu!

OTELO

60   Guardai as vossas lâminas brilhantes
    Antes que o orvalho venha enferrujá-las.
    Sua idade, senhor, comanda mais
    Que as suas armas.

BRABANTIO

    Ladrão, onde escondeste a minha filha?
65   Sendo danado, tu a encarceraste.
    Pois eu pergunto a tudo o que é sensível
    Não sendo presa por grilhões de mágica
    Se uma jovem feliz, suave e bela,
    E tão infensa às bodas que fugiu
70   À corte dos mais ricos dentre os nossos,
    Haveria jamais (pra ser chacota)
    De fugir da tutela pro negrume
    De um peito como o teu, que só traz susto?
    Julgue o mundo se não fica bem claro
75   Que nela usaste sórdidas magias
    E violaste a sua juventude
    Com drogas que enfraquecem a vontade.
    É o provável e exijo julgamento.
    Portanto aqui o prendo e o acuso
80   Como faltoso ao mundo e praticante
    De artes proibidas e ilegais.
    Agora amarrem-no e, se resiste,
    Que corra os riscos de ser dominado.

OTELO

    Parem todos, de uma e outra partes:
85   Fosse meu caso a luta, eu o saberia
    Sem seus conselhos. Pr'onde quer que eu vá
    Ouvir a acusação?

BRABANTIO
                    Pra prisão, até quando
        A lei, em seu tempo e seu processo,
        Pedir-lhe contas.

OTELO
                              E, se o obedeço?
        Como satisfazer, então, ao duque,
        Cujos arautos aqui me ladeiam
        E, por questão de Estado, agora urgente,
        Levam-me a ele?

OFICIAL
                              É verdade, senhor.
        O duque está em conselho, e estou bem certo:
        Fostes chamado.

BRABANTIO
                         O duque está em conselho?
        A esta hora da noite? Pois que o levem.
        A minha causa é séria, e o próprio duque,
        Bem como os meus irmãos neste governo,
        Sentirão esta ofensa como sua.
        Pois se um ato desses for coonestado,
        Pagãos e escravos vão reger o Estado.

                                                    (Saem.)

CENA 3
Veneza. Um salão no Senado.

(Entram o DUQUE e os SENADORES, em torno de uma mesa, com SÉQUITO e tochas.)

DUQUE
        Não vejo coerência nessas novas
        Que lhes dê crédito.

1º SENADOR
                              Não se combinam.
        Nesta carta, são mais de cem galeras...

DUQUE
        Nesta, cento e quarenta.

2º SENADOR
                              Aqui duzentas.
        Mas mesmo sem que somem conta certa

(E em casos de relatos como esse
Sempre há enganos) tudo isto confirma
Que uma frota dos turcos vai pra Chipre.

DUQUE

Mais que o bastante pra nos convencermos.
Não vamos iludir-nos com esses erros,
Pois as linhas gerais eu reconheço
Como gravíssimas.

MARINHEIRO

(Dentro.)

Olá! Olá!

(Entra um MARINHEIRO.)

OFICIAL

Mensagem das galeras.

DUQUE

Quais as novas?

MARINHEIRO

As velas turcas rumam para Rodes.
Isso me ordena que informe ao Estado
O senhor Ângelo.

DUQUE

Que dizem da mudança?

1º SENADOR

É impossível.
Não faz sentido... É só manobra falsa,
Pra enganar-nos os olhos: se pensarmos
Na importância de Chipre para os turcos,
Bastando que tornemos a lembrar
O quanto mais que Rodes lhes importa,
E quão mais fácil lhes será tomá-la,
Por não contar com recursos guerreiros,
Destituída que está do equipamento
Que adorna Rodes. Se pensarmos bem,
Não devemos julgar que os turcos, tolos,
Deixem pra trás seu máximo interesse
E larguem o que é fácil, proveitoso,
Para apostar em um perigo inócuo.

Duque
    Estou bem certo que não vão pra Rodes.

Oficial
    Eis mais notícias.

    (Entra um Mensageiro.)

Mensageiro
    Os Otomanos, reverendos amos,
    Navegando direto para Rodes,
35   Lá fizeram junção com um'outra frota —

1º Senador
    Como pensávamos. De quantas velas?

Mensageiro
    Umas trinta que, corrigido o rumo,
    Voltam atrás e singram francamente
    Com rumo a Chipre. E o senhor Montano,
40   Seu servidor fiel e corajoso,
    Por seu livre dever se recomenda
    E roga-lhes que creiam no que diz.

Duque
    Então é mesmo Chipre.
    Não está na cidade Marcus Lucius?

1º Senador
45   Está em Florença.

Duque
    Escrevam-lhe que parta, a toda pressa.

1º Senador
    Lá vem Brabantio, com o bravo Mouro.

    (Entram Brabantio, Otelo, Cassio, Iago, Rodrigo e oficiais.)

Duque
    Bravo Otelo, é preciso usá-lo agora
    Contra o inimigo turco de nós todos.

    (Para Brabantio.)

50   Eu não o vi; bem-vindo, bom senhor;
    Hoje eu preciso de seu conselho e ajuda.

Brabantio
    E eu do seu. Com perdão de sua graça,
    Nem meu posto, nem nada neste assunto
    Despertou-me e nem a causa pública
55   Possui-me agora, já que a minha dor
    É inundação de natureza tal
    Que engole e engloba qualquer outra mágoa,
    Mas permanece a mesma.

Duque
                        O que é que houve?

Brabantio
    A minha filha!

Duque
            Morta?

Brabantio
                        Sim, pra mim.
60   Ela me foi roubada, e corrompida
    Por drogas, sortilégios de ciganos.
    Pois errar de tal modo a natureza
    (Sem ser deficiente, cega ou falha)
    É impossível sem mágica.

Duque
65   Seja quem for que assim, com sordidez,
    Desse modo enganou a sua filha
    E ao senhor, as mais sangrentas leis
    Há sua voz de ler, em cada letra,
    E como a entender, inda que a ação
70   Colha o meu filho.

Brabantio
                    Humilde eu agradeço.
    Eis o homem, o Mouro que, parece,
    Um seu mandato especial, de Estado,
    Trouxe pra cá.

Todos
            Mas é de lamentar.

Duque
    (Para Otelo.)
    O que pode dizer de sua parte?

Brabantio

75   Nada, senão que é verdade.

Otelo

            Reverendos senhores, poderosos,
            Meus amos comprovadamente nobres:
            Que a filha deste velho está comigo
            É verdade, como é que nos casamos.
80   O auge e a dimensão da minha ofensa
            Não passam disso. Rude eu sou de fala.
            Falta-me a benção das frases da paz,
            Pois estes braços, desde os sete anos
            Até há nove luas, só empenharam
85   Suas forças agindo em campo aberto,
            E pouco deste mundo eu sei dizer
            Que não pertença a lutas e batalhas.
            E, assim, não farei bem à minha causa
            Se falo eu mesmo. Mas (se o permitirdes)
90   Eu farei o relato sem enfeites
            Do curso deste amor — que drogas, ritos,
            Que invocações e mágicas potentes
            Teria usado (pois assim me acusam) —
            Pra ter-lhe a filha.

Brabantio

                            Moça recatada.
95   Tranquila e quieta a ponto de o mover-se
            Fazê-la enrubescer; e apesar disso,
            De idade, pátria, nome e tudo o mais
            Viria a amar o que temia ver?
            É raciocínio falso e imperfeito
100   Julgar que a perfeição pode errar tanto
            Contra as leis naturais, sendo mister
            Buscar nas práticas do próprio inferno
            Causas pra tanto. E por isso afirmo
            Que com filtros mais fortes do que o sangue
105   Ou com poções criadas para isso,
            Ele a envolveu.

Duque

                            Afirmar não é prova,
            Sem evidência clara e mais concreta.
            Só trapos gastos, só contrafações
            De fatos simples, deu-nos contra ele.

1º Senador

110   Mas diga, Otelo,

Por meios sub-reptícios e forçados
Conquistou com veneno o amor da moça?
Ou veio ele de um pedido honesto
E de doces questões que alma com alma
Se permitem?

OTELO

Eu peço humildemente
Que alguém a vá buscar no Sagitário,
E que ela fale ao pai a meu respeito.
Se em seu relato eu parecer faltoso,
Que o posto e a confiança que me deram
Não só eu perca, mas que a sua sentença
Me leve a vida.

DUQUE

Vão buscar Desdêmona.

OTELO

Iago está a par; que seja o guia.

(Saem IAGO e dois ou três CRIADOS.)

E até que venha, assim como confesso
Aos céus tudo que é vício do meu sangue,
Assim aos seus ouvidos narrarei
Como ganhei o amor da bela jovem,
E ela o meu.

DUQUE

Pois fale, Otelo.

OTELO

Seu pai me amava e, ao convidar-me,
Sempre indagava sobre a minha vida,
Ano por ano — os cercos e batalhas
Por que passei.
Eu revi tudo, desde a minha infância
Até o momento em que me fez falar.
Falei então de acasos desgraçados,
De atos terríveis em dilúvio e campo,
Como escapei da morte por um triz,
Como fui prisioneiro do inimigo,
Vendido como escravo e redimido;
E, junto a isso, o quanto viajei.
Falei de vastos antros, de desertos,

        De rochas cujos topos vão aos céus.
        Foi minha sina, pois tais são os fatos:
        Também dos canibais, que se entrecomem,
        E de antropófagos, cujas cabeças
145   Lhes crescem entre os ombros. A escutar-me
        Desdêmona tendia seriamente.
        Os trabalhos da casa a afastavam,
        Mas tão logo depressa os atendesse,
        Ela voltava e, com ouvido sôfrego,
150   Devorava o narrado. Eu, ao notá-lo,
        Achei uma hora livre e consegui
        Ouvir dela um pedido emocionado,
        Pra que eu contasse todo o meu caminho,
        Do qual só lhe coubera ouvir pedaços,
155   Sem atenção. Com isso eu concordei
        E muitas vezes arranquei-lhe lágrimas
        Ao relatar passagem mais terrível
        Vivida quando jovem. Terminando,
        Ela pagou-me as penas com suspiros,
160   Jurou-me que era estranho, muito estranho,
        Que era de dar pena, imensa pena;
        Não o quisera ouvir, mas desejava
        Que o céu dela fizesse um homem tal.
        Agradeceu-me e pediu-me que, no caso
165   De eu ter algum amigo que a amasse,
        Eu devia ensinar-lhe a minha história,
        Pra cortejá-la. E eu, então, falei:
        Ela me amou porque passei perigos,
        E eu a amei porque sentiu piedade.
170   Foi essa toda a mágica que usei:
        Lá vem a dama, que ela o testemunhe.

        (Entram Desdêmona, Iago e criados.)

Duque

        Eu creio que um relato como esse
        Ganharia também a minha filha...
        Bom Brabantio...
175   Faça o melhor que pode do mal feito:
        Armas partidas sempre servem mais
        Que mãos vazias.

Brabantio

                Ouça o que ela diz.
        Se confessar que fez parte da corte,
        Que a maldição me atinja, se eu a ele

180 Com a minha. Doçura, venha cá:
De todos que aqui estão, a quem diria
Dever mais obediência?

DESDÊMONA

Meu bom pai,
Eu vejo aqui um dever dividido.
Devo ao senhor educação e vida,
185 E vida e educação me ensinaram
A respeitar quem tudo me merece.
Até aqui fui filha mas, casada,
Tanto respeito quanto a minha mãe
Lhe teve, preterindo assim seu pai,
190 Ouso afirmar que devo dedicar
Ao Mouro, meu marido.

BRABANTIO

Deus o quis.
Pra mim acabou tudo e, senhor duque,
Vamos passar ao que interessa, o Estado.
É melhor adotar que gerar filhos.
195 Venha cá, Mouro:
Aqui lhe dou, de coração, aquilo
Que se não fosse seu, de coração,
Jamais daria. Só por você, joia,
Alegro-me por não ter outra filha,
200 Pois sua fuga havia de ensinar-me
A ser cruel tirano. Já acabei.

DUQUE

Que eu fale em seu lugar, dando sentença
Que aos amantes ajude no caminho
De seu favor.
205 Quando não há remédio vai-se a dor,
Pois se encara o pior sem esperança.
Pois lamentar o mal que já passou
É quase que pedir um novo mal.
Do que a fortuna impede de evitar
210 A paciência ri, se alguém chorar.
O roubado que ri rouba o ladrão,
Rouba a si mesmo o que lamenta em vão.

BRABANTIO

Então pr'os turcos Chipre pode ir;
Não a perdemos, pois basta sorrir.
215 Aguenta bem a pena quem aguenta

Só palavras de apoio que acalenta.
Mas quem aguenta da sentença a dor,
Com paciência paga o seu valor.
Sentenças de sabores contrastados
Confundem, sendo fortes pr'os dois lados.
Mas palavras são palavras: nunca escutei
Que o coração se fira — pelo ouvido
Mas continuem, peço, com as questões de Estado.

Duque

O turco, fortemente preparado, ruma para Chipre. Otelo, as condições de força dessa praça lhes são mais conhecidas do que a ninguém, e embora tenhamos lá um substituto de reconhecida eficiência, mesmo assim a opinião geral, a grande soberana da eficácia, lhe dá seu voto de maior segurança. Terá portanto de empanar o brilho de sua recente fortuna, com esta expedição mais rude e retumbante.

Otelo

Senadores, o hábito tirano
Fez do leito metálico da guerra
O meu colchão de plumas. Reconheço
Encontrar alegria natural
Em tal rudeza e 'stou pronto a engajar-me
Na guerra de hoje contra os Otomanos.
Humildemente, então, peço ao Estado
Pra minha esposa providências justas,
Segundo o seu lugar, e tratamento
Que acorde com o seu berço.

Duque

                                Se o quiser,
Que seja com o pai dela.

Brabantio

                                Isso eu não quero.

Otelo

Nem eu.

Desdêmona

                Nem eu também lá ficaria
Para trazer incômodo a meu pai,
Por ter-me ante os seus olhos. Senhor duque,
Prestai vosso alto ouvido à minha história,
Para que eu possa, com a vossa voz,
Fortalecer minha simplicidade.

Duque
　　Diga o que desejar.

Desdêmona
　　Que amava o Mouro pra viver com ele
　　A minha violência e desafio
250　Gritam ao mundo. Assim, meu coração
　　Aceita a profissão de meu senhor:
　　Vi o rosto de Otelo em sua mente,
　　E à sua honra e à sua valentia
　　Eu consagrei minh'alma e o meu destino.
255　Assim, senhores, se eu ficar aqui,
　　Mariposa da paz, com ele na guerra,
　　Eu arcarei com dor o longo tempo
　　De sua ausência. Deixai-me ir com ele.

Otelo
　　Senhores, vossos votos. E eu vos rogo
260　Atender-lhe o pedido. Não o peço
　　Para atender desejos de apetite,
　　Nem pra servir fervores ditos jovens,
　　Que em mim já são passados, ou pro gozo
　　De uma satisfação própria e correta
265　Mas, sim, pra 'star tranquilo quanto a ela.
　　E peço aos céus que nunca vos ocorra
　　Julgar que eu poderia ser relapso
　　Por tê-la ao lado. Não. Quando brinquedos
　　Ou asas de cupido, com luxúria,
270　Tolherem-me a razão e atividade,
　　E o meu prazer manchar o meu trabalho,
　　Que o meu escudo vire frigideira,
　　E que as mais sórdidas adversidades
　　Venham manchar minha reputação!

Duque
275　Tudo será como determinarem.
　　Fique ela ou vá, o assunto é de urgência
　　E a pressa impera;

1º Senador
　　　　　　　　　Parta inda esta noite.

Desdêmona
　　Esta noite?

Duque
　　　　Esta noite.

OTELO

       E de bom grado.

DUQUE

 Às nove da manhã nos reunimos.
280 Otelo, deixe aqui um oficial
 Que há de levar-lhes nossas instruções,
 Mais tudo que de honra e etiqueta
 Lhe for devido.

OTELO

      Senhor, o meu alferes
 É um homem honesto, confiável,
285 E peço que ele escolte a minha esposa,
 Levando o que pareça necessário
 Me seja entregue.

DUQUE

      Seja tudo assim.
 Boa noite a todos. Meu nobre senhor,
 Se a virtude é bonita em seu desvelo,
290 Seu genro é menos negro do que belo.

1º SENADOR

 Bom Mouro, adeus. Cuide bem de Desdêmona.

BRABANTIO

 Se tem olhos pra ver, cuide-a, sim;
 Pode enganá-lo, se enganou a mim.

(Saem DUQUE, BRABANTIO, SENADORES, OFICIAIS.)

OTELO

 Aposto a vida em sua honra. Iago,
295 A ti devo entregar minha Desdêmona.
 Peço que tua mulher a ajude em tudo,
 E a traga-me depois, com toda a pompa.
 Vamos, Desdêmona. Uma hora apenas
 De amor e providências mais mundanas,
300 Obedecendo ao tempo, é o que nos resta.

(Saem OTELO e DESDÊMONA.)

RODRIGO

 Iago!

IAGO

O que queres, nobre coração?

RODRIGO

O que acha que eu devo fazer?

IAGO

Ora, ir para a cama, dormir.

RODRIGO

305 Vou afogar-me imediatamente.

IAGO

Se o fizeres, não contes nunca mais com o meu amor. E por que, meu tolo cavalheiro?

RODRIGO

Viver é uma bobagem, se é tormento; e a receita que temos é morrer, se a morte é nosso médico.

IAGO

310 Mas que vergonha! Já olhei o mundo quatro vezes sete anos e sei distinguir o benefício da injúria. Nunca encontrei um homem que soubesse amar a si mesmo. Antes de dizer que iria afogar-me por causa de uma frangota, trocaria minha condição de homem pela de um macaco.

RODRIGO

315 O que devo fazer? Confesso ser vergonha amar tanto, mas não tenho em mim virtude para evitá-lo.

IAGO

Virtude? Ora, pílulas! É em nós mesmos que somos assim ou assim. Nossos corpos são jardins, dos quais nossas vontades são os jardineiros, de modo que podemos plantar urtigas, ou semear alfaces, criarmos
320 hissopo ou arrancarmos ou colhermos tomilho; cultivá-lo com um gênero de ervas ou dispersá-lo com muitas; tê-lo estéril pelo ócio ou estrumado pela indústria — ora, o poder, como a autoridade corretora dele reside em nossa vontade. Se a balança de nossas vidas não tivesse uma medida de razão para contrabalançar a outra metade de
325 sensualidade, o sangue e a baixeza de nossas naturezas nos conduziriam a conclusões desatinadas. Porém nós temos razão para esfriar nossas emoções mais desabridas, nossas ferroadas carnais, nossa luxúria descontrolada; o que me leva a tomar isso que tu chamas de amor por ramo ou enxerto.

Rodrigo

Não pode ser.

Iago

É só uma luxúria do sangue, e uma concessão da vontade. Vamos, sejas homem! Afogar-te? Afogamos gatinhos e cãezinhos cegos. Eu me digo teu amigo, confesso-me ligado aos teus interesses com fios de força duradoura e eu jamais poderia ajudar-te tanto quanto agora. Põe dinheiro em tua bolsa, vai com estas guerras, altera o teu aspecto com uma barba emprestada; eu te digo, põe dinheiro em tua bolsa. Não é possível que Desdêmona continue a amar o Mouro por muito tempo — põe dinheiro em tua bolsa — e nem ele a ela. Foi um começo violento, e verás um final equivalente, mas põe dinheiro em tua bolsa. Esses mouros são inconstantes em seus desejos — enche a tua bolsa de dinheiro. A comida que para ele agora é tão deliciosa quanto a alfarroba, daqui a pouco lhe parecerá amarga como jiló. Ela terá de trocá-lo pela juventude. Quando ela estiver saciada do corpo dele, descobrirá o erro de sua escolha. Ela vai precisar de uma mudança: vai ser preciso. Portanto, põe dinheiro em tua bolsa. Se quiseres danar-te, procura meio mais delicado que o afogamento — arranja todo o dinheiro que puderes. Se uma cerimônia e um juramento fraco entre um bárbaro errante e uma veneziana superrequintada não forem demais para a minha espertez unida a todas as tribos do inferno, hás de gozá-la — portanto, arranja dinheiro. Dane-se o afogamento; é fora de propósito: melhor pensar em enforcar-te ao ganhar tua alegria do que em te afogares e passar sem ela.

Rodrigo

Ficará firme com minhas esperanças?

Iago

Tem confiança em mim... Anda, vai arranjar dinheiro... Já te disse muitas vezes, e te repito e repito, eu odeio o Mouro. Minha causa é forte, tuas razões não são menores. Ajamos juntos em nossa vingança contra ele: se lhe pões chifres, para ti será um prazer, para mim divertimento. Há muito para acontecer no ventre do tempo, que será parido. Anda, vai, arranja dinheiro, amanhã falamos mais. Adeus.

Rodrigo

Onde nos encontramos de manhã?

Iago

Onde estou alojado.

Rodrigo

Irei logo cedo.

IAGO

Anda, vai. Até... Compreendes, Rodrigo?

RODRIGO

365   O que foi?

IAGO

Nada mais de afogamentos, viste?

RODRIGO

Mudei de ideia.

IAGO

Anda, vai; adeus! Põe dinheiro em tua bolsa.

(Sai RODRIGO.)

Faço assim de meu bobo minha bolsa.
370   Seria profanar o que aprendi
Gastar meu tempo com um palerma desses,
Senão pra lucro meu. Odeio o Mouro,
E dizem por aí que em meus lençóis
Ele fez meu papel. Não sei se é certo...
375   Mas, para mim, só suspeitar é o mesmo
Que certeza, no caso. Ele me estima,
O que me facilita abusar dele.
Cassio é direito. Eu preciso pensar...
Pra ter-lhe o posto, e cumprir meu desígnio,
380   Baixeza dupla.... Como? Deixe eu ver:
Que Cassio é muito livre com sua esposa.
Ele é suave de aspecto e de maneiras,
Tem jeito de fazer mulher trair.
O Mouro é de nascença franco e aberto,
385   Julgando honesto quem o aparenta,
Tão fácil de levar pelo nariz
Quanto um asno.
'Stá planejado. O inferno e a escuridão
Pro nosso mundo o monstro parirão.

(Sai.)

ATO 2

CENA 1
Um porto em Chipre.

(Entra Montano, com dois Cavalheiros.)

Montano

    Do cabo, o que se pode ver no mar?

1º Cavalheiro

    Nada. A maré está alta e revolta;
    Eu não consigo, entre o céu e as ondas,
    Ver qualquer vela.

Montano

5   Parece-me que o vento grita, em terra,
    E sacode as muralhas como nunca;
    Se maltratou assim também o mar,
    Que viga de carvalho, ante tais ondas,
    Fica no encaixe?... Que novas teremos?

2º Cavalheiro

10   A desagregação da frota turca:
    Pois basta olhar da praia espumejante
    Pra ver as cristas atacando o céu.
    O vasto mar batido pelo vento
    Jorra água na ursa flamejante,
15   Qual querendo apagar o polo fixo.
    Eu jamais vi igual perturbação
    No mar revolto.

Montano

            Se a esquadra turca
    Não tiver arribado, naufragou.
    É impossível que enfrente isto.

(Entra o 3º Cavalheiro.)

3º Cavalheiro

20   Novas, senhores: terminou a guerra!
    A tempestade bateu tanto nos turcos
    Que interrompeu seus planos. Outra nau
    Veneziana viu os graves danos
    Em quase toda a frota.

MONTANO
                    Isso é verdade?

3º CAVALHEIRO
             A nau já 'stá no porto;
             É uma nau leve, e Michael Cassio,
             Tenente do guerreiro mouro Otelo,
             Desembarcou. O Mouro está no mar,
             E com plenos poderes vem pra Chipre.

MONTANO
             Alegro-me. É um governador de mérito.

3º CAVALHEIRO
             Mas o tal Cassio, apesar do conforto

                (Entra CASSIO.)

             Das perdas turcas, tem aspecto triste,
             Reza pro Mouro estar em segurança,
             Pois separaram-se na violência
             Da horrenda tempestade.

MONTANO
                         Queira Deus,
             Pois já servi com ele, que comanda
             Como bom militar. Vamos à praia!
             Tanto pra ver a nave que chegou
             Quanto pra procurar o bravo Otelo
             Até fazermos onda e céu azul
             Não mais se distinguirem.

3º CAVALHEIRO
                         Vamos lá,
             Pois a cada minuto há expectativa
             De mais chegada.

CASSIO
             Graças aos bravos desta grande ilha
             Por honrarem o Mouro. E que os céus
             Lhe deem defesa contra os elementos,
             Pois o perdi num mar tumultuado.

MONTANO
             Tem boa nau?

CÁSSIO
    É de vergas bem fortes, e o piloto
    É especialista mais que comprovado.
    Minha esperança, pois, sem ser extrema,
    Tem boa base.

UMA VOZ
    (Fora.)
    "Uma vela! uma vela! uma vela!"

CÁSSIO
    Que barulho é esse?

2º CAVALHEIRO
    'Stá vazia a cidade. À beira-mar
    Juntou-se o povo, e gritam "Uma nau!".

CÁSSIO
    Que espero seja a do governador.

    (Uma salva.)

2º CAVALHEIRO
    Foi disparada a salva em cortesia.
    É amigo.

CÁSSIO
        Senhor, peço que vá
    Saber ao certo quem está chegando.

2º CAVALHEIRO
    Já vou.

    (Sai.)

MONTANO
    Mas, bom tenente, o general casou-se?

CÁSSIO
    Com grande sorte, conquistou donzela
    Que supera retratos e elogios,
    Que fica além da pena que mais louva,
    E simplesmente como foi criada
    É marco de excelência.

    (Volta o 2º CAVALHEIRO.)

    Quem chegou?

IAGO
>Eu sei. Na rua são como retratos;
Na sala, sinos; na cozinha, feras.
Santas se ofendidas, demos na ofensa.
115 Na casa brincam, o ofício é na cama.

DESDÊMONA
>Mas que vergonha, caluniador!

IAGO
>Pois eu sou turco, se não for verdade.
De pé, só brincam, e trabalham deitadas.

EMÍLIA
>Só não quero que seja quem me faça
120 O elogio.

IAGO
>E nem eu fazê-lo.

DESDÊMONA
>Que diria de mim, para louvar-me?

IAGO
>Senhora, não me peça que o faça,
Pois sempre fui um crítico ferrenho.

DESDÊMONA
>Vamos, tente. Alguém já foi ao porto?

IAGO
125 Foi, senhora.

DESDÊMONA
>Não 'stou alegre, mas vou disfarçando
O que estou, dando aspecto de outra coisa.
Vamos ver! Como, então, me louvaria?

IAGO
>'Stou pensando, porém minha invenção
130 Foi grudada, parece, na cabeça,
Secando o cérebro. Mas minha musa
Trabalhou muito, e agora já parteja:
Se a bela é clara e sensata também.
Uma é pra uso, a outra pr'usar bem.

DESDÊMONA

135   Muito bem! E se for escura e viva?

IAGO

Se viva, mesmo sendo imitação,
Um branco há de escolher-lhe a escuridão.

DESDÊMONA
'Stá piorando.

EMÍLIA
E se for linda e tola?

IAGO

Ser tola a moça linda eu nunca vi.
140   A bela faz tolinhos para si.

DESDÊMONA

Esses são paradoxos velhos e bobos, que fazem os tolos rirem nas tascas. Que elogio mísero não tem você, então, para a que é tola e feia?

IAGO

Nunca houve ninguém tão tola e feia
Que, como a bela, não armasse teia.

DESDÊMONA

145   Mas quanta ignorância! Faz o melhor elogio para a pior. E que elogio faria você a uma mulher realmente merecedora? Àquela cuja autori-
-dade, por seu mérito, exigisse o bem até da própria maledicência?

IAGO

Aquela que foi bela sem orgulho;
Teve língua, mas nunca falou alto,
150   Teve ouro porém não se excedendo;
Ao desejo fugiu, mesmo podendo;
À que irada, e com vingança ao lado
Deixou fugir o desprazer tomado;
A que o saber não fez, enfraquecida,
155   Tomar gato por lebre nesta vida;
A que pensou sem nunca contar nada,
E aos que a seguiam nunca deu olhada;
Essa, sim, se existiu foi criatura.

DESDÊMONA
Para fazer o quê?

IAGO
Dar de mamar e falar de costura.

DESDÊMONA
Mas que final capenga e impotente! Não aprenda com ele, Emília, embora seja seu marido. O que diz, Cassio? Ele não é um conselheiro profano e abusado?

CASSIO
E grosseiro, senhora, em seu falar. Há de apreciá-lo mais como soldado do que como intelectual.

IAGO
(À parte.)
Ele a toma pela mão. Isso, muito bem, segrede. Com uma teiazinha dessas eu apanho uma mosca do tamanho de Cassio. Isso, sorria um pouco mais para ela. Vou enredá-lo em sua própria corte. Disse a verdade? É isso mesmo. Se truques como esses o privarem de sua tenentice, teria sido melhor que não beijasse seus próprios dedos tantas vezes, como irá fazer já de novo, para ser cavalheiro. Muito bem. Beijou bem, vai bem a cortesia! De novo os dedos nos lábios? Para você, seria melhor que fossem clisteres!

(Clarinada.)

O Mouro! Conheço o toque!

CASSIO
É verdade.

DESDÊMONA
Pois vamos recebê-lo.

CASSIO
Lá vem ele!

(Entra OTELO, com SÉQUITO.)

OTELO
Minha bela guerreira!

DESDÊMONA
Otelo amado!

OTELO
É com tanta alegria quanto assombro

                Que eu te vejo, alegria da minh'alma!
                Se toda tempestade traz tal calma,
180   Que os ventos soprem acordando a morte,
                E que os cascos escalem montes de água
                Até o Olimpo, pra afundar tão longe
                Quanto o inferno do céu. Morrer agora
                Seria o auge da felicidade,
185   Pois temo que minh'alma ora alcance
                Nível tão alto de contentamento
                Que outro momento tão confortador
                Não apareça no porvir.

        DESDÊMONA
                                    Que os céus
                Permitam que eles e o amor só cresçam
190   Até nossa velhice.

        OTELO
                                    Amém aos deuses!
                Não consigo falar de tanto bem.
                Ele sufoca. É alegria demais.

                    (Beijam-se.)

                E seja este o auge da discórdia
                De nossos corações.

        IAGO
                                    (À parte.)
                                    'Stá afinado!
195   Mas eu solto a cravelha dessa música!
                Juro que solto.

        OTELO
                                    Vamos pro castelo.
                Os turcos se afogaram. Foi-se a guerra.
                Como estão meus amigos na cidade?
                Você será benquista em Chipre, amada.
200   Sempre encontrei amor aqui. Doçura,
                Falo demais e fico degustando
                Meu bem-estar. Por favor, bom Iago,
                Desembarque no cais os meus baús.
                Conduza o Mestre até a cidadela —
205   Ele é dos bons, e sua competência
                Pede respeito. Vem, então, Desdêmona;
                Repito que é feliz o encontro em Chipre!

                            (Saem todos menos IAGO e RODRIGO.)

IAGO

(*Para os* SOLDADOS *que saem.*) Me encontrem logo, logo, no porto. (*Para* RODRIGO.) Vem cá! Se és valente — e dizem que os piores homens, quando apaixonados, passam a ter uma nobreza de natureza maior do que a que lhes é inata — escuta-me. O tenente está de vigília esta noite, no pátio da guarda. Primeiro, preciso dizer-te o seguinte: Desdêmona está abertamente apaixonada por ele.

RODRIGO

Por ele? Ora, não é possível!

IAGO

Tapa a boca e deixa tua alma ser aconselhada. Lembra-te da forma violenta por que ela se apaixonou pelo Mouro, só por ele se gabar e contar umas mentiras fantásticas. Será que iria continuar a amá-lo por sua tagarelice? Que o teu criterioso coração nem pense nisso. Os olhos dela precisam ser alimentados. E que prazer terá ela em olhar para o diabo? Quando o sangue ficar anestesiado com o ato da luxúria, teria de haver, para reinflamá-lo e dar à saciedade novo apetite, encanto de aspecto, sintonia de idade, hábitos e beleza; e em tudo isso o Mouro peca pela falta. E por sentir falta dessas conveniências desejadas, sua delicada ternura acabará por sentir-se abusada, começará a sentir engulhos, a não apreciar e a abominar o Mouro. A própria natureza vai instruí-la nisso, e empurrá-la para uma segunda escolha. E então, meu senhor, uma vez isso admitido — que é uma conclusão muito ponderada e nada forçada — quem fica tão eminentemente qualificado quanto Cassio? Um crápula muito volúvel, que pouco se importa de apresentar os modos mais corteses e corretos para ter oportunidade de alcançar seu desejo e sua disfarçada luxúria imoral. Um crápula escorregadio e sutil, um descobridor de oportunidades; com um olho capaz de criar e forjar vantagens, quando não tiver vantagens verdadeiras; um crápula diabólico! Além do quê, o crápula é bonitão, jovem, com todos os requisitos que as cabeças verdes e tolas procuram. Um crápula pestilento e total, e a mulher já está de olho nele.

RODRIGO

Não acredito nisso. O comportamento dela é dos mais abençoados.

IAGO

Abençoado uma figa! O vinho que ela bebe é feito de uvas. Se fosse abençoado, ela jamais teria amado o Mouro. Não viste ainda agora como ela alisava a palma da mão dele?

RODRIGO

Notei, sim, mas foi só por cortesia.

IAGO

Juro que foi por luxúria! Indício e obscuro prelúdio de uma história de luxúria e pensamentos sórdidos. Seus lábios chegaram tão perto que seus hálitos se abraçaram. Quando tais simpatias mútuas abrem o caminho, logo, logo, chega a atividade maior e principal, a conclusão corpórea. Deixa-te guiar por mim. Eu te trouxe de Veneza. Fica de guarda esta noite. Para tua informação, Cassio não te conhece. Eu não estarei longe de onde estiveres. Encontra algum meio de irritar Cassio, seja por falar alto, por desrespeitar a disciplina, ou qualquer outro meio que te agrade, segundo o momento propiciar.

RODRIGO

Está bem.

IAGO

Senhor, ele é esquentado, zanga-se num repente, e talvez te atinja com seu bastão de comando. Provoca-o a fazê-lo; pois, só com isso, eu consigo fazer os cipriotas se revoltarem, e não ficarem satisfeitos senão com a demissão de Cassio. E assim será mais curto o teu caminho para os teus desejos, pelos meios que eu terei então para promovê-los, sendo removido com grande proveito esse obstáculo, sem o quê não teremos esperanças de prosperarmos.

RODRIGO

Eu o farei, se encontrar qualquer oportunidade.

IAGO

Com o meu apoio. Encontra-me daqui a pouco na cidadela: tenho de desembarcar a tralha dele. Adeus.

RODRIGO

Adeus.

(Sai.)

IAGO

Que Cassio a ame, bem que eu acredito;
Que ela a ele, acho bem plausível.
O Mouro (mesmo que eu não o suporte)
É em si nobre e constante no amor,
E aposto que será, para Desdêmona,
Um marido querido. A ela eu amo,
E não só por luxúria (embora incorra
Em pecado de monta equivalente),
Mas sou movido, em parte, por vingança,
Já que suspeito que o lascivo Mouro

275 Ocupou meu lugar; e pensar nisso
Me tritura as entranhas qual veneno...
Minh'alma não irá se contentar
Antes do acerto, mulher por mulher...
Ou quero, ao menos, afundar o Mouro
Em um ciúme tão desatinado
280 Que o pensar não cura. E para isso,
Se esse lixo de Veneza, que instigo
Pra caçar mais depressa, cumpre o trato,
Eu consigo alcançar Michael Cassio,
O acuso como quero junto ao Mouro,
285 (Creio que ele também usou-me a cama),
E faço o Mouro, grato, por amor
Pagar-me por fazê-lo egrégio asno,
E perturbar sua paz e paciência
Até a loucura. É isso, está confuso:
290 Mas safadeza só se vê com o uso.

(Sai.)

CENA 2
Chipre. Diante do castelo de Otelo.

(Entra o Arauto de Otelo, com uma proclamação.)

ARAUTO

(Lê.)

É desejo de Otelo, nosso nobre e amado general, que, em função de certas novas ora chegadas, informando da total perda da esquadra turca, que todos comemorem o triunfo: alguns dançando, alguns fazendo fogueiras, cada um se divertindo e celebrando como sua
5 preferência quiser. Pois além dessas boas novas, estarão comemorando suas núpcias. — Assim desejou que fosse proclamado. Todos os locais públicos já estão abertos, e estão todos livres para festejar desde agora, às cinco horas, até o sino badalar as onze. Que o céu abençoe a ilha de Chipre e nosso nobre general Otelo!

(Sai.)

CENA 3
Chipre. Dentro do castelo.

(Entram Otelo, Desdêmona, Cassio e criados.)

OTELO

Faça guarda hoje à noite, bom Michael.

Fiquemos nós em limites honrosos,
Que não firam a discrição.

Cassio
Iago já deu ordens para tudo.
Mas mesmo assim estarei, em pessoa,
Olhando tudo.

Otelo
Iago é muito honesto.
Boa noite, Michael. Amanhã cedo
Venha falar comigo. Amada, vamos.
À compra feita, hão de seguir-se os frutos,
Os lucros 'stão por vir, para nós dois.
Boa noite.

(Saem Otelo e Desdêmona.)

(Entra Iago.)

Cassio
Bem-vindo, Iago, temos de ir para a guarda.

Iago
Agora, não, tenente, ainda não são dez horas. O nosso general nos deixou cedo assim por amor à sua Desdêmona — e portanto não o culpemos; ele ainda não gozou os prazeres da noite com ela, que é diversão para Júpiter.

Cassio
Ela é uma senhora do maior requinte.

Iago
E aposto que cheia de encantos.

Cassio
Em verdade, é uma criatura cheia de frescor e delicadeza.

Iago
E que olhos! A mim parecem um desafio ou provocação.

Cassio
Um olhar amável, porém sempre modesto.

Iago
E quando fala, é um alarma para o amor.

CASSIO

De fato ela é perfeita.

IAGO

Que tenham lençóis felizes!... Vamos, tenente, eu tenho um garrafão de vinho, e aqui fora há um par de galantes de Chipre que gostariam de beber um gole à saúde do negro Otelo.

CASSIO

Não esta noite, meu bom Iago. Tenho a cabeça tristemente fraca para bebida. Gostaria que a cortesia inventasse um outro tipo de costume para festejar.

IAGO

Ora, são amigos nossos... Só um copo: eu bebo por você.

CASSIO

Já tomei um copo esta noite, e mesmo assim diluído, e veja as novidades que já criou aqui! Tenho a infelicidade dessa moléstia, e não ouso expor minha fraqueza a mais nenhum.

IAGO

O que é isso, homem! É uma noite de festa, nossos amigos estão pedindo.

CASSIO

Onde estão eles?

IAGO

Aí na porta. Peço que os convide a entrar.

CASSIO

Vou convidar, mas é a contragosto.

(Sai.)

IAGO

Se eu o faço engolir sequer um copo,
Além daquele que tomou mais cedo,
Vai ficar mais briguento e ofensivo
Que cachorro de moça... E o pateta
Do Rodrigo, que por amar Desdêmona
Está insano, já festejou muito,
E bebeu mais ainda, está de guarda.
Três jovens cipriotas, fanfarrões
Que botam lá no alto a sua honra,

           E tipificam os brilhos da ilha,
           Já saturei de bebida esta noite,
50   E também 'stão de guarda. Co'esses bêbados
           Eu meto Cassio em uma confusão
           Que ofende a ilha toda.

                       (Entram Montano, Cassio e outros.)

                                Aí vêm eles.
           Se disso tudo eu colher o que sonho,
           Meu velame 'stará bem enfunado.

      Cassio
55   Eu sei que já tomei uma rodada.

      Montano
           Só um pouquinho, só uma caneca,
           Palavra de honra.

      Iago
                                Olá, tragam vinho!

                       (Ele canta.)

           "Deixe a caneca canecar!
           Deixe a caneca canecar!
60   Um soldado é um varão,
           A vida não dura, não,
           Soldado só quer entornar!"
           Vinho, rapazes!

      Cassio
           Palavra que é uma canção e tanto!

      Iago
65   Aprendi na Inglaterra, onde eles são de fato uns bebedores poderosos.
           Os dinamarqueses, os alemães, até os holandeses pançudos —
           vamos, bebam! — não são nada perto dos ingleses.

      Cassio
           Mas o inglês é mesmo assim tão bom de bebida?

      Iago
           Ora, ele derruba facilmente qualquer dinamarquês; para ganhar de
70   alemão, nem sua; e o holandês já está vomitando enquanto o inglês
           enche mais um canecão.

Cassio

À saúde do nosso general!

Montano

Apoiado, tenente; e aqui está o meu, também!

Iago

À doce Inglaterra!

(Ele canta.)

75 "O Rei Estevão era um bom rapaz
Cuja calça custou uma coroa.
Para ele seis pence eram demais
E o alfaiate um sujeito à toa.
Ele é homem de fama e coração,
80 E você não passa de ralé.
O orgulho é que estraga esta nação,
Pois então vista a capa e dê no pé."
Mais vinho, vamos!

Cassio

Juro por Deus que essa canção ainda é melhor do que a outra.

Iago

85 Quer ouvi-la outra vez?

Cassio

Não, porque considero quem faz essas coisas... indigno deste lugar. Muito bem, Deus está no alto, e há almas que devem ser salvas, e almas que não devem ser salvas.

Iago

Lá isso é verdade, bom tenente.

Cassio

90 Da minha parte, sem querer ofender o general nem ninguém, eu desejo ser salvo.

Iago

E eu também, tenente.

Cassio

Ah, mas com sua licença, não antes de mim. O tenente deve ser salvo antes do alferes. Agora chega disso, e vamos ao que nos importa.

Deus que perdoe nossos pecados! Cavalheiros, vamos ao trabalho. Não pensem os senhores que esteja bêbado: este é o meu alferes, esta a minha mão direita, e esta minha mão esquerda. Neste momento eu não estou bêbado, posso ficar de pé muito bem, e falar muito bem.

Todos

Mais do que bem.

Cassio

Muito bem, então; mas não devem pensar que eu esteja bêbado.

(Sai.)

Montano

Para a plataforma, amigos. Vamos dar guarda.

Iago

Veja o homem que foi à sua frente:
Como soldado ele é digno de César,
E até de comandar. Porém seu vício
É um equinócio pras suas virtudes,
Da mesma dimensão. É de dar pena.
E temo que por confiar o Mouro nele,
Um dia de fraqueza como este
Abale a ilha.

Montano

Mas isto é frequente?

Iago

É sempre o prólogo para o seu sono.
Pode dar guarda dois dias seguidos
Se fica sem beber.

Montano

Seria bom
Que o general fosse informado disso.
Talvez não o perceba, ou, porque é bom,
Só veja em Cassio a virtude aparente,
E não olhe pros males: não é isso?

(Entra Rodrigo.)

IAGO

(À parte, para ele.)
Como é, Rodrigo?
Vá atrás do tenente, como eu peço.

(Sai RODRIGO.)

MONTANO

120 É uma pena, mesmo, que o nobre Mouro
Ponha em risco um tal posto de comando
Com alguém que sofre desse mal inato.
Seria ação honesta ir contá-lo
Ao Mouro.

IAGO

Mas eu, nem por toda a ilha.
125 Gosto de Cassio, e faria de tudo —

VOZES

(Fora.)
"Socorro!" "Socorro!"

IAGO

Pra curá-lo do mal. Mas o que é isso?

(Entra CASSIO, empurrando RODRIGO.)

CASSIO

Raios, calhorda, vagabundo!

MONTANO

Mas o que foi, tenente?

CASSIO

130 Um safado, a me ensinar a dar guarda! Mas eu amasso o safado com uma garrafa de palha.

RODRIGO

Me amassa?

CASSIO

E ainda fala, crápula?

(Bate em RODRIGO.)

MONTANO
    Bom tenente! Por favor, abaixe a mão.

CASSIO
135   Me largue, ou eu lhe arrebento a cabeça.

MONTANO
    Vamos, vamos, o senhor está bêbado.

CASSIO
    Bêbado?

(Eles brigam.)

IAGO

(À parte, para RODRIGO.)
Depressa, vá gritar que há um motim.

(Sai RODRIGO.)

Não, bom tenente! Pelo amor de Deus,
140   Socorro, amigos! Tenente! Montano!
Ajudem, afinal isto é uma guarda,

(Soa um sino.)

Quem 'stá tocando o sino? Ora, diabos...
Acordou a cidade. Por Deus, pare!
Tenente, isso o mancha para sempre.

(Entram OTELO e CAVALHEIROS, armados.)

OTELO
145   O que houve aqui?

MONTANO
              Diabo, 'stou sangrando,
'Stou ferido, é mortal.

(Ataca CASSIO.)

OTELO
               Parem ou morram!

IAGO
    Bom tenente, Montano, cavalheiros —

Esquecem onde estão e o seu dever?
Mas que vergonha! O general falou!

OTELO

Vamos, vamos! como é que começou?
Viramos turcos e a nós mesmos fazemos
O que o céu impediu aos otomanos?
Sejam cristãos e parem com essa briga;
Quem se mexer pra agradar sua raiva
Esquece a alma e ao mover-se, morre.
Parem o sino: alarma toda a ilha
Em seu repouso. O que foi, senhores?
Honesto Iago, de ar tão lamentoso,
Diga quem começou? Amigo, eu peço.

IAGO

Não sei, estavam todos se entendendo,
Nos termos e no jeito, como noivos
Se despindo pra deitar; de repente,
Como se algum planeta os atingisse,
Saltam espadas contra um peito e outro,
Em combate sangrento. Eu não sei bem
Quem começou essa luta mesquinha;
Pena é não ter perdido em guerra nobre
As pernas com que entrei em coisa assim!

OTELO

Esqueceu-se, Michael, de quem era?

CASSIO

Peço perdão. Não posso nem falar.

OTELO

Bravo Montano, sempre tão cortês,
E cuja criteriosa juventude
O mundo conheceu, dando ao seu nome
O elogio dos sábios. O que houve,
Pra assim manchar sua reputação
E trocar o respeito pelo nome
De baderneiro? Quero uma resposta.

MONTANO

Nobre Otelo, eu estou muito ferido:
O alferes Iago é quem pode informá-lo,
Enquanto eu calo, pois falar me custa.
De tudo o quanto sei, e não sei nada
De reprovável no que disse ou fiz,

     A não ser que ter honra seja vício,
     E a defender-nos seja hoje pecado
185   Se nos atacam.

  OTELO
         Juro, pelos céus,
     Que o sangue já começa a dominar-me,
     E a paixão, me atacando o julgamento,
     Ameaça vencer. Por Deus, se eu ajo,
     Se levanto este braço, o mais capaz
190   Dentre vocês afunda. Digam logo
     Como e por quem foi começada a briga,
     E o culpado provado desta ofensa,
     Mesmo que gêmeo meu, do mesmo parto,
     Me perderá. Numa cidade em guerra,
195   Perturbada, e com o povo apavorado,
     Criar batalhas pessoais, domésticas,
     À noite, e no pátio onde se guarda?
     É monstruoso, Iago. Quem fez isso?

  MONTANO
     Se por conluio ou por peso de posto
200   Não contar a verdade pura e simples,
     Não é soldado.

  IAGO
        Não me agrida assim,
     Eu prefiro perder a minha língua
     Que ter de macular Michael Cassio;
     Mas creio que dizer o que é verdade
205   Não poderá feri-lo. General:
     'Stando Montano e eu a conversar,
     Chegou alguém, gritando por socorro,
     E atrás dele, Cassio, com uma espada
     Em riste. Montano, com cortesia,
210   Pediu a Cassio que parasse logo;
     Eu atendi o outro, que gritava,
     Pra que a cidade (como aconteceu)
     Não se assustasse. Porém ele, rápido,
     Escapou-me e eu então voltei,
215   Por ouvir o clangor dessas espadas,
     E Cassio, com blasfêmias que até hoje
     Não o ouvira usar: quando voltei
     (Foi tudo rápido), eles 'stavam juntos,
     Atracados e aos murros, como estavam
220   Quando o senhor chegou para apartá-los.

Mais do que isso não sei relatar,
Mas sei que todo homem cai em falta;
E embora Cassio o possa ter ferido,
Como se faz na raiva até a um amigo,
225 'Stou certo de que Cassio também teve
Do outro que fugiu alguma ofensa,
Que não pôde engolir.

OTELO
                Bem sei, Iago,
Que é por honestidade e amor que fala
Favorecendo Cassio. Cassio, eu o amo,
230 Mas nunca mais pra oficial dos meus.

(Entram DESDÊMONA e CRIADOS.)

Veja que despertou o meu amor!
Você será um exemplo!

DESDÊMONA
                O que é que houve?

OTELO
'Stá tudo bem. Vamos deitar, doçura.
Senhor, de suas feridas cuido eu mesmo.
235 Podem levá-lo.

(MONTANO é levado embora.)

Iago, olha bem pela cidade,
E acaba com essa briga desastrada.
Vamos, querida: vida militar
Deita em paz e acorda pra lutar.

(Saem todos menos IAGO e CASSIO.)

IAGO
240 Como é, tenente, está ferido?

CASSIO
Para além de qualquer cura.

IAGO
Santa Mãe, que Deus não o permita!

CASSIO
Reputação, reputação, perdi minha reputação! Perdi a parte imortal,

245 senhor, de mim mesmo — e o que resta é animal. Minha reputação, Iago, minha reputação!

IAGO

Honestamente, pensei que havia recebido algum ferimento no corpo, que é bem mais grave do que na reputação. Reputação é uma invenção inútil e fabricada, muitas vezes conseguida sem mérito e perdida sem merecimento. Ninguém perde nada de reputação 250 a não ser que se repute um perdedor. Vamos, homem, há muitos jeitos de se conquistar de novo o general. O senhor foi só apanhado em um mau momento, punido mais por política do que por inimizade, isso mesmo, assim como quem espanca seu cachorro inofensivo para espantar algum leão ameaçador. Basta que o procure, como 255 suplicante, que ele será seu de novo.

CASSIO

Eu suplicaria antes para ser desprezado, do que para enganar um comandante tão bom com um oficial tão fútil, tão bêbado e tão indiscreto. Bêbado? E falando como papagaio? E discutindo? E se exibindo? A debater idiotices pomposas com a própria sombra? Oh 260 espírito invisível do vinho, se não és conhecido por nenhum nome conhecido, vamos chamar-te diabo!

IAGO

Quem foi que o senhor saiu perseguindo com a espada? O que lhe fez ele?

CASSIO

Eu não sei.

IAGO

265 Será possível?

CASSIO

Eu me lembro de um montão de coisas, mas nenhuma distintamente; uma briga, mas sem motivo. Meu Deus, como podem os homens enfiar um inimigo na boca, a fim de lhes roubar o cérebro; e nós com alegria, festa, prazer e aplauso, transformarmo-nos em animais!

IAGO

270 Mas o senhor agora parece muito bem; como se recuperou desse modo?

CASSIO

Por capricho do demônio embriaguez, que cedeu lugar ao demônio ira; uma imperfeição revela-me ainda outra, e faz-me desprezar a mim mesmo.

IAGO

Vamos, é moralista muito severo. Na época, o local e a condição em que se encontra esta terra, claro que desejaria que isto não tivesse acontecido; mas tudo estando como está, remende-o em seu próprio benefício.

CASSIO

Se eu lhe pedir meu posto de volta, ele há de me dizer que sou um bêbado: tivesse eu tantas bocas quanto a Hidra, tal resposta as taparia todas. Ser agora um homem sensato, daí a pouco um tolo, e logo adiante uma fera! Todo copo desatinado é maldito, tudo o que ele contém, um demônio.

IAGO

Ora vamos, o bom vinho é uma criatura familiar, sendo bem usado: deixe de clamar contra ele. E, bom tenente, creio que julga que o amo.

CASSIO

Tive provas disso, senhor... Eu, bêbado!

IAGO

O senhor, como qualquer homem vivo, pode ficar bêbado em algum momento: eu lhe direi o que fará... A esposa de nosso general é agora o general. Posso dizê-lo pelo seguinte, que ele está totalmente devotado e entregue à contemplação, à observação e à apreciação de todas as suas partes e graças. Confesse-se livremente a ela, importune-a para que ela o ajude a reconquistar seu posto. Ela é tão franca, tão bondosa, tão viva, de disposição tão abençoada, que lhe considera defeito, em sua bondade, não fazer mais do que pedem. Essa briga entre o senhor e o marido dela, peça-lhe que remende, e ponho meu futuro contra qualquer aposta de monta, que a fratura em seu amor ficará ainda mais forte do que era antes.

CASSIO

É bom conselho.

IAGO

E, eu garanto, dado com a sinceridade do amor, e na mais pura bondade.

CASSIO

Vou pensar bem, e logo de manhã irei rogar à virtuosa Desdêmona que se empenhe por mim. Eu me desespero por qualquer futuro, se for dispensado aqui.

IAGO

E tem razão. Boa noite, tenente. Tenho de ir para a guarda.

CASSIO

            Boa noite, honesto Iago.

                                                        (Sai.)

IAGO
305   Quem diz que meu papel é de vilão?
            Se dou conselho honesto assim, de graça,
            Sujeito a provas, e o caminho certo
            Pra ter de novo o Mouro? Pois é fácil
            Persuadir Desdêmona, suave,
310   A tudo o que é honesto. É generosa
            Como os livres elementos. Portanto,
            Levar o Mouro a negar seu batismo,
            Ou tudo o mais que redime o pecado,
            Co'a alma dele escrava desse amor,
315   Ela faz ou desfaz, como quiser,
            Enquanto o apetite for o deus
            Que o enfraquece. Como sou vilão
            Aconselhando Cassio a um tal caminho,
            Que só lhe trará bem? Bendito inferno!
320   Pra cometer seus mais negros pecados,
            Os demônios começam celestiais,
            Como eu agora. Enquanto o tolo honesto
            Pede à Desdêmona que o ajude e salve,
            E ela por ele há de implorar ao Mouro,
325   Eu derramo em seu ouvido o veneno:
            Que é por luxúria que ela o quer de volta,
            E quanto mais buscar ela ajudá-lo,
            Mais o desacredita junto ao Mouro —
            Transformo assim sua virtude em piche,
330   E com sua bondade eu teço a rede
            Que há de enredar os três.

            (Entra RODRIGO.)

                        Então, Rodrigo?

RODRIGO

            Estou nesta caçada não como o cão que lidera mas como qualquer um da matilha. Meu dinheiro já quase acabou, e esta noite apanhei uma boa surra. Creio que o resultado vai ser que só ganharei
335   experiência com tudo o que estou passando, seja lá o que for, sem dinheiro nenhum, e de volta a Veneza só com o que aprendi.

IAGO
Como são pobres os impacientes!
Feridas não se curam só aos poucos?
Jogamos co'esperteza, não com mágica,
340 Espírito, pra agir, precisa tempo.
Pois não vai tudo bem? Cassio espancou-te
Mas, com essa dor, tu demitiste Cassio.
Se muita coisa cresce à luz do sol,
A primeira a florir tem logo fruto;
345 Contenta-te, portanto. É de manhã:
Prazer e ação encurtam nossas horas.
Vai deitar-te, onde estás aquartelado,
Vai logo, mas depois saberás mais:
Não, vai-te logo.

(Sai RODRIGO.)

Há muito o que fazer,
350 Emília há de pedir por Cassio à ama,
Eu a instigarei.
Quanto a mim, pego o Mouro um pouco à parte,
E o levo de surpresa aonde Cassio
Suplica à sua mulher: é essa a hora!
355 Não posso perder tempo com demora.

(Sai.)

ATO 3

CENA 1
Diante do castelo.

(Entra Cassio, com Músicos e o Cômico.)

Cassio
 Toquem aqui, senhores, que eu lhes pago. Algo breve, e um "Bom-dia" ao general.

(Eles tocam.)

Cômico
 Minha gente, será que seus instrumentos andaram em Nápoles, para falar assim pelo nariz?

1º Músico
 Como é, senhor? Como é?

Cômico
 Esses aí, se faz o favor, são chamados instrumentos de sopro?

1º Músico
 Claro que sim, senhor.

Cômico
 Isso é história de rabo.

1º Músico
 Como história de rabo, senhor?

Cômico
 Ora, senhor, segundo muitos instrumentos de sopro que conheço. Mas, moçada, eis aqui o seu dinheiro. E o general gosta tanto de sua música que deseja que os senhores, por amor dos amores, parem de fazer barulho com ela.

1º Músico
 Pois muito bem, senhor, nós não faremos.

Cômico
 Se tiverem alguma música que não se possa ouvir, podem tocar mais. Mas, como se costuma dizer, ouvir música não é coisa que o general goste muito de fazer.

1º Músico
Dessas nós não temos, senhor.

Cômico
Então enfiem suas flautas na sacola, que eu já vou. Vão embora, desapareçam!

(Saem os Músicos.)

Cassio
Ouviu, meu honesto amigo?

Cômico
Não, não ouvi seu honesto amigo, ouvi o senhor.

Cassio
Pare com essas bobagens; olhe aqui uma moeda de ouro para você — se a senhora que serve a esposa do general já estiver de pé, diga-lhe que um tal Cassio lhe implora o favor de umas palavras.... Será que pode?

Cômico
De pé já está, e se o pé der para chegar até aqui, eu a informarei.

(Entra Iago.)

Cassio
Vá, meu amigo.

(Sai o Cômico.)

Em boa hora, Iago.

Iago
O senhor não dormiu, então?

Cassio
Não. Era dia quando nos deixamos.
Tomei a liberdade, Iago,
De chamar sua esposa... Meu pedido
É que me obtenha algum modo de acesso
À virtuosa Desdêmona.

Iago
Há de vir,
E eu, com arte, hei de afastar o Mouro

                Deste caminho para que conversem
                Mais livremente.

    Cassio

                Humilde eu lhe agradeço.

                                                        (Sai Iago.)

                            Eu nunca vi
                Florentino mais honesto e bondoso.

                (Entra Emília.)

    Emília
40   Bom dia, bom tenente. Eu sinto muito
                Seu desprazer, mas tudo há de dar certo.
                O general e a esposa falam disso,
                E ela o defende muito; diz o Mouro
                Que quem feriu tem grande fama em Chipre,
45   E grandes ligações, e por bom senso,
                Só podia afastá-lo. Mas que o ama,
                E não precisa mais que sua afeição
                Pra aproveitar ocasião propícia
                E trazê-lo de volta.

    Cassio
                              Mesmo assim,
50   E se julgar correto assim fazê-lo,
                Peço um momento pr'algumas palavras
                Com Desdêmona a sós.

    Emília
                              Por favor, entre.
                Vou levá-lo onde há de encontrar tempo
                Pra abrir o coração.

    Cassio
55   Muito obrigado.

                                                        (Saem.)

CENA 2
No mesmo local.

(Entram Otelo, Iago e outros cavalheiros.)

OTELO
Leva estas cartas, Iago, pro piloto,
E por ele cumprimentos ao Senado.
Isso feito, vou indo pro arsenal,
Vai ter lá comigo.

IAGO
Irei, bom senhor.

OTELO
5 Senhores, vamos ver nossas defesas?

CAVALHEIROS
Estamos às suas ordens.

(Saem.)

CENA 3
(Entram DESDÊMONA, CASSIO e EMÍLIA.)

DESDÊMONA
Esteja certo, bom Cassio, que eu farei
De tudo a meu alcance pra ajudá-lo.

EMÍLIA
Boa senhora, eu sei que meu marido
Sofre como se fosse ele.

DESDÊMONA
5 É homem muito honesto... E creia, Cassio,
Eu hei de ter a si e ao meu senhor
Amigos como antes.

CASSIO
Que bondade.
Venha a ser o que for Michael Cassio,
Ele será pra sempre um seu criado.

DESDÊMONA
10 Senhor, sei que ama o meu amo,
Já o conhece bem; tenha a certeza
De que não fica mais tempo afastado
Do que exige a política.

CASSIO
Sei, senhora,

Mas a exigência pode ser tão longa,
Alimentada por dieta fria,
Ou transbordar por causas esquisitas,
Que, eu ausente e o posto ocupado,
Olvide o general serviço e amor.

DESDÊMONA
Nada disso. Eu, aqui, diante de Emília,
Garanto-lhe o seu posto. Fique certo
Que se juro amizade, cumpro o dito.
A meu senhor eu não darei repouso:
Quieta ou falando acabo-lhe a paciência;
Aulas na cama ou sermões à mesa,
Hei de mesclar tudo o que ele fizer
Com o preito de Cassio. Fique alegre,
Pois sua defensora há de morrer
Antes que abandonar a sua causa.

(Entram OTELO e IAGO.)

EMÍLIA
Eis meu senhor, Madame.

CASSIO
Madame, eu me retiro.

DESDÊMONA
Fique, para me ouvir falar.

CASSIO
Agora não, 'stou constrangido,
Sem jeito pra ajudar meu caso.

DESDÊMONA
Muito bem, seja como preferir.

(Sai CASSIO.)

IAGO
Ah, eu não gosto disso.

OTELO
O que me disse?

IAGO
Nada, senhor, ou se... eu não sei bem.

OTELO
                Não foi Cassio que deixou minha esposa?

IAGO
                Cassio, senhor? Não posso acreditar
                Que se esgueirasse assim, com ar de culpa,
                Só por vê-lo.

OTELO
                        Pois creio que era ele.

DESDÊMONA
                Como está, meu senhor?
                'Stava falando com um suplicante,
                Que muito sofre por seu desprazer.

OTELO
                Fala de quem?

DESDÊMONA
                Meu bom senhor, de Cassio, o seu tenente.
                Se eu tiver o poder de comovê-lo,
                Reconcilie-se logo com ele,
                Pois se há alguém que o ama,
                Que erra por engano e não astúcia,
                Então não sei julgar um rosto honesto.
                Chame-o de volta.

OTELO
                        Ele saiu agora?

DESDÊMONA
                Saiu, sim; 'stava tão humilhado
                Que sua dor ficou parte comigo.
                Sofro com ele, amor. Chame-o de volta.

OTELO
                Agora não. Depois, doce Desdêmona.

DESDÊMONA
                Porém breve?

OTELO
                        Mais breve porque o pede.

Desdêmona
                    Esta noite, ao jantar?

Otelo
                              Não esta noite.

Desdêmona
                    Ao de amanhã?

Otelo
                              Não vou jantar em casa,
Mas sim com os capitães, na cidadela.

Desdêmona
60   Senão de noite, então na terça-feira,
                Seja manhã, tarde, ou noite; ou na quarta!
                Por favor, diga o dia, mas sem ser
                Mais do que três: ele está penitente,
                E o seu pecado, em nosso entendimento
65   (A não ser porque a guerra faz exemplos
                De seus melhores) quase nem é erro
                Ralhado em casa: quando deve vir?
                Diga-me, Otelo. A minha alma indaga
                O que me pediria que eu negasse?
70   Ou hesitasse assim? Michael Cassio?
                Que acompanhou-o tanto em sua corte —
                Que se eu, acaso, a si desmerecia
                Tomava o seu partido — custar tanto
                Pra ter perdão? Pela Virgem, eu faço...

Otelo
75   Chega. E que ele venha quando quiser,
                Eu não lhe nego nada.

Desdêmona
                              Nem deu nada.
                É como eu lhe lembrar que use as luvas,
                Ou coma bem, ou fique agasalhado,
                Ou implore que busque algum bom lucro
80   Para si mesmo. Quando eu pedir algo
                No qual o seu amor esteja em jogo,
                Terá muitos tropeços e obstáculos,
                De árdua concessão.

Otelo
                              Nada eu lhe nego,

E só lhe peço que permita agora
85   Que eu fique só por mais alguns momentos.

    Desdêmona
                    E hei de negá-lo? Não, adeus, senhor.

    Otelo
                    Adeus, minha Desdêmona. Irei já.

    Desdêmona
                    Vamos, Emília. Seja o que quiser,
                    O que imaginar, eu obedeço.

                    (Saem Desdêmona e Emília.)

    Otelo
90   Doce tolinha! Maldita a minha alma
                    Se eu não a amo! E quando a não amar,
                    É a volta do caos.

    Iago
                    Nobre senhor...

    Otelo
                                O que me diz, Iago?

    Iago
                    Durante a sua corte, soube Cassio
95   Do seu amor?

    Otelo
                                Desde o início...
                    Mas por que pergunta?

    Iago
                    Só pra satisfazer um pensamento.
                    Sem mais mal.

    Otelo
                                Mas no que pensou, Iago?

    Iago
                    Eu não julgava que ele a conhecesse.

    Otelo
100   Serviu-nos de correio muitas vezes.

IAGO

É mesmo?

OTELO

É mesmo? É mesmo? Mas o que vê nisso?
Ele não é honesto?

IAGO

Honesto, senhor?

OTELO

Honesto? Sim, honesto.

IAGO

105 Senhor, no que eu saiba.

OTELO

O que está pensando?

IAGO

Pensando, senhor?

OTELO

Pensando, senhor. Por Deus, faz de eco,
Como se ele pensasse em algum monstro,
110 Feio demais pra vista. O que é que pensa?
Ouvi, há pouco, que não gosta disso,
Quando Cassio saiu. Do quê não gosta?
E quando disse que sabia tudo,
Durante minha corte, disse "É mesmo?"
115 Franzindo nesse instante a sua testa,
Como tentando trancar em seu cérebro
Alguma ideia horrível. Se me ama,
Diga o que pensa.

IAGO

Senhor, sabe que o amo.

OTELO

Assim o creio,
120 E que eu saiba, com amor e honestidade,
Pesa as palavras antes de dizê-las,
E me assusta, portanto, ao hesitar.
Tais coisas em velhaco desleal
São truques de rotina, mas no justo,
125 Apontam pro que vem do coração,
Indisfarçável.

IAGO

                No que tange Cassio,
Ouso dizer que o penso ser honesto.

OTELO

Eu também.

IAGO

                Todos devem parecer
O que são, ou então não parecê-lo.

OTELO

Por certo devem ser o que parecem.

IAGO

Então penso que Cassio seja honesto.

OTELO

Não, há algo mais aí:
Diga-me, por favor, seu pensamento,
O que rumina, e ao pior que pensa,
Dê os termos piores.

IAGO

                Me perdoe;
Embora esteja preso aos meus deveres,
Não estou naquilo em que é livre o escravo:
O que eu penso? Pode ser vil e falso?
Qual o palácio em que o que é mais sórdido
Não entra às vezes? Ou que há tão puro
Em cujo peito apreensões infectas
Não ponham tribunais e neles julguem
Com termos legalistas?

OTELO

Porém conspira contra o amigo, Iago,
Quem o pensa ofendido e o deixa estranho
Ao que lhe vai na mente.

IAGO

                Eu lhe imploro,
Porque eu, talvez, suspeite com malícia
(A minha natureza sofre a praga
De ver em tudo abuso, e o meu ciúme
Vê erro onde não há), eu rogo, então,
Diante de conjecturas tão sem corpo,

>   Que não as note, e nem se preocupe
>   Pelo que observei assim, de leve.
>   Não lhe trará sossego, ou bem tampouco,
> 155   E nem a meu bom senso ou honestidade,
>   Contar-lhe o que pensei.

OTELO

>   Chagas de Cristo!

IAGO

>   Pra homem ou mulher bom nome é tudo.
>   De nossas almas é a mais cara joia:
>   Quem rouba a minha bolsa rouba nada.
> 160   Era minha, hoje é dele, foi de mil.
>   Mas quem de mim arranca meu bom nome
>   Não enriquece com o que me tirou,
>   Mas a mim deixa pobre, realmente.

OTELO

>   Juro que hei de saber seu pensamento.

IAGO

> 165   Nem me tirando o coração o pode,
>   Muito menos enquanto ele for meu!

OTELO

>   Ah!

IAGO

>   Cuidado com o ciúme;
>   É o monstro de olhos verdes que debocha
>   Da carne que o alimenta. Vive o corno
> 170   Ciente feliz, se não amar quem peca.
>   Mas como pesa cada hora àquele
>   Que ama, duvida, suspeita, e mais ama!

OTELO

>   Miséria!

IAGO

>   São ricos pobres e ricos satisfeitos,
> 175   Mas a maior riqueza é indigente
>   *Pro que vive com medo de ser pobre.*
>   Que Deus e a minha tribo me defendam
>   De ter ciúmes!

OTELO

                    Mas por que diz isso?
Julgas que eu viveria ciumento?
180   A esperar cada fase da lua
Com novas suspeitas? Não, se duvido,
Resolvo logo. Chamem-me de bode
Quando eu chegar a entregar minh'alma
A problemas nojentos e voláteis
185   Como os que sugeriu. Não dá ciúmes
Dizer que é bela e cortês minha esposa,
Que fala bem, que toca, dança e canta:
Onde há virtude, essas são virtuosas.
Nem de meus poucos méritos eu tiro
190   Qualquer temor, ou penso que ela peque,
Pois, tendo olhos, escolheu a mim.
Só duvido se eu vir, e vir com provas.
E havendo prova, o que resta é isto:
Renego, juntos, o amor e o ciúme!

IAGO

195   Alegro-me, pois ora tenho causa
Pra demonstrar-lhe amor, como dever,
Sendo mais livre. E como prometi,
Ouça o que digo. Não falo de provas.
Olhe bem a sua esposa com Cassio
200   Com um olhar sem ciúme ou segurança.
Não quero vê-lo, nobre e generoso,
Ser por isso abusado. Fique alerta:
Conheço os hábitos de nossa pátria;
Em Veneza elas deixam Deus ver coisas
205   Que não ousam mostrar a seus maridos:
O feito só não pode ser sabido.

OTELO

O que me diz?

IAGO

Ela enganou o pai para casar-se,
E ao parecer temer o seu aspecto,
210   Ela o amava.

OTELO

                    Amava, sim.

IAGO

Se tão jovem podia fingir tanto,

>   Cegando o pai a ponto de ele crer
>   Que houvesse bruxaria. Mas me culpo,
>   E só imploro pelo seu perdão,
> 215   Por tanto amá-lo.

OTELO

>   Pra sempre, obrigado.

IAGO

>   Mas percebo que isso o abateu um pouco.

OTELO

>   Mas nem um pouco.

IAGO

>   Eu receio que sim.
>   Peço que considere que eu falei
>   Apenas por amor. Mas, se o toquei,
> 220   Imploro que não leve a minha fala
>   Pra sentidos mais baixos ou mais amplos
>   Que os da suspeita.

OTELO

>   Não o farei.

IAGO

>   Se o fizesse, senhor,
>   Tornaria em vileza o que lhe disse,
> 225   O que não quero: Cassio é meu amigo.
>   Senhor, o vejo aflito.

OTELO

>   Nada disso.
>   Pra mim Desdêmona é sempre honesta.

IAGO

>   Que assim viva, e o senhor assim a pense!

OTELO

>   No entanto, a natureza pode errar...

IAGO

> 230   Esse é o problema, se ouso dizê-lo.
>   *Pois recusar tantos partidos bons,*
>   De sua terra, compleição e grau,
>   Para os quais apontava a natureza —

Isso tresanda a capricho bem vil,
Anomalia suja, e antinatural.
Mas, perdão, não me vejo em posição
De falar dela assim, embora tema
Que o seu desejo, pensando melhor,
Recaia sobre alguém de seus costumes,
E se arrependa.

OTELO

                Adeus. Se perceber
Alguma coisa mais, diga-me e mande
Sua mulher observá-la. Pode ir.

IAGO

(Saindo.)
Senhor, eu me despeço.

OTELO

Por que casei-me?
Esse amigo honesto certamente
Vê e sabe mais do que revela.

IAGO

(Voltando.)
Quem me dera, senhor, poder dizer-lhe
Que não pensasse nisso por um tempo.
Mesmo que Cassio deva ter seu posto,
Pois para preenchê-lo ele é capaz,
Se pudesse adiá-lo por um pouco,
Poderá observá-lo e a seus atos;
E ver se sua esposa roga muito,
Se o importuna com grande veemência,
O que é revelador. Nesse ínterim
Deixe que eu pense que temi demais
(O que temo, por ser tão grande a causa)
E a julgue inocente, meu senhor.

OTELO

Não tema por meu critério.

IAGO

De novo eu me despeço.

                                                    (Sai.)

OTELO

É grande a honestidade desse homem,

E é sábio quando afere as qualidades
Do ser humano. Se a provo indomada,
Mesmo peada às fibras do meu peito,
265 Eu a empurro, batida pelo vento,
Pro seu fado. Quiçá por ser eu negro,
E faltar-me a arte da conversa
Dos cortesãos, ou por estar descendo
Para o vale dos anos — mas nem tanto —
270 Ela foi-se, ofendeu-me, e o meu alívio
Tem de ser odiá-la. Casamento
Maldito, que nos dá tais criaturas,
Mas não seus apetites! Antes ser
Um sapo no vapor de um calabouço
275 Que ter só parte de uma coisa amada,
Pr'uso dos outro. É praga dos grandes,
Com mais direito a isso que os menores;
Destino inevitável, como a morte:
Essa maldita praga bifurcada
280 É nossa de nascença.

     (Entram Desdêmona e Emília.)
                    Eis Desdêmona,

Se ela é falsa, o céu de si faz pouco.
Não acredito.

Desdêmona
                Caro Otelo, então?
A ceia e a boa gente desta ilha
Que convidou estão à sua espera.

Otelo
285 É culpa minha.

Desdêmona
                Por que a voz tão fraca?
Não está bem?

Otelo
Eu estou com uma dor aqui na testa.

Desdêmona
É trabalho demais. Já vai passar.
Eu lhe amarro a cabeça e, em uma hora,
290 Já estará bem.

OTELO
>Mas seu lenço é pequeno.
>*(Ela deixa cair o lenço.)*

>Deixe pra lá. Eu entro com você.

DESDÊMONA
>Lamento que se sinta mal assim.

>*(Saem OTELO e DESDÊMONA.)*

EMÍLIA
>Foi bom ter eu encontrado esse lenço,
>Sua primeira lembrança do Mouro.
>Meu caprichoso esposo, por cem vezes
>Pediu que eu o roubasse, porém ela
>O adora e ele quer que o guarde sempre —
>De modo que ela o leva sempre junto —,
>Beija-o e fala-lhe. Vou copiá-lo
>Pra dá-lo a Iago: o que irá fazer,
>Deus é que sabe, não eu.
>Não sei nada, senão o seu capricho.

>*(Entra IAGO.)*

IAGO
>Olá, que faz você aqui sozinha?

EMÍLIA
>Calma, tenho uma coisa pra você.

IAGO
>Uma coisa pra mim? É coisa à toa...

EMÍLIA
>O quê?

IAGO
>Ter uma esposa boba.

EMÍLIA
>Só isso? Pois então quanto me dá
>Por aquele tal lenço?

IAGO
>Mas que lenço?

EMÍLIA

Que lenço?
Ora, o que o Mouro fez presente a ela,
E que tanto pediu-me que eu roubasse.

IAGO

E já roubou?

EMÍLIA

Ela o deixou cair, por distração,
E tendo assim a chance, eu o apanhei.
Veja, 'stá aqui.

IAGO

                 Pois me dê. Muito bem.

EMÍLIA

Que vai fazer com ele, que me ronda
Com tanto empenho para que eu o roube?

IAGO

(Agarrando-o.) Ora essa, o que lhe importa?

EMÍLIA

Se não for para coisa de importância,
Dê-me aqui, que a coitada fica louca
Assim que der por falta.

IAGO

                 Saiba só que
Tenho uso pra ele... Vá, deixe-me aqui.

(Sai EMÍLIA.)

Eu deixo o lenço aonde dorme Cassio,
Para que ele o encontre. Tais bobagens
Pro ciumento são provas tão firmes
Quanto o Evangelho. Pode funcionar.
O meu veneno 'stá mudando o Mouro:
A ideia perigosa é um tal veneno,
Que se a princípio incomoda pouco,
Mesmo um pouco, mesclado no sangue,
Queima igual ao enxofre.
É como eu digo:

(Entra OTELO.)

Por vez a creio honesta, por vez não;
Por vez sei que é correto, por vez não.
Quero prova. Meu nome era tão claro
390 Como o de Diana casta e ora é tão negro
Quanto o meu rosto. Havendo corda ou faca,
Fogo, veneno ou rio que sufoca,
Não vivo assim. Quem me dera saber!

IAGO

Já vi que se consome de paixão.
395 E me arrependo já de haver falado.
Então quer ter certeza?

OTELO

Quero e vou!

IAGO

É possível; mas ter certeza como?
Vai olhar, boquiaberto, um guarda obsceno?
Vê-la coberta?

OTELO

Ah, morte! Ah, maldição!

IAGO

400 Eu creio ser difícil e tedioso
Levá-la a tanto, para maldizê-los.
Pois ninguém, a não ser seus próprios olhos,
Os vê acasalar. E então? E então?
Que direi eu? Como lhe dar certeza?
405 É impossível que o senhor os visse,
Nem que fossem quais bodes ou macacos,
Orgulhosos quais lobos, ou tão tolos
Quanto um idiota bêbado. Mas digo-lhe,
Se implicação ou forte circunstância,
410 Que levam reto à porta da verdade,
O satisfazem, elas serão suas.

OTELO

Dê-me um indício forte que ela é falsa.

IAGO

Não me apraz a tarefa.
Mas já que até aqui entrei no caso,
415 Por tolice de amor e honestidade,
Eu falo. Há dias pernoitei com Cassio,

E, sofrendo com forte dor de dentes,
Eu não pude dormir.
Certos homens têm alma tão devassa
Que até no sono falam de seus casos,
E um desses tais é Cassio.
Ouvi-o murmurar "Doce Desdêmona,
Fique alerta, ocultemos nosso amor"
E depois, agarrando a minha mão,
Gritou "Doçura!" e me beijou com força,
Como se pra arrancar pela raiz
Os beijos que cresciam nos meus lábios,
Cobriu-me a coxa co'a perna, e entre beijos,
Maldisse o fado que a doara ao Mouro!

OTELO

É monstruoso!

IAGO

Não, era só sonho.

OTELO

Mas que denota conclusão patente.

IAGO

É uma dúvida amarga, embora sonho,
E serve pra adensar algumas provas
Que sejam em si leves.

OTELO

Fa-la-ei em pedaços!

IAGO

Não, seja sábio, nada ainda vimos,
Talvez seja inda honesta. Mas, me diga,
Algumas vezes já não viu um lenço,
Com estampa de morangos, nas mãos dela?

OTELO

Eu lhe dei um, meu primeiro presente.

IAGO

Isso eu não sei. Porém um lenço assim
Da sua esposa, eu sei — vi Cassio hoje
Usar em sua barba.

OTELO

Se assim for...

IAGO

Sim, sendo esse, ou qualquer outro dela,
Depõe contra a mulher, com as outras provas.

OTELO

445 Tivesse a escrava quarenta mil vidas!
Uma não basta pra minha vingança.
Ora vi que é verdade. Escute, Iago,
Meu tolo amor foi pro céu em pedaços...
Acabou-se.
450 Negra vingança, salta de tua cova,
Amor, cede a coroa, o terno trono,
Parte pro ódio, peito que ora pesas
Co'a tirania dos ferrões de abelhas!

(OTELO se ajoelha.)

IAGO

Calma, eu lhe peço.

OTELO

Sangue, Iago, sangue!

IAGO

455 Muita calma. Talvez mude de ideia.

OTELO

Jamais, Iago. Assim como o mar Pôntico,
Com seu curso gelado e inelutável,
Não sente maré baixa e sempre corre
Para o Propôntico e o Helesponto:
460 Minha sangrenta ideia, em largos passos,
Pra trás não olha, em vazante de amor,
Antes que uma vingança, ampla e abrangente,
Engula os dois. Por esse céu de mármore,
E com o empenho de um voto sagrado,
465 Dou a minha palavra.

IAGO

Não levante.

(IAGO ajoelha-se.)

Testemunhem, celestes luzes fixas,
E elementos que a todos nós envolvem,
Testemunhem que Iago aqui abdica

|470| O melhor de seu braço e coração
Ao serviço de Otelo injustiçado.
Não cumprir seu comando será culpa,
Por sangrento que seja.

OTELO

                              O que recebo
De forma generosa, não gratuita,
E desde logo uso os seus serviços.
|475| Nestes três dias quero ouvir dizer
Que Cassio não 'stá vivo.

IAGO

                                Ele está morto,
Feito como pediu. Mas que ela viva!

OTELO

Maldita seja a rameira: maldita!
Vamos, venha comigo e, em segredo,
|480| Hei de achar meios de matar depressa
A bela infame. Agora és meu tenente.

IAGO

Sou seu pra eternidade.

(Saem.)

CENA 4
No mesmo local.

(Entram DESDÊMONA, EMÍLIA e o CÔMICO.)

DESDÊMONA

Sabe, rapaz, onde se abriga o tenente Cassio?

CÔMICO

E quem sou eu pra dizer se ele briga?

DESDÊMONA

O que é isso, homem?

CÔMICO

Ele é soldado, e dizer se há briga para soldado sempre acaba em facada.

DESDÊMONA

|5| Deixe disso. Não sabes onde ele se hospeda?

CÔMICO
Dizer onde se hospeda é comprar briga pra mim.

DESDÊMONA
Existe algum modo de conseguir sentido nisso?

CÔMICO
Não sei onde se hospeda, e se inventar um lugar e disser que o abriga, ou que há briga onde está, é comprar uma briga com mentira.

DESDÊMONA
Será que poderia indagar e ficar mais instruído pelo que ouvir?

CÔMICO
Vou catequizar o mundo por ele, isto é, fazer perguntas e por elas conseguir respostas.

DESDÊMONA
Procure-o, peça-lhe que venha aqui, que implorei a meu senhor em favor dele, e espero que tudo saia bem.

CÔMICO
Fazer isso fica dentro da abrangência humana, e portanto eu tentarei fazê-lo.

(Sai.)

DESDÊMONA
Onde terei perdido o lenço, Emília?

EMÍLIA
Não sei, senhora.

DESDÊMONA
Juro que antes perderia a bolsa
Com cruzados, pois se meu nobre Mouro
Não fosse firme, e livre de baixezas
Como as dos ciumentos, isso bastava
Pra que pensasse mal.

EMÍLIA
Não tem ciúmes?

DESDÊMONA
Quem, ele? O sol que o viu nascer, eu penso,
Sugou-lhe esses humores.

(*Entra* Otelo.)

EMÍLIA

Lá vem ele.

DESDÊMONA

E agora não o deixo. Chame Cassio
Pra que venha. Meu senhor, como passa?

OTELO

Bem, senhora: *(À parte.)* Mas é duro fingir!
Como passa, Desdêmona?

DESDÊMONA

'Stou bem.

OTELO

Dê-me a mão. Está úmida, senhora.

DESDÊMONA

Não sente ainda a idade ou a tristeza.

OTELO

Então é fértil, tem bom coração:
Úmida e quente, a sua mão requer
Muito controle, preces e fastio,
Com muita penitência e devoção;
Pois um jovem demônio sua aqui,
Que tende à rebeldia. É uma mão boa.
E franca.

DESDÊMONA

Isso pode dizer, sem dúvida,
Pois foi a que doou meu coração.

OTELO

Mãos liberais outrora o peito dava,
Mas hoje são só mãos, sem coração.

DESDÊMONA

Isso eu não sei. E então, sua promessa.

OTELO

Que promessa, menina?

DESDÊMONA

Mandei vir Cassio pra falar consigo.

OTELO
'Stou cheio de um catarro que me irrita.
Onde está seu lenço?

DESDÊMONA
Aqui, senhor.

OTELO
O que eu lhe dei.

DESDÊMONA
Não está comigo agora.

OTELO
Não?

DESDÊMONA
50   Digo que não, senhor.

OTELO
É falta grave.
Uma egípcia é que o deu à minha mãe.
Era maga, que lia a mente alheia,
E lhe disse que, enquanto ela o guardasse,
Sendo gentil, prenderia meu pai
55 Só para o seu amor; mas se o perdesse,
Ou o desse a alguém mais, os olhos dele
A veriam com ódio, e buscariam
Outros amores. Morrendo, ela m'o deu,
E pediu-me, que se eu tivesse esposa,
60 O desse a ela. Eu o fiz. Pense bem!
Cuide-o com amor, para que, a seus olhos,
Perdê-lo ou dá-lo seja perdição
Que nada iguale.

DESDÊMONA
Mas será possível?

OTELO
É bem verdade, há mágica na trama.
65 Uma sibila, que já vira o mundo
Cercar o sol mais de duzentas vezes,
Com sua fúria profética teceu-o;
Vindo a seda de larvas consagradas,
E tingida com múmias que conservam
70 Corações de donzelas.

DESDÊMONA

          Isso é verdade?

OTELO

          Mais que verdade. Portanto, cuidado.

DESDÊMONA

          Quisera Deus jamais eu tê-lo visto!

OTELO

          Ah, é? Por quê?

DESDÊMONA

          Por que fala tão grosso e ameaçador?

OTELO

75   Perdeu-o? Foi-se? Diga, desapareceu?

DESDÊMONA

          Deus nos acuda!

OTELO

          O que disse?

DESDÊMONA

          Não o perdi, mas se perdesse?

OTELO

          Ah!

DESDÊMONA

80   Digo que não perdi.

OTELO

          Vá então buscá-lo.

DESDÊMONA

          Eu posso ir, senhor; mas não agora.
          Isso é só truque pra mudar de assunto,
          Mas peço que receba Cassio agora.

OTELO

          Busque o lenço. Minha mente sofre.

DESDÊMONA

85   Ora, vamos,
          Jamais terá homem mais competente.

OTELO
>O lenço!

DESDÊMONA
>Por favor, fale de Cassio.

OTELO
>O lenço!

DESDÊMONA
>Um homem que, sua vida inteira,
>Contou com seu amor em seu destino,
>Passou perigos com o senhor...

OTELO
>O lenço!

DESDÊMONA
>Na verdade, a culpa é sua.

OTELO
>Pelas Chagas de Cristo!

(Sai.)

EMÍLIA
>E esse homem não tem ciúmes?

DESDÊMONA
>Nunca vi isso antes.
>O lenço deve ter algum encanto,
>E eu estou muito triste por perdê-lo.

EMÍLIA
>Um ano ou dois não nos mostram um homem.
>São estômagos todos, nós comida:
>Engolem-nos com fome e, saciados,
>Nos arrotam.

(Entram IAGO e CASSIO.)

>Eis Cassio e o meu marido.

IAGO
>Não há outro caminho. Ela é que pode,
>E veja aqui que sorte! Vá falar-lhe.

DESDÊMONA
 Então, bom Cassio, quais as suas novas?

CASSIO
 Sempre as mesmas, senhora. E aqui imploro
 Que por sua virtude eu possa ser
 De novo eu mesmo, e goze o amor daquele
 A quem meu coração e o meu dever
 Sempre honraram. Não quero mais esperas:
 Se a minha ofensa é tão mortal assim,
 Que nem o que servi, nem o que sofro,
 Nem o sonho de méritos futuros
 De volta ao seu amor podem levar-me,
 Que para mim, então, baste sabê-lo;
 Pra que eu envergue aceitação forçada,
 me entregue a algum outro caminho
 Pra esmolar meu fado.

DESDÊMONA
              Gentil Cassio,
 Minha defesa está desafinada;
 Meu senhor não é ele, e se mudasse
 Assim de rosto, eu nem o conhecia.
 Que as almas do céu todas me ajudem.
 Falando em seu favor, fiz o que pude,
 E virei alvo de seu desprazer
 Por ter falado. Tem que ter paciência:
 O que puder eu farei, que será mais
 Do que por mim eu ouso. Que isso baste.

IAGO
 Meu amo está zangado?

EMÍLIA
              Foi-se agora,
 Na mais estranha das inquietações.

IAGO
 Ele se zanga? Pois já vi canhão
 Atirar suas tropas pelos ares;
 E, qual demônio, de seu próprio braço
 Arrastar seu irmão. Ele se zanga?
 Deve ser importante. Vou buscá-lo,
 É coisa grande, se ele assim se zanga.

DESDÊMONA
>Sim, por favor.

>>>>>>>(*Sai* IAGO.)

>>>>Na certa é algo de Estado,
135>Ou de Veneza, ou algum plano oculto
>Descoberto por ele aqui em Chipre,
>Que lhe turbou a mente, e em tais casos
>Os homens lutam com coisas menores
>Embora as grandes sejam o problema.
140>É assim mesmo, pois se dói um dedo,
>Todas as nossas partes, mesmo sãs,
>Concentram-se na dor. Lembremos sempre
>Que os homens não são deuses,
>Nem deles esperemos atenções
145>Como das bodas. Que vergonha, Emília,
>Eu estava (pois sou um mau soldado)
>A acusá-lo de mau com minha alma,
>Mas vejo que comprei a testemunha
>E ele foi falsamente indiciado.

EMÍLIA
150>Eu rezo pr'as razões serem de Estado,
>Como pensa, e não ciúmes loucos
>A seu respeito.

DESDÊMONA
>Que tristeza! Jamais eu lhe dei causa!

EMÍLIA
>Isso não basta pr'alma ciumenta:
155>Não é por causa que se tem ciúme,
>Só se o tem porque se o tem. É um monstro
>Que é gerado e parido por si mesmo.

DESDÊMONA
>Que ele não entre na mente de Otelo!

EMÍLIA
>Senhora, amém!

DESDÊMONA
160>Vou procurá-lo. Cassio fique aqui.
>Se estiver bem, eu defendo o seu caso,
>E faço tudo para resolvê-lo.

CASSIO
Eu lhe agradeço, senhora.

(Saem DESDÊMONA e EMÍLIA.)

(Entra BIANCA.)

BIANCA
Salve, Cassio!

CASSIO
Que faz fora de casa?
Bianca tão bela, está passando bem?
Na verdade, querida, eu ia vê-la.

BIANCA
E eu a você. Onde se hospeda, Cassio?
Uma semana longe? Sete dias?
Cento e sessenta e oito horas distante,
Que sem amor parecem mais tediosas,
Fazendo contas!

CASSIO
Me perdoe, Bianca!
Todo esse tempo a mente eu tive opressa,
Mas se encontrar momento mais ameno
Compensarei a ausência, doce Bianca.

(Dá-lhe o lenço de DESDÊMONA.)

Copie-me o desenho.

BIANCA
De onde veio?
Isso é lembrança de uma nova amiga!
Senti a ausência, agora sinto a causa;
Chegou a isso, então?

CASSIO
Chega, mulher.
Atire vis ideias pro diabo,
De onde vieram. Tens ciúme agora
Achando que é lembrança de uma amante.
Não, eu juro, Bianca.

BIANCA
De quem é?

CASSIO

　　　　Não sei, querida. Achei-o no meu quarto.
　　　　O desenho é bonito, e antes que o peçam,
185　　　Como é provável, quero que o copie.
　　　　Leve-o, copie, e por agora deixe-me.

BIANCA

　　　　Mas deixá-lo por quê?

CASSIO

　　　　Aguardo aqui que venha o general,
　　　　E não é meu desejo, e nem de ajuda,
190　　　Que me veja com mulher.

BIANCA

　　　　　　　　　　　　Por que não?

CASSIO

　　　　Não que a não ame.

BIANCA

　　　　　　　　　　Porém não me ama:
　　　　Acompanhe-me um pouco, por favor,
　　　　E diga-me se o vejo logo à noite.

CASSIO

　　　　Só posso ir com você por um pouquinho.
195　　　Devo esperar. Porém a verei logo.

BIANCA

　　　　Está bem. Compreendo as circunstâncias.

　　　　　　　　　　　　　　　　　　　　(Saem.)

OTELO　Ato 3　Cena 4　　　　　　　　　　　　　　599

ATO 4

CENA 1
O mesmo local.

(Entram Iago e Otelo.)

IAGO
　　　　Mas pensa assim?

OTELO
　　　　　　　　　Se penso, Iago?

IAGO
　　　　　　　　　　　　O quê?
　　　　Um beijo oculto?

OTELO
　　　　　　　　　Um beijo proibido.

IAGO
　　　　Ou ficar nua ao leito com um amigo
　　　　Por uma hora ou tal, sem ser por mal?

OTELO
5　　　Nua no leito, Iago, e não por mal?
　　　　Seria hipocrisia contra o demo:
　　　　Se os virtuosos agem desse modo,
　　　　O demo os tenta, e eles tentam o céu.

IAGO
　　　　Sem fazer nada, é venial o erro;
10　　　Porém se eu dou um lenço à minha esposa...

OTELO
　　　　O quê?

IAGO
　　　　Ele é dela, senhor, e sendo dela,
　　　　Pode dá-lo, penso eu, a qualquer homem.

OTELO
　　　　Ela é a guardiã de sua honra;
15　　　Pode dá-la também?

IAGO

A honra é essência que ninguém enxerga.
Muitas vezes a têm os que a não têm:
Mas quanto ao lenço...

OTELO

Oh, Deus! Quem me dera eu esquecê-lo!
Segundo disse (ora vem-me à lembrança,
Como o corvo a uma casa de doenças,
Com mau agouro) o lenço está com ele.

IAGO

Sim, e daí?

OTELO

Não é tão bom, agora.

IAGO

E se eu disser que o vi a ofendê-lo?
Ou que o ouvi — como faz o canalha
Que, só por insistir em seus pedidos,
Ou pela adoração de alguma amante
Conseguiu triunfar, não tem escolha
Senão gabar-se.

OTELO

Ele disse algo assim?

IAGO

Disse, senhor, mas pode ter certeza
Que há de jurar que não.

OTELO

Que disse ele?

IAGO

Bem, que ele fez... Não sei o que ele fez.

OTELO

Mas o quê?

IAGO

Deitou.

OTELO

Com ela?

IAGO

                Ou nela, eu sei lá.

OTELO

Deitou-se com ela, deitou-se nela? Digamos deitou-se nela e deitemos culpa nela! Deitou-se com ela, pelas Chagas de Cristo, isso é nojento! O lenço. Confissões! O lenço! Confessar e se enforcar por isso. Primeiro ser enforcado, e depois confessar. Tremo à ideia. A natureza não se lançaria à paixão tão obscura sem ter algum sentido. Psh! Narizes, orelhas e lábios. Será possível? Confessar? O lenço? Ah, demônio!

(Ele cai.)

IAGO

Vamos, trabalha!
Avante, meu remédio! Assim os crédulos,
Assim os tolos e as mulheres castas
Sem culpa são punidos. Meu senhor!
Ouça, senhor! Otelo!

(Entra CASSIO.)

                Então, Cassio?

CASSIO

O que houve?

IAGO

O meu amo caiu, com epilepsia.
É um novo ataque, teve um outro ontem.

CASSIO

Lhe esfregue as têmporas.

IAGO

                Não, não. Espere.
A letargia tem um curso certo,
Se não segui-lo, baba, e daí a pouco
Fica louco e selvagem. Vê, se move;
É melhor afastar-se por um pouco.
Logo se cura. E quando ele sair,
É hora pra nós dois conferenciarmos.

(Sai CASSIO.)

Senhor, como é? Machucou a cabeça?

OTELO

Zombas de mim?

IAGO

Zombar, eu? Não, eu juro!
Tem de enfrentar seu fado como um homem!

OTELO

Homem cornudo é um monstro, uma fera.

IAGO

Há muita fera então, numa cidade,
E muito monstro urbano.

OTELO

Confessou ele?

IAGO

Senhor, seja homem.
Lembre que todo homem preso à canga
Faz junta com o senhor. Pois milhões vivem
Dormindo toda noite em cama alheia
Que dizem suas; seu caso é melhor:
É o pior deboche do demônio,
Beijar perdida em leito garantido,
Supondo-a casta. Não. Quero saber,
E sabendo o que sou, sei o futuro.

OTELO

Eu sei que é sábio.

IAGO

Afaste-se um pouquinho,
Esconda-se e escute com atenção.
Enquanto aqui ficou, louco de dor —
Paixão que não cai bem a nenhum homem —
Cassio aqui esteve. Mas eu o afastei
Dando boa desculpa pro seu êxtase;
Mas pedi que viesse conversar,
E ele aceitou. Mas esconda-se bem,
E repare os muxoxos, os deboches,
Que marcam todo o aspecto de seu rosto;
Pois eu farei com que repita a história,
Onde, como, quantas vezes, e quando
Ele esteve e vai estar com sua esposa.
Repare nos seus gestos; mas com calma,

Senão eu digo-lhe que está maluco,
E nem é homem mais.

OTELO

                    Pois sabe, Iago?
Eu serei ardiloso na paciência;
Porém — ouviu? — sangrento.

IAGO

                        Isso vai bem.
Mas tudo no seu tempo. Quer sair?

(OTELO afasta-se.)

Com Cassio, agora, eu falarei de Bianca,
Rapariga que vende os seus desejos
Pra comprar pão e roupa. Adora Cassio,
E a praga da rameira é seduzir
A muitos mas por um ser seduzida.
Já ele, ao falar dela, não consegue
Deixar de gargalhar. Ei-lo que chega.

(Entra CASSIO.)

E há de sorrir, enlouquecendo Otelo,
Pois seu ciúme iletrado vai ler
O riso e o jeito do meu pobre Cassio
Completamente errado. Então, tenente?

CASSIO

Fico pior só por ouvir tal título,
Cuja falta me mata.

IAGO

Se insistir com Desdêmona, o terá.

(Em voz baixa.)

Mas é claro que se fosse Bianca,
Tudo corria mais.

CASSIO

                  Eu sei, coitada!

OTELO

Já está rindo!

Iago

Não há mulher que ame tanto um homem.

Cassio

Coitada, eu sei. Parece que ama mesmo.

Otelo

Nega de leve, e ainda ri-se dela.

Iago

É mesmo, Cassio?

Otelo

                Agora ele provoca,
Para que continue; muito bem!

Iago

Ela espalhou que vai casar com ela;
É o que planeja?

Cassio

Ha, ha, ha!

Otelo

E triunfa, romano? Inda se gaba?

Cassio

Casar com ela? O quê? Sou cliente! Por favor, pense mais do meu bom senso. Não pense que sou louco. Ha, ha, ha!

Otelo

Isso, isso, isso: o riso sempre ganha.

Iago

Pois corre que vai se casar com ela.

Cassio

Por favor, fale sério.

Iago

Sou vilão, se é mentira.

Otelo

Marcou-me, então? Muito bem.

Cassio

Isso foi a macaca que espalhou. Está convencida de que eu vou casar com ela, graças a seu amor e imaginação, e não por ter eu feito qualquer promessa.

OTELO

Iago acena. Vai começar a história.

CASSIO

Ela esteve aqui ainda há pouco, me persegue por toda parte. No outro dia eu estava à beira-mar, com uns venezianos, e lá veio a tonta. Palavra que pulou no meu pescoço...

OTELO

Como gritando "Cassio, meu querido!": é o que quer dizer seu gesto.

CASSIO

E se pendura em mim, e chora, e se sacode; e me saúda e puxa! Ha, ha, ha!

OTELO

Agora está contando como ela o levou para o meu quarto. Estou vendo bem o seu nariz, mas não o cão para o qual vou jogá-lo.

CASSIO

Bom, vou ter de abandoná-la.

(Entra BIANCA.)

IAGO

Raios me partam! Lá vem ela.

CASSIO

Essa não passa de um gato bravo, perfumado. Que história é essa de ficar me perseguindo?

BIANCA

Que o diabo e a mãe dele o persigam! Que quis dizer com aquele lenço que me deu há pouco? Fui uma tola em levá-lo — eu tenho de copiar todo aquele desenho! Um trabalho de primeira, e o senhor o achou em seu quarto mas não sabe quem o deixou lá! Pois dê pra puta de quem o ganhou, que eu não vou copiar bordado nenhum.

CASSIO

O que é isso, doce Bianca, que é isso, que é isso?

OTELO

Pelos céus, deve ser o meu lenço!

Bianca

Se vier cear hoje à noite, pode trazê-lo; se não, venha quando estiver bem preparado.

(Sai.)

Iago

Vá lá! Corra atrás dela!

Cassio

Tenho de ir, senão grita pela rua.

Iago

E vai cear com ela?

Cassio

É o que pretendo.

Iago

Pode ser que vá vê-lo, pois quero ter uma conversa.

Cassio

Pois então venha, por favor.

Iago

Nem precisa insistir. Vá.

(Sai Cassio.)

Otelo

(Avançando.)
Como hei de assassiná-lo, Iago?

Iago

Percebeu como ri de sua devassidão?

Otelo

Oh, Iago!

Iago

E viu o lenço?

Otelo

Era o meu?

IAGO

160 Por esta mão, o seu: e vê que valor dá àquela tola da sua mulher! Ela deu a ele, ele já o deu à sua puta.

OTELO

Queria levar nove anos matando-o. Uma mulher boa, uma mulher linda, uma mulher doce!

IAGO

Não, é preciso esquecer-se.

OTELO

165 E que ela apodreça, e pereça e vá pro inferno esta noite, pois não viverá. Não, meu coração virou pedra: se o golpear, machuco a mão. Ah, o mundo não contém criatura mais doce: poderia deitar-se ao lado de um imperador e determinar-lhe as tarefas.

IAGO

Não, seu caminho não é esse.

OTELO

170 Que morra, digo apenas o que ela é: tão delicada com a agulha, musicista admirável. Ah, seu canto domina a selvageria de um urso! De espírito e fantasia tão finos e generosos!

IAGO

Por isso mesmo ainda pior.

OTELO

Mil, mil vezes mais: de tão alto berço!

IAGO

175 Até demais!

OTELO

Isso é certo. Mas que pena que dá, Iago! Ah, Iago, que pena que dá, Iago!

IAGO

Se ama tanto sua iniquidade, dê-lhe permissão para ofender, pois se não atinge o senhor, não importa a mais ninguém.

OTELO

Vou fazer picadinho dela... Cornear-me!

IAGO

180 Ela é imunda!

OTELO

Com um oficial meu!

IAGO

O que é mais imundo ainda!

OTELO

Arranje-me veneno, Iago, inda esta noite. Não quero discutir com ela, para que seu corpo e sua beleza não me enfraqueçam de novo a mente. Esta noite, Iago.

IAGO

Não use veneno, estrangule-a na cama, na mesma cama que ela contaminou.

OTELO

Bom, bom, essa justiça me agrada. Muito bem.

IAGO

Quanto a Cassio, deixe que eu me encarregue dele. Terás mais novidades à meia-noite.

OTELO

Excelente.

(Fanfarras fora.)

Que fanfarra é essa?

(Entram LUDOVICO, DESDÊMONA e SÉQUITO.)

IAGO

Por certo é de Veneza. É Ludovico,
Vindo do duque. Vem com sua esposa.

LUDOVICO

Deus salve o grande general!

OTELO

Senhor!

LUDOVICO

O duque e os senadores o saúdam.

(Dá-lhe uma carta.)

OTELO
    E eu beijo o instrumento de seu gesto.

    (Abre a carta e lê.)

DESDÊMONA
    Quais as novas, bom primo Ludovico?

IAGO
200   Muito me alegro por vê-lo, senhor.
    Bem-vindo a Chipre.

LUDOVICO
    Sou grato. Como está o tenente Cassio?

IAGO
    Vive, senhor.

DESDÊMONA
    Deu-se, meu primo, entre ele e o meu senhor,
205   Ruptura que o senhor há de curar.

OTELO
    Está certa disso?

DESDÊMONA
    Meu senhor?

OTELO
    (Lendo.)

    "Não deixe de cumpri-lo, já que há de..."

LUDOVICO
    Ele não disse nada. 'Stá ocupado.
210   Mas há deveras luta entre ele e Cassio?

DESDÊMONA
    Das mais tristes. E eu faria muito
    Pr'atenuá-la, por amor a Cassio.

OTELO
    Fogo e enxofre!

DESDÊMONA
    Senhor?

OTELO

                    Não tem juízo?

DESDÊMONA
    'Stará zangado?

LUDOVICO
               Talvez a carta o toque.
215   Pois creio que o removem para casa,
    E indicam Cassio pro governo aqui.

DESDÊMONA
    Isso me alegra.

OTELO
               É mesmo?

DESDÊMONA
                    Meu senhor?

OTELO
    Apraz-me vê-la louca.

DESDÊMONA
              Doce Otelo.

OTELO
    Demônio!
        (Dá-lhe um tapa.)

DESDÊMONA
220   Não mereci isso.

LUDOVICO
    Em Veneza, senhor, não o crerão,
    Se eu jurar que vi isso. É um despropósito;
    Peça perdão, ela chora.

OTELO
                  Oh, demônio!
    Se co'esse pranto ela emprenhasse a terra,
225   Gerava um crocodilo cada lágrima.
    Fora daqui!

DESDÊMONA
        Não fico, se o ofendo.

        (Vai saindo.)

LUDOVICO
        Uma dama deveras obediente.
        Eu lhe imploro, senhor, chame-a de volta.

OTELO
        Mulher!

DESDÊMONA
230   Meu senhor?

OTELO
        Senhor, que quer com ela?

LUDOVICO
                        Eu, senhor?

OTELO
        Sim, pois pediu que a fizesse voltar.
        E ela pode voltar, e girar, e voltar mais,
        Girando aos prantos. Sim, senhor, aos prantos.
235   E, como disse o senhor, é obediente,
        É muito obediente. Vá chorar.
        Quanto a isto, senhor — Oh paixão bela! —
        Sou comandado.... Saia já daqui.
        Mando chamá-la logo... Eu cumpro as ordens,
240   E volto pra Veneza: — Vamos, fora!

                        (Sai DESDÊMONA.)

        Cassio terá meu posto. E, meu senhor,
        Rogo que à noite nós ceemos juntos.
        Bem-vindo a Chipre. Bodes e macacos!

                        (Sai.)

LUDOVICO
        É este o nobre Mouro que o Senado
245   Chama impecável? Essa a natureza
        Tão imune à paixão? Cujas virtudes
        O golpe acidental, a seta a esmo

Não marca e nem penetra?

IAGO

Mudou muito.

LUDOVICO

Está segura a esposa? Ele está louco?

IAGO

250 Está como está: não me cabe arbitrar
Se está ou não; mas se não estiver,
Bom fora estar!

LUDOVICO

Bater assim na esposa?

IAGO

Sim, não foi certo. Mas eu só espero
Que isso seja o pior!

LUDOVICO

Mas já é hábito?
255 Ou o abalaram de tal modo as cartas,
Que provocaram isso?

IAGO

Ai, ai, ai, ai!
Eu não me sinto honesto assim falando
Do que já vi e sei. Há de observá-lo,
A fim de que eu não fale. Porém, siga-o,
260 E repare se insiste.

LUDOVICO

Eu lamento iludir-me tanto com ele.

(Saem.)

CENA 2
Uma sala no castelo.

(Entram OTELO e EMÍLIA.)

OTELO

Nunca viu nada, então?

EMÍLIA

E nem ouvi, e nem desconfiei.

OTELO

Está bem, mas já a viu... junto com Cassio.

EMÍLIA

Mas nada vi de errado, e sempre ouvi
Cada palavra que entre os dois passou.

OTELO

O quê? Não sussurravam?

EMÍLIA

Não, senhor.

OTELO

Nunca a mandou sair?

EMÍLIA

Nunca.

OTELO

Pra buscar máscara, a luva, o leque?

EMÍLIA

Nunca, meu senhor.

OTELO

É estranho.

EMÍLIA

Ouso apostar, senhor, até minh'alma
Que ela é honesta: se não pensa assim,
Afaste tal ideia, que o ofende.
Se algum maldito o fez pensar assim,
Que céu mande a serpente pra daná-lo,
Pois se ela não for casta, fiel e honesta,
Não há homem feliz e, das mulheres,
A mais pura é imunda.

OTELO

                Vá chamá-la.

(*Sai* EMÍLIA.)

Disse bem; mas é mulher simplória,
Não sabe nada. Essa puta é sutil,

Que tranca à chave seus mais vis segredos,
E reza de joelhos, que eu já vi.

(Entram Desdêmona e Emília.)

DESDÊMONA
Que quer, senhor?

OTELO
Menina, venha cá.

DESDÊMONA
O que deseja?

OTELO
Deixe eu ver seus olhos...
Olhe-me o rosto.

DESDÊMONA
O que o horroriza?

OTELO
(Para Emília.)
Fulanas do seu ramo
Deixam sozinhos os procriadores,
E inda tossem, à porta, se alguém chega.
É seu mister, é seu mister: vá embora.

(Sai Emília.)

DESDÊMONA
De joelhos, do que é que está falando?
Compreendo que há fúria no que diz,
Porém não as palavras.

OTELO
E você, o que é?

DESDÊMONA
Sua esposa, senhor, casta e leal.

OTELO
Jure e dane sua alma.
Senão, sendo do céu, até os demônios
Temerão agarrá-la: então, se dane.
Jure que é honesta.

DESDÊMONA
                O céu sabe que sou.

OTELO
            O céu a sabe falsa como o inferno.

DESDÊMONA
            A quem, senhor? Com quem? Como sou falsa?

OTELO
            Ah, Desdêmona, vá-se embora! Vá!

DESDÊMONA
            Mas que dia aziago, por que chora?
45   Senhor, sou eu a causa dessas lágrimas?
            Se acaso desconfia que meu pai
            Foi instrumento pr'essas novas ordens,
            Não ponha em mim a culpa. Se o perdeu,
            Também eu o perdi.

OTELO
                      Quisesse o céu
50   Pôr-me à mais dura prova, e me banhado
            A cabeça com chagas e vergonhas,
            Me enterrado em miséria até à boca,
            Aprisionado a mim e ao que aspiro,
            E eu acharia, em um ponto da alma,
55   Um pingo de paciência; mas fazer-me
            Um alvo fixo pro escárnio do tempo,
            Apontar o seu lento dedo imóvel...
            Ai, até isso eu também aguentava:
            Mas aqui, onde guardo o coração,
60   Onde devo viver, ou não ter vida,
            A fonte, de onde vem minha corrente,
            Que, senão, seca — ser banido dela!
            Ou tê-la qual cisterna aonde os sapos
            Cruzam e geram! Vire aqui o rosto.
65   Paciência, lábios rosados de anjo,
            Eu ora os vejo duros como o inferno!

DESDÊMONA
            Espero que meu amo me ache honesta.

OTELO
            Sim, como a mosca do estio no açougue,
            Que emprenha até com o vento.